Social Work Practice

사회복지실천론(3판)

조학래 지음

신정

머리말

사회복지학 교육 과정에서 사회복지실천론은 필수 교과목이며 사회복지사 1급 국가시험의 시험과목이다. 이는 사회복지실천론이 사회복지학 교육뿐만 아니라 사회복지실천현장과 밀접한 연관이 있음을 보여 준다. 이러한 인식에 따라 사회복지학교과목 지침서에 제시된 사회복지실천론의 교과목 개요를 살펴보면 다음과 같다. 전문적인 사회복지실천에 필요한 기본적인 개념과 역사적 배경을 살펴보고, 사회복지실천의 이념, 철학 및 기본이론을 이해한다. 다양한 사회복지실천현장에 대한 이해와 아울러 현장에서 활동하는 사회복지사의 역할과 기본적 가치 및 윤리를 살펴본다. 또한 사회복지실천 과정을 단계별로 나누어 각 단계에 필요한 지식과 기술의 습득을 통해 통합적 접근 및 사례관리 실천 방법을 이해하는 것이다.

이러한 교과목 개요와 내용을 토대로 이 책은 13장으로 구성하였다. 1장은 사회복지실천의 개념 정의, 2장은 사회복지실천의 발달 과정, 3장은 사회복지의 가치 및 윤리, 4장은 사회복지실천현장에 대한 이해, 5장은 사회복지실천의 관점: 통합적 접근, 6장은 사회복지실천의 다양한 관점, 7장은 사회복지실천과 관계, 8장은 사회복지실천과 면접 등이다. 9장부터 12장까지는 사회복지실천의 과정으로 9장은 접수 및 자료 수집, 10장은 사정, 11장은 계획 및 개입, 12장은 평가 및 종결로 구성하였다. 끝으로 13장은 사례관리를 제시하였다.

이 책의 특징은 장마다 학습목표와 핵심 내용 정리를 제시하고 있다는 점이다. 학습목표는 각 장에서 반드시 학습해야 할 주요 사항이 무엇인지를 파악하고 학습하도록 도와줄 것이다. 핵심 내용 정리는 학습한 내용 중에서 가장 중요한 사항을 중심으로 정리하였으므로 짧은 시간 내에 반복학습을 할 때 도움이 될 것이다.

이 책은 저자가 지난 20여 년 동안 강의하면서 교재로 사용하였던 여러 책 가운데 양옥경 외《사회복지실천론》, 엄명용 외《사회복지실천의 이해》, 김혜란 외《사회복지실천론》 등에서 특히 많은 도움을 받았다. 이렇게 좋은 책들이 많은데 또 하나의 사회복지실천론 교재가 정말 필요한 것인가에 대해 저자는 많은 고민을 했다. 고민을 통해 저자는 그동안 사용했던 책들보다 학생들이 더 쉽게 이해할 수 있는 내용으로 구성할 것, 학습 내용은 사회복지실천현장과 연결될 것, 그리고 국가고시의 시험과 밀접한 연관성이 있을 것 등을 염두에 두고 저술하고자 노력하였다.

이 책을 마무리하면서 나의 무지함에서 시작된 용기와 과욕에 대해 반성하는 시간이 되었다. 여러 저자의 책과 글을 참고하여 더 쉽게 작성하려고 하였지만, 사회복지실천에 대한 저자의 지식과 경험 부족이 여러 곳에 있음을 고백한다. 부족한 부분은 독자 여러분의 건전한 비판과 가르침을 통해 더욱 다듬어질 수 있기를 기대해 본다.

끝으로 지금까지 항상 좋은 길로만 인도해 주신 하나님의 은혜에 감사드린다. 나를 낳고 길러 주신 부모님과 학문적 소양을 갖추도록 가르침을 주신 은사님, 항상 무한한 헌신적인 내조와 신뢰로 용기를 주는 황은정, 언제나 믿고 따르는 제자들과 꼼꼼히 읽어준 정다운, 그리고 저자를 위해 기도하는 모든 분께 감사의 마음을 전한다. 또한 이 책이 나올 수 있도록 도움을 주신 도서출판 신정 관계자들께 감사를 드린다.

2022년 1월

하기동 선지동산의 작은 공간에서

차례

CHAPTER 01

사회복지실천의 개념 정의

이 장의 구성

1. 사회복지실천의 개념과 목적
2. 사회복지실천의 구성 요소
3. 사회복지실천의 분류
4. 사회복지실천의 이념

CHAPTER 01 사회복지실천의 개념 정의

학습목표

- 사회복지실천의 개념과 목적을 이해한다.
- 사회복지실천의 구성 요소를 이해한다.
- 사회복지실천의 분류 방법을 이해한다.
- 사회복지실천의 이념을 이해한다.

1. 사회복지실천의 개념과 목적

1) 사회복지실천의 개념

사회복지실천의 개념 정의는 사회복지실천의 정체성을 확립하고 다른 전문직과 어떻게 다른지를 구별하는 근거가 된다(Wakefield, 2003). 사회복지 전문직의 환경이 계속 변하고 다양해지면서 사회복지실천의 분야와 목적, 서비스 대상 등도 변하고 있기 때문에 개념도 변하고 있다. 여기서는 사회복지실천의 개념 정의에 대한 변화 과정을 시대적으로 살펴보고자 한다.

사회복지실천에 대한 가장 고전적인 개념으로 리치먼드(Mary Richmond, 1922)가 《개별사회사업이란 무엇인가?(What is Social Casework?)》에서 사회복지실천이란

"개인과 개인, 인간과 사회환경 사이의 의식적인 조정을 통해서 그 개인의 인격 발달을 이루어가는 과정(Those process which develop personality through adjustments consciously effected, individual by individual, between men and their social environment)"이라고 정의하였다. 이러한 의식은 당시에 유행했던 프로이트(Sigmund Freud)의 정신분석이론의 영향을 받은 것으로 볼 수 있다. 즉, 사회복지를 주로 자선사업, 빈민 구제 활동, 기부 등과 동일시하는 경향 때문에 사회복지실천도 개인과 가족, 지역사회 등을 대상으로 미시적 수준에서 치료 측면을 강조한 것이다.

미국사회복지사협회(National Association of Social Workers, 1973)는 사회복지실천을 "개인, 집단, 지역사회가 자신들의 사회적 기능(social functioning)과 관련된 능력을 향상하거나 회복하며, 그러한 목적 달성에 적합한 사회적 조건을 만들도록 원조하는 전문적 활동"으로 정의하였다. 이러한 개념 정의는 사회복지실천의 목적이 개인의 변화뿐만 아니라 사회환경의 변화도 중요하게 여기고 있다는 것을 알려준다. 여기서 사회적 기능이란 인간의 기본적 욕구를 충족하기 위한 과업과 활동을 완수하고 사회에서 요구하는 사회적 역할을 수행하는 능력을 의미한다(Longres, 1996). 다시 말해서 사회적 기능이란 모든 사람이 발달 단계에 따른 자신의 다양한 역할이나 과업을 수행하는 것이며, 자신에 대한 존엄성을 믿고, 긍정적이고 만족한 대인관계를 유지하도록 하는 것을 의미한다(Skidmore et al., 1994).

같은 맥락에서 사회복지사국제연맹(International Federation of Social Worker, 2000)은 다음의 세 가지 현상을 향상하기 위해 노력하는 것으로 사회복지실천의 개념을 정의하였다. 첫째, 약자의 권익 증진을 위해 사회 변화를 촉진한다. 둘째, 인간관계에서 문제 해결을 촉진한다. 셋째, 개인의 복지 증진을 위해 그의 역량을 강화하고 차별과 억압으로부터 해방하기 위해 노력한다. 이러한 노력 과정에서 사회복지사는 인간 행동과 사회 체계의 지식을 활용하여 사람들이 환경과 교류하는 지점에 개입한다. 따라서 사회복지실천의 활동은 상담, 임상사회사업, 집단사회사업, 사회교육 활동, 가족치료, 지역사회의 서비스와 자원 획득을 위해 지역주민들을 돕는 노력, 기관 행정, 지역사회조직, 사회 정책 및 경제 개발에 영향을 미치는 사회적 · 정치적 행동에 관여하는 일 등을 포함한다(엄명용 외, 2011).

국내 학자들도 사회복지실천의 개념에 대해 비슷하게 규정하고 있다. 이영분 등(2001)은 사회복지실천을 "개인, 집단, 가족, 지역사회를 대상으로 이들이 자신들의 문제와 욕구를 스스로 해결할 수 있도록 도와주고, 사회적 기능의 향상과 배분적 사회정의를 실현하는 것을 목적으로 하는 종합적이며 전문적인 실천 활동"으로 정의하였다. 여기서 사회복지실천은 인간과 사회환경 사이의 상호작용에서 나타나는 문제와 욕구를 해결하는 구체적인 실천 활동임을 강조한다. 또한 대상자는 개인, 집단, 가족, 지역사회 등을 명시하며, 목적은 개인의 사회적 기능 향상과 사회정의의 실현으로 규정하고 있다.

양옥경 등(2010)은 사회복지실천이란 "사람의 삶의 질 향상을 위해 개인, 소집단, 가족 또는 지역사회의 문제 및 욕구에 권한부여적(empowering) 문제 해결 접근 방법으로 개입하는 종합적 전문 활동"으로 정의하였다. 이는 전통적 사회사업방법론인 개별사회사업, 집단사회사업, 지역사회조직사업 등을 하나로 통합한 것이다. 특히 지역사회를 중요한 사회복지실천현장으로 선택하여 개입의 초점을 개인의 문제에서 공공의 문제로 되돌려 놓은 것이 특징이다.

앞서 살펴본 다양한 사회복지실천의 개념 정의에서 다음과 같은 공통된 특징을 찾을 수 있다(김기태 외, 2008).

첫째, 인간의 문제와 욕구에 관심이 있다. 둘째, 인간의 사회적 기능 향상 및 인간과 환경 사이의 상호작용을 중요시한다. 셋째, 개인, 가족, 집단, 지역사회 등이 서비스 대상이다. 넷째, 전문적 지식과 이론은 원조 활동의 토대임을 강조한다. 다섯째, 대상자의 변화를 위한 임상적 접근뿐만 아니라 사회정의를 실현하기 위해 사회에 존재하는 장애물과 불의(injustices)를 개선하려는 거시적인 노력이 통합적으로 이루어지는 것을 강조한다.

이러한 공통된 특징으로 볼 때, 사회복지실천이란 인간의 사회적 기능 향상과 사회정의를 실현하기 위해 개인, 가족, 집단, 지역사회 등을 대상으로 사회복지사가 미시적 수준뿐만 아니라 거시적 수준의 실천까지 통합적으로 실시하는 전문적인 원조 활동으로 정의할 수 있다. 이런 맥락에서 사회복지사는 다양한 사회복지실천현장에서 클라이언트의 사회적 기능 향상과 사회정의를 실현하기 위해 직접 또는 간접방법으로 지원하는 원조 전문가로 규정할 수 있다(김혜란 외, 2013).

2) 사회복지실천의 목적과 기능

사회복지실천의 목적은 모든 '사람의 삶의 질 향상'(Alexander, 1977)에 초점을 둔다. 좀 더 구체적으로 살펴보면, 미국사회복지사협회(National Association of Social Workers, 1981)가 제시한 사회복지실천의 목적은 "모든 사람의 삶의 질을 향상하기 위해 개인과 사회 사이의 유익한 상호작용을 증진하거나 회복하는 것"에 두고 있다. 즉, 사회복지실천의 궁극적 목적은 사람의 삶의 질 향상이며, 대상은 모든 개인이고, 주요 내용은 개인과 사회 사이의 유익한 상호작용을 증진하거나 회복하는 것이다. 미국사회복지교육협의회(Council on Social Work Education, 1994)는 이러한 사회복지실천의 목적을 다음과 같은 네 가지로 제시하였다.

첫째, 사회복지실천은 개인, 가족, 집단, 조직, 지역사회 등이 각자의 목적을 달성하고 고통을 완화하며 자원을 활용할 수 있도록 도움으로써 이들의 사회적 기능을 촉진, 회복, 유지, 향상한다.

둘째, 사회복지실천은 인간의 기본적인 욕구 충족과 잠재 능력의 개발을 돕는 데 필요한 정책, 서비스, 자원, 프로그램 등을 계획하고, 공식화하고, 시행한다.

셋째, 사회복지실천은 취약 계층의 역량강화 및 사회·경제적 정의를 실현하기 위해 조직적·행정적 옹호와 사회적·정치적 운동을 통해 정책, 서비스, 자원, 프로그램 등을 추구한다.

넷째, 이러한 사회복지실천의 목적과 관련된 모든 전문적 지식과 기술의 발전 및 검증을 목표로 한다.

이와 같은 사회복지실천의 목적은 사회복지실천이 지향하는 궁극적 상태를 제시한다. 그와 함께 사회복지실천의 기능은 그 목적을 달성하기 위해 사회복지사가 담당하는 구체적인 역할을 의미한다. 일반적으로 사회복지실천의 기능은 개인의 사회적 기능 향상, 개인의 역기능 회복, 사회정의의 실현 등으로 분류할 수 있다(Hepworth et al., 2006). 이러한 세 가지 기능은 크게 보았을 때 욕구가 있는 개인의 사회적 기능 향상과 사회정의의 실현으로 나눌 수 있다. 미국사회복지사협회(NASW)에서는 이러한 사회복지실천의 두 가지 기능을 다음의 여섯 가지 기능으로 세분하여 제시하였다(Minahan, 1981; 엄명용 외, 2011).

첫째, 사람들이 자신감, 문제 해결 능력 및 대처 능력 등을 높일 수 있게 돕는다. 사람들은 대체로 자신의 대처 자원이 고갈되었을 때 누군가에게 도움을 요청한다. 사회복지사는 도움을 요청한 클라이언트에게 다양한 방법으로 지원을 제공할 수 있다. 즉, 클라이언트에게 문제 상황에 대한 새로운 시각이나 관점을 제시하는 일, 적절하고 합리적인 대안을 생각할 수 있도록 돕는 일, 클라이언트가 자신의 감정을 스스로 깨달을 수 있도록 돕는 일, 이용할 수 있는 자원 또는 잠재적 대처 자원의 동원 방법을 제시하는 일, 문제 해결 전략 또는 절차를 교육하는 일, 대인 관계 기술을 개발하도록 돕는 일 등이 이러한 목표에 해당한다.

둘째, 사람들이 각종 자원을 획득할 수 있도록 돕는다. 우리가 살아가는 동안 최소한의 인간다운 삶을 유지하기 위해서는 여러 자원이 필요하다. 필요한 자원으로는 주거, 음식, 최소한의 생활필수품 등과 같은 유형의 서비스뿐만 아니라 의료 서비스, 정신의료 서비스, 보호 서비스, 법률 서비스 등과 같은 무형의 서비스도 포함된다. 사회복지사는 이러한 유형과 무형의 서비스들을 클라이언트에게 직접 제공하거나 그 서비스들을 클라이언트가 이용할 수 있도록 돕는 역할을 수행한다.

셋째, 사회복지실천 조직이 사람들의 욕구에 적절히 반응하도록 감시한다. 자원과 서비스를 제공하는 사회복지기관이나 조직이 인간 존엄성을 지닌 클라이언트를 존중하면서 적절한 절차와 기준에 따라 필요한 서비스를 제공하는지 점검하고, 문제가 있다면 시정을 요구한다. 수시로 클라이언트의 의견을 듣고 클라이언트에 대한 인간적 대우와 권리가 유지되도록 원조하는 역할도 포함된다. 또한 사회복지사는 사회복지기관이나 조직이 클라이언트에게 효과적으로 서비스를 전달하여 배분적 사회정의가 실현될 수 있도록 노력해야 한다.

넷째, 개인과 그 주위 환경에 있는 사람 사이의 상호작용을 촉진한다. 대체로 사람의 삶의 질은 그 주변 사람들과의 원만한 관계에 바탕을 두고 있다. 따라서 사회복지사는 개인과 그 주변 사람들과의 원만한 관계를 촉진하는 역할을 담당해야 한다. 포괄적으로 말하면, 클라이언트의 복지와 관련 있는 여러 당사자 사이의 의사소통 체계를 구축하여 그들 사이에 협동과 조정이 순조롭게 이루어지도록 하는 활동을 의미한다.

다섯째, 조직과 조직, 기관과 기관 사이의 상호작용에 영향력을 행사한다. 일반적으로 클라이언트의 복지는 하나의 사회복지기관이나 조직의 활동만으로 충족되지 못하는 경우가 많다. 따라서 관련된 여러 사회복지기관 및 조직 사이의 긴밀한 협조가 필요하다. 사회복지사는 사회복지기관 및 조직 사이의 협조가 원활하게 이루어지도록 조정 및 중재 활동을 통해 연결고리 역할을 수행한다. 또한 사회복지사는 사회복지기관 및 조직에게 클라이언트의 복지와 관련된 정보를 제공할 필요가 있다.

여섯째, 사회환경의 정책에 영향력을 행사한다. 사회복지사는 물리적 · 사회적 환경의 개선, 물질적 서비스의 확보를 위한 정책 형성 및 법 제정 등을 위해 활동해야 한다. 이러한 환경 개선과 정책 개발을 지향하는 사회복지실천은 클라이언트의 삶에 긍정적인 영향을 미칠 수 있다는 측면에서 매우 중요하다.

2. 사회복지실천의 구성 요소

사회복지실천은 인간과 환경에 대한 이중초점을 가진 전문가의 지식, 기술 및 가치 등으로 구성된다. 펄만(Helen Perlman, 1957)은 사회복지실천을 "문제를 가진 사람이 전문가의 도움이 제공되는 장소에서 주어진 과정에 따라 도움을 받는 것(A person with a problem comes to a place where a professional representative helps him by a given process)."으로 정의하였다. 여기서 사회복지실천의 구성 요소는 문제(problem), 사람(person), 장소(place), 과정(process) 등 4P를 말한다. 이후에 전문가(professional)와 제공물 또는 제공 자원(provisions) 등을 추가로 제시하였다(Perlman, 1986). 이러한 사회복지실천의 구성 요소를 중심으로 사회복지실천의 성격을 살펴보면 다음과 같다(엄명용 외, 2011).

1) 문제

개인과 환경 사이의 상호작용 과정에서 문제(problem)가 있을 수 있다. 여기에서의 문제는 개인이 경험하는 심리적·사회적 어려움으로 해결이 필요하거나 충족되지 못한 욕구, 대인 관계 부적응, 그리고 주변 환경과의 부적응 등이다. 사회복지실천현장에서 사회복지사는 문제의 심각성, 발생빈도, 지속기간 등과 같은 문제의 성격, 문제의 규정에 대한 클라이언트와 다른 사람 사이의 차이점, 문제 해결의 가능성, 가장 쉽게 해결할 수 있는 문제, 문제 해결을 위한 과거의 노력 여부와 그 효과성, 문제 해결의 시급성, 문제가 해결되지 않을 경우 예상되는 결과 등을 자세히 분석해야 한다.

2) 사람

개인과 환경 사이의 상호작용 내용의 변화를 위해 조정이 필요한 사람(person), 즉 클라이언트가 있다. 해결해야 할 다양한 심리적 · 사회적 문제를 가진 클라이언트는 개인과 환경 사이의 조정 과정에 주체적으로 참여해야 한다. 또한 사회복지사는 클라이언트가 신체적, 행동적, 감정적, 인지적, 정신적 측면 등이 결합한 전인적 인간으로 보아야 한다. 따라서 사회복지사는 클라이언트의 문제와 관련된 요인은 무엇인지, 클라이언트의 일상적 대처에서 어떤 측면이 문제 해결을 방해하는지, 클라이언트에게 도움이 되는 사람들이나 자원 요소들과의 관계는 어떠한지, 클라이언트의 일상적인 역할 수행과 사고방식 및 행동 양식은 어떠한지, 이러한 모든 요소 사이의 관계는 어떠한지 등을 주의 깊게 관찰해야 한다.

3) 장소

조정이 이루어지는 장소(place), 즉 물리적 공간을 의미하는 기관으로 클라이언트의 문제 해결을 위해 원조 과정이 이루어지는 곳이다. 장소 또는 기관은 클라이언트를 만나는 사회복지사가 소속된 기관뿐만 아니라 클라이언트의 문제 해결에 참여하거나 협력 가능한 모든 기관이 해당한다. 장소 또는 기관과 관련하여 사회복지사는 클라이언트의 문제 해결을 위해 기관이 관여하는 것에 대해 클라이언트는 어떤 생각(고마움, 부끄러움, 낙인감 등)을 하는지, 기관은 클라이언트에게 필요한 서비스를 제공할 능력이 있는지, 없다면 문제 해결을 위해 어떤 기관으로 의뢰할 것인지, 기관의 프로그램 · 정책 · 절차는 클라이언트의 문제 해결에 도움이 되는지 등을 살펴야 한다.

4) 과정

클라이언트가 제시한 문제, 클라이언트의 문제 해결 노력, 사회복지사의 개입 활동 등의 체계적인 연결고리가 사회복지실천 과정(process)이다. 이러한 과정은 즉흥적인 활동이 아니라 일정한 목적을 가지고 합리적인 절차와 이론에 따라 이루어지는 활동을 말한다. 따라서 사회복지사는 어떤 문제 해결 방법이 클라이언트, 문제, 기관, 사회복지사의 입장에서 적절한지, 어떤 문제 해결 방법이 가장 효과적인지, 원조 과정에서 필요한 사항들이 클라이언트의 현재 역할 수행, 주요 인물 및 자원들과의 관계에 어떤 영향을 줄 것인지 등을 살펴야 한다.

5) 전문가

사회복지실천 과정을 수행하는 전문가(professional)는 전문적 지식, 기술, 가치 등을 갖춘 사회복지사이다. 전문가는 자신이 소속된 기관을 대표하는 사람이지만, 여기서는 기관과는 별도로 존재하는 하나의 개별적인 주체로서의 자신을 의미한다(Perlman, 1986). 즉, 사회복지사는 감정 체계, 가치 체계, 정신 체계로서의 독립성을 발휘하려는 자신과 소속된 기관의 책임 있는 전문가로서 클라이언트의 이익을 위해 활동해야 하는 자신 사이에서 적절한 균형을 유지해야 하는 부담이 있다. 사회복지실천현장에서 사회복지사는 자신의 가치관, 인생관, 세계관 등과 소속된 기관이 요구하는 가치관과 활동 원칙 및 목표 등을 분명히 인식하여 상호 균형을 유지하도록 노력해야 한다.

6) 제공 자원

클라이언트가 이용할 수 있는 제공 자원 또는 제공물(provisions)이다. 즉, 제공 자원은 클라이언트의 물질적 욕구, 지지 체계의 욕구, 만족스러운 일상 활동의 욕구 등의 충족에 필요한 제반 서비스 및 기회를 생활환경에서 적극적으로 발견하여 클라이언트가 이용할 수 있도록 돕는 모든 활동을 의미한다(Perlman, 1986). 이처럼 제공 자원은 클라이언트의 문제 해결을 위해 사회복지실천 과정에서 사회복지사와 기관이 제공하는 모든 유형·무형의 서비스와 정보이다. 사회복지사는 어떤 종류의 서비스가 클라이언트의 문제 해결 또는 상황 변화에 가장 효과적인가를 연구하여 선택해야 한다.

3. 사회복지실천의 분류

사회복지실천의 분류 기준은 여러 가지가 있지만, 여기서는 사회복지사가 관여하는 개입 대상인 클라이언트 체계의 수준과 클라이언트의 접촉 유무에 따른 분류에 대해 살펴보고자 한다.

1) 클라이언트 체계의 수준

개입 대상인 클라이언트 체계의 크기 또는 규모에 따라 미시적 수준, 중간적 수준, 거시적 수준 등의 사회복지실천으로 분류할 수 있다(Zastrow, 1999; 엄명용 외, 2011; Sheafor & Horejsi, 2012).

(1) 미시적 수준

미시적 수준(micro level)의 사회복지실천은 개인을 대상으로 하는 전문적 실천 활동이다. 즉, 개인의 심리적·사회적 상태, 부모·자녀 관계, 부부 관계, 기타 가족구성원들의 관계 등의 문제 해결을 위해 클라이언트와 일대일 대면 접촉을 통해 지원한다. 일반적으로 클라이언트와 대면 접촉을 통해 서비스를 제공하기 때문에 직접 실천이라고도 한다. 예를 들어 자살을 시도한 청소년에 대한 위기 개입, 가정폭력 피해자와의 상담, 위탁가정 아동방문상담, 정신장애인 재활상담, 조손가정 할머니에게 정서적 지지 제공 등은 미시적 수준의 실천 활동이다.

(2) 중간적 수준

중간적 수준(mezzo level) 혹은 중범위 접근의 사회복지실천은 미시적 수준과 거시적 수준의 중간 수준, 즉 가족이나 소집단을 대상으로 하는 전문적 실천 활동이다. 중간적 수준의 개입은 클라이언트에게 직접 영향을 미치는 가족이나 소집단의 변화를 도모한다. 이처럼 중간적 수준의 상황은 개인과 그 개인에게 가장 중요한 사람들의 만남이 이루어지는 접점을 말한다. 예를 들어 지역사회보장협의체에서 기관 실무자 네트워크 회의에 참여하거나, 아버지의 폭력 문제 해결을 위한 가족치료, 치료집단이나 자조집단의 운영 등은 중간적 수준의 사회복지실천에 해당한다.

(3) 거시적 수준

거시적 수준(macro level)의 사회복지실천은 클라이언트의 삶에 영향을 주는 조직, 지역사회, 전체 사회 혹은 국가의 복지 체계 등을 대상으로 하는 전문적 실천 활동이다. 즉, 클라이언트의 욕구 충족과 문제 해결을 위한 모든 활동은 관련법과 정책 및 제도 등의 영향을 받기 때문에 거시적 수준과 밀접한 관련이 있다. 따라서 거시적 수준의 사회복지실천에서 사회복지사는 주로 국가나 사회의 복지 정책 개발, 정책 분석, 정책 대안의 발굴 및 제시, 제안된 법안의 분석, 기관이나 조직의 행정 체계 및 프로그램과 관련된 대안 제시, 지역사회 자원의 개발, 취약 계층의 권익 옹호 등의 활동을 수행한다. 예를 들어 사회복지관에서 후원자 개발을 위한 행사를 진행하거나, 지역 특성에 맞는 주민대상 프로그램 개발을 위한 지역조사를 시행하거나,

성폭력을 당한 지적장애 여성을 위해 국민을 대상으로 서명운동을 전개하고 정부에도 실질적인 대책을 호소하는 경우이다. 이처럼 거시적 수준의 사회복지실천에서 사회복지사는 클라이언트와 대면 접촉하여 문제 해결을 지원하는 미시적 수준이 아니라 법, 정책, 제도 등 환경의 변화를 도모하는 거시적 수준이기 때문에 간접 실천이라고도 한다.

2) 클라이언트의 접촉 유무

사회복지사와 클라이언트 사이에 대면 접촉이 있느냐 없느냐에 따라 직접 실천과 간접 실천으로 구분할 수 있다. 하지만 사회복지실천현장에서 직접 실천과 간접 실천은 밀접하게 연관되어 있으므로 사회복지사는 동시에 관여하는 경우가 많다.

(1) 직접 실천

직접 실천(direct practice)은 클라이언트와 사회복지사가 주로 직접 대면을 통해 클라이언트의 변화와 문제 해결을 도모하는 실천 방법이다. 주로 클라이언트인 개인, 부부, 가족, 집단 등을 대상으로(Hepworth et al., 2013) 사회복지사와 만나서 상담, 교육, 정보 제공, 가족치료, 집단 프로그램 등 미시적 수준의 사회복지실천을 통해 클라이언트의 자아 인식의 강화, 사회적 기능의 향상, 대인 관계 능력의 강화 등을 도모하는 것이 주요 목표이다. 직접 실천의 예로는 장애인 취업 상담, 독거 어르신 재가 방문, 예비부모를 대상으로 가족교육 시행, 치매 어르신 주간 보호 제공, 정신장애인 사회 기술 훈련 시행, 결혼이주여성의 역량강화를 위한 지지집단 운영 등을 들 수 있다.

(2) 간접 실천

간접 실천(indirect practice)은 클라이언트를 둘러싼 환경 체계에 사회복지사가 개입하여 클라이언트의 욕구를 충족시켜 주거나 문제를 해결하는 실천 방법이다. 클라이언트의 환경에는 가족, 집단, 지역사회뿐만 아니라 클라이언트에게 영향을 주는 정책과 제도 등이 포함된다(우국희 외, 2015). 따라서 사회복지사는 간접 실천에서 사회적 지지 체계의 형성과 자원의 개발 또는 연계, 서비스를 제공하는 제도나 기구 및 정책 등에 초점을 둔다. 간접 실천의 예로는 아동학대 예방을 위한 홍보 활동, 학교폭력 예방을 위한 자원봉사자 모집, 희귀 · 난치성 질환 아동을 위한 모금 활동, 주의력결핍과잉행동장애(Attention Deficit Hyperactivity Disorder: ADHD) 아동 지원 정책 개발을 위한 공청회 개최, 청소년 유해환경을 줄이기 위한 프로그램 개발, 북한이탈주민 대상 프로그램 욕구 조사 등을 들 수 있다.

4. 사회복지실천의 이념

사회복지의 발달과 함께 사회복지실천의 이념적 배경은 다양하게 변화되었다. 여기서는 사회복지실천의 이념에 대해 살펴보고자 한다(양옥경 외, 2010).

1) 인도주의와 박애사상

인도주의(humanitarianism)란 인간의 존엄성을 최고의 가치로 여기고 인종, 민족, 국가, 종교 등의 차이를 초월하여 인류의 안녕과 복지를 실현하는 것이다. 또한 박애사상(philanthropy)은 모든 사람을 평등하게 사랑하는 인류애(人類愛)를 뜻한다. 이것은 인도주의와 연결되어 자발적으로 베푼다는 의미를 지니며(권금주, 2002), 빈민을 대상으로 하나님의 사랑을 실천하려는 중상층 이상의 주부들로 구성된 자선조직협회 우애방문원의 철학이었다. 이러한 봉사정신은 이타주의로 불리는 사회복지실천의 기본 정신으로 자리매김하였지만, 시대의 변화에 따라 클라이언트를 위한 조건 없는 봉사에서 클라이언트에 대한 선택적 봉사로 개념이 변하였다(Morris, 1977).

2) 사회진화론

사회진화론(Social Darwinism)은 자연도태와 적자생존으로 살아가는 자연법칙인 진화론을 사회법칙에 적용한 것이다. 사회적합계층인 부자들은 우월하기 때문에 살아남게 되고, 사회부적합계층인 빈민들은 게으르고 열등하기 때문에 가난하게 살아갈 수밖에 없으며 그로 인해 자연스럽게 소멸한다는 이념이다(Dolgoff et al., 1997). 즉, 사회진화론은 생태계의 적자생존(survival of the fittest) 법칙을 그대로 사회에 적용한 것이다. 이러한 사회진화론은 사회복지실천의 사회통제적 측면을 반영하는데, 자선조직협회의 봉사 활동에서도 나타났다. 즉, 자선조직협회의 우애방문원은 빈민의 가치관이나 도덕성을 무시하고, 자신이 믿는 기독교의 도덕 및 윤리를 따르도록 강요하였다. 자신들의 지시에 따르지 않는 빈민은 열등하다고 결론짓고 현 상태를 겨우 유지할 정도의 도움만을 제공함으로써 사회적합계층에게 방해가 되지 않도록 만들었다.

3) 민주주의

민주주의(democracy)는 모든 인간의 평등을 인정하므로 클라이언트도 평등한 대우를 받을 권리와 서비스 제공자와 소비자의 동등한 관계를 강조한다(Dean, 1977). 인도주의와 사회진화론에 근거하여 우월한 봉사자가 열등한 봉사대상자를 위해 무조건 봉사하던 것에서 벗어나, 민주주의의 등장과 함께 봉사대상자가 자신의 수혜 여부를 결정하는 데 적극적으로 참여해야 한다는 사회적 움직임이 나타났다. 이것은 이후에 클라이언트의 자기 결정권과 정책 결정 참여에 영향을 주었다. 또한 빈곤층의 가치를 인정한 인보관 운동의 이념인 민주주의는 빈곤에 대한 사회적 책임을 중시하는 사회 개혁으로 이어졌다.

4) 개인주의

국가나 사회집단보다 개인의 가치를 인정하는 개인주의(individualism)는 개인의 권리 존중과 수혜 자격의 축소에 영향을 미쳤다. 개인주의의 영향으로 개인의 권리와 의무를 강조하면서 빈곤 문제는 개인의 책임임을 고려하여 최소한의 수혜 자격 원칙을 만들었다(Whitaker & Federico, 1997). 그 결과 수혜자들이 저임금 노동자보다 더 낮은 수준의 보조를 받도록 하는 정책이 도입되었다. 사회복지실천에서 개인주의는 개인의 능력 및 잠재력을 최대한 실현할 수 있도록 자원과 기회를 제공하는 활동을 강조하며, 개별화 원칙에 따라 클라이언트의 개별적 특성과 상황을 고려한 개입을 중요하게 여긴다(김혜란 외, 2013).

5) 다양성

다양성(diversification)은 인종, 성별, 계층, 문화, 이념 등을 하나의 기준이나 관점에서만 보는 것이 아니라 여러 가지 상대적인 관점에서 바라보고 인정하는 것이다. 다양성에 대한 인식이 확산하면서 사회복지실천에서도 다양한 계층, 문제 및 접근방식 등에 관한 수용과 독특성을 인정하는 개별화를 동시에 추구하는 실천 방식을 전개하는 상황이 나타났다. 이에 따라 다양성을 존중하고 사람의 강점과 변화 의지, 잠재 가능성 등을 극대화하여 자신의 능력을 강화하는 역량강화(empowerment)를 강조한다(김혜란 외, 2013). 이른바 사회진화론에서 사회부적합계층에게 자기 변화의 권한을 부여함으로써 자신의 능력 및 잠재력을 개발할 가치가 있는 사람으로 인식하게 하는 것이다. 이러한 역량강화는 클라이언트와의 협력(partnership)을 통해서만 달성할 수 있다. 따라서 사회복지실천의 기본 철학도 기존의 제공자-수혜자의 관계에서 제공자-소비자의 관계 개념으로 변화되었다.

6) 경험주의

경험주의(empiricism)는 인식과 지식의 근원을 경험에서 찾는다. 사회복지실천은 경험주의에 기반을 둔 과학성을 중요하게 생각하는데, 사회복지실천에서의 과학성이란 논리적이고 체계적인 탐구 과정을 통해 확실성이 입증된 지식과 이론, 방법 등을 기초로 사회복지실천이 이루어지는 것을 의미한다. 사회복지사는 선의(goodwill)나 자신의 주관적인 선호 때문이 아니라 원조 전문가로서 인간과 사회에 대한 과학적 지식 및 경험적으로 입증된 자료 등을 근거로 체계적인 실천을 수행한다. 이처럼 사회복지사는 과학자로서 객관적 관찰과 실험적 조사를 통해 경험적으로 입증된 이론과 방법을 적용할 뿐만 아니라 실천의 효과성과 효율성에 관한 증거를 체계적으로 확인, 분석, 평가하는 증거기반실천을 수행하는 것이 바람직하다.

7) 미학

사회복지사가 수행하는 숙련된 실천에는 미학적(aesthetics) 요소, 즉 예술성이 포함된다(England, 1986). 사회복지실천의 예술성이란 실천 상황에서 과정과 성과에 영향을 미치는 보이지 않는 요인들, 즉 사회복지사의 개인적 특성, 직관적이고 창의적인 능력, 전문적 자질과 태도, 감정적 반응 등을 적절히 활용하여 실천하는 것을 말한다. 이러한 사회복지실천의 예술성은 사회복지사가 클라이언트에 대한 감정이입(empathy)을 통해 정서적으로 반응하고 클라이언트와 긍정적 신뢰 관계를 형성하며, 현명한 판단과 희망, 인내력을 가지고 있을 때 발휘할 수 있다. 예술가로서 사회복지사는 개별 사례와 상황에 적합한 방법을 창의적으로 모색하고 응용하기 위해 경험과 훈련, 슈퍼비전 등을 통한 숙련된 과정을 거쳐야 한다. 동정(sympathy)과 인간의 고통에 직면하는 용기, 클라이언트와 의미 있고 생산적인 원조 관계를 형성하는 능력, 변화에 대한 장벽을 극복하는 창의성, 희망과 에너지를 변화 과정에 불어넣는 능력, 건전한 판단력의 사용, 직관적 능력, 적합한 가치에 대한 헌신, 그리고 효과적인 전문적 스타일을 형성하는 것 등이 예술성에 해당한다(Sheafor & Horejsi, 2012).

핵 • 심 • 정 • 리

1. 미국사회복지사협회(NASW)가 제시한 사회복지실천의 기능

① 개인의 자신감, 문제 해결 능력 및 대처 능력 향상
② 개인이 각종 자원을 획득하도록 도움
③ 조직이 사람들의 욕구에 반응하도록 감시
④ 개인과 주위 환경에 있는 사람 사이의 상호작용 촉진
⑤ 조직과 조직, 기관과 기관 사이의 상호작용에 영향력 행사
⑥ 사회환경의 정책에 영향력 행사

2. 펄만(Perlman)이 제시한 사회복지실천의 구성 요소

① 문제(problem)
② 사람(person)
③ 장소(place)
④ 과정(process)
⑤ 전문가(professional)
⑥ 제공 자원 또는 제공물(provisions)

3. 사회복지실천의 분류

분류기준	하위 차원	내용
클라이언트 체계 수준	미시적 수준	개인을 대상으로 클라이언트와 대면 접촉을 통해 서비스 제공 예 자살을 시도한 청소년에 대한 위기 개입
	중간적 수준	가족이나 소집단을 대상 예 부의 폭력문제 해결을 위한 가족치료
	거시적 수준	조직, 지역사회, 전체 사회, 국가의 복지체계 대상 예 성폭력 피해 지적장애 여성을 위해 국민을 대상으로 서명운동
클라이언트 접촉 유무	직접 실천	클라이언트와 대면하여 문제 해결 도모 예 장애인 취업 상담, 독거어르신 재가 방문
	간접 실천	클라이언트의 환경 체계 개입 예 아동학대 예방을 위한 홍보활동

4. 사회복지실천의 이념적 배경

① 인도주의와 박애사상: 사회복지 초기이념으로 우애방문원의 철학
② 사회진화론: 사회복지실천의 사회통제적 측면 반영
③ 민주주의: 클라이언트의 자기 결정권에 영향
④ 개인주의: 최소한의 수혜 자격 원칙과 클라이언트의 개별화에 기여
⑤ 다양성: 역량강화의 강조로 제공자 – 수혜자에서 제공자 – 소비자의 관계로 변화
⑥ 경험주의: 과학적 지식과 경험적 자료를 중시하는 증거기반실천의 근거
⑦ 미학: 동정과 인간의 고통에 직면하는 용기, 클라이언트와 의미 있고 생산적인 원조 관계를 형성하는 능력, 변화에 대한 장벽을 극복하는 창의성 등 예술적 요소 강조

CHAPTER 02

사회복지실천의 발달 과정

이 장의 구성

1. 서구 사회복지실천의 발달 과정
2. 한국 사회복지실천의 발달 과정

CHAPTER 02

사회복지실천의 발달 과정

학습목표

- 서구 사회복지실천의 역사적 발달 과정을 이해한다.
- 한국 사회복지실천의 역사적 발달 과정을 이해한다.

1. 서구 사회복지실천의 발달 과정

1) 자선조직협회

미국 시민전쟁(1861~1865)과 18세기 중엽 영국에서 시작된 산업혁명(Industrial Revolution) 같은 중요한 사회적 사건들이 당시의 다양한 사회문제의 배경이 되었다. 시민전쟁 이후 민간 자선단체들이 대도시를 중심으로 빠르게 증가하였지만, 자선단체들은 상호 협력 체계를 구축하지 않았기 때문에 매우 비효율적으로 자선활동을 전개하였다. 따라서 누구든지 마음만 먹으면 여러 자선단체에서 도움을 받을 수 있었다. 이 당시 빈민에 대한 사회적 시선은 게으르고 의존적이어서 도움을 줄수록 더욱 나태해질 것이라는 가정에 머물러 있었다. 또한 이념적으로도 다윈(Charles

Robert Darwin)의 생물학적 진화론을 인간 사회와 국제 관계에 적용한 스펜서(Herbert Spencer)의 사회진화론이 주류를 이루고 있었기 때문에 '최소한의 자선'만이 정당화될 수 있었다. 즉, 빈곤의 근절을 위해서는 빈민을 직접 도와주는 것보다 그들의 도덕성을 변화시키는 것이 더 중요하다고 생각했던 시기이다(엄명용 외, 2011).

1820년 설립된 빈곤예방협회(Society for the Prevention of Pauperism)는 빈곤 가정을 직접 방문하여 가정환경을 조사하고, 절약과 저축을 실천할 수 있도록 원조하려는 목적에서 설립되었다. 빈곤 가정을 직접 방문하여 체계적인 빈민 조사를 시행한 빈곤예방협회의 활동은 이후 자선조직협회(Charity Organization Society: COS)를 중심으로 계속되었다.

최초의 자선조직협회는 1869년 영국 런던에서 설립되었고, 미국은 1877년에 뉴욕의 버펄로에서 여러 민간 기관이 회원 기관으로 참여하여 조직되었다. 자선조직협회의 목적은 빈민의 개인적 결함 및 빈곤의 원인을 찾아 그들을 원조함으로써 지역사회의 안정을 도모하는 것이었다. 이처럼 자선조직협회는 빈민에게 자선적 원조를 직접 제공하는 것이 아니라 자선 단체들을 과학적으로 통합하고 조정하는 역할을 담당하였다(양옥경 외, 2010). 특히 자선조직협회는 무차별한 자선의 문제를 제거하여 과학적으로 자선 활동을 수행하기 위해 클라이언트 등록 체계를 마련하였다. 이 당시 과학적 자선(scientific charity 또는 scientific philanthropy)이란 개인의 특성과 수혜 조건에 대한 철저한 조사와 기록을 통해 서비스의 중복과 누락을 예방하고 체계적이며 효율적인 서비스를 제공하기 위해 빈민에 대한 체계적인 조사·등록·조정을 하는 업무를 의미했다(Leiby, 1978; Zastrow, 2010).

19세기 후반부터 20세기 초반의 자선조직협회 활동은 공적 보호 체계의 필요성이 사회적으로 부족하던 시기에 빈곤과 빈민의 문제에 대응하고자 민간에서 자발적으로 이루어졌다는 점에서 의미가 있다. 또한 전문가의 권위보다는 긍정적인 영향력과 체계적인 서비스를 근거로 사회복지사의 전문성을 강조하여 클라이언트 중심의 접근과 전문가주의의 기초가 되었다. 이처럼 자선조직협회를 통해 각인된 전문가의 가치와 태도는 클라이언트의 문제 예방을 위해서 사회환경의 변화보다는 개인적 특성과 재활을 강조하는 전통을 오늘날까지 이어지게 하였다(Long & Holle, 1997).

자선조직협회를 통해 과학적 자선 활동을 전개하고 오늘날 사회복지사의 원형이 된 실천 인력들이 우애방문원(friendly visitors)이다. 그 당시 우애방문원의 목표는 '구제가 아니라 친구로서(not alms, but a friend)'라는 자선조직협회의 정신을 유지하였다. 이들은 중상층 기독교인들이 중심이 된 여성 자원봉사자로서 인도주의적 기능과 사회통제적 기능을 동시에 담당하였다. 이들은 빈곤 가정을 직접 방문하여 상담 및 교육을 진행하였고, 사회진화론의 영향을 받아 빈곤의 원인을 개인의 도덕적 문제, 나태함, 게으름 등으로 보았다. 따라서 우애방문원은 교화를 통해 빈민을 근면하고 성실한 도덕성을 갖춘 사람으로 만드는 것에 초점을 두는 인도주의적 기능을 실천하였다. 또한 이들은 원조에 대한 수혜 자격을 평가하면서 청결하고, 예의 바르고, 감사할 줄 아는 가치 있는 빈민에게 도움을 제공하였다. 반면에 더럽고, 항상 술에 취해 있고, 다른 사람을 존중할 줄 모르는 가치 없는 빈민, 즉 일할 능력이 있는 걸인, 알코올 중독자, 성매매 여성 등에게는 도움을 제공하지 않음으로써 도덕적 잣대를 적용하여 빈민을 통제하였다.

그러나 자원봉사자로서 우애방문원의 활동에는 한계가 있었기 때문에 정식 유급 직원으로 활동하는 우애방문원을 고용하게 되었다. 우애방문원은 따뜻한 마음과 이웃에 대한 관심만으로도 가능했던 자선의 이미지와 구분되기 위해 노력하였고, 전문적인 원조를 제공하기 위해 훈련과 교육을 받았다. 우애방문원의 활동은 개별사회사업의 태동에 영향을 주었고, 이후에 전문화되면서 사회복지사(social worker)로 불리기 시작하였다. 또한 우애방문원은 가정 방문을 통해 가족을 지원하고 상담하는 임무를 수행하면서 가족 지원과 상담에도 많은 영향을 주었다(DuBois & Miley, 2011).

2) 인보관 운동

인보관(隣保館) 운동(Settlement House Movement)은 지역사회의 문제를 해결하기 위해서 빈민과 함께 거주하면서 지역사회의 환경 개선과 빈민에 대한 도덕적 교화를 해야 한다는 신념을 가진 사람들이 주도하였다. 최초의 인보관은 바네트(Samuel Barnett) 목사가 1884년 영국 런던에 설립한 토인비 홀(Toynbee Hall)이다. 미국에서는 애덤스(Jane Addams)가 1889년 시카고에 헐 하우스(Hull House)를 설립하였고, 이후 더욱 확산되었다(Davis, 1977).

19세기 후반에 사회적 · 종교적 동기에서 시작된 인보관 운동의 중심 세력은 중산층 배경을 가진 대학생들이었고, 다수가 목사의 자제들이었다. 이러한 배경으로 인보관 운동의 초기 인력들은 노동에 대한 중산층의 가치인 근면과 절제를 빈민들에게 강조하는 선교적인 접근을 취했다(DuBois & Miley, 2011). 그러나 불량한 주택과 공중위생, 실업, 이민 등으로 인한 사회문제들은 빈곤을 더는 개인적 수준의 노력 부족이나 도덕적 실패의 결과로 설명할 수 없게 만들었다. 인보관 운동에 참여한 사람들은 도시이주자와 공장노동자로 이루어진 빈곤 지역 주민들과 함께 거주하면서 그들에게 환경을 개선하는 방법을 교육하였다. 계층 간의 협력적 관계를 강조하면서 지역사회의 욕구에 기반을 두고 다양한 교육 및 집단 프로그램을 시행하였다. 즉, 주거 환경, 공중위생, 생활환경 등을 개선하고, 궁극적으로 자립할 만한 일자리를 찾아주고, 직업 기술을 가르치고, 자신의 주변 환경을 스스로 개선하도록 협력을 강조하였다. 이러한 과정에서 인보관 운동은 빈민의 사회적 주도력(social initiative)을 함양하는 개입 방향과 지역사회의 조건에 대한 깊은 관심으로 이후의 집단사회사업, 사회행동, 지역사회조직 등과 같은 실천 방법을 발전시키는 데 크게 이바지하였다(Zastrow, 2010).

인보관 운동은 지역사회의 문제 해결을 위한 조례 제정과 사회 정책 및 입법 활동 등에 영향을 미치는 조직을 만드는 데 중요한 역할을 하면서 빈곤 해결을 위한 환경적, 구조적 접근의 견인차 역할을 하였다. 즉, 인보관 운동은 도덕성의 다양한 관점을 인정하고, 빈곤 문제의 원인은 개인의 도덕적 결함이 아니라 사회환경과 사회구조의 결함 때문이라고 보았다(Trattner, 1999). 따라서 그 해결책은 개인 및 지역사회의 도덕성 회복에 있음을 강조하면서 도덕성의 다양한 관점을 인정하였다. 이처럼 사회 개량적인 인보관 운동은 사회복지실천의 노력이 개인적인 도덕적 실패라는 접근으로부터 상황 속의 인간이라는 접근으로 변화하는 데 크게 이바지하였다.

3) 전문화의 노력

교육을 통한 전문직으로의 발돋움은 1905년 의사인 카보트(R. Cabot)가 메사추세츠(Massachusetts) 병원에 유급 의료사회복지사를 채용하면서 시작되었다(Dolgoff et al., 1997). 이처럼 우애방문원을 대상으로 하는 도제식 훈련 방법에서 유급 사회복지사가 등장함으로써 전문적 지식과 기술을 전수하는 교육 및 훈련 과정이 필요해졌다. 그들을 위해 1898년에 뉴욕 자선조직협회가 뉴욕 자선학교의 후원으로 6주간의 교육 훈련 과정을 개설하였다. 이 과정은 1904년에는 뉴욕 박애학교라는 1년 과정으로, 1910년에는 2년 과정으로 확대 운영되었다(Johnson & Yanca, 2009). 나중에 뉴욕 자선학교는 뉴욕 사회복지대학으로 발전하였고, 1962년부터는 컬럼비아 대학교 내의 사회복지대학(Columbia University, School of Social Work)으로 발전하였다(Zastrow, 2010; 엄명용 외, 2011). 제1차 세계대전 이후 전문인력의 수요가 증가하고 유급 종사자의 수가 확대된 것은 이러한 교육 훈련 체계가 발달한 것이 중요한 요인으로 작용하였다(감정기 외, 2010).

그러나 1915년 전국 자선 및 교정회의(National Conference on Charities and Correction)에서 의학 교육 비평가인 플렉스너(Abraham Flexner)는 "사회사업은 전문직인가?(Is Social Work a Profession?)"에 대한 주제 강연에서 사회복지사는 친절하고 자원이 많은 것은 사실이지만, 구체적인 기술이 부족할 뿐만 아니라 업무 성격이 자원을 매개하는 역할만 수행한다. 따라서 사회사업은 공식적인 훈련 체계가 없을 뿐만 아니라 전문직의 자율성과 책임성 수준이 낮은 점 등 전문직의 핵심적인 속성이 부족하므로 전문직으로서의 특성이 없다고 평가하였다. 일반적으로 전문직은 체계화된 지식개발과 기술, 전문적 권위, 전문직으로서의 사회적 승인, 윤리강령, 그리고 공유된 전문적 가치와 문화 등을 갖춘 직종을 말한다. 이러한 전문성 논쟁의 계기로 사회복지계는 대외적인 사회적 역할보다는 이론적 기초를 마련하고 실천 방법을 개발하는 등 사회복지 전문직에 집중하였다. 또한 사회복지사 양성을 위한 교육기관의 설립과 교과 과정을 표준화하며, 전문가협회의 조직과 활동에 관심을 두는 등 전문직의 속성을 갖추려는 내부의 노력에 집중하였다(Austin, 1986).

이 시기의 사회사업 교육 과정의 핵심은 개별사회사업(social casework)으로, 그 방법은 자선조직협회의 활동 원리 및 과정에 뿌리를 두고 있다(Brieland, 1995). 전문직으로서 사회복지사의 교육 및 훈련을 위해 필라델피아 자선조직협회의 책임자인 리치먼드(Mary Richmond)는 자신과 동료들의 사회복지실천 활동 내용 및 과정을 종합하여 1917년에 《사회진단(Social Diagnosis)》을 출간했다. 이 책은 사회복지사가 개인의 문제에 개입하는 방법과 기술에 중점을 두는 사회복지실천 과정을 최초로 체계화한 책이다. 이 책에서 제시한 조사, 진단, 예후, 처우 계획 등의 사회복지실천 과정은 지금도 이용되고 있으나 당시 상황을 반영하여 의료적 용어가 많이 포함되었다는 한계가 있다. 이런 한계에도 불구하고, 사회적 병리 현상은 환경에 대한 개입을 통해서 개인을 변화시킬 수 있다는 '환경 속의 인간(person in environment)'이라는 관점을 수용했다는 점에서 사회복지실천의 정체성을 보여주었다(Zastrow, 2010; 김혜란 외, 2013). 이러한 내용을 바탕으로 리치먼드(1922)는 《개별사회사업이란 무엇인가(What is Social Case Work?)》라는 책에서 개별사회사업을 정의하면서 환경 속의 인간의 개념을 고려하였다. 결과적으로 플렉스너의 문제 제기로 사회복지계는 통일된 전문직에 대한 추구, 개념적 틀과 고유한 방법의 추구, 과학적 이론의 추구, 조사에서의 과학적 기반의 추구 등 다양한 노력을 전개하게 되었다(이원숙, 2008).

사회복지실천의 대상이 계속 확대됨에 따라 사회복지실천현장도 다양화되었다. 이와 함께 개별사회사업, 집단사회사업, 지역사회조직사업 등과 같은 방법론은 전문적 공통성 없이 별도의 영역으로 발달하였다. 이런 상황에서 다양한 실천 분야의 공통된 흐름을 찾고자 1929년에 밀포드 회의(Milford Conference)가 개최되었다. 밀포드 회의에서 사회복지가 분야별로 공통점이 있는지와 같은 지식과 기술을 갖춘 하나의 전문직인지 등에 관해 토론한 결과, 사회사업의 다양한 분야의 실천이 상이성보다는 유사성이 많으므로 하나의 전문직으로 발전할 가능성이 있다는 결론을 내렸다. 밀포드 회의에서 처음으로 '일반(generic)'이라는 개념이 등장하였는데, 이 용어는 개별사회사업이 다양한 사회복지실천현장에 적용될 수 있는 공통 기반임을 나타내는 것이었다(Holosko, 2003; 우국희 외, 2015).

4) 진단주의와 기능주의의 논쟁

1920년대 개인 내적인 치료 지향의 사회 분위기는 1929년부터 미국에서 시작되어 1939년까지 전 세계적으로 계속된 대공황(Great Depression)으로 그 한계가 나타나 환경 개선의 분위기로 전환되었다. 그 결과 1930년대 사회복지실천의 이론적 지향인 진단주의 학파(Diagnostic school)와 기능주의 학파(Functional school)의 논쟁은 1950년대까지 계속되었다. 진단주의와 기능주의의 관점은 사회복지실천 개입의 초점에 대해 상당히 대조적이기 때문에 이들의 논쟁은 사회복지실천에 많은 영향을 주었다.

진단주의는 프로이트의 정신분석이론의 주요 개념들을 기초로 인간을 기계적 · 결정론적 관점에서 바라본다. 따라서 클라이언트의 발달사를 탐구하는 진단과 초기 아동기에서 비롯된 문제의 이해를 강조한 정신분석적 접근을 기초로 한다. 진단주의는 성격에서 자아(ego)의 힘이 사회복지실천의 원조에 따라 강화될 수 있다는 것을 기본 전제로 한다. 이 가설을 근거로 클라이언트의 성격 구조를 과거부터 현재까지의 생활을 통해 분석하고, 현재의 자아 기능을 해명하여 자아의 강화를 도모함으로써 사회환경에 대한 성격의 적응력을 강화하고자 하였다(장인협, 1989).

진단주의는 환경적 관점을 완전히 배제하지는 않았지만, 심리 내적인 개입과 과거 경험을 더 많이 강조했다는 점에서 기능주의와 차이가 있다(김혜란 외, 2013). 진단주의 대표적인 학자로는 리치먼드(Mary Richmond), 《개별사회사업의 이론과 실제》를 저술한 해밀턴(Gordon Hamilton), 심리사회적 모델을 체계화시킨 홀리스(Florence Hollis) 등이 있다.

반면에 신프로이트학파인 랭크(Otto Rank)의 영향을 받은 기능주의는 인간을 과거의 산물이 아니라 창의적 · 의지적 · 낙관적으로 보아야 한다는 견해를 주장하면서 개인의 의지(will)를 강조하였다. 즉, 개인은 자신의 내부에 건설적인 방향으로 가려는 힘이 있고, 이 힘은 건전한 성장을 위한 의지를 형성한다. 또한 개인은 더는 과거의 노예가 아니며, 현재의 경험과 그 주변 여건에 대한 이해가 개인의 문제를 이해하는 데 중요한 역할을 한다고 주장한다. 또한 기능주의는 사회복지사와 클라이언트 사이의 원조 관계와 기관의 기능을 강조한다. 즉, 원조 관계와 밀접한 관련이 있는 원조 과정은 기관의 기능과도 연결되어 있다. 클라이언트를 중심으로 클라이언트는 도움을 받는 기관의 제한된 기능 내에서 스스로 선택하고, 자신의 내부의 힘을 활용하여 성장을 위한 과제를 수행하되, 시간적으로도 제한된 범위 내에서 자신의 당면한 문제를 해결하는 과정에만 참여한다. 즉, 클라이언트가 제한된 시간 내에서 기관의 기능과 서비스를 최대한 활용하여 과거의 심리적 · 사회적 문제보다 현재 당면한 문제 해결에 초점을 맞춘다. 이때 기관의 기능은 사회복지사와 클라이언트 사이에 원조 과정의 초점, 방향, 내용 등에 영향을 미치기 때문에 매우 중요하다. 치료라는 용어의 사용을 반대하고 원조 과정(helping process)이라는 용어를 사용하였다. 개입 기간도 장기간의 개입보다는 시간 제한적이고 과제 중심적인 개입을 선호하였다(이윤로, 2006). 이처럼 현재와 개인의 성장 가능성 및 의지에 초점을 두는 점, 치료에서 치료자의 권위적인 위치 및 태도를 바람직하지 않게 생각하는 등과 같은 기능주의 특성은 진단주의에 영향을 주었다. 그 결과 진단주의가 개인의 내적 진단을 중시한 프로이트의 영향에서 약간 벗어나 환경 속의 인간을 이해하는 방향으로 나아가게 되었다(엄명용 외, 2011). 진단주의와 기능주의가 첨예하게 대립하였지만, 1950년대에 절충주의적 방식으로 문제해결모델이 개발되면서 통합되기 시작하였다.

5) 통합방법론과 다양한 실천모델의 등장

1950~1960년대의 특징은 개인보다는 사회환경의 중요성이 강조되었다는 것과 통합방법론이 등장했다는 것이다. 특히 개별사회사업, 집단사회사업, 지역사회조직사업 등과 같은 전통적인 사회복지방법론별 접근으로는 급격한 사회 변동이나 다양한 사회문제에 적절히 대응할 수 없어서 통합방법론이 등장하였다. 통합방법론은 개인, 집단, 지역사회 등을 대상으로 개입하는 모든 사회복지실천 과정에서 사회복지사가 공통된 원리와 개념에 근거하여 원조한다는 것을 의미한다. 통합방법론의 구체적 예로는 문제해결모델, 4체계모델, 6체계모델 등이 있다(김혜란 외, 2013).

1970년대는 사회복지실천 모델에 대한 탐구가 나타나면서 많은 실천 모델이 출현하였다. 생태체계 관점에 따라 개인의 병리보다는 강점에 초점을 두며, 클라이언트의 상황에 맞는 역할 및 개입 전략의 다양성을 중시하는 경향이 나타났다. 이러한 관점에서 생활모델, 과제중심모델, 강점 관점, 사례관리모델 등이 등장하였다(김혜란 외, 2013). 특히 생활모델은 사회복지실천의 관심 단위를 개인과 환경의 어느 한쪽에 집중하지 않고 전체로 이해할 수 있게 하였다(Derezotes, 2000).

1970년대부터 시작된 세계 경제 침체는 복지 체제에 대한 위기의식으로 이어져 사회복지 전문직에서도 사회복지실천의 효과성에 대한 관심과 효과성을 입증할 책무성이 강조되었다(우국희 외, 2015). 이처럼 사회복지 전문직에서도 책무성이 요청됨에 따라 많은 서비스 기관은 효과적인 실천을 위한 전략들을 개발하기 시작했다. 이를 위해 효과성이 입증된 개입 방법을 선별적으로 사용하는 것이 사회복지 전문직의 우선적 책임임을 강조했다.

이런 상황에서 1990년대 증거기반실천(Evidence-Based Practice: EBP) 혹은 근거중심실천의 등장은 효과성을 담보하는 대표적인 전략이 되었다. 증거기반실천이란 사회복지사가 클라이언트의 문제를 해결하는 개입 과정에서 최선의 의사결정을 위해 해당 분야의 성과 연구를 비롯한 연구 결과 등 과학적인 근거를 검토하고 평가한 뒤 개별 클라이언트의 상황을 고려하여 적용하는 과정이자 실천 철학이다(김유진, 2007). 증거기반실천은 정신건강 영역을 중심으로 시작되어 현재는 다양한 사회문제 영역을 포함하여 프로그램 개발, 사회복지행정, 사회복지정책 등 거시적 수준까지 확대, 적용되고 있다(공계순, 서인해, 2006). 이와 같은 경향은 합리적인 지식의 활용과 효과성의 검증을 통해 사회복지실천의 책무성 증진에 도움이 되었다. 하지만 각 개인의 주관적이며 상황적인 요소를 고려하며 다양한 삶 속에 개입하려는 실천적 노력과 사회적 의미, 인식의 산물 등의 중요성을 충분히 반영하지 못하는 한계가 있다(홍선미, 2011).

2. 한국 사회복지실천의 발달 과정

1) 외원 기관 중심의 사회복지실천

우리나라의 근대적 사회복지는 원산 인보관 운동(1906)의 영향을 받아 1921년 선교사들이 설립한 태화여자관(현 태화기독교사회복지관)에서 사회복지관 사업을 시작한 것을 출발점으로 볼 수 있다. 당시 태화여자관은 한국 최초의 여성 사회사업기관으로 아동 건강 점검 사업과 목욕탕 사업을 시작으로 미국의 인보관 운동과 같은 형태로 사회 계몽과 사회 개혁을 실천하였다(이덕주, 1997).

우리나라에 미국식 사회복지실천 방법이 본격적으로 도입되기 시작한 것은 한국전쟁 이후이다. 국제연합(UN)의 요청으로 많은 외원 기관이 전쟁 난민의 구호 활동을 위해 한국에 진출하면서 시설 보호 중심의 사회복지를 발전시켰다. 많은 외원 기관의 활동으로 서비스가 비조직적 · 비체계적으로 제공되어 수혜자가 중복되거나 빠지는 문제가 발생하였다. 이런 문제를 예방하고 외원 기관들의 정보 교환과 사업의 평가 계획, 사업의 연락과 조정, 정부와의 단체 교섭 등을 하기 위해 1952년 부산에서 '외국 민간원조기관 한국연합회(Korea Association of Voluntary Agencies: KAVA)'가 결성되었다. 외원 기관들은 주로 일시적인 지원이나 긴급 구호에 집중하였지만, 1956년 이후로는 긴급 구호에서 탈피하여 장기적인 사업을 시행하였다. 이들은 장기적인 사업 계획에 따라 병원, 학교 또는 고아원 등과 같은 기관이나 시설을 설립하여 직접 운영하거나 각종 후원 물품 및 장비, 기술 등을 제공하여 간접적으로 지원하였다(카바40년사 편찬위원회 편, 1995).

외원 기관들의 이념은 기독교 정신에 입각한 민주 이념을 바탕으로 전문적 사회복지실천보다는 종교적인 선교 활동과 구호 활동 등을 목적으로 하였다. 따라서 외원 기관들의 활동은 전문적인 사회복지실천은 아니지만, 활동 과정에서 구호 활동의 방법과 기술 및 관련 지식 등 미국식 전문 사회복지실천의 방법과 관련 이론을 전파하였다. 외원 기관들의 활동은 1970년대 들어서면서부터 서서히 축소되기 시작하였다. 경제개발5개년계획으로 한국의 경제 상황이 급성장하여 국민 소득 수준이 향상됨에 따라 한국전쟁 이후의 응급 구호적인 활동의 의미가 퇴색되었고, 1974년에 「외국 민간원조단체에 관한 법률」이 개정되면서 외원 기관들의 활동에 대한 통제가 강화되었기 때문이다(최원규, 1996). 하지만 기독교아동복지회(Christian Children's Fund: CCF; 현 어린이재단), 선명회(World Vision of Korea; 현 월드비전), 홀트아동복지회(Holt Adoption Program), 한국지역사회복리회(Save the Children: SCF; 현 세이브더칠드런), 캐나다 유니테리언 봉사회(Unitarian Service Committee of Canada: USCC; 현 한국봉사회), 메노나이트중앙재단(Mennonite Central Committee: MCC; 현 가정복지회),

스웨덴 아동구호연맹(Swedish Save the Children Federation: SSCF; 현 한국아동복지회), 양친회(Foster Parent's Plan: FPP; 현 양친사회복지회) 등은 지금까지도 한국 사회에서 대표적인 사회복지기관으로 역할을 다하고 있다(엄명용 외, 2011).

2) 사회복지실천의 양적 팽창

우리나라의 사회복지실천이 양적으로 팽창한 영역을 교육 기관, 전문인력, 지역사회복지 영역, 공공 영역, 전문가협회, 그리고 기타 영역 등으로 구분하여 살펴보고자 한다.

(1) 교육 기관

외원 기관들은 사회복지 관련 학과의 설치뿐만 아니라 미국식의 전문 사회복지실천 방법을 전파하는 데도 도움을 주었다. 그 결과 사회복지 전문인력을 양성하는 교육 기관으로 1947년에 이화여자대학교 기독교사회사업학과가 처음 설립되었다. 이후 1953년에는 중앙신학교(현 강남대학교)에 사회사업학과가 설치되었고, 1958년에는 서울대학교 대학원에 사회복지 전공이 개설되었다. 이 당시 대학교수들은 주로 미국에서 유학했거나 외원 기관에서 근무하였던 경험으로 대학에서는 미국의 사회복지실천교육이 이루어졌다(우국희 외, 2015). 1980년대 이후 전문대학, 대학교, 대학원에 사회복지학과 및 사회복지 관련 학과가 대거 신설되었고, 교육 내용에서도 미국식 사회사업 중심에서 벗어나 한국의 현실적인 필요를 반영하는 정책 영역의 교육 비중이 확대되었다. 이런 경향은 1980년 이후 사회사업이라는 용어에 대한 국민의 부정적 인식과 맞물려 일부 대학의 관련 학과 명칭이 '사회사업학과'에서 '사회복지학과'로 전환된 사실에서 확인할 수 있다(감정기 외, 2010). 교육 기관을 중심으로 오늘날의 한국사회복지교육협의회(kcswe.kr)의 전신인 사회사업대학협의회가 1966년 창립되어 사회복지 교육의 방향을 설정하는 중심 단체로 자리매김하고 있다.

(2) 전문인력

다양한 사회복지실천현장에서 근무하는 전문인력인 사회복지사의 자격과 관련된 사항은 1970년에 제정된 「사회복지사업법」에 최초로 명시되었다. 이때의 명칭은 사회복지사업종사자였지만, 1983년 5월에 「사회복지사업법」이 개정되면서 사회복지사로 규정되어 사회복지사 자격증이 발급되기 시작하였다. 「사회복지사업법」 제11조 제1항의 규정에 의하여 보건복지부장관은 사회복지에 관한 전문적 지식과 기술을 가진 사람에게 사회복지사(Social Worker) 자격증을 발급하며, 사회복지사의 등급은 1급 · 2급 · 3급으로 구분된다. 1997년 「사회복지사업법」이 전면 개정되면서 한국사회복지사협회(www.welfare.net)가 법정 단체가 되어 자격증 발급 업무를 위탁받았고, 사회복지사의 전문성 향상을 위해 2003년부터 사회복지사 1급 국가시험이 시행되었다. 현재 3과목(8영역)에서 매 과목 4할 이상, 전 과목 총점의 6할 이상을 득점한 자를 합격 예정자로 결정하며, 합격 예정자를 대상으로 한국사회복지사협회에서 응시 자격 서류 심사를 하여 최종 합격자를 결정하고 있다. 현재 사회복지사 1급은 국가시험에 합격한 자에게, 2급은 대학원, 대학교, 전문대학 졸업자로서 일정 교과목을 이수한 자에게, 3급은 사회복지사 양성교육을 이수한 사회복지시설 종사자 등에게 보건복지부장관이 자격증을 발급하고 있다(보건복지부 · 한국사회복지사협회, 2016). 2019년부터는 사회복지사의 등급 중에서 3급은 폐지하고 1급과 2급만 유지하기로 하였다. 2020년 신입생부터는 선택과목 4과목(12학점)에서 7과목(21학점)을 이수하도록 상향 조정하였고, 사회복지현장실습 시간도 120시간에서 160시간으로 변경되었다. 또한 2008년부터 「사회복지사업법」에 근거하여 사회복지법인 및 사회복지시설에 종사하는 사회복지사를 대상으로 연간 8시간 이상 의무적으로 보수교육을 받도록 법제화되어 사회복지사의 전문성 향상과 역량강화를 위한 기반이 마련되었다.

정신질환의 치료, 정신질환자의 재활 · 복지 · 권리보장과 정신건강 친화적인 환경 조성에 필요한 사항을 규정한 「정신보건법」이 1996년부터 시행되다가 2017년 「정신건강증진 및 정신질환자 복지서비스에 관한 법률」(정신건강복지법)로 전면 개정되었다. 이 법의 제17조(정신건강전문요원의 자격 등)에 정신건강사회복지사는 정신건강임상심리사, 정신건강간호사, 정신건강작업치료사와 함께 명시되어 있다. 또한 정신건강전문요원 수련제도가 도입된 1997년부터 한국정신건강사회복지학회와 한국정신건강사회복지사협회(www.kamhsw.or.kr)가 창립되었다. 정신건강수련사회복지사는 「사회복지사업법」에 의한 사회복지사 1급 자격소지자로서 보건복지부장관이 지정한 정신건강전문요원 수련기관에서 1년 이상 수련을 하고 필기시험과 구술시험에 합격하면 2급 정신건강사회복지사 자격증을 취득할 수 있다. 1998년부터 법정 국가자격인 정신건강사회복지사 2급 시험이 실시되었고, 2002년부터는 정신건강사회복지사 1급 승급시험이 시행되었다. 정신건강사회복지사는 병원 중심의 활동에서 그 활동 영역을 지역사회로 확장하여 정신건강 영역에서 양질의 서비스를 제공하고 있다.

보건의료 영역의 전문사회복지사인 의료사회복지사는 1958년 한노병원, 세브란스병원에서 처음 일하였고, 1959년에는 국립의료원, 원주기독교병원 등에서 의료사회사업이 시작되었다(김규수, 1999). 1973년에 개정된 「의료법」에 따라 의료법시행규칙 제38조 제6항에서 종합병원에는 「사회복지사업법」에 따른 사회복지사 자격을 가진 자 중에서 환자의 갱생 · 재활과 사회 복귀를 위한 상담 및 지도 업무를 담당하는 요원을 1인 이상 두도록 규정함으로써 종합병원 단위의 의료기관에 의료사회복지사가 의무적으로 고용되게 되었다. 같은 해인 1973년에 대한의료사회사업가협회가 창립되었고, 2000년에는 대한의료사회복지사협회(www.kamsw.or.kr)로 명칭을 변경하면서 한국사회복지사협회의 산하 단체로 등록되었다. 2008년부터 대한의료사회복지사협회주관의 민간 자격인 의료사회복지사 자격시험이 처음으로 시행되었고, 2021년부터 법정 국가자격으로 전환되었다.

학교사회복지사는 학생들의 심리적 · 사회적 문제들을 학생 · 가정 · 지역사회의 연계를 통해 예방하고 해결함은 물론, 모든 학생의 능력 및 잠재력을 최대로 발휘할 수 있도록 최상의 교육 환경과 공평한 교육 기회를 제공하는 전문가이다. 2005년부터 민간 자격인 학교사회복지사 자격시험이 처음으로 시행된 이후, 2021년부터 법정 국가자격으로 전환되었다. 또한 2000년에 한국학교사회사업실천가협회가 창립되었고, 2005년에 한국학교사회복지사협회(www.kassw.or.kr)로 명칭을 변경하여 오늘에 이르고 있다.

(3) 지역사회복지 영역

우리나라 최초의 사회복지관인 태화여자관이 1921년에 설립된 이후, 1983년에 개정된 「사회복지사업법」을 토대로 사회복지관의 설립 및 운영을 지원하는 근거가 마련되었다. 1989년 보건사회부 훈령 제568호 사회복지관설치 · 운영 규정에 의해 정부가 지방자치단체와 협력하여 저소득층 밀집 지역에 사회복지관을 확대하는 정책을 추진하였다. 사회복지관은 지역사회를 기반으로 일정한 시설과 전문인력을 갖추고 지역주민의 참여와 협력을 통하여 지역사회 복지 문제를 예방하고 해결하기 위하여 종합적인 복지서비스를 제공하는 시설이다(보건복지부, 2016). 2012년 「사회복지사업법」의 시행규칙 개정에 따라 5대 사업에서 사례관리기능, 서비스제공기능, 지역조직화기능 등 3대 기능으로 개편하여 지역사회를 기반으로 주민의 복지 증진과 삶의 질 향상을 위해 지역사회 차원에서 사회복지를 전개하고 있다.

(4) 공공 영역

공공 부문에서 사회복지사의 활동은 1987년에 별정 7급 49명이 사회복지 전문요원으로 대도시 저소득층 밀집 지역의 동사무소에 배치되면서 시작되었다. 사회복지전담공무원은 「사회보장급여의 이용 · 제공 및 수급권자 발굴에 관한 법률」 제43조에 의거하여 사회복지사업에 관한 업무를 담당하기 위해 시 · 도, 시 · 군 · 구, 읍 · 면 · 동 또는 사회보장사무 전담기구에 배치되어 활동하고 있다. 1989년에 전국사회복지전문요원동우회가 결성되었고, 2011년에 한국사회복지행정연구회(www.ksswa.or.kr)로 명칭을 변경하였다. 사회복지전담공무원은 1999년에 별정직에서 일반직(사회복지직)으로 전환되었고, 현재 사회복지전담공무원(사회복지직)은 공공 영역에서 사회보장급여에 관한 업무 중 취약계층에 대한 상담과 지도, 생활실태의 조사 등 사회복지에 관한 전문적 업무를 담당하고 있다. 특히 공공 영역에서 사례관리는 공식적으로 2006년 주민생활지원 기능 강화를 위한 전달 체계 개편으로 등장하였다. 또한 2010년부터 위기가구 사례관리가 전국적으로 시행되었고, 2012년부터는 통합사례관리사업을 시행하는 희망복지지원단이 시작되었다. 2016년에 맞춤형 통합서비스를 목적으로 읍·면·동 주민센터의 지역사회 복지허브화를 추진하며 '행정복지센터'로 개칭하였다.

(5) 전문가협회

사회복지실천현장에서 활동하던 사회복지사들은 1965년에 개별사회사업가들을 중심으로 개별사회사업가협회를 창립하였고, 1967년에 전국의 사회사업가들이 모여 한국사회사업가협회를 설립하였다. 1982년에는 사회복지사 윤리강령을 제정하였고, 1985년에는 현재의 한국사회복지사협회로 명칭을 변경하였다. 한국사회복지사협회(www.welfare.net)는 1998년 「사회복지사업법」(제46조)에 의한 법정단체로 등록되면서 사회복지사는 사회가 인정하는 전문가로서 사회적 위치를 확보하게 되었다. 2000년에 「사회복지사업법」(제15조의2)이 개정되면서 국가는 국민의 사회복지에 대한 이해를 증진하고 사회복지사업 종사자의 활동을 장려하기 위해서 매년 9월 7일을 사회복지의 날로, 사회복지의 날부터 1주간을 사회복지주간으로 정하여 지키고 있다.

(6) 기타

우리나라는 2008년 7월 사회보험 방식으로 운영되는 노인장기요양보험제도를 통해 고령이나 질병 등의 사유로 일상생활을 혼자서 수행하기 어려운 노인 등에게 신체활동 또는 가사활동 지원 등의 장기요양급여를 제공하고 있다. 또한 2005년부터

「건강가정기본법」이 시행됨에 따라 여성가족부가 시행하는 가족 정책의 주요 전달 체계로서 다양한 가족지원정책을 제안 및 실행하기 위해 건강가정지원센터가 본격적으로 개소하였지만, 사회복지관과 서비스 중복 및 각 기관의 역할 정체성의 문제가 제기되었다. 또한 결혼이민자가족의 사회적 · 문화적 적응 지원 체계 구축을 위하여 시 · 군 · 구별로 결혼이민자가족지원센터가 2006년에 개소되었다. 이후 2008년에 다문화가족지원법이 제정되어 다문화가족의 안정적인 정착과 가족생활을 지원하기 위한 종합 서비스를 제공하는 기관으로 다문화가족지원센터(다누리, www.liveinkorea.kr)로 명칭이 변경되었다.

핵 • 심 • 정 • 리

1. 자선조직협회와 인보관 운동 비교

구분	자선조직협회	인보관운동
이념 및 이론	스펜서의 사회진화론	사회교육, 사회개혁
주요 활동가	중산층 기독교인 여성 중심의 자원봉사자(우애방문원)	중산층 배경의 대학생, 교수 등 지식인
도덕성에 대한 관점	기독교적 강조, 빈민의 나태함 비난	도덕성의 다양한 관점 인정
실천 장소	가정 방문	빈곤 지역에 함께 거주
활동 내용	가정환경 조사, 자선단체들의 통합 및 조정 역할, 클라이언트 등록 체계 마련	주거 환경, 공중위생, 생활환경 개선
영향	개별사회사업의 태동	집단사회사업, 지역사회복지, 사회행동

2. 진단주의와 기능주의 비교

구분	진단주의	기능주의
기초 이론	프로이트(Freud)의 정신분석이론의 영향, 인간을 기계적 · 결정론적 관점에서 바라봄	신프로이트학파인 랭크(Rank)의 인간관 영향, 인간의 의지(성장가능성) 강조, 창의적이고 낙관적인 인간관
인간성의 이해	질병의 심리학	성장의 심리학
사회복지의 목적	개별사회사업을 클라이언트의 건전한 성장이나 사회적 조건에 영향을 미치는 것으로 간주	기관의 목적을 사회복지실천의 목적으로 간주
강조	심리 내적인 개입, 과거 경험	지금-여기, 원조 관계와 기관의 기능
모델	심리사회모델	문제해결모델, 클라이언트 중심모델

3. 서구 사회복지 발달사

① 최초의 자선조직협회 영국 런던에 설립(1869)
② 최초의 인보관 토인비 홀 설립(1884)
③ 유급 의료사회복지사 채용(1905)
④ 플렉스너의 강연(1915)
⑤ 리치먼드의 사회진단 출간(1917)
⑥ 밀포드 회의(1929)

4. 대한민국 사회복지 발달사

① 태화기독교사회복지관(1921)
② 이대 사회사업학과 최초 설립(1947)
③ 외국원조기관연합인 KAVA 결성(1952)
④ 한국사회사업가협회 명칭 변경(1967)
⑤ 시·도 단위의 사회복지관 설치(1985)
⑥ 사회복지전담공무원 배치(1987)
⑦ 사회복지관 설치운영 규정 제정(1989)
⑧ 재가복지봉사센터 설치운영(1992)
⑨ 정신보건법 시행(1996)
⑩ 정신건강사회복지사 자격시험(1998)
⑪ 사회복지의 날(9월 7일) 제정(2000)
⑫ 사회복지사 국가자격시험(2003)
⑬ 학교사회복지사 자격시험(2005), 건강가정지원센터 개소(2005)
⑭ 노인장기요양보험제도 시행(2008)
⑮ 위기가구 사례관리 시행(2010)
⑯ 희망복지지원단 시작(2012)
⑰ 의료사회복지사, 학교사회복지사 법정 국가자격으로 전환(2021)

CHAPTER 03

사회복지의 가치 및 윤리

이 장의 구성

1. 사회복지 전문직의 가치
2. 사회복지사 윤리강령
3. 사회복지실천의 가치 갈등
4. 자기 인식

CHAPTER 03

사회복지의 가치 및 윤리

학습목표

- 가치와 윤리의 개념을 이해한다.
- 한국사회복지사의 윤리강령을 이해한다.
- 사회복지실천에서 나타날 수 있는 윤리적 갈등 상황과 그것을 조정하는 윤리적 원칙을 이해한다.
- 자기 인식의 중요성과 증진 방법을 이해한다.

1. 사회복지 전문직의 가치

1) 가치와 윤리의 개념

사회복지실천의 본질적 3대 중심축은 가치(value), 지식(knowledge), 기술(skill)로, 이 세 가지는 사회복지실천을 어떻게 시행할 것인지와 관련이 있다. 사회복지실천에서 가치는 감정적 · 정서적 측면이며, 지식은 인지적 측면이고, 기술은 실천 행동과 관련이 있다(Johnson & Yanca, 2007). 특히 지식은 보통 과학적 지식으로 증명될 수 있는 세계와 관찰한 결과를 객관화시킬 사실을 의미한다. 사회복지사가 좋은 신념을 갖고 있더라도 지식이 부족하다면 좋은 사회복지실천이라 할 수 없다. 일반적으로 가치는 무엇이 좋고, 바람직하고, 소중한 것으로 여겨지는 것에 대한 믿음 또는 신념을 의미한다. 어떤 현상을 객관적으로 설명하는 지식과는 반대로 가치는 당위성을 지향한다. 이처럼 가치는 인간의 선호 또는 선택에 대한 기준으로, 개인이나 집단구성원이 특정한 행동을 선택하는 데 영향을 미치게 된다. 특히 사회복지 전문직의 가치는 전문직의 사명뿐만 아니라 사회복지사와 클라이언트, 동료 및 사회구성원과의 관계, 개입방법의 선택, 윤리적 갈등의 해결 등에 중요한 의미를 지닌다(Reamer, 1995).

가치 체계는 상대적 중요성에 따라 궁극적 가치, 수단적 가치, 차등적 가치 등으로 구분할 수 있다(Pumphrey, 1959). 궁극적 가치(ultimate value)는 시간이 흘러도 변하지 않는 본질적인 가치로 사회복지의 정체성 확립에 기반이 되는 가치이다. 즉, 대다수 사람이 가장 쉽게 동의하는 자유, 인간의 존엄성, 정의, 평등 등과 같은 추상적인 목적을 가지는 가치이다. 수단적 가치(instrumental value)는 궁극적 가치를 달성하기 위한 수단이 되는 가치이다. 예를 들어 궁극적 가치인 인간의 존엄성을 달성하기 위한 수단으로 자기 결정권, 비밀보장, 고지된 동의 등과 같은 구체적인 행위나 상황과 관련된 수단적 가치가 필요하다. 특히 고지된 동의(informed consent)는 사전에 충분한 설명에 근거한 동의라고도 하는데, 주로 서면이나 말로 할 수 있다. 즉, 클라이언트가 받게 되는 서비스에 대한 상세한 설명과 정보 제공, 서비스 과정과 이후에 어떤 일이 발생하는지 등 서비스와 관련된 위험성, 서비스의 목적과 내용 등을 분명히 알리는 것과 클라이언트의 동의 없이는 그와 관련된 정보를 타인에게 제공해서는 안 된다는 것을 의미한다(김기덕 외, 2012). 마지막으로 궁극적 가치와 수단적 가치의 중간에 위치한 차등적 가치(differential value)는 사회적 · 문화적 · 종교적 영향이나 개인적 경험에 따라 찬성 또는 반대가 가능한 가치이다. 예를 들어 인공유산, 동성애, 사형제도, 유전자 복제 등과 관련된 가치는 차등적 가치이다.

윤리(ethics)는 가치로부터 나오는 것으로 가치를 실현하는 행동의 기준이나 원칙을 말한다. 즉, 윤리는 가치를 바탕으로 어떤 행동이 표출되었을 때 옳고 그름을 판단하는 도덕적 기준이나 지침이 된다. 또한 윤리는 인간이 사회에서 다른 사람들과 함께 살면서 마땅히 따르고 지켜야 하는 도리(道理)와 규범을 의미한다(백종현, 2007). 이처럼 가치와 윤리는 분리하여 생각할 수 없는 개념으로, 윤리는 가치를 바탕으로 구현된 행동 지침이기 때문에 가치와 조화를 이루어야 한다. 가치가 무엇이 좋고 바람직한가를 선택하는 믿음이라면, 윤리는 무엇이 옳고 그른가를 판단하는 것과 관계가 있다(Loewenberg & Dolgoff, 1996). 즉, 가치가 추구해야 할 이상적인 것과 관련된 것이라면, 윤리는 옳고 그름을 판단하는 기준이 된다. 사회복지의 가치가 사회복지실천이 나아가야 할 방향을 제시한다면, 사회복지의 윤리는 그 방향에 맞추어 사회복지실천현장에서 필요한 행동의 원칙과 지침을 제공하는 것이다(이순민, 2012).

2) 윤리적 상대주의와 절대주의

(1) 윤리적 상대주의

윤리적 상대주의(ethical relativism)는 우리가 마땅히 따라야 할 규범으로써 윤리가 문화에 따라 다르다는 입장이다. 규범으로써 윤리가 문화에 따라 다르다는 것은 옳고 그름의 기준이 문화에 따라 다름을 의미한다(오혜경, 2009). 이처럼 윤리적 상대주의는 도덕 규칙이나 객관적이고 보편적인 원리를 거부하고, 직면한 상황이나 산출결과가 얼마나 옳고 선한가의 정도에 따라 윤리적인 결정을 한다. 즉, 윤리적 상대주의는 어떤 상황에서도 적용될 수 있는 불변하는 윤리 기준이 있는 것이 아니라, 주관적으로 자신에게 유리하고 즐거운 것, 결과적으로 좋은 것이 윤리적으로 옳다고 보는 것이다. 예를 들어 비밀보장을 약속한 학교사회복지사와 상담한 여중생은 현재 임신 9주째로 부모에게 알리지 않고 출산할 수 있도록 도움을 요청하였다. 그러나 학교사회복지사는 태아와 여중생의 건강과 복지를 위해 비밀보장의 약속을 어기고 부모에게 알리는 경우는 윤리적 상대주의에 근거한 것이다.

(2) 윤리적 절대주의

윤리적 절대주의(ethical absolutism)는 인간이 마땅히 따라야 할 윤리가 사회나 문화에 상관없이 항상 같다는 입장으로 보편적인 도덕법에 따라 행위의 옳고 그름을 판단한다. 여기서 보편적인 도덕법은 모든 상황에서 절대적으로 적용되고 무조건 인정하며 의심할 수 없는 확실한 것을 말한다. 또한 자연법칙이나 초자연적 절대자의 속성과 같이 시대와 장소를 초월하여 모든 사람에게 보편타당하며, 선천적으로 주어진 삶의 원리를 의미한다. 어떤 행위에 대해 상황이나 그 행위의 결과와는 상관없이 보편적인 도덕 원칙에 따라 명료하게 옳고 그름을 판단해야 한다는 것이다. 이렇게 명료한 가치 판단을 가질 때, 도덕적 권위가 확고해지면서 사회적으로도 질서가 확립될 수 있다고 본다(이순민, 2012).

3) 사회복지 전문직의 가치

사회복지사는 윤리적이며 가치 지향적인 전문직으로 사회복지실천에서 가치와 윤리는 그 중심을 차지하고 있다(Reamer, 1993). 레비(Levy, 1973)는 사회복지실천 가치에 우선하는 사회복지 전문직의 가치를 다음과 같이 구분하였다.

① 사람 우선의 가치(인간에 대해 선호하는 생각)

전문직 수행의 대상인 사람에 대해 사회복지사가 갖추어야 할 기본적 가치이며 철학이다. 개인의 가치와 존엄성, 개인의 건설적 변화에 대한 능력과 욕구, 상호적 책임, 소속의 욕구, 인간의 공통된 욕구, 개인의 독특성에 대한 가치 등을 인정한다. 클라이언트를 개별화된 인간으로 보고, 능력을 인정하며, 그에 따라 권한을 인정하는 믿음이다.

② 결과 우선의 가치(인간에 대해 선호하는 결과)

사람에게 서비스를 제공했을 때 나타나는 결과에 대한 가치로 바람직한 결과 성취를 위해 지녀야 할 가치이다. 이는 사회가 개인의 발전을 위해 사회 참여의 기회를 동등하게 제공하는 동시에 욕구 충족을 위한 자원을 제공해야 한다는 사회적 책임에 대한 믿음이다.

③ 수단 우선의 가치(인간을 대하는 선호하는 수단)

서비스를 수행하는 방법, 수단 및 도구 등에 대한 가치이다. 사람은 존경과 존엄으로 대우받아야 하며, 자기 결정권의 권리를 지녀야 하며, 독특한 개인으로 인정받아야 하며, 사회 변화에 참여하도록 촉진해야 한다는 믿음이다. 이처럼 수단 우선의 가치는 인간의 자율성을 중시하는 가치로 사회복지실천의 모든 과정에서 클라이언트의 자율성을 보장해야 한다.

4) 사회복지실천의 핵심 가치

미국 사회복지사협회는 윤리강령(NASW Code of Ethics)을 통해 사회복지실천의 핵심 가치를 비교적 분명하게 밝히고 있다. 여기에서 제시하는 사회복지의 핵심 가치와 그 가치를 지지하는 윤리적 원칙을 살펴보면 다음과 같다(Reamer, 1999).

① 서비스

서비스(service)는 사회복지사의 궁극적 목적인 도움이 필요한 사람들을 돕고 사회문제에 대처하는 것이라는 윤리적 원칙의 기초가 된다. 사회복지사는 자신보다는 다른 사람들의 이익을 위해 서비스를 제공한다. 사회복지사는 도움이 필요한 사람들을 돕고 사회문제를 해결하기 위해 가치, 지식, 기술 등을 활용한다. 사회복지사는 경제적 보상을 기대하지 않은 채 자신의 전문적 기술의 일부를 자발적으로 할애하도록 권장한다.

② 사회정의

사회정의(social justice)는 사회복지사가 사회적 불의에 도전해야 한다는 윤리적 원칙의 기초가 된다. 사회복지사는 사회적으로 취약하고 억압받는 개인 및 집단과 함께 그리고 그들을 위하여 사회 변화를 추구한다. 사회 변화를 위한 사회복지사의 노력은 주로 빈곤, 실업, 차별, 기타 사회적으로 정의롭지 못한 문제 등에 초점을 맞춘다. 이런 활동들은 억압과 문화적 · 민족적 다양성에 관한 지식과 민감성을 고양한다. 사회복지사는 필요한 정보, 서비스와 자원에 대한 접근, 기회의 평등, 의사결정 등에 모든 사람의 의미 있는 참여를 보장하기 위해 노력한다.

③ 인간의 존엄성과 가치

인간의 존엄성과 가치(dignity and worth of the person)는 사회복지사가 타고난 인간의 존엄성과 인간에 대한 가치를 존중해야 한다는 윤리적 원칙의 기초가 된다. 사회복지사는 개인적 차이와 문화적 · 민족적 다양성을 고려하여 각 사람을 배려와 존중으로 대하며, 클라이언트가 사회적으로 책임 있는 자기 결정을 하도록 돕는다. 사회복지사는 클라이언트가 변화하는 자신의 욕구 충족의 기회와 능력을 향상하도록 돕는다. 사회복지사는 클라이언트와 전체 사회에 대한 책임을 인식해야 한다. 사회복지사는 전문직의 가치, 윤리적 원칙, 윤리적 기준 등에 일치하는 사회적 책임을 지고 클라이언트의 이익과 사회의 이익 사이의 갈등을 해결해야 한다.

④ 인간관계의 중요성

인간관계의 중요성(importance of human relationships)은 사회복지사가 인간관계의 중요성을 인식해야 한다는 윤리적 원칙의 기초가 된다. 사회복지사는 인간관계가 변화를 위한 중요한 수단임을 이해하고, 사람들을 원조 과정의 동반자로 참여시킨다. 사회복지사는 개인, 가족, 집단, 조직, 지역사회 등의 복지를 촉진, 회복, 유지, 향상하기 위한 목적으로 인간관계를 강화해야 한다.

⑤ 성실

성실(integrity)은 사회복지사가 신뢰받을 수 있도록 진실되게 행동해야 한다는 윤리적 원칙의 기초가 된다. 사회복지사는 사회복지 전문직의 사명, 가치, 윤리 원칙, 윤리 기준 등을 인식하고, 그것들과 일치하는 방식으로 실천해야 한다. 사회복지사는 정직하고 책임 있게 행동하며, 소속된 조직에서 윤리적 실천을 증진해야 한다.

⑥ 능력

능력(competence)은 사회복지사가 자신의 능력 범위 내에서 실천 활동을 하며, 전문적 지식과 기술을 개발하고 향상해야 한다는 윤리적 원칙의 기초가 된다. 이를 실천에 적용하기 위해 사회복지사는 전문직의 지식 기반을 구축하는 데 이바지해야 한다.

위와 같은 사회복지실천의 중심 가치를 세 가지 차원으로 분류하면 다음과 같다(Crabtree, 2000). 먼저 능력과 성실은 주로 사회복지사 개인이 가지고 있는 가치이며, 이에 수반되는 윤리적 원칙들은 개인적 행동 및 실천과 관련이 있으므로 개인적 차원의 가치로 볼 수 있다. 다음으로 사회복지사와 다른 사람 사이의 관계까지 확장된 가치로서 인간의 존엄성과 가치, 인간관계의 중요성은 대인관계 차원의 가치로볼 수 있다. 마지막으로 서비스와 사회정의는 사회적 차원의 가치에 해당한다.

2. 사회복지사 윤리강령

윤리강령(code of ethics)은 원조 전문직의 윤리적 실천의 중요성과 관련해 모든 업무 과정에서 준수해야 하는 행동 기준과 원칙을 기술해 놓은 것으로 전문가들이 공통으로 합의한 내용을 담고 있다. 따라서 법적 구속력이나 제재의 힘은 없지만, 사회 윤리적 제재의 힘은 있다. 이러한 윤리강령이 있다는 것이 중요한 것이 아니라 사회복지사의 행동지침으로서 적극적으로 활용될 때 의미가 있다.

1) 사회복지사 윤리강령의 기능

사회복지사 윤리강령의 목적은 서비스 제공자인 사회복지사의 자기 규제를 통한 전문가 보호라는 소극적인 측면과 클라이언트에게 질 높은 서비스를 제공하기 위한 적극적인 측면에 초점을 둔다(김기덕 외, 2012). 이런 목적을 지닌 사회복지사 윤리강령의 기능을 살펴보면 다음과 같다(Lowenberg & Dolgoff, 1996; 양옥경 외, 2004).

① 사회복지실천현장에서 윤리적 갈등 상황이 발생했을 때 그것을 해결할 지침과 원칙을 제공한다.

② 자기 규제를 통해 사회복지사의 비윤리적 실천으로부터 클라이언트를 보호한다.

③ 자기 규제를 통해 사회복지 전문직의 전문성을 확보하고, 외부 통제로부터 전문직을 보호한다.

④ 일반 사람들에게 전문가로서 사회복지사의 기본 업무 및 자세를 알리는 일차적 수단으로 기능한다.

⑤ 선언적 선서를 통해 사회복지사의 윤리적 민감성을 고양하고 윤리적 실천을 높인다.

2) 한국 사회복지사 윤리강령

한국 사회복지사 윤리강령은 1982년에 제정되어 1988년에 1차 개정 후에 공포되었고, 1992년에 2차 개정, 2001년에 3차 개정, 2021년에 4차 개정, 2023년에 5차 개정되었다(www.welfare.net). 한국 사회복지사 윤리강령은 사회복지사의 전문성 강화와 사회적 가치의 확대, 사회적 관련성과 책임에 대한 윤리 의식 및 행동 방향 설정의 필요성에 따라 기존의 선언적 윤리강령에서 벗어나 실천적 행동 강령의 역할을 할 수 있도록 규정하였다.

한국 사회복지사 윤리강령은 전문, 목적, 가치와 원칙, 윤리기준, 사회복지사 선서문 등으로 구성되어 있다. 특히 윤리강령의 핵심이 되는 윤리 기준에서는 사회복지사의 기본적 윤리 기준, 클라이언트에 대한 윤리 기준, 사회복지사의 동료에 대한 윤리 기준, 기관에 대한 윤리 기준, 사회에 대한 윤리 기준 등을 규정하고 있다. 이처럼 구성된 한국 사회복지사 윤리강령을 살펴보면 〈표 3-1〉과 같다(www.welfare.net).

표 3-1 한국사회복지사 윤리강령

전문
사회복지사는 인본주의·평등주의 사상에 기초하여, 모든 인간의 존엄성과 가치를 존중하고 천부의 자유권과 생존권의 보장 활동에 헌신한다. 특히 사회적·경제적 약자들의 편에 서서 사회정의와 평등·자유와 민주주의 가치를 실현하는 데 앞장선다. 또한 도움을 필요로 하는 사람들의 사회적 지위와 기능을 향상시키기 위해 저들과 함께 일하며, 사회제도 개선과 관련된 제반 활동에 주도적으로 참여한다. 사회복지사는 개인의 주체성과 자기 결정권을 보장하는 데 최선을 다하고, 어떠한 여건에서도 개인이 부당하게 희생되는 일이 없도록 한다. 이러한 사명을 실천하기 위하여 전문적 지식과 기술을 개발하고, 사회적 가치를 실현하는 전문가로서의 능력과 품위를 유지하기 위해 노력한다. 이에 우리는 클라이언트·동료·기관 그리고 지역사회 및 전체 사회와 관련된 사회복지사의 행위와 활동을 판단·평가하며 인도하는 윤리기준을 다음과 같이 선언하고 이를 준수할 것을 다짐한다.
윤리강령의 목적
한국사회복지사 윤리강령은 사회복지 전문직의 가치와 윤리적 실천을 위한 기준을 안내하고, 윤리적 이해가 충돌할 때 고려해야 할 사항을 제시하고자 한다. 한국사회복지사 윤리강령의 목적은 다음과 같다. 1. 윤리강령은 사회복지 전문직의 사명과 사회복지 실천의 기반이 되는 핵심 가치를 제시한다.

2. 윤리강령은 사회복지 전문직의 핵심 가치를 실현하기 위한 윤리적 원칙을 제시하고, 사회복지 실천의 지침으로 사용될 윤리기준을 제시한다.
3. 윤리강령은 사회복지 실천 현장에서 발생하는 윤리적 갈등 상황에서 의사 결정에 필요한 사항을 확인하고 판단하는 데 필요한 윤리 기준을 제시한다.
4. 윤리강령은 사회복지사가 전문가로서 품위와 자질을 유지하고, 자기 관리를 통해 클라이언트를 보호할 수 있도록 안내한다.
5. 윤리강령은 사회복지의 전문성을 확보하고 외부 통제로부터 전문직을 보호할 수 있는 기준을 제공한다.
6. 윤리강령은 시민에게 전문가로서 사회복지사의 역할과 태도를 알리는 수단으로 작용한다.

윤리강령의 가치와 원칙

사회복지사는 인간 존엄성과 사회정의라는 사회복지의 핵심 가치에 기반을 두고 사회복지 전문직의 사명을 다하기 위해 노력해야 한다. 이러한 핵심가치와 관련해 사회복지 전문직이 준수해야 할 윤리적 원칙을 제시한다.

핵심가치 1. 인간 존엄성

윤리적 원칙: 사회복지사는 인간의 존엄성과 가치를 인정하고 존중한다.

- 사회복지사는 개인적 · 사회적 · 문화적 · 정치적 · 종교적 다양성을 고려하며 개인의 인권을 보호하고 존중한다.
- 사회복지사는 클라이언트의 자율성을 존중하고, 자기 결정을 지원한다.
- 사회복지사는 클라이언트가 역량을 강화하고, 자신과 환경을 변화시킬 수 있도록 지원한다.
- 사회복지사는 사회복지 실천 과정에서 클라이언트의 개입과 참여를 보장한다.

핵심가치 2. 사회정의

윤리적 원칙 : 사회복지사는 사회정의 실현을 위해 앞장선다.

- 사회복지사는 개인적 · 집단적 · 사회적 · 문화적 · 정치적 · 종교적 차별에 도전하여 사회정의를 촉진한다.
- 사회복지사는 개인, 가족, 집단, 지역사회의 다양성을 존중하는 포용적 지역사회를 만들기 위해 노력한다.
- 사회복지사는 부적절하고 억압적이며 불공정한 사회제도와 관행을 변화시키기 위해 사회의 다양한 구성원들과 협력한다.
- 사회복지사는 포용적이고 책임 있는 사회를 만들어 가기 위해 연대 활동을 한다.

사회복지사의 윤리기준

Ⅰ. 기본적 윤리기준

1. 전문가로서의 자세

1) 인간 존엄성 존중

가. 사회복지사는 모든 인간의 존엄, 자유, 평등을 위해 헌신해야 하며, 사회적 약자를 옹호하고 대변하는 일을 주도해야 한다.

나. 사회복지사는 모든 인간의 고유한 존엄성과 가치를 인정하고 존중하며, 이를 기반으로 사회복지

를 실천한다.

다. 사회복지사는 클라이언트의 성, 연령, 정신・신체적 장애, 경제적 지위, 정치적 신념, 종교, 인종, 국적, 결혼상태, 임신 또는 출산, 가족 형태 또는 가족 상황, 성적 지향, 젠더 정체성, 기타 개인적 선호・특징・조건・지위 등을 이유로 차별을 하지 않는다.

라. 사회복지사는 다양한 문화의 강점을 인식하고 존중하며, 문화적 역량을 바탕으로 사회복지를 실천한다.

마. 사회복지사는 문화적으로 민감한 실천을 제공하기 위해, 사회복지 실천 과정에서 자신의 개인적・사회적・문화적・정치적・종교적 가치, 신념과 편견이 클라이언트와 동료 사회복지사에게 미칠 수 있는 영향을 고려하여 자기 인식을 증진하기 위해 힘쓴다.

2) 사회정의 실현

가. 사회복지사는 사회정의 실현과 클라이언트의 복지 증진에 헌신하며, 이를 위한 국가와 사회의 환경 변화를 위해 노력한다.

나. 사회복지사는 사회, 경제, 환경, 정치적 자원에 대한 평등한 접근과 공평한 분배가 이루어지도록 노력한다.

다. 사회복지사는 개인적・집단적・사회적・문화적・정치적・종교적 특성에 근거해 개인이나 집단을 차별・억압하는 것을 인식하고, 이를 해결 또는 예방하기 위해 노력해야 한다.

2. 전문성 개발을 위한 노력

1) 직무 능력 개발

가. 사회복지사는 클라이언트에게 최상의 서비스를 제공하기 위해, 지식과 기술을 개발하는 데 최선을 다하며 이를 활용하고 공유할 책임이 있다.

나. 사회복지사는 사회적 다양성의 특징(성, 연령, 정신・신체적 장애, 경제적 지위, 정치적 신념, 종교, 인종, 국적, 결혼 상태, 임신 또는 출산, 가족 형태 또는 가족 상황, 성적 지향, 젠더 정체성, 기타 개인적 선호・특징・조건・지위 등), 차별, 억압 등에 대해 교육을 받고 이에 대한 이해를 증진하기 위해 노력한다.

다. 사회복지사는 변화하는 사회복지 관련 쟁점에 대응할 수 있도록 실천 기술을 향상하고, 새로운 실천 기술이나 접근법을 적용하기 위해 적절한 교육, 훈련, 연수, 자문, 슈퍼비전 등을 받도록 노력한다.

라. 사회복지사는 사회복지 실천에 필요한 정보통신 관련 지식과 기술을 습득하기 위해 노력하며, 이를 사용하는 과정에서 발생할 수 있는 윤리적 문제를 인식하고 정보통신 관련 지식과 기술을 활용하도록 한다.

2) 지식기반의 실천 증진

가. 사회복지사는 사회복지 실천 과정에서 평가와 연구 조사를 함으로써, 사회복지 실천의 지식 기반 형성에 기여하고, 궁극적으로 사회복지 실천의 질적 향상을 위해 노력한다.

나. 사회복지사는 평가나 연구 조사를 할 때, 연구 참여자의 권리를 보장하기 위해, 연구 관련 사항을 충분히 안내하고 자발적인 동의를 얻어야 한다.

다. 사회복지사는 연구 과정에서 얻은 정보를 비밀 보장의 원칙에서 다루며, 비밀 보장의 한계, 비밀 보장을 위한 조치, 조사자료 폐기 등을 연구 참여자에게 알려야 한다.

라. 사회복지사는 평가나 연구 조사를 할 때, 연구 참여자의 보호와 이익, 존엄성, 자기 결정권, 자발적 동의, 비밀 보장 등을 고려하며, 「생명윤리 및 안전에 관한 법률」 등 관련 법령과 규정에 따라 연구윤리를 준수한다.

3. 전문가로서의 실천

1) 품위와 자질 유지

가. 사회복지사는 전문가로서의 품위와 자질을 유지하고, 자신이 맡고 있는 업무에 대해 책임을 진다.
나. 사회복지사는 자신의 이익을 위해 사회복지 전문직의 가치와 권위를 훼손해서는 안 된다.
다. 사회복지사는 전문가로서 성실하고 공정하게 업무를 수행한다.
라. 사회복지사는 부정직한 행위, 범죄행위, 사기, 기만행위, 차별, 학대, 따돌림, 괴롭힘 등 불법적이고 부당한 일을 행하거나 묵인해서는 안 된다.
마. 사회복지사는 자신의 소속, 전문 자격이나 역량 등을 클라이언트에게 정직하고 정확하게 알려야 한다.
바. 사회복지사는 클라이언트, 학생, 훈련생, 실습생, 슈퍼바이지, 직장 내 위계적 권력 관계에 있는 동료와 성적 관계를 형성해서는 안 되며, 이들에게 성추행과 성희롱을 포함한 성폭력, 성적·인격적 수치심을 주는 행위를 해서는 안 된다.
사. 사회복지사는 한국사회복지사협회 등 전문가 단체의 활동에 적극적으로 참여하여, 사회정의 실현과 사회복지사의 권익 옹호를 위해 노력한다.

2) 자기 관리

가. 사회복지사는 정신적·신체적 건강 문제, 법적 문제 등이 사회복지 실천 과정에서의 전문적 판단이나 실천에 부정적 영향을 주거나 클라이언트의 이익을 저해하지 않도록, 동료, 기관과 함께 적절한 조치를 하도록 노력한다.
나. 사회복지사는 클라이언트에게 최상의 사회복지 서비스를 제공하기 위해 사회복지사 자신의 정신적·신체적 건강, 안전을 유지·보호·관리하도록 노력한다.

3) 이해 충돌에 대한 대처

가. 사회복지사는 클라이언트의 이익을 우선으로 고려하고, 이해 충돌이 있을 때는 아동, 소수자 등 취약한 자의 이해와 권리를 우선시한다.
나. 사회복지사의 개인적 신념과 사회복지사로서 직업적 의무 사이에 이해 충돌이 발생할 때 동료, 슈퍼바이저와 논의하고, 부득이한 경우 클라이언트가 적절한 지원을 받을 수 있도록 클라이언트를 다른 사회복지사에게 의뢰하거나 다른 사회복지서비스로 연결한다.
다. 사회복지사는 전문적 가치와 판단에 따라 업무를 수행하는 과정에서, 기관 내외로부터 부당한 간섭이나 압력을 받아서는 안 된다.

4) 경제적 이득에 대한 실천

가. 사회복지사는 클라이언트의 지불 능력에 상관없이 복지 서비스를 제공해야 하며, 이를 이유로 차별해서는 안 된다.
나. 사회복지사는 필요한 경우에 제공된 서비스에 대해 공정하고 합리적으로 이용료를 책정할 수 있다.

다. 사회복지사는 업무와 관련해 정당하지 않은 방법으로 경제적 이득을 취해서는 안 된다.

Ⅱ. 클라이언트에 대한 윤리기준

1. 클라이언트의 권익옹호

사회복지사는 클라이언트의 이익을 최우선의 가치로 삼고 이를 실천하며, 클라이언트의 권리를 존중하고 옹호한다.

2. 클라이언트의 자기 결정권 존중

1) 사회복지사는 사회복지 실천 과정에서 클라이언트의 자기 결정을 존중하고, 클라이언트를 사회복지 실천의 주체로 인식하여 클라이언트가 자기결정권을 최대한 행사할 수 있도록 돕는다.
2) 사회복지사는 의사 결정이 어려운 클라이언트에 대해서는 클라이언트의 이익과 권리를 보장하기 위한 적절한 조치를 취해야 한다.

3. 클라이언트의 사생활 보호 및 비밀 보장

사회복지사는 클라이언트의 사생활을 존중하고 보호하며, 전문적 관계에서 얻은 클라이언트 관련 정보에 대해 비밀을 유지한다. 그러나 클라이언트 자신과 타인에게 해를 입히거나 범죄행위와 관련된 경우에는 예외로 할 수 있다.

4. 정보에 입각한 동의

사회복지사는 클라이언트의 알 권리를 인정하고 동의를 얻어야 하며, 클라이언트가 받는 서비스의 목적과 내용, 범위, 합리적 대안, 위험, 서비스의 제한, 동의를 거절 또는 철회할 수 있는 클라이언트의 권리 등에 대해 정확하고 충분한 정보를 제공한다.

5. 기록 · 정보 관리

1) 클라이언트에 대한 사회복지 실천 기록은 사회복지사의 윤리적 실천의 근거이자 평가·점검의 도구이기 때문에 중립적이고 객관적으로 작성해야 한다.
2) 사회복지사는 클라이언트가 자신과 관련된 기록의 공개를 요구하면 정당한 비공개 사유가 없는 한 정보에 접근할 수 있도록 해야 한다.
3) 사회복지사는 클라이언트에 대한 문서 정보, 전자 정보, 기타 민감한 개인 정보를 보호해야 한다.
4) 사회복지사가 획득한 클라이언트 관련 정보나 기록을 법적 사유 또는 기타 사유로 제3자에게 공개할 때는 클라이언트에게 안내하고 동의를 얻어야 한다.

6. 직업적 경계 유지

1) 사회복지사는 클라이언트와의 전문적 관계를 자신의 개인적 이익을 위해 이용해서는 안 된다.
2) 사회복지사는 업무 목적으로 정보통신기술을 사용해 클라이언트와 의사소통을 해서는 안 된다.
3) 사회복지사는 어떠한 상황에서도 클라이언트와 사적 금전 거래, 성적 관계 등 부적절한 행동을 해서는 안 된다.
4) 동료의 클라이언트를 의뢰받을 때는 기관 및 슈퍼바이저와 논의하는 과정을 거쳐야 하며, 클라이

언트에게 설명하고 동의를 얻은 후 서비스를 제공한다.

5) 사회복지사는 정보처리기술을 이용하는 것이 클라이언트의 권리를 침해할 위험성이 있다는 사실을 인식하고 직업적 범위 안에서 활용한다.

7. 서비스의 종결

1) 사회복지사는 클라이언트에게 제공되는 서비스가 더 이상 클라이언트의 이해나 욕구에 부합하지 않으면 업무상 관계와 서비스를 종결한다.
2) 사회복지사는 개인적 또는 직업적 이유로 클라이언트와의 전문적 관계를 중단하거나 종결할 때 사전에 클라이언트에게 충분히 설명하고, 다른 기관 또는 다른 전문가에게 의뢰하는 등 필요한 조치를 취한다.
3) 사회복지사는 클라이언트의 고의적·악의적·상습적 민원 제기에 대해 소속 기관, 슈퍼바이저, 전문가 자문 등의 논의 과정을 거쳐 서비스를 중단하거나 거부권을 행사할 수 있다.

Ⅲ. 사회복지사의 동료에 대한 윤리기준

1. 동료

1) 사회복지사는 존중과 신뢰를 기반으로 동료를 대하며, 전문가로서의 지위와 인격을 훼손하는 언행을 하지 않는다.
2) 사회복지사는 사회복지 전문직의 권익 증진을 위해 동료와 다른 전문직 동료와도 협력하고 협업한다.
3) 사회복지사는 동료의 윤리적이고 전문적인 행위를 촉진해야 하며, 동료가 전문적인 판단과 실천이 미흡하여 문제를 발생시켰을 때 윤리강령과 제반 법령에 따라 대처한다.
4) 사회복지사는 다른 전문직의 동료가 행한 비윤리적 행위에 대한 윤리강령과 제반 법령에 따라 대처한다.
5) 사회복지사는 동료의 직무 가치와 내용을 인정하고 이해하며, 상호 간에 민주적인 직무 관계를 이루도록 노력해야 한다.
6) 사회복지사는 동료들에게 정보통신기술을 사용한 비윤리적 행위를 하지 않는다.
7) 사회복지사는 동료가 적법하게 업무를 수행하는 과정에서 부당한 조치를 당하면 동료를 변호하고 원조해 주어야 한다.
8) 사회복지사는 동료에게 행해지는 어떤 형태의 차별, 학대, 따돌림 또는 괴롭힘과 자신의 전문적 권위를 행사하는 다른 동료와의 부적절한 성적 행동에 가담하거나 이를 용인해서는 안 된다.
9) 사회복지사는 슈퍼바이지, 학생, 훈련생, 실습생, 자신의 전문적 권위를 행사하는 다른 동료와의 성적 행위나 성적 접촉과 성적 관계에 관여해서는 안 된다.

2. 슈퍼바이저

1) 슈퍼바이저는 슈퍼바이지가 전문적 업무 수행을 할 수 있도록 지원하고 슈퍼바이지는 슈퍼바이저의 전문적 지도와 조언을 존중해야 한다.
2) 슈퍼바이저는 전문적 기준에 따라 슈퍼비전을 수행하며, 공정하게 평가하고 평가 결과를 슈퍼바이지와 공유한다.

3) 슈퍼바이저는 개인적인 이익 추구를 위해 자신의 지위를 이용해서는 안 된다.
4) 슈퍼바이저는 사회복지사 수련생과 실습생에게 인격적·성적으로 수치심을 주는 행위를 해서는 안 된다.

Ⅳ. 기관에 대한 윤리기준

1) 사회복지사는 기관의 사명과 비전을 확인하고, 정책과 사업 목표를 달성하기 위해 노력해야 한다.
2) 사회복지사는 소속 기관의 활동에 적극적으로 참여함으로써 기관의 성장과 발전을 위해 노력해야 한다.
3) 사회복지사는 기관의 부당한 정책이나 요구에 대해 전문직의 가치와 지식을 근거로 대응하고, 제반 법령과 규정에 따라 해결하도록 노력해야 한다.

Ⅴ. 사회에 대한 윤리기준

1) 사회복지사는 자신이 일하는 지역사회를 이해하고, 클라이언트가 지역사회에서 서로 도우며 함께 살아가도록 지원해야 한다.
2) 사회복지사는 정치적 영역이 클라이언트의 권익과 사회복지 실천에 미치는 영향을 인식하여 사회정의 실현을 위한 사회정책의 수립과 법령 제·개정을 지원·옹호해야 한다.
3) 사회복지사는 사회재난과 국가 위급 상황에서 문제를 해결하기 위해 적극적으로 활동해야 한다.
4) 사회복지사는 지역사회, 국가, 나아가 전 세계와 그 구성원의 복지 증진, 삶의 질 향상을 위해 적극적으로 노력해야 한다.
5) 사회복지사는 인간과 자연이 서로 떨어져 살 수 없음을 깨닫고, 인간과 자연환경, 생명 등 생태에 미칠 영향을 생각하며 실천해야 한다.

사회복지사 선서문

나는 모든 사람들이 인간다운 삶을 누릴 수 있도록 인간존엄성과 사회정의의 신념을 바탕으로, 개인·가족·집단·조직·지역사회·전체 사회와 함께 한다. 나는 언제나 소외되고 고통받는 사람들의 편에 서서, 저들의 인권과 권익을 지키며, 사회의 불의와 부정을 거부하고, 개인 이익보다 공공 이익을 앞세운다. 나는 사회복지사 윤리강령을 준수함으로써, 도덕성과 책임성을 갖춘 사회복지사로 헌신한다. 나는 나의 자유의지에 따라 명예를 걸고 이를 엄숙하게 선서합니다.

3. 사회복지실천의 가치 갈등

1) 사회복지실천의 윤리적 갈등

윤리적 갈등(ethical conflict)은 윤리적 딜레마(ethical dilemma)라고도 하는데, 전문가로서 사회복지사가 지켜야 하는 윤리적 가치와 원칙이 상충하여 어떤 실천 행동이 윤리적으로 올바른 것인지 판단하기 어려운 갈등상태를 말한다(김기덕, 2002). 특히 두 가지 이상의 가치가 상충하는 상황에서 한 가지를 선택하였을 경우, 이 선택이 개인 혹은 여러 사람에게 바람직하지 못한 결과를 초래할 때 윤리적 갈등을 경험하게 된다. 일반적으로 사회복지실천현장에서 자주 경험할 수 있는 윤리적 갈등에 대해 살펴보고자 한다(양옥경 외, 2004; 김혜란 외, 2013).

(1) 클라이언트의 자기 결정

사회복지실천 과정에서 클라이언트는 스스로 선택하고 결정할 수 있는 권리와 욕구가 있다. 클라이언트의 자기 결정권이 실현될 수 있도록 사회복지사는 선택에 필요한 충분한 정보 제공과 실행 가능한 대안들을 제시할 의무가 있으며 부당하게 영향을 주거나 강제하는 것을 삼가도록 해야 한다. 그런데 클라이언트의 자기 결정권은 사회복지사의 온정주의와 상충하면서 윤리적 갈등이 발생할 수 있다. 온정주의(paternalism)는 개인의 복지, 선, 행복, 욕구, 관심, 가치 등을 이유로 개인의 활동자유에 대한 간섭을 정당화하는 것이다(Reamer, 1999). 즉, 온정주의는 개인의 복지를 보호하거나 향상하기 위해서 개인의 활동이나 상태에 강제적으로 개입하는 행위를 말한다(Carter, 1971). 예를 들어 노숙인 클라이언트가 서비스를 거부하지만, 사회복지사가 서비스를 제공하는 것이 클라이언트에게 도움이 된다고 여기는 것처럼 클라이언트의 의사에 반하여 개입하는 것은 클라이언트의 자기 결정과 사회복지사의 온정주의가 상충하는 경우이다. 하지만 클라이언트가 너무 어리거나 정신적 연령이 낮아 혼자서 결정할 능력이 없거나, 클라이언트의 결정이 다른 사람이나 기관과 사회에 불이익을 줄 위험성이 높다고 판단될 때 자기 결정권의 제한이 발생한다. 이럴 때 사회복지사는 클라이언트의 자기 결정권 행사를 어느 범위까지 제한해야 할지 윤리적 갈등 상황에 직면하게 된다.

(2) 비밀보장

비밀보장은 사회복지 전문직의 기본적 원칙으로 사회복지사는 전문적 서비스를 제공하는 과정에서 얻은 정보의 비밀을 지켜야 한다. 정보 공개는 원조 관계에 손상을 입힐 수 있고, 클라이언트가 법적·사회적 어려움에 직면할 수 있으며, 정보 공개 때문에 사회복지사는 윤리적·법적 소송을 당할 수도 있다. 그런데 클라이언트가 다른 사람에게 피해를 줄 수 있다는 사실을 알았다면, 사회복지사는 그 사람을 보호하기 위하여 정보 공개를 할 것인가에 대해서 갈등을 경험할 수 있다.

(3) 진실성 고수와 알 권리

진실성 고수와 알 권리는 비밀보장과 함께 클라이언트의 정보에 대한 클라이언트의 권리이다. 어떤 사람이 클라이언트에 대해 한 말이나 행동을 비밀로 하고 있을 때 그 사실을 클라이언트에게 알려주어야 하는지, 만약 알려준다면 그 사람의 비밀보장에 관한 권리는 어떻게 되는지 등과 관련이 있다. 그러나 진실을 말하지 않거나 잘못된 정보를 제공하는 일은 없어야 한다. 클라이언트에게 모든 사실을 알려준다고 해서 그것이 항상 바람직한 것만은 아니라는 것도 고려해야 한다.

(4) 제한된 자원의 배분

일반적으로 자원이 부족한 사회복지실천현장에서 사회복지사는 자원 배분에 관해 어려운 결정을 해야 할 때가 많다. 예를 들어 사회복지관에서 기존의 노인대학 프로그램을 축소하고 독거노인을 위한 사례관리 프로그램을 새롭게 기획하고자 할 때 제한된 자원의 배분에 대한 윤리적 갈등이 생길 수 있다. 이와 같은 자원 배분의 상황에서 자격을 갖춘 모든 사람에게 같이 배분해야 하는지, 욕구 정도에 따라 우선순위를 정해야 하는지, 사회적으로 차별받는 사람을 먼저 고려해야 하는지 등과 같은 다양한 기준이 적용될 수 있다. 클라이언트의 문제 해결을 위해 사회복지사가 활용할 수 있는 자원은 매우 부족하므로 모든 클라이언트에게 똑같이 제공할 수는 없으면서도 공평하게 배분해야 한다는 원칙은 상호 모순적이다. 따라서 클라이언트에게 자원을 제공할 경우 형평성의 원칙을 준수해야 하는데, 사회복지사가 형평성 기준을 찾는 것은 매우 어려운 과제이다.

(5) 클라이언트의 이익과 사회복지사의 이익

원조 과정에서 사회복지사는 자신의 이익을 위하여 행동해서는 안 된다. 그러나 클라이언트의 원조 과정에서 사회복지사가 위험에 처하거나 가족의 희생이 요구되는 때도 있다. 이때 사회복지사는 클라이언트의 이익과 사회복지사의 이익을 추구하는 것 사이에서 갈등을 경험하게 된다.

(6) 규칙 및 법의 준수

사회복지사는 자신이 소속된 기관의 정책이나 규칙을 준수하는 행동을 해야 한다. 그러나 클라이언트의 문제 해결을 위해 결정한 사항이 기관의 정책 범위를 벗어날 때 사회복지사는 갈등 상황에 직면하게 된다.

(7) 전문직 동료나 다른 전문직과의 관계

사회복지사는 혼자 일하는 것이 아니므로 동료 사회복지사와 다른 전문가를 존중해야 한다. 하지만 동료 사회복지사나 다른 전문가가 전문가로서의 권위를 남용하여 클라이언트나 전문직에 해를 끼치는 행동을 하거나 기관의 규정을 위반할 수가 있다. 이때 사회복지사는 동료의 존중과 클라이언트 및 전문직 보호 사이의 갈등 상황에 직면하게 된다.

(8) 개인적 가치와 전문적 가치

사회복지사의 개인적 가치가 사회복지실천의 가치나 자신이 속한 기관이 표방하는 가치와 상충할 때 사회복지사는 윤리적 갈등을 경험할 수 있다. 예를 들어 클라이언트가 비윤리적 행동을 하는 경우 사회복지사의 개인적 가치와 클라이언트의 개인적 가치가 충돌할 수 있다.

(9) 전문적 관계의 경계

도움을 요청한 클라이언트와의 관계에서 사회복지사는 그 문제에 초점을 두고 분명한 경계를 유지해야 한다. 하지만 사회복지사는 신체적 접촉, 개인적인 정보 공유 등과 관련하여 전문적 관계의 경계를 분명하게 구분하기가 쉽지 않다. 예를 들어 노인복지관의 사회복지사가 부모의 친구인 노인을 클라이언트로 개입해 달라는 요청을 부모로부터 받을 수 있다. 이럴 때 사회복지사는 전문적 관계 외에도 클라이언트와 또 다른 관계를 형성하는 이중 관계와 같은 윤리적 갈등 상황을 경험할 수 있다. 이처럼 사회복지사는 이중 관계 때문에 클라이언트와의 관계에서 객관성을 유지하기 어려워지고, 클라이언트의 문제를 정확하게 사정하지 못하거나 소진을 경험할 수도 있다(Davidson, 2005).

(10) 상충되는 의무와 기대

클라이언트, 동료, 상사, 기관, 사회 등이 서로 상충된 기대를 가질 때, 사회복지사는 누구의 어떤 기대에 맞는 서비스를 행사해야 하는지 갈등하게 된다. 예들 들어, 소속기관의 예산 절감 요구로 클라이언트에게 필요한 서비스를 제공하지 못할 때 사회복지사는 가치 갈등을 경험할 수 있다.

2) 윤리적 의사결정

사회복지사는 클라이언트에게 서비스를 제공할 때 사회복지기관과 클라이언트의 책임 사이의 갈등, 전문가 윤리와 특정 법과의 갈등, 해야 하는 것과 개인적 가치 사이의 갈등 등과 같은 윤리적 갈등에 직면할 수 있다. 이러한 윤리적 갈등을 극복하기 위해서 사회복지사는 법적 책임성과 윤리적 책임성 사이에 균형을 유지하여야 한다. 이를 위해 사회복지사는 사회복지 관련법, 중앙 및 지방정부의 정책, 사회복지기관의 규칙과 절차, 지역사회에서 통용되는 규칙과 문화 등을 숙지하고 있어야 한다.

사회복지실천에서 윤리적 의사결정이란 사회복지실천 과정에서 발생하는 다양한 윤리적 갈등을 해결하고자 하는 목적에서 사회복지사가 선택할 수 있는 여러 가지 대안 가운데 가장 윤리적인 것을 선택하는 행위를 의미한다(김기덕, 2002). 즉, 인간존엄성과 사회정의 실현이라는 가치에 기반을 두고 클라이언트의 권익과 이익에 우선을 두는 옳은 결정을 의미한다. 일반적으로 윤리적 의사결정이 필요한 상황은 윤리적 갈등에 직면했을 때이다. 그러므로 사회복지실천현장에서 윤리적 갈등이 생겼을 때, 사회복지사는 먼저 사회복지사 윤리강령에서 적용할 만한 규정이 있는지를 살펴보아야 한다. 사회복지사의 개인적 가치 체계를 바탕으로 윤리적 의사결정을 내리기보다, 사회복지 전문직의 가치를 바탕으로 사회복지사 윤리강령에 따르는 것이 필요하다.

그러나 윤리적 갈등 상황에 윤리강령을 적용하기가 어려울 때는 사회복지사의 윤리적 의무의 위계(hierarchy)를 제시한 로웬버그와 돌고프(Loewenberg & Dolgoff, 1996)의 윤리적 원칙 심사표(Ethical Principle Screen)를 사용할 필요가 있다. 〈표 3-2〉의 윤리적 원칙 심사표는 윤리적 원칙의 순위를 제시함으로써 윤리적 갈등 상황에서 사회복지사가 윤리적 원칙의 우선순위에 따라 의사결정을 하도록 돕는다. 예를 들어 윤리적 갈등에 직면할 때, 사회복지사는 기본적 윤리 원칙에 따라 상황을 분류한다. 상황을 분류한 후에 어떤 상황을 우선해야 하는지를 결정하기 위해 윤리적 원칙 심사표를 사용한다. 대부분의 경우 첫 번째 원칙으로 분류된 윤리적 갈등 요소들이 2순위 이하의 원칙들과 관련된 요소들을 우선한다. 두 번째 윤리적 원칙에 부합하는 상황의 측면들은 3순위 이하의 원칙들과 관련된 요소들을 우선한다. 이처럼 윤리적 갈등 상황에서는 윤리적 원칙 심사표의 일곱 가지 윤리적 원칙 중에서 상위의 원칙이 먼저 적용된다(이순민, 2012).

먼저 1순위, 생명 보호의 원칙(principle of the protection of life)이다. 이 원칙은 인간의 생명 보호가 클라이언트를 비롯한 모든 사람에게 적용되는 것으로 다른 윤리적 원칙보다 우선되는 최고의 원칙이다.

2순위, 평등과 불평등의 원칙(principle of equality & inequality)이다. 이 원칙은 같은 환경에 처한 모든 사람은 같은 방식으로, 다른 상황에 있는 사람이 불평등의 문제와 관련되었을 경우는 다르게 처우되어야 한다는 것이다. 즉, 배분적 정의와 관련하여 불평등한 처우가 평등을 지향할 수 있다는 것으로 사회복지의 가치인 사회정의와 관련된 원칙이다.

3순위, 자율성과 자유의 원칙(principle of autonomy & freedom)이다. 이 원칙은 사회복지사가 클라이언트의 자기 결정, 자율성, 독립성, 자유 등을 보장해야 한다는 것이다. 하지만 자율성과 자유의 원칙은 다른 상위의 원칙에 의해 제한될 수 있는데, 클라이언트 자신과 다른 사람에게 해가 되는 경우 생명 보호의 원칙을 먼저 적용해야 할 의무가 있다.

4순위, 최소 해악의 원칙(principle of least harm)이다. 이 원칙은 클라이언트가 경험하는 해악이나 손실을 가능한 한 최소화하고, 가장 쉽게 회복될 수 있는 손실을 초래하는 기회를 사회복지사가 선택해야 한다는 것이다.

5순위, 삶의 질의 원칙(principle of quality of life)이다. 이 원칙은 사회복지사가 클라이언트뿐만 아니라 지역사회의 모든 사람의 삶의 질을 향상하는 선택을 실천해야 한다는 것이다.

6순위, 사생활 보호와 비밀보장의 원칙(principle of privacy & confidentiality)이다. 이 원칙은 클라이언트의 사생활 보호와 비밀보장 권리의 강화를 위해 사회복지사가 노력해야 하지만, 비밀보장이 오히려 위해가 될 때 폭력이나 손해에 대한 예방이 우선되어야 한다.

7순위, 진실성과 정보 공개의 원칙(principle of truthfulness & disclosure)이다. 이 원칙은 전문적 관계에서 사회복지사는 진실을 말하며 클라이언트 및 다른 사람과 관련된 모든 정보에 대해서 충분히 공개해야 한다(김기덕 외, 2012).

▌표 3-2▌ 윤리적 원칙심사

순위	원칙	내용
1	생명 보호의 원칙	인간의 생명 보호가 다른 모든 것에 우선한다.
2	평등과 불평등의 원칙	능력이나 권력이 같은 사람은 똑같이 대우받을 권리가 있고, 능력이나 권력이 다른 사람은 다르게 대우받을 권리가 있다.
3	자율성과 자유의 원칙	클라이언트의 자율성과 독립성, 자유는 중시되지만, 제한 없는 것은 아니며 자신이나 타인의 생명을 위협하거나 학대할 권리 등은 없다.
4	최소 해악의 원칙	모든 선택 가능한 대안이 유해할 때 가장 최소한으로 유해한 것을 선택해야 한다.
5	삶의 질의 원칙	지역사회뿐만 아니라 개인과 모든 사람의 삶의 질을 향상할 수 있는 것을 선택해야 한다.
6	사생활 보호와 비밀보장의 원칙	사회복지사는 클라이언트에 대해 알게 된 사실을 다른 사람에게 공개해서는 안 된다.
7	진실성과 정보 공개의 원칙	클라이언트와 다른 관련된 당사자에게 오직 진실만을 이야기하며 모든 관련 정보를 완전히 공개해야 한다.

4. 자기 인식

1) 자기 인식의 중요성

사회복지사는 전문가로서 윤리강령을 준수하며 전문적 가치와 판단에 따라 클라이언트의 삶의 질 향상을 위해 일하며 지식과 기술의 발전을 도모해야 한다. 이는 사회복지사가 자신의 자세와 태도, 클라이언트 체계에 영향을 주는 자신의 가치와 개인적 특성, 타인과 관계를 맺고 자신을 표현하는 방식 등을 잘 알아야 한다는 것을 의미한다(박선영, 2008). 이처럼 사회복지사가 자신이라는 도구를 능숙하게 사용하기 위해서는 높은 자기 인식이 필요하다. 사회복지사는 자신과 클라이언트가 속해 있는 사회환경에 대한 자기 인식이 있어야 자신과 클라이언트의 차이를 이해할 수 있기 때문이다(Johnson & Yanca, 2007).

자기 인식(self-awareness)은 자신의 가치, 신념, 행동 습관, 편견 등이 사회복지실천에서의 관계와 의사결정과 같은 전문적 활동에 어떤 영향을 주는지를 정확하게 이해하는 것을 의미한다(이영분 외, 2001). 즉, 자기 인식은 사회복지사 자신과 타인 그리고 각자가 성장하고 사회화된 사회환경이 클라이언트, 기관, 다른 전문직, 환경과의 관계 등에 어떤 영향을 주는지 이해할 수 있다는 점에서 매우 중요하다. 이처럼 자신이 누구인지와 사회환경에 대한 자기 인식은 자기 성찰적 자세로 자기를 이해하며 탐구하려고 행동할 때 가능하다. 따라서 자신의 개인적 문제와 취약한 영역, 욕구, 감정, 생각, 행동 등과 사회환경에 대한 자기 인식을 통해 사회복지사는 클라이언트에 대해 객관성을 유지하면서 반응할 수 있다(김혜영 외, 2014).

2) 자기 인식의 증진 방법

클라이언트에게 객관적으로 반응하기 위해서 사회복지사는 자기 인식을 증진하도록 노력해야 한다. 자기 인식은 평생 지속하는 과정으로 사회복지사가 자기 인식을 증진하는 방법은 여러 가지가 있다(Johnson & Yanca, 2007; 김혜영 외, 2014).

(1) 슈퍼비전

사회복지사가 자기 인식을 증진하는 방법은 슈퍼비전이나 동료와 실천 상황과 문제를 논의하는 것이다. 사회복지사가 인식하지 못하는 자신의 관심, 태도, 가치 등이 클라이언트와의 상호작용이나 원조 과정에 어떤 영향을 주는지를 슈퍼바이저나 동료들이 더 잘 파악하기 때문이다. 사회복지사가 슈퍼바이저나 동료로부터의 도움에 개방적일 때 자기 이해를 증진할 수 있다(Johnson & Yanca, 2007). 대체로 슈퍼바이저와 동료는 사회복지사에게 환류를 전달하는 것에 대해 조심스러워 한다. 따라서 자기 인식을 증진하려는 사회복지사는 슈퍼바이저와 동료로부터의 환류에 대해 방어적이지 않게 반응할 준비가 되어 있으며, 그럴 의지와 능력이 있다는 것을 보여주는 것이 중요하다. 이것은 슈퍼바이저와 동료들의 환류에 대해 사회복지사가 무조건 동의하라는 의미는 아니며, 비난하거나 변명하지 않고 경청하는 것을 의미한다(Shebib, 2003). 따라서 사회복지사가 슈퍼바이저와 동료로부터의 슈퍼비전을 통해 자기 인식을 증진하려면, 안정된 분위기에서 적극적인 경청 기술을 사용하여야 한다.

(2) 인간 행동에 대해 학습하기

사회복지사가 자기 인식을 증진하는 방법은 인간 행동을 학습하는 것이다. 인간의 기능을 설명하는 생물학, 심리학, 사회학, 인류학 등과 같은 지식은 자신을 이해하는 데 도움이 된다. 자신의 부족함을 인정하는 것이 매우 중요한데, 이런 생각은 자신을 이해하는 폭을 넓혀준다. 주의할 점은 지나친 성찰을 통해 있지도 않은 역기능적인 측면을 찾아서는 안 된다는 것이다. 자기 인식을 증진하기 위한 성찰이어야 하지만 균형 감각을 유지해야 한다. 자기 인식의 증진은 하루 만에 달성되는 것이 아니라 오랜 시간이 필요하다. 따라서 사회복지사는 자기 인식을 증진하기 위해 자신의 부족함을 수용하는 동시에 자신의 가치와 존엄성을 인정하는 방법을 배워야 한다(Johnson & Yanca, 2007).

(3) 자신을 이해하기

사회복지사가 자기 인식을 증진하는 방법은 자신을 이해하는 것이다. 자기 인식의 핵심은 "나는 누구인가?"라는 질문에 대한 대답이다. 이 질문은 다양한 다른 차원, 즉 감정 · 사고 · 행동 체계, 개인적 욕구, 클라이언트에 대한 영향, 개인적 · 문화적 가치 등에 대한 이해 측면에서 탐구할 필요가 있다(Shebib, 2003; 김혜영 외, 2014).

① 감정 · 사고 · 행동 체계 이해하기

사회복지사가 자신을 이해하기 위해서는 자신의 감정 · 사고 · 행동 체계 등의 상호작용을 파악할 필요가 있다. 감정은 가치, 정서, 태도, 도덕관념 등이고, 사고는 지식, 신념, 삶의 철학, 고정관념 등이며, 행동은 기술, 행동, 생활스타일, 차별 등이 포함된다(Johnson & Yanca, 2007). 자신이 어떻게 느끼고, 생각하고, 행동하는지를 사회복지사가 인식하는 것은 자기 인식의 중요한 측면인 동시에 클라이언트를 이해하는 기초가 된다. 만일 사회복지사가 자신의 감정을 정확히 파악하지 못한다면, 다른 사람의 감정을 이해하기 어렵다. 사회복지사가 자기 패배적 사고로 부정적인 자기 대화를 한다면, 이러한 사고를 중단해야 한다. 또한 사회복지사는 행동 체계에서 자신이 사용하는 방어기제와 그 상황에 관심을 가져야 한다. 사회복지사는 언제 방어기제를 사용하는지를 인식하여 자신의 반응과 행동의 변화를 시도하여야 한다. 적대적인 클라이언트에게 사회복지사가 공격적으로 반응하기보다는 감정이입을 통해 클라이언트가 불만을 표현할 기회를 제공하는 것이 그 예이다.

② 개인적 욕구 이해하기

다른 사람과 마찬가지로 사회복지사도 사랑과 존경, 그리고 인정받고자 하는 기본적 욕구가 있으므로 자신의 개인적 욕구를 이해해야 한다. 개인적 욕구에 대한 자기 인식이 부족하면, 사회복지사는 무의식적으로 클라이언트의 욕구보다는 자신의 욕구 충족을 위한 방향으로 사회복지실천을 시행할 수 있다. 일반적으로 사회복지실천에 방해가 되는 사회복지사의 개인적 욕구로는 호감을 얻으려는 욕구, 지위 또는 명성에 대한 욕구, 통제에 대한 욕구, 완벽주의, 충족되지 않는 사회적 욕구 등이 있다.

③ 클라이언트에 대한 영향

사회복지사는 클라이언트가 어떻게 반응하는지와 스스로 능력을 갖추고 있음에도 가끔 잘못 말하거나 행동할 수도 있다는 것을 알아야 한다. 또한 사회복지사는 자신의 강점과 한계 및 과도한 업무와 스트레스 등도 인식해야 한다. 사회복지사는 이러한 것들이 원조 관계에 부정적인 영향을 줄 수도 있음을 인지하고 있어야 한다.

④ 개인적 가치와 문화적 가치

사회복지사의 가치 체계는 사회복지실천에 영향을 주는 중요한 변수이므로 사회복지사의 개인적 가치에 대한 자기 인식은 절대적으로 필요하다. 이것은 사회복지사가 클라이언트의 행동에 대한 편견을 관리하는 첫 번째 단계이다. 또한 사회복지사의 문화적 가치에 대한 자기 인식은 다른 문화의 다양성을 인정하고 존중하도록 준비시킨다.

(4) 시뮬레이션 활용

사회복지실천은 다양한 클라이언트의 상황과 관련하여 접수부터 종결과 사후관리에 이르기까지 광범위한 활동의 맥락에서 가치와 윤리, 지식과 기술 등을 통합하는 과업을 포함한다. 따라서 현실과 이론을 연결하는 과정에서 사회복지사가 자기 인식을 증진하는 방법은 시뮬레이션(simulation)을 활용하는 것이다. 시뮬레이션은 클라이언트가 실제 서비스 이용자이거나 이용자와 최대한으로 유사하게 훈련된 사람이라는 점에서 실제 상황에서 자기 인식과 유사한 정도를 경험할 수 있게 한다. 또한 시뮬레이션에서는 관찰자의 역할도 중요하므로 클라이언트의 가족, 사회복지사, 슈퍼바이저, 지역주민 등 다양한 입장에서 자기 인식을 해 볼 기회를 제공하는 것도 장점이다(박선영, 2008).

핵·심·정·리

1. 가치와 윤리 비교

가치	윤리
• 좋고, 바람직하고, 소중한 것으로 여겨지는 것에 대한 믿음 또는 신념 • 인간의 선호 또는 선택의 기준 • 사회복지실천의 방향 제시	• 옳고 그름을 판단하는 도덕적 기준 및 지침 • 가치를 실현하는 행동의 기준이나 원칙 제공 • 가치에서 나오는 것으로 가치와 조화를 이루어야 함

2. 상대적 중요성에 따른 가치 체계

분류	내용
궁극적 가치	시간이 흘러도 변하지 않는 본질적인 가치 예 자유, 인간의 존엄성, 정의, 평등
차등적 가치	사회적, 문화적, 종교적 영향이나 개인적 경험에 따라 찬성 또는 반대가 가능한 가치 예 인공유산, 동성애, 사형제도, 유전자 복제
수단적 가치	궁극적 가치를 달성하기 위한 수단이 되는 가치 예 자기 결정권, 비밀보장, 고지된 동의

3. 사회복지실천의 중심 가치

① 사람 우선의 가치(인간에 대해 선호하는 생각)
② 결과 우선의 가치(인간에 대해 선호하는 결과)
③ 수단 우선의 가치(인간을 대하는 선호하는 수단)

4. 고지된 동의(informed consent)

구두나 서면 등의 방법으로 클라이언트에게 서비스의 목적과 내용, 서비스와 관련된 위험성, 서비스의 한계점 등을 사전에 알려 동의를 얻는 원칙

5. 미국 사회복지사협회의 윤리강령 핵심 가치

① 서비스
② 사회정의
③ 인간의 존엄성과 가치
④ 인간관계의 중요성
⑤ 성실
⑥ 능력

6. 사회복지사 윤리강령의 기능

① 실천현장에서 윤리적 갈등이 발생할 때 해결의 지침과 원칙 제공
② 사회복지사의 비윤리적 실천으로부터 클라이언트 보호
③ 사회복지 전문직의 전문성의 확보 및 외부 통제로부터 전문직 보호
④ 전문가로서 사회복지사의 기본 업무 및 자세를 알리는 수단
⑤ 사회복지사의 윤리적 민감성을 고양하고 윤리적 실천 제고

7. 한국사회복지사 윤리강령의 윤리 기준 구성

① 사회복지사의 기본적 윤리 기준
② 사회복지사의 클라이언트에 대한 윤리 기준
③ 사회복지사와 동료에 대한 윤리 기준
④ 사회복지사의 사회에 대한 윤리 기준
⑤ 사회복지사의 기관에 대한 윤리 기준
⑥ 사회복지윤리위원회의 구성과 운영

8. 로웬버그와 돌고프(Loewenberg & Dolgoff)의 윤리적 원칙

① 생명보호의 원칙
② 평등과 불평등의 원칙
③ 자율성과 자유의 원칙
④ 최소 해악의 원칙(최소 손실의 원칙)
⑤ 삶의 질의 원칙
⑥ 사생활 보호 및 비밀보장의 원칙
⑦ 진실성과 정보 공개의 원칙(진실성과 완전 공개의 원칙)

CHAPTER 04

사회복지실천현장에 대한 이해

이 장의 구성

1. 사회복지실천 대상
2. 사회복지실천현장
3. 주요 사회복지시설의 종류
4. 사회복지사의 역할

CHAPTER 04

사회복지실천현장에 대한 이해

학습목표

- 사회복지실천의 대상을 이해한다.
- 사회복지실천현장의 개념을 이해한다.
- 사회복지실천현장의 분류 방법을 이해한다.
- 다양한 사회복지시설의 종류를 이해한다.
- 사회복지사의 전문적인 활동과 역할을 이해한다.

1. 사회복지실천 대상

1) 문제 및 욕구에 따른 실천 대상

전통적으로 사회복지실천은 문제를 가진 클라이언트, 즉 반사회적 행동을 하거나 사회적 기능 수행에 어려움이 있는 사람들을 대상으로 하였다. 예를 들어 비행청소년, 범죄자, 정신장애인, 만성질환자, 약물남용자, 학대피해자 등과 같은 클라이언트들이다. 또한 빈곤, 주거, 의료, 직업 등 생존이나 사회적 기능 수행에 필요한 욕구가 결핍된 경우도 사회복지실천의 대상이다.

2) 생애 주기에 따른 실천 대상

생애 주기에 근거한 실천 대상은 영·유아, 아동, 청소년, 성인, 노인 등과 같은 나이에 따라 분류한 인구 집단이다. 인간은 발달적 존재로서 일생을 살아가면서 삶의 각 발달 단계에 따른 발달 과업과 문제에 직면하고, 이를 해결하기 위해 노력한다. 이러한 노력을 격려하고 지원하는 것이 사회복지실천이다. 사회복지사가 인간의 전 생애 발달 과업을 이해함으로써 특정한 발달 단계에 위치한 클라이언트의 욕구와 문제를 효과적으로 조사하고 사정할 수 있다. 또한 인간의 욕구에 맞는 맞춤형 개입을 위해 나이를 고려하는 경우도 있다. 따라서 인간의 나이에 따른 대상과 인간의 발달 단계를 이해하는 것은 사회복지실천에서 매우 중요하다(한인영 외, 2011).

3) 사회적 소수자 관점에 근거한 실천 대상

역사적으로 사회복지실천은 다수자로부터 배제되고 차별당하는 소수자를 옹호하고 보호하는 데 앞장섰다. 사회적 가치와 자원의 분배와 소유관계에서 그것을 많이 소유한 다수자와 비교해 적게 소유한 소수자는 주거, 교육, 취업, 승진, 선거와 정치 참여 등에서 배제되고 차별받게 된다. 따라서 사회복지사는 전통적으로 소수자였던 여성이나 장애인 이외에 외국인근로자, 결혼이주여성, 북한이탈주민, 노숙인, 혼혈인, 미혼모 등 한국 사회의 소수자 집단의 차별과 억압을 해소하고 그들의 기본적 권리를 보호하기 위한 법과 제도의 개선을 위해 노력해야 한다.

2. 사회복지실천현장

1) 사회복지실천현장의 개념

사회문제를 해결하기 위해 전문적 활동이 이루어지는 사회복지의 최일선 영역이 사회복지실천현장이다. 좁은 의미의 사회복지실천현장은 클라이언트의 문제 해결을 위해 사회복지사의 주된 실천활동이 이루어지는 물리적 장소를 가리키지만, 넓은 의미로는 사회복지실천의 장소, 대상, 문제 영역 등을 모두 포괄하는 개념으로 확대될 수 있다. 일반적으로 사회복지실천현장은 사회복지 전문인력에 의해 복지 서비스가 제공되는 현장을 말한다. 이러한 관점에 따라 사회복지실천현장은 사회복지 전담공무원이 서비스를 제공하는 공공 영역, 사회복지 전문인력이 보호와 프로그램을 제공하는 사회복지기관 및 시설, 사회복지 전문인력이 직접적 · 간접적으로 개입하는 자원봉사활동 등을 포함한다(정무성, 2004).

「사회복지사업법」 제2조 제1호에서는 사회복지사업을 "법률에 따른 보호 · 선도 또는 복지에 관한 사업과 사회복지상담, 직업지원, 무료 숙박, 지역사회복지, 의료복지, 재가복지, 사회복지관 운영, 정신질환자 및 한센병력자의 사회복귀에 관한 사업 등 각종 복지사업과 이와 관련된 자원봉사활동 및 복지시설의 운영 또는 지원을 목적으로 하는 사업"으로 정의하고 있다. 「사회복지사업법」에 포함되는 법률은 「국민기초생활보장법」, 「아동복지법」, 「노인복지법」, 「장애인복지법」, 「한부모가족지원법」, 「영유아보육법」, 「성매매방지 및 피해자보호 등에 관한 법률」, 「정신건강증진 및 정신질환자 복지서비스 지원에 관한 법률」, 「성폭력방지 및 피해자보호 등에 관한 법률」, 「입양특례법」, 「일제하 일본군위안부 피해자에 대한 생활안정지원 및 기념사업 등에 관한 법률」, 「사회복지공동모금회법」, 「장애인 · 노인 · 임산부 등의 편의증진 보장에 관한 법률」, 「가정폭력방지 및 피해자보호 등에 관한 법률」, 「농어촌주민의 보건복지증진을 위한 특별법」, 「식품 등 기부 활성화에 관한 법률」, 「의료급

여법」, 「기초연금법」, 「긴급복지지원법」, 「다문화가족지원법」, 「장애인연금법」, 「장애인활동 지원에 관한 법률」, 「노숙인 등의 복지 및 자립지원에 관한 법률」, 「보호관찰 등에 관한 법률」, 「장애아동 복지지원법」, 「발달장애인 권리보장 및 지원에 관한 법률」, 「청소년복지지원법」, 그 밖에 대통령령으로 정하는 법률인 「건강가정기본법」, 「북한이탈주민의 보호 및 정착지원에 관한 법률」, 「자살예방 및 생명존중문화 조성을 위한 법률」, 「장애인 · 노인 등을 위한 보조기기 지원 및 활용촉진에 관한 법률」 등이다.

"사회복지사업을 할 목적으로 설치된 시설"이 사회복지시설이다(「사회복지사업법」 제2조 제4호). 「사회복지사업법」이 제정된 이후 사회복지사업 관련 법률은 계속 늘어나고 있으며, 사회복지시설도 확대되면서 한국의 사회복지실천현장도 확장되는 추세이다. 또한 사회복지실천의 대상과 문제 영역이 다양하듯이, 구체적인 분류 기준에 따라 사회복지실천현장도 다양하게 분류할 수 있다.

▌표 4-1▐ 사회복지시설의 종류

<table>
<tr><th rowspan="2">소관 부처</th><th rowspan="2">시설 종류</th><th colspan="2">세부 종류</th><th rowspan="2">관련법</th></tr>
<tr><th>생활시설</th><th>이용시설</th></tr>
<tr><td rowspan="3">보건복지부</td><td>노인복지시설</td><td>• 노인주거복지시설
• 노인의료복지시설
• 학대피해노인전용쉼터</td><td>• 재가노인복지시설
• 노인여가복지시설
• 노인보호전문기관
• 노인일자리지원기관</td><td>「노인복지법」</td></tr>
<tr><td>복합노인복지시설</td><td colspan="2">농어촌지역에 한해 「노인복지법」 제31조 노인복지시설을 종합적으로 배치한 복합노인복지시설을 설치 · 운영 가능</td><td>「농어촌주민의 보건복지증진을 위한 특별법」</td></tr>
<tr><td>아동복지시설</td><td>• 아동양육시설
• 아동일시보호시설
• 아동보호치료시설
• 자립지원시설
• 공동생활가정
• 학대피해아동쉼터</td><td>• 아동상담소
• 아동전용시설
• 지역아동센터
• 아동보호전문기관
• 가정위탁지원센터
• 자립지원전담기관</td><td>「아동복지법」</td></tr>
</table>

	장애인복지시설	• 장애유형별 거주시설 • 중증장애인 거주시설 • 장애영유아 거주시설 • 장애인단기 거주시설 • 장애인공동생활가정 • 피해장애인쉼터 • 피해장애아동쉼터	• 장애인지역사회재활시설 • 장애인직업재활시설 • 장애인의료재활시설 • 장애인생산품판매시설	「장애인복지법」
	어린이집		어린이집	「영유아보육법」
	정신건강증진시설	• 정신요양시설 • 정신재활시설 중 생활시설	• 정신재활시설 중 이용시설	「정신건강증진 및 정신질환자 복지서비스 지원에 관한 법률」
	노숙인시설	• 노숙인자활시설 • 노숙인재활시설 • 노숙인요양시설	• 노숙인종합지원센터 • 노숙인일시보호시설 • 노숙인급식시설 • 노숙인진료시설 • 쪽방상담소	「노숙인 등의 복지 및 자립지원에 관한 법률」
	사회복지관		• 사회복지관	「사회복지사업법」
	지역자활센터		• 지역자활센터	「국민기초생활보장법」
	다함께돌봄센터		• 다함께돌봄센터	「아동복지법」
질병관리청	결핵・한센시설	• 결핵・한센시설		「사회복지사업법」
여성가족부	성매매피해지원시설	• 일반지원시설 • 청소년지원시설 • 외국인여성지원시설 • 자립지원공동생활시설	• 자활지원센터 • 성매매피해상담소	「성매매방지 및 피해자 보호 등에 관한 법률」
	성폭력피해보호시설	• 성폭력피해자보호시설	• 성폭력피해상담소	「성폭력방지 및 피해자 보호 등에 관한 법률」
	가정폭력보호시설	• 가정폭력피해자보호시설	• 가정폭력상담소 • 긴급전화센터디지털	「가정폭력 방지 및 피해자 보호 등에 관한 법률」
	한부모가족복지시설	• 출산지원시설 • 양육지원시설 • 생활지원시설 • 일시지원시설	• 한부모가족복지상담소	「한부모가족지원법」

다문화가족 지원센터		• 다문화가족지원센터	「다문화가족지원법」
건강가정지원센터		• 건강가정지원센터	「건강가정기본법」
청소년복지 시설	• 청소년쉼터 • 청소년자립지원관 • 청소년치료재활센터 • 청소년회복지원시설		「청소년복지지원법」

출처: 보건복지부 (2024). 2024년 사회복지시설 관리안내.

2) 기관의 기능과 목적

사회복지실천현장은 기관의 기능과 목적에 따라 1차 현장과 2차 현장으로 구분된다. 사회복지실천 1차 현장(primary setting)은 기관의 주된 기능과 목적이 사회복지 서비스를 제공하는 현장이며, 일반적으로 구성원의 다수가 사회복지사이고, 모든 개입 활동에서 사회복지사가 중심적인 역할을 수행한다. 1차 현장으로는 사회복지관, 노인복지관, 장애인복지관, 지역아동센터, 지역자활센터 등을 들 수 있다.

사회복지실천 2차 현장(secondary setting)은 기관의 일차적인 기능이 존재하지만, 필요한 사회복지 서비스를 제공하는 현장을 의미한다. 즉, 해당 기관의 일차적인 목적 달성을 위해 사회복지실천을 부분적, 보완적으로 수행하는 현장이다. 예를 들어 학교의 일차적인 목적과 기능은 교육이지만, 효과적인 교육을 위해 빈곤 학생이나 학교폭력 등 학교 내 문제를 해결하기 위해 학교사회복지사를 채용하는 것이다. 이처럼 병원의 의료사회복지, 보호관찰소와 같은 교정시설의 교정사회복지, 기업의 기업복지 활동 등이 2차 현장의 예이다. 특히 2차 현장은 다른 전문가와 팀 접근을 하는 경우가 많으므로 사회복지사의 정체성 확립은 물론 다학문적 팀 협력을 위한 기술과 훈련이 필요하다(남미애, 윤숙자, 2013).

3) 기관의 설립 주체 및 재원 조달 방식

사회복지실천현장은 기관의 설립 주체 및 재원 조달 방식에 따라 공공 기관과 민간 기관으로 구분된다. 공공 기관은 주민센터나 구청처럼 정부의 지원으로 운영되며 사회복지사의 업무 또한 정부의 규정이나 지침 등으로 규정된다. 이러한 공공기관은 서비스를 계획, 관리, 지원하는 행정 체계와 서비스를 직접 제공하는 집행체계로 세분된다.

민간 기관은 사회복지 관련 사업을 목적으로 민간이 설립한 기관으로 정부보조금, 기부금이나 후원금, 법인 전입금, 기타 서비스 이용료 등을 주요 재원으로 한다. 대표적인 민간 기관으로는 사회복지법인이나 재단법인, 사단법인, 종교단체, 시민단체 등이 운영하는 비영리기관이 있다.

4) 서비스 제공 방식

사회복지실천현장은 기관의 서비스 제공 방식에 따라 직접 서비스를 제공하는 서비스 기관과 간접 서비스를 제공하는 행정기관 등으로 분류된다. 직접 서비스를 제공하는 서비스 기관은 클라이언트와의 대면 접촉을 기반으로 서비스를 제공하는 기관이다. 서비스 기관은 서비스의 주요 대상이나 문제 영역에 따라 매우 다양하며, 사회복지관, 청소년쉼터, 아동보호전문기관, 노인복지관 등이 포함된다.

간접 서비스를 제공하는 행정기관은 사회복지 서비스 전달 체계를 효율적으로 운영하기 위해 행정 업무를 수행하며, 주로 기관 사이의 연계 및 협의, 조정 업무 등을 담당한다. 중앙정부의 대표적인 행정기관으로는 보건복지부와 여성가족부 등을 들 수 있다. 또한 지방정부의 행정기관으로는 특별시, 광역시, 도, 특별자치도를 중심으로 하는 광역단체와 시 · 군 · 구를 중심으로 하는 기초자치단체, 읍 · 면 · 동 주민센터 등이 있다. 또한 민간 행정 조직으로는 한국사회복지협의회, 사회복지공동모금회, 한국사회복지사협회 등이 있다.

▌표 4-2▌ 사회복지실천현장의 분류

구분	분류	주요 내용	예
기관의 운영 목적	1차 현장	사회복지서비스 제공이 기관의 1차 운영목적	사회복지관, 노인복지관, 장애인복지관 등
	2차 현장	사회복지서비스 제공이 기관의 1차 운영목적은 아니지만 사회복지 개입이 부분적으로 이루어지는 기관	교정시설, 학교, 병원, 보육시설, 노인을 위한 주거 및 의료복지시설(유료양로시설, 노인전문병원 등)
기관의 설립 주체나 자금 조달 방식	공공 기관	• 정부의 지원에 의해 운영 • 정부의 규정이나 지침에 의해 지도 감독 받음	행정직 사회복지 직렬공무원, 사회복지 전담공무원, 아동복지 지도원, 노인복지 상담원, 장애인복지 상담원, 모・부자복지 상담원 등
	민간 기관	• 사회복지서비스의 전달에 관심이 많은 개인이나 단체에서 설립・운영 • 기부금이나 후원금, 법인 전입금, 서비스 이용료 등으로 재원 충당	사회복지법인이나 재단법인, 사단법인, 종교단체, 시민사회단체 등
직・간접적 서비스 제공 여부	행정 기관	서비스 전달의 효율적 발전을 목표로 기획, 감독, 조정 등의 행정업무 담당	• 공공행정기관: 보건복지부, 여성가족부, 광역자치단체, 기초자치단체, 읍・면・동 주민센터 등 • 민간행정조직: 한국사회복지협의회, 한국사회복지사협회, 한국사회복지관협회 등
	서비스 기관	주요 대상이나 문제영역에 따라 분야가 나뉘며, 해당 분야의 클라이언트에게 서비스를 제공하는 것이 목적	사회복지관, 청소년쉼터, 아동보호전문기관, 정신건강복지센터 등
주거 서비스 제공 여부	이용 시설	자신의 가정에서 생활하는 클라이언트를 대상으로 주거 서비스 이외의 사회복지 관련 서비스를 제공하는 기관	사회복지관, 노인복지관, 지역아동센터, 각종 상담소 등
	생활 시설	• 주거 서비스를 포함한 제반 사회복지 서비스를 제공하는 시설 • 사회복지사업법에서 정한 시설 중보호적 성격을 지닌 것	아동양육시설, 공동생활가정, 청소년쉼터, 정신요양시설 등

5) 주거 서비스 제공 여부

사회복지실천현장은 주거 서비스 제공 여부에 따라 사회복지 생활시설과 이용시설로 구분된다.

사회복지 생활시설은 주거 서비스를 포함한 생활 전반에 필요한 사회복지 서비스를 제공하는 기관이다. 즉, 생활시설은 단순히 주거 서비스뿐만 아니라 상담, 정서지원, 재활, 법률 지원, 생활 지도 등 종합적인 서비스가 제공된다. 사회복지 생활시설의 예로는 아동양육시설, 양로시설, 장애인거주시설, 정신요양시설, 청소년쉼터, 노인의료복지시설, 공동생활가정 등이 포함된다.

반면에 사회복지 이용시설은 자신의 집에 거주하는 클라이언트나 지역주민을 대상으로 주거 서비스 이외의 사회복지 서비스를 제공하는 기관이다. 사회복지관, 노인복지관, 장애인복지관, 지역아동센터, 지역자활센터, 장애인직업재활시설, 쪽방상담소, 다문화가족지원센터 등이 해당한다.

3. 주요 사회복지시설의 종류

1) 아동복지시설

「아동복지법」(제52조)에서 명시하고 있는 아동복지시설의 종류를 살펴보면 〈표 4-3〉과 같다. 생활시설로는 아동양육시설, 아동일시보호시설, 아동보호치료시설, 공동생활가정, 자립지원시설, 학대피해아동쉼터 등이 있다. 이용시설로는 아동상담소, 아동전용시설, 지역아동센터, 아동보호전문기관, 가정위탁지원센터, 자립지원전담기관, 다함께돌봄센터 등이 있다.

▮표 4-3▮ 아동복지시설의 종류

형태	종류	내용
생활시설	아동양육시설	• 보호대상아동을 입소시켜 보호, 양육 및 취업훈련, 자립지원 서비스 등을 제공하는 것을 목적으로 하는 시설
	아동일시보호시설	• 보호대상아동을 일시보호하고 아동에 대한 향후의 양육대책수립 및 보호조치를 행하는 것을 목적으로 하는 시설
	아동보호치료시설	• 불량행위를 하거나 불량행위를 할 우려가 있는 아동으로서 보호자가 없거나 친권자나 후견인이 입소를 신청한 아동 또는 가정법원, 지방법원소년부지원에서 보호위탁된 19세 미만인 사람을 입소시켜 치료와 선도를 통하여 건전한 사회인으로 육성하는 것을 목적으로 하는 시설 • 정서적 · 행동적 장애로 인하여 어려움을 겪고 있는 아동 또는 학대로 인하여 부모로부터 일시 격리되어 치료받을 필요가 있는 아동을 보호 · 치료하는 시설
	공동생활가정	• 보호대상아동에게 가정과 같은 주거여건과 보호, 양육, 자립지원 서비스를 제공하는 것을 목적으로 하는 시설
	자립지원시설	• 아동복지시설에서 퇴소한 사람에게 취업준비기간 또는 취업 후 일정 기간 동안 보호함으로써 자립을 지원하는 것을 목적으로 하는 시설
	학대피해아동쉼터	• 피해아동에 대한 보호, 치료, 양육서비스 등을 제공
이용시설	아동상담소	• 아동과 그 가족의 문제에 관한 상담, 치료, 예방 및 연구 등을 목적으로 하는 시설
	아동전용시설	• 어린이공원, 어린이놀이터, 아동회관, 체육 · 연극 · 영화 · 과학실험전시 시설, 아동휴게숙박시설, 야영장 등 아동에게 건전한 놀이 · 오락, 그 밖의 각종 편의를 제공하여 심신의 건강유지와 복지증진에 필요한 서비스를 제공하는 것을 목적으로 하는 시설
	지역아동센터	• 지역사회 아동의 보호 · 교육, 건전한 놀이와 오락의 제공, 보호자와 지역사회의 연계 등 아동의 건전육성을 위하여 종합적인 아동복지서비스를 제공하는 시설
	아동보호전문기관	• 학대받은 아동의 발견, 보호, 치료에 대한 신속처리 및 아동학대예방 담당가정위탁지원센터
	가정위탁지원센터	• 보호대상아동에 대한 가정위탁사업을 시행
	자립지원전담기관	• 보호대상아동의 위탁보호 종료 또는 아동복지시설 퇴소 이후의 자립 지원

2) 청소년복지시설

「청소년복지지원법」(제29조, 제30조, 제31조)과 「학교 밖 청소년지원에 관한 법률」(제12조)에서 명시하고 청소년복지시설의 종류를 살펴보면 〈표 4-4〉와 같다. 생활시설로는 청소년쉼터, 청소년자립지원관, 청소년치료재활센터, 청소년회복지원시설 등이 있다. 이용시설로는 청소년상담복지센터, 이주배경청소년지원센터, 학교밖청소년지원센터 등이 있다.

▌표 4-4▐ 청소년복지시설의 종류

형태	종류	내용
생활시설	청소년쉼터	가정 밖 청소년에 대하여 가정·학교·사회로 복귀하여 생활할 수 있도록 일정 기간 보호하면서 상담·주거·학업·자립 등을 지원하는 시설
	청소년자립지원관	일정 기간 청소년쉼터 또는 청소년회복지원시설의 지원을 받았는데도 가정·학교·사회로 복귀하여 생활할 수 없는 청소년에게 자립하여 생활할 수 있는 능력과 여건을 갖추도록 지원하는 시설
	청소년치료재활센터	학습·정서·행동상의 장애를 가진 청소년을 대상으로 정상적인 성장과 생활을 할 수 있도록 해당 청소년에게 적합한 치료·교육 및 재활을 종합적으로 지원하는 거주형 시설
	청소년회복지원시설	감호위탁처분을 받은 청소년에 대하여 보호자를 대신하여 그 청소년을 보호할 수 있는 자가 상담·주거·학업·자립 등 서비스를 제공하는 시설
이용시설	청소년상담복지센터	청소년에 대한 상담·긴급구조·자활·의료지원 등의 업무를 수행하기 위한 기관
	이주배경청소년지원센터	이주배경청소년(다문화청소년, 외국인근로자가정자녀, 중도입국청소년, 탈북청소년, 제3국출생북한이탈주민자녀) 지원을 위한 기관
	학교밖청소년지원센터	학교 밖 청소년(초등학교·중학교 또는 이와 동일한 과정을 교육하는 학교에 입학한 후 3개월 이상 결석하거나 취학의무를 유예한 청소년, 고등학교 또는 이와 동일한 과정을 교육하는 학교에서 제적·퇴학처분을 받거나 자퇴한 청소년, 고등학교 또는 이와 동일한 과정을 교육하는 학교에 진학하지 아니한 청소년) 지원을 위한 기관

▌표 4-5▐ 노인복지시설의 종류

<table>
<tr><th>형태</th><th colspan="2">종류</th><th>내용</th></tr>
<tr><td rowspan="6">생활 시설</td><td rowspan="3">노인 주거 복지 시설</td><td>양로시설</td><td>노인을 입소시켜 급식과 그밖에 일상생활에 필요한 편의를 제공함을 목적으로 하는 시설</td></tr>
<tr><td>노인공동 생활가정</td><td>노인들에게 가정과 같은 주거여건과 급식, 그밖에 일상생활에 필요한 편의를 제공함을 목적으로 하는 시설</td></tr>
<tr><td>노인복지주택</td><td>노인에게 주거시설을 임대하여 주거의 편의·생활지도·상담 및 안전관리 등 일상생활에 필요한 편의를 제공함을 목적으로 하는 시설</td></tr>
<tr><td rowspan="2">노인 의료 복지 시설</td><td>노인요양시설</td><td>치매·중풍 등 노인성질환 등으로 심신에 상당한 장애가 발생하여 도움을 필요로 하는 노인을 입소시켜 급식·요양과 그밖에 일상생활에 필요한 편의를 제공함을 목적으로 하는 시설</td></tr>
<tr><td>노인요양공동 생활가정</td><td>치매·중풍 등 노인성질환 등으로 심신에 상당한 장애가 발생하여 도움을 필요로 하는 노인에게 가정과 같은 주거여건과 급식·요양, 그밖에 일상생활에 필요한 편의를 제공함을 목적으로 하는 시설</td></tr>
<tr><td colspan="2">학대피해노인전용쉼터</td><td>노인학대로 인하여 피해를 입은 노인을 일정기간 보호하고 심신 치유 프로그램 제공</td></tr>
<tr><td rowspan="6">이용 시설</td><td rowspan="3">노인 여가 복지 시설</td><td>노인복지관</td><td>노인의 교양·취미생활 및 사회참여활동 등에 대한 각종 정보와 서비스를 제공하고, 건강증진 및 질병예방과 소득보장·재가복지, 그밖에 노인의 복지증진에 필요한 서비스를 제공함을 목적으로 하는 시설</td></tr>
<tr><td>경로당</td><td>지역노인들이 자율적으로 친목도모·취미활동·공동작업장 운영 및 각종 정보교환과 기타 여가활동을 할 수 있도록 하는 장소를 제공함을 목적으로 하는 시설</td></tr>
<tr><td>노인교실</td><td>노인들에 대하여 사회활동 참여욕구를 충족시키기 위하여 건전한 취미생활·노인건강유지·소득보장, 기타 일상생활과 관련한 학습프로그램을 제공함을 목적으로 하는 시설</td></tr>
<tr><td colspan="2">재가노인복지시설</td><td>방문요양서비스, 주·야간보호서비스, 단기보호서비스, 방문 목욕서비스, 그 밖의 서비스를 제공함을 목적으로 하는 시설</td></tr>
<tr><td colspan="2">노인보호전문기관</td><td>지역 간의 연계체계를 구축하고 노인학대를 예방하기 위한 시설</td></tr>
<tr><td colspan="2">노인일자리지원기관</td><td>지역사회 등에서 노인일자리의 개발·지원, 창업·육성 및 노인에 의한 재화의 생산·판매 등을 직접 담당하는 기관</td></tr>
</table>

3) 노인복지시설

「노인복지법」(제31조)에서 명시한 노인복지시설의 종류를 살펴보면 〈표 4-5〉와 같다. 생활시설로는 노인주거복지시설(양로시설, 노인공동생활가정, 노인복지주택)과 노인의료복지시설(노인요양시설, 노인요양공동생활가정), 학대피해노인전용쉼터 등이 있다. 이용시설로는 노인여가복지시설(노인복지관, 경로당, 노인교실), 재가노인복지시설, 노인보호전문기관, 노인일자리지원기관 등이 있다.

4) 장애인복지시설

「장애인복지법」(제58조)과 「장애인복지법 시행규칙」(제41조)에서 명시한 장애인복지시설의 종류를 살펴보면 〈표 4-6〉과 같다. 생활시설로는 장애인거주시설(장애유형별 거주시설, 중증장애인거주시설, 장애영유아거주시설, 장애인단기거주시설, 장애인공동생활가정), 피해장애인쉼터, 피해장애아동쉼터 등이 있다. 이용시설로는 장애인지역사회재활시설(장애인복지관, 장애인주간이용시설, 장애인체육시설, 장애인수련시설, 시각장애인 등 생활지원센터, 수어통역센터, 점자도서관, 점자도서 및 녹음서 출판시설, 장애인재활치료시설), 장애인직업재활시설(장애인보호작업장, 장애인근로사업장, 장애인직업적응훈련시설), 장애인의료재활시설, 장애인생산품판매시설 등이 있다.

표 4-6 장애인복지시설의 종류

형태	종류		내용
생활시설	장애인 거주 시설	장애유형별 거주시설	장애유형이 같거나 유사한 장애를 가진 사람들을 이용하게 하여 그들의 장애유형에 적합한 주거지원 · 일상생활지원 · 지역사회생활지원 등의 서비스를 제공하는 시설
		중증장애인 거주시설	장애의 정도가 심하여 항상 도움이 필요한 장애인에게 주거지원 · 일상생활지원 · 지역사회생활지원 · 요양 서비스를 제공하는 시설

		장애영유아 거주시설	6세 미만의 장애영유아를 보호하고 재활에 필요한 주거지원 · 일상생활지원 · 지역사회생활지원 · 요양 서비스를 제공하는 시설
		장애인 단기거주시설	보호자의 일시적 부재 등으로 도움이 필요한 장애인에게 단기간 주거서비스, 일상생활지원 서비스, 지역사회생활 서비스를 제공하는 시설
		장애인 공동생활가정	장애인들이 스스로 사회에 적응하기 위하여 전문인력의 지도를 받으며 공동으로 생활하는 지역사회 내의 소규모 주거시설
	피해장애인쉼터		피해장애인의 임시보호 및 사회복귀 지원
	피해장애아동쉼터		장애인학대로 인하여 피해를 입은 장애아동의 임시보호
이용시설	장애인 지역사회 재활시설	장애인복지관	장애인에 대한 각종 상담 및 사회심리 · 교육 · 직업 · 의료재활 등 장애인의 지역사회생활에 필요한 종합적인 재활서비스를 제공하고 장애에 대한 사회적 인식 개선사업을 수행하는 시설
		장애인 주간이용시설	장애인에게 낮 시간 동안 활동 위주의 프로그램 및 교육 지원 등을 제공하는 시설
		장애인 체육시설	장애인의 체력증진 또는 신체기능 회복활동을 지원하고 이와 관련된 편의를 제공하는 시설
		장애인 수련시설	장애인의 문화 · 취미 · 오락활동 등을 통한 심신수련을 조장 · 지원하고 이와 관련된 편의를 제공하는 시설
		시각장애인 등 생활지원센터	시각장애인 등에게 이동서비스를 지원하고, 지역사회 거주 시각장애인 등을 적시에 발굴하여 재활상담, 보행 · 점자 · 정보화 등 교육, 일상생활기술훈련 등 개인별 맞춤 복지서비스를 제공하는 시설
		수어통역센터	의사소통에 지장이 있는 청각 · 언어장애인에게 한국수어 통역 및 상담서비스를 제공하는 시설
		점자도서관	시각장애인에게 점자간행물 및 녹음서를 열람하게 하는 시설
		점자도서 및 녹음서 출판시설	시각장애인을 위한 점자간행물 및 녹음서를 출판하는 시설
		장애인 재활치료시설	장애아동을 포함한 장애인에게 언어 · 미술 · 음악 등 재활치료에 필요한 치료, 상담, 훈련 등의 서비스를 제공하고 서비스를 이용한 자로부터 비용을 수납하여 운영하는 시설
	장애인 직업 재활 시설	장애인 보호작업장	직업능력이 낮은 장애인에게 직업적응능력 및 직무기능 향상훈련 등 직업재활 훈련 프로그램을 제공하고, 보호가 가능한 조건에서 근로의 기회를 제공하며, 이에 상응하는 노동의 대가로 임금을 지급하며, 장애인 근로사업장이나 그 밖의 경쟁적인 고용시장으로 옮겨갈 수 있도록 돕는 역할을 하는 시설

		장애인 근로사업장	직업능력은 있으나 이동 및 접근성이나 사회적 제약 등으로 취업이 어려운 장애인에게 근로의 기회를 제공하고, 최저임금 이상의 임금을 지급하며, 경쟁적인 고용시장으로 옮겨갈 수 있도록 돕는 역할을 하는 시설
		장애인 직업적응훈련 시설	직업능력이 극히 낮은 장애인에게 직업활동, 일상생활훈련 등을 제공하여 기초작업능력을 습득시키고, 작업평가 및 사회적응훈련 등을 실시하여 장애인 보호작업장 또는 장애인근로사업장이나 그 밖의 경쟁적인 고용시장으로 옮겨갈 수 있도록 돕는 역할을 하는 시설
	장애인 의료재활시설		장애인을 입원 또는 통원하게 하여 상담, 진단·판정, 치료 등 의료재활서비스를 제공하는 시설
	장애인 생산품 판매시설		장애인 생산품의 판매활동 및 유통을 대행하고, 장애인 생산품이나 서비스·용역에 관한 상담, 홍보, 판로 개척 및 정보제공 등 마케팅을 지원하는 시설

5) 정신건강증진시설

「정신건강증진 및 정신질환자 복지서비스 지원에 관한 법률」(제15조, 제15조의2와 3, 제22조, 제27조)에서 명시한 정신건강증진시설의 종류를 살펴보면 〈표 4-7〉과 같다. 생활시설로는 정신요양시설과 정신재활시설 중 생활시설(정신요양시설, 공동생활가정, 중독자재활시설, 종합시설, 지역사회전환시설)이 있다. 이용시설로는 정신재활시설 중 이용시설(주간재활시설, 직업재활시설, 아동·청소년정신건강지원시설, 생산품판매시설), 정신건강복지센터, 중독관리통합지원센터, 국가트라우마센터 등이 있다.

▌표 4-7▌ 정신건강증진시설의 종류

<table>
<tr><th>형태</th><th colspan="2">종류</th><th>내용</th></tr>
<tr><td rowspan="6">생활시설</td><td colspan="2">정신요양시설</td><td>정신질환자를 입소시켜 요양서비스를 제공하는 시설</td></tr>
<tr><td rowspan="9">정신재활시설</td><td>생활시설</td><td>가정에서 생활하기 어려운 정신질환자 등에게 주거, 생활지도, 교육, 직업재활훈련 등의 서비스를 제공하며, 가정으로의 복귀, 재활, 자립 및 사회적응을 지원하는 시설</td></tr>
<tr><td>공동생활가정</td><td>완전한 독립생활은 어려우나 어느 정도 자립능력을 갖춘 정신질환자 등이 공동으로 생활하며 독립생활을 위한 자립역량을 함양하는 시설</td></tr>
<tr><td>중독자재활시설</td><td>알코올 중독, 약물 중독 또는 게임 중독 등으로 인한 정신질환자 등을 치유하거나 재활을 돕는 시설</td></tr>
<tr><td>종합시설</td><td>2개 이상의 정신재활시설의 기능을 복합적·종합적으로 제공하는 시설</td></tr>
<tr><td>지역사회전환시설</td><td>지역 내 정신질환자 등에게 일시보호서비스 또는 단기보호서비스를 제공하고, 퇴원했거나 퇴원계획이 있는 정신질환자 등의 안정적인 사회복귀를 위한 기능을 수행하며, 이를 위한 주거제공, 생활훈련, 사회적응훈련 등의 서비스를 제공하는 시설</td></tr>
<tr><td rowspan="7">이용시설</td><td>주간재활시설</td><td>정신질환자 등에게 작업·기술지도, 직업훈련, 사회적응훈련, 취업지원 등의 서비스를 제공하는 시설</td></tr>
<tr><td>직업재활시설</td><td>정신질환자 등이 특별히 준비된 작업환경에서 직업적응, 직무기능향상 등 직업재활훈련을 받거나 직업생활을 할 수 있도록 지원하며, 일정한 기간이 지난 후 직업능력을 갖추면 고용시장에 참여할 수 있도록 지원하는 시설</td></tr>
<tr><td>아동·청소년 정신건강지원시설</td><td>정신질환 아동·청소년을 대상으로 한 상담, 교육 및 정보제공 등을 지원하는 시설</td></tr>
<tr><td>생산품판매시설</td><td>정신질환자 등이 생산한 생산품의 판매·유통 등을 지원하는 시설</td></tr>
<tr><td colspan="2">정신건강복지센터</td><td>정신건강증진사업 등의 제공 및 연계 사업을 전문적으로 수행하는 시설</td></tr>
<tr><td colspan="2">중독관리통합지원센터</td><td>알코올, 마약, 도박, 인터넷 등의 중독문제와 관련한 종합적인 지원사업을 수행하는 시설</td></tr>
<tr><td colspan="2">국가트라우마센터</td><td>재난이나 그 밖의 사고로 정신적 피해를 입은 사람과 그 가족, 재난이나 사고 상황에서 구조, 복구, 치료 등 현장대응업무에 참여한 사람으로서 정신적 피해를 입은 사람의 심리적 안정과 사회적응을 지원</td></tr>
</table>

6) 노숙인시설

「노숙인 등의 복지 및 자립지원에 관한 법률」(제16조, 제19조)에서 명시한 노숙인시설의 종류는 〈표 4-8〉과 같다. 생활시설로는 노숙인자활시설, 노숙인재활시설, 노숙인요양시설 등이 있다. 이용시설로는 노숙인일시보호시설, 노숙인급식시설, 노숙인진료시설, 쪽방상담소, 노숙인종합지원센터 등이 있다.

▌표 4-8▌ 노숙인시설의 종류

형태	종류	내용
생활시설	노숙인자활시설	노숙인 등의 자립을 지원하기 위하여 전문적인 직업상담·훈련 등의 복지서비스를 제공하는 시설
	노숙인재활시설	신체 및 정신장애 등으로 자립이 어려운 노숙인 등에게 치료 및 재활서비스를 제공하는 시설
	노숙인요양시설	건강상의 문제 등으로 단기간 내 가정 및 사회복귀가 어려운 노숙인 등에게 요양서비스를 제공하는 시설
이용시설	노숙인일시보호시설	노숙인 등에게 일시보호 및 복지서비스 연계 등을 제공하는 시설
	노숙인급식시설	노숙인 등에게 필요한 급식서비스를 제공하는 시설
	노숙인진료시설	노숙인 등에 대한 진단·치료·재활 등 의료서비스를 제공하는 시설
	쪽방상담소	쪽방 밀집지역에서 쪽방 거주자에 대한 상담, 취업지원, 생계지원, 그밖의 행정지원 서비스를 제공하는 시설
	노숙인종합지원센터	노숙인 등에게 주거·의료·고용 지원을 위한 상담 및 복지서비스 연계, 응급처치, 복지서비스 이력 관리, 심리상담 등을 제공하는 시설

7) 여성복지시설

「성매매방지 및 피해자보호 등에 관한 법률」(제9조, 제15조, 제17조), 「성폭력방지 및 피해자보호 등에 관한 법률」(제10조, 제12조, 제18조), 「가정폭력방지 및 피해자보호 등에 관한 법률」(제5조, 제7조의 2)에서 명시한 여성복지시설의 종류를 살펴보면

〈표 4-9〉와 같다. 생활시설로는 성매매피해자지원시설(일반지원시설, 청소년지원시설, 외국인지원시설, 자립지원 공동생활시설), 성폭력피해자보호시설(일반보호시설, 장애인보호시설, 특별지원보호시설, 외국인보호시설, 자립지원 공동생활시설, 장애인자립지원 공동생활시설), 가정폭력피해자보호시설(단기보호시설, 장기보호시설, 외국인보호시설, 장애인보호시설) 등이 있다. 이용시설로는 성매매피해자지원시설(자활지원센터, 성매매피해상담소), 성폭력피해자보호시설(성폭력피해상담소, 성폭력피해자통합지원센터), 가정폭력피해자보호시설(가정폭력관련상담소) 등이 있다.

▌표 4-9▌ 여성복지시설의 종류

형태	종류		내용
생활 시설	성매매 피해자 지원시설	일반지원시설	성매매피해자 등을 대상으로 1년의 범위에서 숙식을 제공하고 자립을 지원하는 시설
		청소년지원시설	19세 미만의 성매매피해자 등을 대상으로 19세가 될 때까지 숙식을 제공하고 취학·교육 등을 통하여 자립을 지원하는 시설
		외국인지원시설	외국인 성매매피해자 등을 대상으로 3개월의 범위에서 숙식을 제공하고, 귀국을 지원하는 시설
		자립지원 공동생활시설	성매매피해자 등을 대상으로 2년의 범위에서 숙박 등의 편의를 제공하고, 자립을 지원하는 시설
이용 시설		자활지원센터	성매매피해자 등의 회복과 자립에 필요한 지원을 제공하는 시설
		성매매피해상담소	성매매피해자 등의 상담을 위한 시설
생활 시설	성폭력 피해자 보호시설	일반보호시설	피해자들의 숙식 제공, 상담 및 치료, 자립·자활 교육의 실시와 취업정보의 제공을 위한 시설
		장애인보호시설	장애인인 피해자에게 숙식 제공, 상담 및 치료, 자립·자활 교육의 실시와 취업정보의 제공을 위한 시설
		특별지원 보호시설	19세 미만의 피해자에게 숙식 제공, 상담 및 치료, 자립·자활 교육의 실시와 취업정보의 제공을 위한 시설
		외국인보호시설	외국인 피해자에게 숙식 제공, 상담 및 치료, 자립·자활 교육의 실시와 취업정보의 제공을 위한 시설
		자립지원 공동생활시설	보호시설을 퇴소한 사람에게 숙식 제공, 자립·자활 교육의 실시와 취업정보의 제공을 위한 시설

<table>
<tr><td></td><td rowspan="3"></td><td>장애인 자립지원 공동생활시설</td><td>장애인보호시설을 퇴소한 사람에게 숙식 제공, 자립·자활 교육의 실시와 취업정보의 제공을 위한 시설</td></tr>
<tr><td rowspan="2">이용 시설</td><td>성폭력피해상담소</td><td>성폭력피해자 등의 상담을 위한 시설</td></tr>
<tr><td>성폭력피해자통합 지원센터</td><td>성폭력 피해상담, 치료, 그 밖에 피해구제를 위한 지원업무를 종합적으로 수행하기 위한 기관</td></tr>
<tr><td rowspan="4">생활 시설</td><td rowspan="5">가정폭력 피해자 보호시설</td><td>단기보호시설</td><td>피해자 등을 6개월의 범위에서 보호하는 시설</td></tr>
<tr><td>장기보호시설</td><td>피해자 등에 대하여 2년의 범위에서 자립을 위한 주거편의 등을 제공하는 시설</td></tr>
<tr><td>외국인보호시설</td><td>배우자가 대한민국 국민인 외국인 피해자 등을 2년의 범위에서 보호하는 시설</td></tr>
<tr><td>장애인보호시설</td><td>장애인복지법의 적용을 받는 장애인인 피해자 등을 2년의 범위에서 보호하는 시설</td></tr>
<tr><td>이용 시설</td><td>가정폭력관련 상담소</td><td>가정폭력피해자 등의 상담을 위한 시설</td></tr>
</table>

8) 가족복지시설

「한부모가족지원법」(제19조), 「다문화가족지원법」(제12조), 「건강가정기본법」(제35조)에서 명시한 가족복지시설의 종류를 살펴보면 〈표 4-10〉과 같다. 생활시설로는 출산지원시설, 양육지원시설, 생활지원시설, 일시지원시설 등이 있다. 이용시설로는 한부모가족복지상담소, 다문화가족지원센터, 건강가정지원센터 등이 있다.

▌표 4-10▐ 가족복지시설의 종류

<table>
<tr><th>형태</th><th>종류</th><th>내용</th></tr>
<tr><td rowspan="3">생활 시설</td><td>출산지원시설</td><td>혼인관계의 임신·출산 및 그 출산 아동(3세 미만)의 양육을 위하여 주거 등을 지원하는 시설</td></tr>
<tr><td>양육지원시설</td><td>6세 미만 자녀를 동반한 한부모가족에게 자녀를 양육할 수 있도록 주거 등을 지원하는 시설</td></tr>
<tr><td>생활지원시설</td><td>18세 미만(취학 중인 경우에는 22세 미만) 자녀를 동반한 한부모가족에게 자립을 준비할 수 있도록 주거 등을 지원하는 시설</td></tr>
</table>

	일시지원시설	배우자가 있으나 배우자의 물리적 · 정신적 학대로 아동의 건전한 양육이나 모 또는 부의 건강에 지장을 초래할 우려가 있을 경우 일시적 또는 일정 기간 동안 모와 아동, 부와 아동, 부 또는 모에게 주거 등을 지원하는 시설
이용 시설	한부모가족복지상담소	한부모가족에 대한 위기 · 자립 상담 또는 문제 해결 지원 등을 목적으로 하는 시설
	다문화가족지원센터	다문화가족을 위한 전반적인 지원을 하는 시설
	건강가정지원센터	가정문제의 예방 · 상담 및 치료, 건강가정의 유지를 위한 프로그램의 개발, 가족문화운동의 전개, 가정관련 정보 및 자료제공 등을 위한 시설

4. 사회복지사의 역할

사회복지사에게 기대되는 역할과 직무 기능은 사회 규범과 역사적 전통, 활동을 인가하는 법령과 행정적 규정, 그리고 기관의 정책과 절차 등에 의해 규정된다(Sheafor & Horejsi, 2012). 일반적으로 사회복지사는 클라이언트와 대면하여 서비스를 제공하는 직접 실천뿐만 아니라 필요한 서비스나 프로그램을 개발하거나 자원을 확보하는 등의 간접 실천을 수행한다. 이처럼 사회복지실천현장에서 사회복지사는 개입하는 사례의 필요에 따라 동시적으로 여러 가지 역할을 수행하기도 한다. 또한 조직에서 사회복지사가 맡은 직무나 직위에 따라 중점적으로 수행하는 역할이 달라지기도 한다. 여기서는 [그림 4-1]과 같이 사회복지사의 역할을 직접 서비스 제공 기능, 체계 연결 기능, 체계 유지 및 강화 기능, 체계 개발 기능, 연구 및 조사 기능 등으로 구분하여 살펴보고자 한다(최해경, 2009; Hepworth et al., 2013).

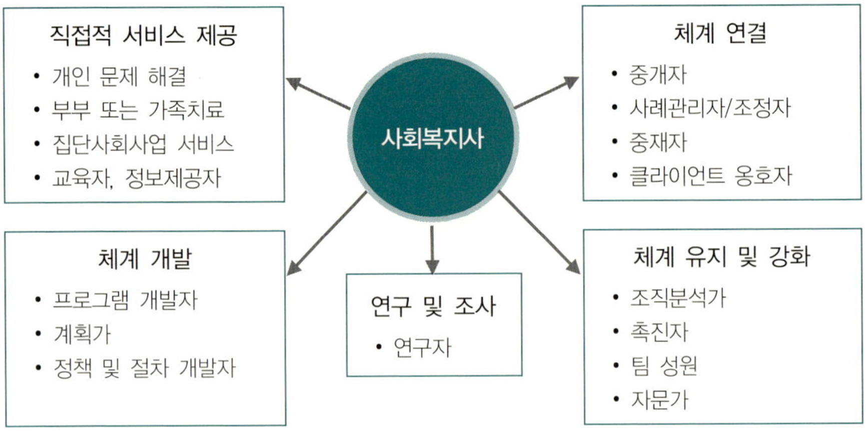

▮그림 4-1▮ 사회복지사의 역할

출처: Hepworth et al. (2013). Direct Social Work Practice: Theory and Skills (9th ed.), p. 30에서 수정 인용.

1) 직접 서비스 제공 기능

사회복지사는 클라이언트의 욕구와 문제를 해결하기 위해 클라이언트와 직접 대면하여 서비스를 제공한다. 이때 사회복지사는 개별사회사업(social casework) 혹은 상담, 부부치료와 가족치료, 집단사회사업(social groupwork) 등과 같은 직접 서비스를 실천한다. 또한 사회복지사는 클라이언트에게 필요한 정보를 제공하는 정보제공자 혹은 각종 사회기술 등을 교육하는 교육자(educator)로서 임무를 수행하기도 한다.

2) 체계 연결 기능

클라이언트는 종종 기존의 사회복지기관이 제공할 수 없는 자원들이 필요한 경우도 있고, 다른 유용한 자원들에 관한 정보가 없거나 그것을 이용할 능력이 부족한 경우도 많다. 이때 사회복지사는 클라이언트와 필요한 자원들을 연결하거나 그 자원들을 클라이언트가 충분히 활용하도록 돕는 임무를 수행한다. 이와 같은 체계 연결

기능에 해당하는 사회복지사의 역할을 살펴보면 다음과 같다.

(1) 중개자

중개자(broker)로서 사회복지사는 클라이언트에게 필요한 서비스와 자원을 연결한다. 즉, 클라이언트의 상황과 자원을 사정하여 그에게 필요한 정보를 제공하거나 혹은 이용 가능한 서비스 체계와 자원을 연결한다. 이처럼 중개자로서 사회복지사는 클라이언트의 욕구를 확인하고, 다양한 자원을 활용할 클라이언트의 동기와 능력을 사정하며, 그러한 자원에 클라이언트가 접근하도록 돕는다. 이를 위해 사회복지사는 다양한 서비스, 이용 가능한 프로그램 및 자원 체계에 관한 절차 등을 파악해야 한다(Sheafor & Horejsi, 2012). 중개자 역할의 예로는 거동이 불편한 노인에게 밑반찬 서비스를 연계하거나, 학교폭력 가해학생에게 분노조절 프로그램을 소개하여 참여하도록 돕거나, 가족이 없는 중증장애인에게 거주시설을 소개하거나, 장애인활동보조서비스를 신청한 장애인에게 활동보조인을 연결하는 것 등이다.

(2) 사례관리자/조정자

사례관리자(case manager) 혹은 조정자(coordinator)로서 사회복지사는 클라이언트의 욕구나 문제가 무엇인지를 파악한 후, 그 문제 해결에 필요한 자원이나 서비스를 개발하거나 연계하며, 자원이나 서비스가 목표에 따라 지속해서 제공되는지를 관리하고 돕는다. 즉, 기관의 자원 부족으로 클라이언트의 문제를 효과적으로 해결할 수 없거나, 문제 해결의 능력, 기술, 지식 또는 자원 등이 부족하여 다른 체계에 의뢰할 때도 있다. 이때 사회복지사는 클라이언트의 욕구를 사정하고 다른 체계에서 제공되는 자원과 서비스의 전달을 맡아 조정하는 임무를 수행하게 된다. 조정자 역할의 예로는 담당 사례에 대해 방문 서비스가 중복해서 제공되는 문제점을 발견하고, 지역사회의 재가서비스기관 모임을 통해 서비스가 중복되지 않도록 조정하였다. 이러한 사례관리자의 역할은 클라이언트와 환경 사이의 공유 영역에서 실천가로서 기능해야 한다(최해경, 2009).

(3) 중재자

중재자(mediator)로서 사회복지사는 갈등 관계에 있는 집단이나 조직이 상호 만족스러운 해결책이나 합의점을 발견하도록 어느 한편에 기울지 않고 중립적 입장에서 문제를 해결하도록 지원해야 한다. 종종 클라이언트와 서비스 제공자 사이에 문제가 발생하여 클라이언트가 서비스를 받지 못하는 경우가 있다. 클라이언트가 서비스 수급자격을 인정받지 못하거나 클라이언트와 서비스 제공자 사이에 긴장이 발생하여 클라이언트의 서비스 요청 철회나 서비스 제공자의 서비스 거부 등의 상황이 발생할 수 있다(최해경, 2017). 이때 사회복지사는 서비스 전달 과정에 존재하는 걸림돌을 제거하는 중재자의 임무를 수행해야 한다. 예를 들어 아동 양육권의 문제로 갈등하는 이혼 부부의 분쟁, 돌봄 서비스를 받는 노인과 직원 사이의 갈등을 해결하는 것 등이 중재자의 역할이다.

(4) 클라이언트 옹호자

사회복지사는 클라이언트나 클라이언트 집단을 위한 클라이언트 옹호자(client advocate)의 임무를 수행한다. 옹호란 사회정의를 지키고 유지하려는 목적으로 개인, 집단, 지역사회의 입장에서 직접 대변 · 개입 · 지지하는 행동을 말한다. 따라서 옹호자로서 사회복지사는 클라이언트에게 필요한 서비스와 자원을 제공하기 위해 클라이언트와 함께 혹은 대신하여 자원과 서비스를 획득하는 활동을 수행한다. 특히 클라이언트 옹호자의 역할은 클라이언트가 필요한 것을 얻을 힘이 거의 없을 때 적절하다. 예를 들어 클라이언트 옹호자로서 사회복지사는 장애학생의 교육권 확보를 위해 학교당국에 편의시설을 요구하거나, 지적장애를 가진 성폭력 피해 여성의 법률 조력자로서 수사와 재판의 모든 과정에서 장애 여성의 권익을 옹호하기 위한 활동에 적극적으로 관여할 수 있다(김혜란 외, 2013). 중재자의 역할이 양측의 이해를 절충하고 타협하여 공동의 이해 영역을 도출하는 것이라면, 옹호자의 역할은 클라이언트의 이해와 권리만을 대변하는 것이다. 단, 사회복지사는 클라이언트의 권리나 이익을 법적인 범위 내에서만 옹호할 수 있다(김융일 외, 1995).

3) 체계 유지 및 강화 기능

사회복지기관의 직원으로서 사회복지사는 서비스 전달의 효율성을 저하하는 기관의 구조, 정책, 기능적 관계 등을 평가할 책임이 있다. 이런 책임을 수행하는 역할로는 조직분석가, 촉진자, 팀 성원, 자문가 등이 있다.

(1) 조직분석가

조직분석가(organizational analyst)로서 사회복지사는 사회복지 서비스 전달에 부정적인 영향을 미치는 기관의 구조, 정책 및 절차 등에서 문제가 되는 요인들을 정확하게 파악하여 기관이 효율적으로 운영되도록 돕는다. 조직분석가는 조직이론과 행정이론에 관한 지식을 활용하여야 한다.

(2) 촉진자

촉진자(facilitator)로서 사회복지사는 서비스 전달을 방해하는 요인들을 정확하게 파악한 후, 서비스 전달을 향상하는 방법들을 계획하고 실행할 책임이 있다. 촉진자는 기관 행정가들에게 관련 정보를 제공하고, 직원회의에서 문제를 다룰 것을 권고하며, 변화에 저항하는 행정가들에게 압력을 행사하기 위해 동료 직원들과 협력하며, 필수적인 연수 교육이나 활동에 참가한다.

(3) 팀 성원

사회복지실천현장에서 사회복지사는 클라이언트의 문제를 사정하고 서비스를 전달하면서 협력하는 팀 성원(team member)으로 기능한다. 특히 팀 성원으로서 사회복지사는 가족의 역동성과 관련된 자료를 수집하거나 가족구성원들을 치료하는 데 관여한다. 또한 사회복지사는 여러 체계 내에서 동시에 관여하는 능력이 필요한 학교, 아동복지 관련 기관 등과 같은 체계 사이의 협력에 관여한다.

(4) 자문가

자문은 특정 업무에 대해 제삼자의 의견이나 조언을 듣고 참조하여 사회복지사가 클라이언트의 문제와 관련된 지식, 기술, 태도 등을 발전시키고 수정해서 클라이언트에게 더욱 효과적으로 서비스를 전달하는 과정이다. 자문가(consultant)로서 사회복지사는 다른 직종의 전문가에게 클라이언트의 문제 해결과 관련하여 자문을 제공하거나 혹은 사회복지사에게 슈퍼비전을 제공하는 임무도 수행한다. 또한 다른 전문직의 전문가나 전문 사회복지사로부터 자문도 받아야 한다.

4) 체계 개발 기능

사회복지사는 때때로 충족되지 못한 클라이언트의 욕구, 서비스 사이의 괴리, 예방 서비스에 대한 욕구, 효율성이 검증된 서비스로의 대체 등 소속기관의 서비스를 확대하거나 개선하는 역할을 수행한다. 이러한 역할은 기존의 체계 또는 새로운 체계를 개발하는 것이다.

(1) 프로그램 개발자

프로그램 개발자(program developer)로서 사회복지사는 클라이언트의 새로운 욕구에 반응하여 서비스를 개발한다. 교육 프로그램(예: 십대 미혼모 대상), 지지집단(예: 알코올 중독자의 성인 자녀 대상), 기술 개발 프로그램(예: 스트레스 관리, 양육 및 자기주장 훈련 집단) 등은 프로그램 개발자의 예라고 할 수 있다.

(2) 계획가

계획가(planner)로서 사회복지사는 공식적으로나 비공식적으로 영향력 있는 사람들과 지금껏 제대로 충족되지 못했거나 새로운 욕구를 반영하는 프로그램을 계획하기 위해 협력한다. 예를 들어 계획가는 노인이나 장애인 등과 같은 교통 약자를 위한 교통편의 서비스를 제공하기 위해 지역사회 지도자들과 함께 계획 수립의 역할을 수행한다.

(3) 정책 및 절차 개발자

일반적으로 정책이나 절차를 제정하는 과정에 사회복지사가 참여하는 것은 자신이 클라이언트에게 서비스를 제공하는 기관으로 제한된다. 사회복지사는 클라이언트의 욕구를 평가하고 어떤 정책과 절차가 클라이언트에게 부합하는지 평가하는 전략적인 위치에 있다. 따라서 정책 및 절차 개발자(policy and procedure developer)로서 사회복지사는 클라이언트와 관련된 기관의 정책 및 절차의 제정을 위한 의사결정 과정에 적극적으로 참여해야 한다.

5) 연구 및 조사 기능

연구자(researcher)는 관심 있는 주제에 관한 문헌 연구나 자신의 실무에 대한 평가, 프로그램에 대한 분석, 지역사회 욕구 조사 등의 활동을 통해 이론적 또는 실천적인 전문직으로 발전시키는 활동을 수행한다. 즉, 연구자로서 사회복지사는 자신이 제공한 서비스나 개입의 효과성을 평가하거나 클라이언트의 향상을 체계적으로 검증할 책임성이 있으며, 이러한 과정을 위해 연구를 수행하고 그 결과를 활용해야 한다(김혜영 외, 2010).

핵 • 심 • 정 • 리

1. 사회복지실천현장의 개념

사회복지 전문인력에 의해 복지 서비스가 제공되는 현장으로 좁은 의미는 사회복지사의 주된 실천 활동이 이루어지는 물리적 장소를 지칭하지만, 넓은 의미는 사회복지실천의 장소, 대상, 문제 영역 등을 모두 포괄하는 개념

2. 사회복지실천현장 분류

분류기준	하위차원	내용
기관의 기능 및 목적	1차 현장	• 기관의 주된 기능과 목적이 사회복지 서비스를 제공하는 현장 • 사회복지관, 노인복지관, 장애인복지관
	2차 현장	• 기관의 일차적 기능이 존재하지만 필요한 사회복지 서비스를 제공하는 현장 • 의료사회복지, 교정사회복지, 기업복지, 학교사회복지
기관의 설립주체 및 재원조달방식	공공기관	• 정부의 지원으로 운영되며 사회복지사의 업무 또한 정부의 규정이나 지침으로 규정 • 주민자치센터, 구청
	민간기관	• 민간이 설립한 기관 • 사회복지법인, 재단법인, 사단법인, 종교단체, 시민단체
서비스 제공방식	서비스 기관	• 클라이언트와 대면 접촉을 통해 직접 서비스 제공 • 사회복지관, 청소년쉼터, 노인복지관
	행정기관	• 행정 업무를 수행하며 기관 간의 연계 및 협의, 조정 • 보건복지부, 여성가족부
주거 서비스 이용 여부	생활시설	• 주거 서비스를 포함한 생활 전반에 필요한 사회복지 서비스를 제공하는 기관 • 아동양육시설, 양로시설, 정신요양시설 등
	이용시설	• 자신의 집에 거주하는 클라이언트나 지역주민을 대상으로 주거 서비스 외에 사회복지 서비스 제공 • 사회복지관, 노인복지관, 지역아동센터 등

3. 사회복지사의 역할

기능	주요 역할	예
직접 서비스 제공	클라이언트에게 직접 대면하여 서비스 제공	• 개별사회사업/상담 • 부부치료와 가족치료 • 집단사회사업 • 정보 제공자 및 교육자
체계 연결	클라이언트와 필요한 자원을 연결	• 중개자 • 사례관리자/조정자 • 중재자 • 클라이언트 옹호자
체계 유지 및 강화	서비스 전달의 효율성을 저하하는 기관의 구조, 정책, 기능적 관계를 평가	• 조직분석가 • 촉진자 • 팀 성원 • 자문가
체계 개발	기관의 서비스를 확대·개선하는 역할 수행	• 프로그램 개발자 • 계획가 • 정책 및 절차 개발자
연구 및 조사	개입 방법을 선택하고 그에 대한 효과성을 평가하기 위해 연구 및 조사를 수행하는 역할	• 연구자

CHAPTER 05

사회복지실천의 관점: 통합적 접근

이 장의 구성

1. 통합적 접근 방법의 등장 배경
2. 통합적 접근 방법의 개념 및 특징
3. 통합적 접근 방법의 이론적 기반

CHAPTER 05

사회복지실천의 관점: 통합적 접근

학습목표

- 사회복지실천의 통합적 접근 방법의 등장 배경을 이해한다.
- 사회복지실천의 통합적 접근 방법의 개념을 이해한다.
- 환경 속의 인간 관점을 이해한다.
- 일반체계이론을 이해한다.
- 생태체계 관점을 이해한다.

1. 통합적 접근 방법의 등장 배경

역사적으로 사회복지는 모든 사회문제에 대하여 다른 개념, 기술, 과업 및 활동 등을 가진 다양한 접근 방법으로 도움을 제공하였다. 1920~1930년대는 개별사회사업과 집단사회사업, 1930년대는 지역사회조직사업, 1950년대는 사회복지조사와 사회복지행정이 발달하였다. 이러한 방법을 전통적 방법이라고 한다(전재일, 1981).

사회복지실천의 발달 과정에서 개별사회사업의 이론과 실천의 발달은 사회복지 전문직을 정립하는 계기가 되었지만, 개인의 심리 문제에 지나치게 집착함으로써 결과적으로 사회복지 내에 과도하게 분화된 전문화를 초래하였다. 또한 하나의 기술이나 실천 영역을 강조하는 사회복지 전문직의 동향은 여러 요인이 복합적으로 작용하는 실천 영역에 대해서 효과적으로 대처하지 못하는 한계에 직면하였다(양옥경 외,

2010). 사회복지실천에서 이러한 전통적 방법의 한계들 때문에 통합적 접근 방법이 등장하였다. 사회복지실천에서 개별사회사업, 집단사회사업, 지역사회조직사업 등과 같은 전통적 방법의 한계점을 살펴보면 다음과 같다(Briar & Miller, 1971; 김융일 외, 1995).

첫째, 전통적 방법은 주로 제한된 특정 문제를 중심으로 개입하기 때문에 다양하고 복잡한 문제 상황이나 클라이언트에 대해 적절히 개입하기 어려운 경우가 많다. 따라서 전통적 방법은 이러한 외부 환경에 의해서 한계점이 나타나, 특정 문제가 아닌 사회의 변화에 따라 발생하는 복잡한 문제에 적용할 수 있는 새로운 방법론의 필요성이 대두하였다.

둘째, 전통적 방법은 지나친 분화와 전문화로 서비스의 파편화 현상을 초래함으로써 다양한 문제와 욕구가 있는 클라이언트와 가족이 여러 기관이나 사회복지사를 찾아다녀야 하는 어려움에 직면하였다. 따라서 사회복지사가 클라이언트에게 최선의 서비스를 제공할 수 없어서 실천 대상이나 문제별로 분화 및 전문화되어 있는 사회복지실천 방법을 통합하려는 시도들이 나타나게 되었다.

셋째, 전문화 중심의 교육과 훈련은 사회복지사의 분야별 직장 이동에 도움이 되지 않았다. 따라서 사회복지사가 다른 분야별 기관으로 이직하거나 재취업하려 할 때 어려움에 직면하였다.

넷째, 사회복지실천에서 공통 기반을 전제하지 않는 분화 및 전문화는 각각 별개의 사고와 언어 및 과정 등을 제시함으로써 각 영역 사이에 의사소통의 혼란과 사회복지 전문직의 정체성 확립에 장애가 되었다. 따라서 다양한 실천 방법의 분화에도 불구하고 기본적인 개념과 기술에 공통 기반이 있음이 강조되었다.

2. 통합적 접근 방법의 개념 및 특징

사회복지실천에서 통합적 접근 방법(integrated approach)이란 사회복지사가 개인, 집단, 지역사회 등 여러 체계에서 제기되는 사회문제의 대처에 활용할 수 있는 공통된 하나의 원리나 개념을 제공하는 방법의 통합화를 의미한다(김융일 외, 2000). 개념으로 보면 개인, 집단, 가족치료, 지역사회조직 등의 방법론 형태를 동시에 통합하는 것이라 할 수 있다. 즉, 통합적 접근 방법이란 전통적 방법의 전부 또는 일부(적어도 2종류 이상)를 조합해서 교육함으로써 한 명의 사회복지사가 다수의 방법을 통합하여 클라이언트에게 개입할 수 있도록 하는 것이다(전재일, 1981).

이러한 통합적 접근 방법의 특징은 다음과 같다(김융일 외, 1995). 첫째, 통합적 접근 방법은 사회복지실천에서 본질적인 개념, 활동, 기술, 과업 등에 공통적 기반이 있다고 전제한다. 둘째, 통합적 접근 방법의 가치는 클라이언트의 잠재력을 인정하며, 이러한 잠재력은 향후 개발될 수 있다는 미래 지향적인 접근을 강조한다. 셋째, 사회복지의 지식은 과거의 심리역동 관점부터 환경 속의 인간을 이해하려는 일반체계이론까지 광범위하게 확대된 개념을 사용한다. 넷째, 과거의 사회복지실천은 주로 인간 혹은 환경에 각각 초점을 두는 2궤도 접근을 지향하였지만, 통합적 접근 방법은 인간과 환경 사이의 상호작용에 초점을 둔다. 따라서 사회복지사의 역할은 인간과 환경의 공유 영역인 사회적 기능에 개입하는 것임을 강조한다. 다섯째, 클라이언트의 존엄성, 참여, 자기 결정 및 개별화 등을 극대화할 것을 강조하며 사회복지실천 과정에서 지속적인 평가를 중요시한다.

한편, 통합적 접근 방법을 지향하는 일반주의(generalist) 사회복지실천의 주요 내용은 생태체계 관점 유지, 광범위하고 포괄적인 문제 규정, 다양한 클라이언트 체계 수준에서의 접근, 이론과 개입의 개방적 선택, 문제 해결 과정 등이다(McMahon, 1996; 장인협, 1999; 양옥경 외, 2010). 이러한 내용은 사회복지사가 다양한 차원에서 서비스를 제공할 때에 상호 배타적으로 적용되지 않고 서로 연결되고 중복되어 적용된다.

1) 생태체계 관점 유지

일반주의 실천은 일반체계이론, 사회체계이론, 생태학이론 등의 이론적 관점을 복합적인 토대로 활용하고 있다. 체계이론과 생태학이론의 개념들은 일반주의 사회복지실천을 위한 유용한 틀을 제공한다.

2) 광범위하고 포괄적인 문제 규정

일반주의 실천에서 문제란 병리적이거나 부정적인 상황을 의미하는 것이 아니라 전체 문제 해결 과정에서 매우 광범위하고 포괄적으로 규정한다. 사회복지실천의 초점은 개인과 체계 사이의 연계 및 상호작용, 개인과 체계의 기능 수행에서 직면하는 문제에 맞춰져 있다(Pincus & Minahan, 1973). 또한 사회복지실천을 문제 해결 과정으로 보거나, 문제의 개념을 개인과 환경 사이의 스트레스로 규정하고 사회복지실천의 개입 초점으로 명시하기도 한다(Germain & Gitterman, 1980).

3) 다양한 클라이언트 체계 수준에서의 접근

일반주의 실천에서 사회복지사는 다양한 크기의 체계에 접근할 수 있다. 즉, 사회복지사는 일대일의 미시적 수준의 실천부터 집단을 대상으로 하는 중간적 수준, 지역사회, 조직, 제도 및 사회 등과 같은 거시적 수준의 실천까지 다양한 클라이언트 체계 수준과 일하게 된다. 또한 사회복지사는 클라이언트 체계, 표적 체계, 변화매개 체계, 행동 체계, 전문가 체계 등 다양한 체계와 일하기도 한다.

4) 이론과 개입의 개방적 선택

일반주의 실천에서 사회복지사는 특정 이론적 접근만 사용하는 것이 아니라 클라이언트의 문제에 따라 다양한 이론적 접근을 채택하여 활용하는 전문가이다. 즉, 사회복지사의 사정과 개입의 근거가 되는 이론들은 클라이언트 문제의 초점에 따라 선택적으로 활용한다. 따라서 사회복지사는 특정한 방법에만 한정하는 것이 아니라 클라이언트의 문제 상황, 관련 체계 및 잠재적 해결 방안 등을 모두 고려하여 다양한 방법을 통하여 개입의 방향과 내용을 구성한다(Miley et al., 2004). 클라이언트의 문제 상황에 접근하기 위해 좀 더 전문화된 방법이 필요하다면 전문 사회복지사에게 의뢰한다.

5) 문제 해결 과정

사회복지실천 과정은 연속적 과정이지만 모든 과정이 반드시 순서에 따라 진행되는 것은 아니다. 또한 사회복지실천 과정은 유사성과 중복성이 있어 진행 중에 하나 이상의 단계가 동시에 발생하기도 한다. 즉, 사회복지실천 과정이란 일련의 문제가 해결되고 새로운 문제들이 나타남에 따라 반복하여 계속되는 일종의 주기적인 활동이다. 이처럼 사회복지실천 과정은 점진적으로 문제를 해결하는 과정이라고 볼 수 있다.

3. 통합적 접근 방법의 이론적 기반

관점(perspectives)이란 어떤 현상이나 대상을 바라보는 시각이며 사회복지실천에 대한 개념적 준거 틀(conceptual framework)로서 실천 영역에 대한 가치와 견해 등으로 나타나는 사고 체계이다. 따라서 사회복지사가 어떤 관점을 가지느냐에 따라 같은 상황도 다르게 보고 접근할 수 있다. 여기서는 통합적 접근 방법의 이론적 기반이 되는 몇 가지의 관점에 대해 살펴보고자 한다.

1) 환경 속의 인간 관점

전통적으로 사회복지실천의 주요 초점은 생활 상황 속의 사람(people in life situation), 즉 개인과 환경에 동시적으로 이중초점을 유지하는 것이다. 따라서 사회복지실천의 목표는 사람과 상황 사이에 조화를 만들어내는 것이다(Gordon, 1969). 특히 바틀렛(Harriett Bartlett, 1970)은 사회복지실천의 초점을 사회적 기능(social functioning), 즉 사람의 대처 능력과 환경으로부터 요구 사이의 관계로 규정하였다. 이처럼 사회복지사는 모든 사회복지실천의 공통 기반을 개인과 환경에 대한 이중초점에 두고, 개인의 대처 능력과 개인에 대해 환경이 요구하는 것 사이의 균형을 유지하기 위해 노력해야 한다. 따라서 개인과 상황, 사람과 환경을 하나의 통합된 개념으로 사용해야 한다.

이처럼 환경 속의 인간 관점에서 인간을 이해하려면 인간의 심리 내적 특성뿐만 아니라 환경 혹은 상황도 모두 고려해야 한다. '환경 속의 인간'이라는 개념은 단순히 인간뿐만 아니라 환경에도 관심을 가져야 한다는 차원을 넘어 인간과 환경은 서로 불가분의 관계로서 영향을 주고받고 있어서 하나의 개념으로 이해해야 한다는 의미를 내포하고 있다. 그러므로 사회복지실천에서 인간과 환경 사이의 상호작용에 초점을 둔다. 따라서 사회복지사는 개인에 대한 변화 전략, 환경에 대한 변화 전략, 그리고 개인과 환경 사이의 상호작용에 대한 변화 전략 등을 사용할 수 있다. 그러나 이러한 모든 전략은 기본적으로 개인과 환경 사이의 상호작용 변화를 지향한다(Compton & Galaway, 1994).

'환경 속의 인간'이라는 개념을 활용하여 클라이언트가 경험하는 상호작용 맥락을 이해하면서 사정할 수 있는 PIE(Person-In-Environment) 분류 체계를 살펴보자(Karls & Wandrei, 1994). 먼저 요소 I은 사회적 기능 문제(Social Functioning Problems)이다. 사회복지사는 클라이언트가 호소하는 문제가 어떤 사회적 역할 때문에 발생하는 문제인지 확인하여 기록한다. 일반적으로 클라이언트는 한 가지 이상의 문제를 호소할 수 있다. 따라서 사회복지사는 각 문제의 유형, 그 문제의 심각성 정도, 문제의 지속기간, 그 문제를 다루기 위한 클라이언트의 대처 능력 등을 확인하여 기록한다.

요소 II는 환경 문제(Environmental Problems)이다. 환경은 사람이 생활하는 물리적 · 사회적 맥락과 자연적 · 인위적 환경 등을 모두 포함한다. 요소 II에서 사회복지사는 요소 I에 영향을 주는 환경 체계의 문제, 그 문제의 어려움 정도와 지속 기간을 확인한다. 요소 II의 문제도 한 가지 이상이 될 수 있다. 요소 I과 II는 클라이언트의 사회적 기능 문제와 환경 문제를 핵심적으로 기술하였기 때문에 사회복지실천의 주요 초점이 된다.

요소 III은 정신건강 문제(Mental Health Problems)이다. 이것은 클라이언트에 대한 사회복지사의 이해, 향후 진행될 개입과 관련된 현재의 정신적, 성격 및 발달상의 장애나 상태 등을 표시한다. 임상적 증상들은 정신장애 진단 및 통계편람(Diagnostic and Statistical Manual for Mental Disorder: DSM) 체계를 활용하여야 한다.

요소 IV는 신체건강 문제(Physical Health Problems)이다. 사회복지사는 클라이언트의 사회적 역할 수행과 환경 문제에 대한 이해 및 유지와 관련된 현재의 신체장애나 상태 등을 표시한다. 이때 사회복지사는 신체적 질병이나 장애를 진단할 수 없으므로 반드시 그 출처를 기록해야 한다.

이처럼 요소 I과 II는 사회복지실천의 주요 초점이며, 요소 III과 IV는 다른 전문직의 분류 작업을 사용하여 정신적 · 신체적 문제를 확인하는 내용이다. 이러한 모든 요소는 클라이언트의 문제에 대한 전체적인 그림을 그리는 데 필요하다(Karls & Wandrei, 1994).

2) 일반체계이론

일반체계이론은 생물학자인 버틀란피(Von Bertalanffy, 1967)가 처음 소개한 이론으로 유기체와 환경 사이의 체계적인 상호작용 및 상호 관련성을 전체성, 상호성, 개방성 등의 개념으로 설명하고 분석하였다. 일반체계이론은 체계를 구성하는 요소들의 속성과 이들 사이의 상호작용 속성을 이해하고, 복잡한 체계의 관계 속성 혹은 체계 내부에서 이루어지는 상호작용의 특성을 파악하기 위해 개발된 이론이다. 이 이론은 복잡한 사회적 실재를 다루기 쉽게 개념화하며, 인간 체계가 어떻게 상호작용하는지를 설명하면서 인간 행동의 다양성에 대한 지식을 확장한다. 또한 문제나 상황을 개인과 사회환경 사이의 상호작용으로 보면서 문제에 대한 전체적인 시각을 제시한다(최혜지 외, 2013).

일반체계이론은 두 가지 측면에서 세계를 이해하는 관점의 변화가 있다. 첫째는 직선적 인과론으로부터 순환적 인과론으로의 관점의 변화이다. 일반체계이론 이전의 세계는 기본적으로 기계론적이고 환원주의적 특징을 지니고 있었다. 복잡한 현상을 여러 개의 단순한 부분들로 구분하고 그 부분들을 분석함으로써 작은 단위들을 통해 큰 사건의 원인을 이해하려고 하였다. 이런 관점에서는 A는 B에 영향을 주며, 그것이 C에 작용하여 D가 나타난다는 직선적 인과론으로 상황을 설명한다. 하지만 일반체계이론에서 제시하는 순환적 인과론에서는 A가 B에 영향을 주기도 하지만, B가 A에 영향을 줄 수도 있다는 순환적 고리의 망으로 개념화한다. 둘째는 유기체와 환경의 관계에 대한 관점의 변화이다. 개인의 기능에 초점을 두는 행동 과학에서 유기체는 기본적으로 환경에 반응하며, 현재의 행동은 일련의 외부의 힘들이 순서대로 상호작용하는 결과로 본다. 즉, 행동은 그것이 선천적이든 후천적으로 학습된 것이든 자극에 대한 반응으로 보는 것이다. 이러한 관점은 개인에게만 초점을 두기 때문에 그 행동이 얼마나 복합적이며 어떤 맥락에서 일어나는지를 이해하지 못한다. 반면에 일반체계이론에 근거한 체계 관점은 좀 더 총체적이며, 사람 사이의 행동이 상호적이라는 것을 강조한다. 따라서 인간의 상황은 하나의 전체이며, 각 부분은 다른 부분들과 복잡한 과정을 통해 서로 연관되어 있어 각 부분은 원인인 동시에 결과의 요소들이 된다. 이처럼 일반체계이론은 인간과 환경이 하나의 상호 연관된 전체라는 관점으로 사회복지사의 인식을 전환하도록 해준다(Turner, 1996; 최혜지 외, 2013). 이러한 일반체계이론의 개념을 사회복지학에서도 받아들임에 따라 인간과 환경이라는 이중초점을 유지하면서 개입할 수 있는 이론적 근거를 마련하게 되었다. 일반체계이론의 주요 개념에 대해 살펴보면 다음과 같다(Compton et al., 2005; 엄명용 외, 2011).

(1) 주요 개념

① 체계

체계(system)란 독특한 방식으로 상호작용하고 상호 의존하는 부분들로 구성된 전체, 즉 부분 사이에 관계를 맺고 있는 일련의 단위이다(Bertalanffy, 1968). 다시 말해서 체계란 정보, 에너지, 자원 등을 체계의 내적·외적으로 교환하면서 다른 체계와 관계를 맺으면서 역동적으로 존재하는 실체를 말한다(Germain, 1991). 이런 맥락에서 체계의 속성으로 전체는 각 부분의 합보다 큰 것으로 정의할 수 있다. 따라서 체계를 구성하는 부분 사이의 상호작용 독특성이 체계의 특성을 만들어낼 수 있다.

② 경계

경계(boundary)란 눈에 보이지 않으면서 하나의 단위나 실체를 규정하는 은유적 개념으로 체계 내부와 외부, 한 체계와 다른 체계를 구분할 수 있는 테두리 또는 점선이라고 할 수 있다. 일반적으로 경계는 명확성(clarity), 투과성(permeability), 유연성(flexibility) 등의 속성을 가지고 있다(엄명용 외, 2011). 경계는 물리적 공간에서 그릴 수도 있지만, 개념적으로도 그릴 수 있다. 즉, 물리적 경계는 집 안과 밖의 경계처럼 분명하다. 그러나 개념적 경계는 그것을 그리는 사람의 판단과 관련이 있다.

예를 들어 가족을 하나의 경계 기준으로 볼 때, 현재 동거하는 가족구성원만을 포함할 것인가 아니면 동거하지 않는 가족구성원까지도 포함할 것인가는 그것을 그리는 사람의 판단에 달려 있다. 이처럼 경계는 체계와 체계 사이에 이루어지는 상호작용의 특징을 구분해 주고, 특정 체계와 다른 체계의 구성 요소 사이에 차별적인 특성을 보이게 하며, 구성원들의 정체성을 형성하고 유지하는 데 이바지한다.

③ 홀론

홀론(holon)은 부분인 동시에 전체라는 의미를 지니고 있는데, 경계로 구분된 체계를 구성하는 작은 체계보다는 큰 상위체계이고, 그 체계를 둘러싼 더 큰 체계보다는 하위 체계를 말한다(Miley et al., 2004). 즉, 홀론은 중간 체계가 가지고 있는 이중적 성격을 의미하는데, 작은 체계들 속에서 그들을 둘러싼 큰 체계의 특성이 발견되기도 하고 작은 체계들이 큰 체계에 동화되기도 하는 현상을 말한다. 예를 들어 가족은 부부 체계의 상위 체계이지만 지역사회의 하위 체계이다.

홀론의 개념을 이용하면 하위 체계의 변화가 상위 체계로 번져나가고, 상위 체계의 변화가 하위 체계에도 영향을 미치는 파문 효과(ripple effect)가 설명된다. 이것은 두 가지 의미를 내포하는데, 하나는 어떤 체계 내의 활동은 모든 하위 체계의 수행에 영향을 받는다는 것이다. 다른 하나는 어느 수준에서 체계의 활동은 상위 체계 활동의 부분이거나 그것에 의해 통제된다는 것이다(엄명용 외, 2011).

④ 엔트로피와 네겐트로피

엔트로피(entropy)는 외부로부터 에너지나 정보의 유입 없이 체계 구성 요소 사이의 상호작용이 감소하면서 유용한 에너지가 소멸하여 가는 상태를 말한다. 엔트로피 상태가 지속하면 결국 체계는 소멸한다. 엔트로피는 주로 폐쇄 체계에서 나타나는 현상으로 체계가 무질서하고 조직된 작업을 할 수 없는 상태에 도달했음을 의미한다. 어떤 체계가 엔트로피 상태를 피하기 위해서는 외부로부터 자원, 정보, 에너지 등을 유입해야 한다.

반면에 네겐트로피(negentropy) 혹은 부적 엔트로피는 개방 체계와 관련된 개념으로 체계가 열려 있을 때 체계는 자신이 사용하는 것보다 많은 에너지를 유입할 수 있다. 즉, 체계 외부로부터 에너지를 가져옴으로써 이용할 수 없는 에너지가 감소한 상태를 의미하며, 그런 후 체계는 정교하고 세분되면서 더욱 심화한 복잡성을 띠게 된다. 예를 들어 부모와 자녀 사이의 갈등으로 가족 체계에서 엔트로피가 증가한 경우, 가족 상담을 통해 부모와 자녀 사이의 관계가 회복되는 계기를 마련한다면 네겐트로피의 상태가 된다.

⑤ 투입, 전환, 산출, 환류

체계가 작용하는 과정은 투입, 전환, 산출, 환류 등으로 설명할 수 있다(Compton et al., 2005). 먼저 투입(inputs)은 경계를 넘어 그 체계에 영향을 주는 외부 사건, 정보, 에너지 또는 생각 등을 말한다. 체계의 생존과 목적 달성을 위해서는 외부 환경으로부터 적절한 투입이 있어야 한다. 전환(throughputs)은 그 체계 내에 들어온 에너지나 정보 등과 같은 투입물을 처리하여 체계의 기능 유지에 필요한 형태로 전환하는 체계적 과정이다. 이러한 전환 과정을 시작하게 되면 체계는 적극적으로 외부 환경에 반응하게 된다. 산출(outputs)은 전환을 통해 나타난 결과물인 에너지와 정보가 체계의 경계선 밖으로 나가 주변 환경에 미치는 영향을 의미한다. 체계의 에너지 전환 과정으로 만들어진 산출은 환류를 통하여 다시 체계 내부로 투입된다(Meyer, 1983). 환류(feedback)는 체계가 산출한 정보와 에너지로 환경에 영향을 주고, 다시 체계로 들어와 산출의 결과를 알려주는 과정을 의미한다. 즉, 체계는 환류를 통해 새로운 행동을 하거나 혹은 기존의 행동을 수정하는 자기 조절 행위로서 체계에 영향을 준다. 환류는 정적 환류(positive feedback)와 부적 환류(negative feedback)가 있다. 정적 환류는 기존의 행위를 강화하여 안정을 추구하는 반면에 부적 환류는 기존의 행위를 수정하여 변화를 조장한다(Compton et al., 2005).

⑥ 동등 종결

개방 체계와 관련된 개념인 동등 종결 혹은 동귀결성(equifinality)은 처음의 다른 상태로부터 비슷한 결과에 이른다는 뜻이다. 즉, 각 체계의 시작 상황이 서로 다르다 하더라도 그 체계들이 개방되어 있어 주위 체계들과 목적 지향적인 교류를 한다면 결국 비슷한 최종 상태 또는 목적을 향해 진행된다는 것이다. 이처럼 동등 종결은 체계들이 개방되어 있어 서로 교류할 경우 투입이나 전환과 관계없이 산출은 비슷하다는 의미이다. 이는 같은 목적과 결과를 달성하는 방법은 여러 가지가 있을 수 있음을 뜻한다. 따라서 사회복지사는 바람직하다고 생각되는 결과를 얻기 위해 몇 가지 방법 중에서 좀 더 접근하기 쉬운 부분부터 개입함으로써 먼 부분까지 영향을 줄 수 있다는 것을 명심해야 한다(우국희 외, 2015).

⑦ 다중 종결

다중 종결 혹은 다중 귀결성(multifinality)은 처음에 서로 비슷한 상태에서 출발했지만 다른 결과에 도달한다는 뜻이다. 즉, 처음에는 비슷한 상황에 있는 체계라 하더라도 체계 내의 구성 요소 사이의 상호작용 양상 또는 체계들과의 상호작용 양상과 특성이 다르면 최종 상태는 서로 달라질 수 있음을 의미한다. 따라서 비슷한 문제를 가진 클라이언트라 하더라도 문제의 종결 상태가 항상 유사하지는 않다고 할 수 있다(엄명용 외, 2011). 예를 들어 청소년들이 집단 프로그램에 참여하였지만, 친구나 부모와의 상호작용으로 그 결과는 다르게 나타날 수 있다는 것이다.

(2) 일반체계이론의 장단점

사회복지실천에서 개별화와 심리역동(psychodynamic) 접근을 강조하는 전통적 사회복지실천과는 다르게 일반체계이론은 다음과 같은 장점 및 단점이 있다(Payne, 1997; 우국희 외, 2015).

① 장점

첫째, 심리역동 접근보다는 환경 변화를 더 강조한다. 이것은 환경에 대한 개입을 강조하는 사회복지실천의 지향점과 연관된다.

둘째, 일반체계이론에서 체계 사이의 관계는 상호작용적이어서 내적인 사고와 감정보다는 한 사람이 다른 사람에게 미치는 영향을 강조한다. 이것은 심리 내적 문제에 초점을 두는 심리역동 접근과 외부의 상황이나 환경이 개인에게 영향을 준다고 믿는 사회복지실천 경향과 유사하다.

셋째, 작은 변화가 같은 결과를 초래한다는 것, 같은 목표를 달성하기 위해서는 여러 방법(동등 종결, 다중 종결)이 있을 수 있다는 것과 같은 개념은 사회복지사에게 유용한 개입의 방향을 제공한다.

넷째, 일반체계이론은 개인, 집단, 지역사회 등에 대한 개입을 포함하는 단일화된, 통합적, 총체적 접근이며, 어떤 특정한 개입 방법만을 강조하지 않는다. 이것은 사회복지실천이 지향하는 통합적 접근 방법에 따른 실천을 뒷받침한다.

다섯째, 동등 종결과 다중 종결은 많은 에너지와 정보가 유입되면 체계가 얼마나 다양한 영향을 받을 수 있는지를 보여준다. 따라서 어떤 행동에 대해서 우리가 직선적이고 결정론적인 인과적 설명을 하지 않도록 해준다.

② 단점

첫째, 일반체계이론은 설명적이기보다는 해설적이다. 따라서 이해하기 쉽고, 여러 수준의 사회와 개인의 행동을 연결하는 새로운 방식으로 개념들을 서술한다. 하지만 왜 그런 일이 발생하는지, 왜 그런 관계가 존재하는지 등에 대해서는 구체적으로 설명하지 못한다. 따라서 측정이나 검증이 거의 불가능하다.

둘째, 일반체계이론은 무엇을 해야 할지, 어떤 시점에서 어떻게 체계에 영향을 주는지 등을 알려주지 못한다. 따라서 체계의 각 부분이 어떻게 상호작용하는지 알 수 없기 때문에 사실상 개입의 영향력을 통제할 수 없다.

셋째, 일반체계이론은 너무 포괄적이다. 경계를 구분하는 것조차 복잡하거나 불가능해 보이는 것도 있고, 실제로 관련이 없음에도 관련이 있을 것으로 가정하는 것일 수도 있다. 따라서 사회복지사가 광범위한 문제에 집중함으로써 개인의 작은 문제를 간과할 수도 있다.

넷째, 일반체계이론은 일반화된 이론이기 때문에 어떤 특수한 상황에 적용하기가 어렵다. 만일 적용한다면 매우 다양한 방식이 가능하다. 같은 상황을 두고 사회복지사마다 해석하는 방식이 다를 수 있을 뿐만 아니라 어느 것이 옳은지 판단하기도 어렵다.

3) 생태체계 관점

생태체계라는 개념은 일반체계이론(Bertalanffy, 1968)에 생태학 이론을 결합한 것이다. 환경 속의 인간(person in environment)이 제시하는 개념적 틀을 실천적 의미로 구체화한 것이 생태체계 관점이다. 따라서 생태체계 관점(eco-systems perspective)은 인간의 행동을 자신이 속해 있는 환경과의 상호작용을 통해 이해할 수 있다고 강조한다. 즉, 인간은 환경에 수동적으로 반응하는 존재가 아니라 환경과의 역동적이고 적극적인 상호 관계를 통해 발전하는 환경 속의 인간에 대한 이해에 강조점을 두고 있다(Grief, 1986). 클라이언트 체계를 상황적 · 환경적 맥락에서 바라보기 때문에 사회복지실천 과정의 사정과 계획 단계에서 가장 유용한 관점이다. 생태도는 생태체계 관점을 반영하여 사회복지실천에서 유용하게 사용하는 사정도구이다. 이러한 생태체계 관점에 대해 살펴보고자 한다.

(1) 기본 가정

생태체계 관점에서 인간은 환경과 따로 떼어 생각할 수 없는 총체적 존재로 인식한다(Dickens, 2004). 이러한 맥락에서 인간과 환경은 별개의 분리된 것이 아니라, 지속해서 상호 교류하면서 존재한다. 즉, 인간을 둘러싼 사회 체계와 자연 환경 체계는 상호 의존적 성격을 가지고 있어서 체계 사이의 항상성 유지를 위해 지속해서 상호작용하는 상호 보완적 관계를 유지한다. 특히 인간의 성격과 행동은 인간이 환경적 요구에 적응하고 환경을 자신의 욕구에 맞게 수정·변화시키는 과정에서 형성되며 발달한다고 가정한다. 이처럼 인간과 환경은 항상성 유지를 통해서 상호작용하면서 하나의 통합적 체계를 형성한다. 따라서 개인은 자연 환경과 사회적 상황 속에서 이해될 수 있고, 인간의 성격이나 행동적 특성은 개인과 환경 사이의 상호작용 산물로 볼 수 있다(Germain, 1991).

(2) 주요 개념

① 체계 및 체계 간의 상호작용

일반적으로 체계(system)는 개인 체계와 환경 체계로 구분할 수 있다. 개인 체계는 인간의 행동이나 성격에 영향을 주는 신체적·심리적·행동적 요소 등으로 구성되어 있다. 이러한 개인 체계 요소들은 독자적으로 존재하는 것이 아니라 각 요소 사이에 상호작용이 존재한다. 또한 환경 체계는 사회 체계와 자연 환경 체계로 구분할 수 있다. [그림 5-1]과 같이 환경 체계는 미시 체계, 중간 체계, 외적 체계, 거시 체계, 시간 체계 등 다섯 가지의 체계로 분류할 수 있다(Bronfenbrenner, 1979; 권중돈, 2014).

미시 체계(microsystem)는 개인의 일상생활에 존재하는 가장 근접한 환경으로서 가족, 친구, 학교, 이웃, 교회 등의 물리적 환경과 사회적 환경 그리고 그 환경 내의 지위나 역할, 활동, 대인관계 등을 의미한다. 개인은 미시 체계와 직접 상호작용하며, 그 과정에서 영향을 주고받는다. 미시 체계는 개인의 특성과 발달 단계에 따라 달라지는데, 영·유아기는 가족이 미시 체계이지만 청소년기에는 또래집단이 미시 체계가 될 수 있다. 일반적으로 미시 체계는 점차 확대되지만, 노년기로 갈수록 접촉하는 미시 체계의 범위가 줄어든다.

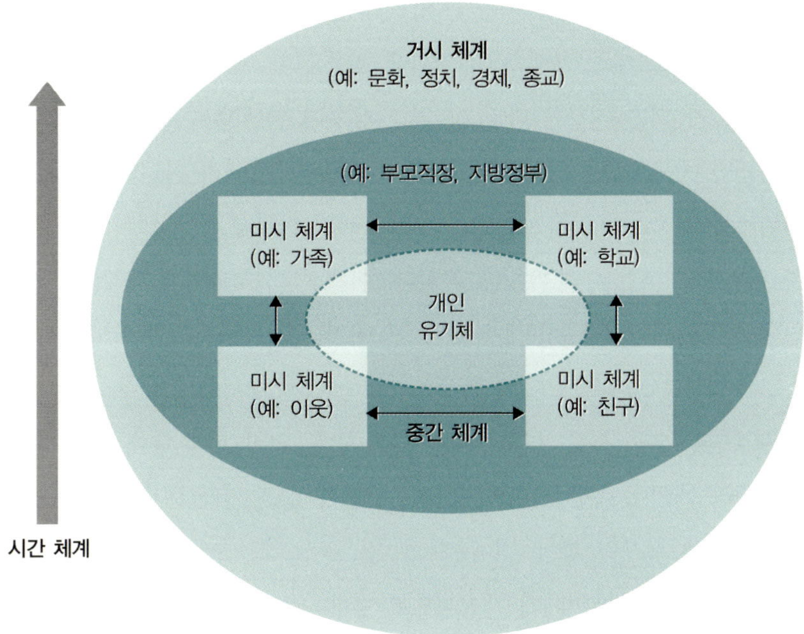

▌그림 5-1▐ Bronfenbrenner의 인간 생태체계 모델

출처: 권중돈 (2014). 인간행동과 사회복지실천: 이론과 적용, p. 51에서 인용.

중간 체계(mesosystem)는 미시 체계의 연결망, 즉 환경 속에서 둘 이상의 미시 체계 사이의 상호 의존적 관계와 작용 또는 특정한 시점에서 미시 체계 사이의 상호작용을 말한다. 예를 들어 한 개인은 가족 내에서 자녀의 지위와 역할을 수행하지만, 학교에서는 학생의 지위와 역할을 동시에 수행한다. 이처럼 개인은 다른 미시 체계 내에서 다른 지위와 역할을 수행한다. 그 결과 각각의 미시 체계로부터 긍정적 혹은 부정적 영향을 받기도 하지만, 두 개의 미시 체계가 동시에 작용하여 만들어 내는 상승적 효과로 인한 영향도 받는다. 만약 개인의 중간 체계가 약하면 부모는 자녀의 친구가 누구이고 자녀를 가르치는 교사가 어떤 사람인지를 알지 못하며, 자녀의 학업 성적에도 관심이 없을 가능성이 크다.

외적 체계(exosystem)는 개인이 직접 참여하거나 상호작용하지는 않지만, 그 개인의 삶과 복지에 간접적 영향을 주는 환경 체계를 말한다. 부모의 직장, 교육청, 교통 체계, 사회복지기관, 대중 매체 등이 여기에 포함된다. 예를 들어 경제적 여건의 어려움으로 부모가 더는 직장을 다닐 수 없는 상황이 발생할 수도 있지만, 부모가 직장에서 승진할 수도 있다. 사회복지기관은 기초생활수급자가 아니라는 이유로 개인에게 서비스를 제공하지 않을 수도 있지만, 자원의 확보로 그 개인이 원하는 서비스와 다른 서비스도 추가로 제공할 수도 있다. 이처럼 개인은 외적 체계의 의사결정에 직접 참여하지는 못하지만, 이 체계에서 이루어지는 의사결정은 개인의 삶에 직접·간접적으로 영향을 줄 수 있다.

거시 체계(macrosystem)는 미시 체계, 중간 체계, 외적 체계 등에 포함된 모든 요소뿐만 아니라 개인이 속한 사회의 문화와 이념과 같은 가장 외부적 수준의 환경을 말한다. 즉, 거시 체계는 정치, 경제, 사회, 법, 종교, 복지정책 등과 같은 광범위한 사회적 맥락을 통하여 개인에게 간접적으로 영향을 준다. 거시 체계는 다른 체계보다 안정적인 특성을 보이지만, 산업화나 민주화 및 전쟁이나 경기 침체 등의 사회 변화에 따라 근본적인 변화가 이루어지기도 한다(Elder & Caspi, 1988). 이러한 거시 체계는 개인에게 직접 영향을 주지는 않지만, 외적 체계에 영향을 주고 그것은 다시 중간 체계와 미시 체계에 영향을 주기 때문에 매우 중요하다. 예를 들어 거시 체계의 가치들은 사회적 관습으로 표현되고, 법적 혹은 경제적 지표를 통하여 개인들이 누구인지를 결정한다. 또한 거시 체계는 매력적인 외모의 기준을 제시하고, 건강관리를 위한 공익광고를 하고, 건강을 해치는 물질에 대한 법적 규제를 정하고, 건강증진 정책을 수립하여 집행하고, 질병 치료를 위한 의학적 연구를 지원함으로써 사회구성원의 건강 수준에 영향을 준다.

시간 체계(chronosystem)는 개인의 전 생애에 걸쳐 일어나는 변화와 역사적 환경을 포함하는 체계로서, 개인의 발달에 결정적인 영향을 미친다. 대체로 개인은 시간의 흐름에 따라, 즉 성장함에 따라 여러 가지 생활 사건을 경험한다. 이러한 생활 사건은 특정 시점에만 국한된 것이 아니라 사전, 진행 기간, 사후 기간이라는 서로 연결된 시간 속에서 발생한다. 개인은 단일 생활 사건의 영향을 받기도 하지만, 여러 사건이 누적되거나 복합적으로 작용하여 개인에게 영향을 미치기도 한다. 예를 들어 부모의 이혼이 자녀에게 미치는 영향은 이혼 첫해가 가장 강하며, 이혼 후 2년 정도가 지나면 가족 사이의 상호작용은 안정을 되찾는 경우가 많다(Hetherington, 1981).

이처럼 사회 체계는 그것을 구성하는 개인 체계나 소집단 체계 등의 구성 부분들을 초월하여 존재하는 집합체로서 가족, 지역사회, 국가 등이 포함된다. 일반적으로 사회 체계는 가족이나 친구처럼 관계 자체가 목적이 되는 1차 집단과 기업처럼 관계 자체의 목적보다는 집단이 공동으로 추구하는 목적을 중시하는 2차 집단으로 이해할 수 있다. 체계를 구성하는 기본 단위로서 개인 체계는 1차 집단과 2차 집단에 모두 속해서 상호작용하면서 살아간다. 또한 가족이나 직장은 더 광범위한 사회 체계인 지역사회, 나아가서는 국가 및 지구촌과 상호작용하는 사회 체계의 하나로 이해하는 데 필요한 인식 틀을 제공한다. 이러한 개인 체계와 사회 체계는 상호작용하면서 유지될 뿐만 아니라 자연 환경에 속해서 영향을 주고받으면서 변화되고 유지된다. 예를 들어 기후는 그 지역의 산업이나 사람들의 생활양식을 결정하는 주요 요인이지만, 인간은 자연 환경의 영향을 받기만 하는 것이 아니라 자연 환경에 적응하면서 살아가기도 한다(강상경, 2011).

② 체계의 구조적 특성

생태체계 관점에서 체계는 개방 체계와 폐쇄 체계로 구분할 수 있다. 개방 체계(open system)란 다른 체계와 에너지, 정보, 자원 등을 상호 교류하는 반투과성(semipermeable)의 경계를 가진 체계를 말한다. 즉, 개방 체계는 구성원들이 체계의 성장 및 발달에 필요한 에너지와 정보를 환경 체계 또는 다른 체계들과 활발하게 상호작용하는 사회 체계이다. 예를 들어 개방 체계의 가족은 성장 및 발달에 필요한 새로운 에너지와 정보를 획득하기 위하여 주변 체계들과 접촉하고, 가족구성원이 생각이나 자원 등의 형태로 에너지와 정보를 외부 체계로 방출하는 것을 허용한다. 이처럼 체계가 충분히 개방적이어서 체계의 조직과 질서가 유지되고 발달하는 힘이 작용하고 있는 상태를 부적 엔트로피(negative entropy) 또는 네겐트로피(negentropy) 상태라고 한다.

반면에 폐쇄 체계(closed system)란 이론적으로 다른 체계들과 상호 교류가 없거나 교류할 수 없는 불투과적 경계를 가진 체계를 말한다. 즉, 폐쇄 체계는 구성원들이 주로 그 체계 안에서만 상호작용하며 체계 밖의 환경 혹은 다른 체계들과는 상호작용하지 않는다. 이처럼 폐쇄 체계는 융통성이 부족하고, 분화가 이루어지지 않아서 덜 효과적인 역기능적 체계이다(Goldenberg & Goldenberg, 1980). 폐쇄 체계로서 역기능적 체계는 시간이 지나면서 모든 요소가 비슷해짐에 따라 극단적으로는 체계 내 조직의 구성과 기능이 상실되는 엔트로피(entropy) 상태가 된다(Compton & Galaway, 1994). 이러한 엔트로피 상태가 지속하면 체계는 소멸과 해체의 방향으로 나아간다. 하지만 실존하는 대부분 체계는 완전히 개방적이거나 폐쇄적 체계로 양분할 수는 없다. 다시 말해서 현실적으로는 완전한 개방 체계 또는 완전한 폐쇄 체계가 존재하기 어려우며, 일반적으로 모든 체계는 개방 체계와 폐쇄 체계의 연속선상 위에 위치하는 경우가 많다(강상경, 2011).

체계 사이에는 분석 대상이 되는 대상 체계를 중심으로 상위 체계와 하위 체계가 존재한다. 각 체계 사이에 존재하는 위계(hierarchy)란 권력과 통제권에 기반을 둔 체계의 서열을 말한다. 예를 들어 가족구성원은 가족 체계의 하위 체계이며, 가족이 속한 지역사회 체계는 가족 체계의 상위 체계로 이해할 수 있다. 이처럼 경계로 구분된 특정 체계는 그 체계를 구성하는 작은 체계보다는 큰 상위 체계인 동시에 그 체계를 둘러싼 더 큰 체계의 하위 체계가 된다는 홀론(holon)의 특성을 보인다.

생태체계 관점에서 볼 때, 체계 사이에는 경계와 공유 영역 등이 존재한다. 경계(boundary)란 외부 환경으로부터 대상 체계를 구분해 주는 눈에 보이지 않는 일종의 테두리 또는 점선이라고 할 수 있다. 대상 체계, 상위 체계 및 하위 체계 등으로 구분하는 것도 체계 사이에 경계가 있기 때문이다. 다음으로 공유 영역(interface)은 두 개 이상의 체계가 함께 공존하는 부분으로 체계 사이의 교류가 일어나는 지점을 말한다(Barker, 2003). 즉, 공유 영역은 어떤 대상체계가 상위 체계나 하위 체계와 상호교류 과정에서 만들어지는 경계 부분이다. 경계는 각 체계의 정체성을 유지하는 데 필요한 반면, 공유 영역은 서로 다른 두 체계가 공통의 이익이나 관심을 추구하는 데 필요하다. 다시 말해서 경계는 한 체계의 내적 구조에서 보는 측면이라면, 공유 영역은 내적 · 외적 측면을 모두 고려하면서 관련된 두 체계의 상호 관심을 반영한다(최해경, 2009).

③ 체계의 안정 및 변화 특성

모든 체계는 안정을 유지하려는 동시에 변화하려는 속성을 가지고 있다(Ashford, Lecroy & Lortie, 2001). 즉, 어떤 체계든 완전한 현상 유지나 변화 상태로 존재하지 않고, 항상 유지하려는 동시에 변화하려는 속성을 가진다. 이러한 체계의 속성을 진화적 속성이라고 한다. 이런 속성은 균형, 항상성, 호혜성 등의 개념으로 설명할 수 있다.

균형(equilibrium)은 외부 환경으로부터 새로운 에너지의 투입 없이 현상을 유지하려는 체계의 속성이다. 즉, 균형이란 주로 폐쇄 체계에서 나타나며, 체계의 구조 변화가 거의 없는 고정된 평형 상태이다. 예를 들어 폐쇄적 관료 조직이나 엘리트 집단은 변화보다는 현상 유지를 가장 바람직한 상태로 여기며, 다른 집단이나 조직과 거의 교류를 하지 않으면서 자신들을 유지하려는 균형 상태인 경우가 많다.

항상성(homeostasis)이란 개방체계에서 나타나는 균형 상태로 체계가 환경과 계속해서 상호작용하면서 정적 균형보다는 다른 체계와의 관계에서 적응하고 변화하면서 역동적 균형(dynamic equilibrium)을 이루고 있다. 균형과의 유사점은 체계의 구조가 크게 달라지지 않는다는 것이다. 차이점은 균형에서는 체계 사이의 교류가 거의 없는 반면, 항상성은 체계 사이의 역동적 교류가 있다는 것이다. 이처럼 개방 체계에서 나타나는 항상성의 긍정적 기능은 체계의 안정뿐만 아니라 외부 체계와의 상호작용을 통해 외부 영향을 적절히 조정함으로써 체계를 혼란과 무질서로부터 보호한다는 점이다.

호혜성(reciprocal)이란 체계 일부가 변화되면 그 변화가 체계의 다른 부분들과 상호작용하여 나머지 부분들도 변화된다는 개념이다. 호혜성은 체계 내 일부 구성 요소 사이의 상호작용은 나머지 구성 요소들과의 상호작용에 영향을 주고, 그렇게 변화된 상호작용을 통해 다른 구성 요소 사이의 상호작용에도 영향을 준다. 이러한 원리는 관련된 구성 요소 사이의 교류 과정에서 원인과 결과를 해석하려는 순환적 인과성을 의미하기도 한다. 예를 들어 개인 체계에서 인지가 변함에 따라 정서나 행동이 바뀔 수 있다는 것이다(강상경, 2011). 이러한 호혜성의 원리는 동등 종결과 다중 종결의 개념과 관련이 있다.

(3) 유용성

생태체계 관점은 이론과는 달리 추상적이어서 구체적인 개입 방법을 제시하지 못한다는 것(Grief, 1986; Whittaker & Tracy, 1989)과 특정 영역, 문제 및 대상 등에 대한 명확한 설명이 부족하다는 한계(Wakefield, 1996)가 있다. 하지만 생태체계 관점은 다양한 체계들을 파악하고 체계 사이의 관계를 이해하며, 개인과 환경 사이의 상호작용에 초점을 맞춘다는 점에서 유용하다. 즉, 생태체계 관점은 사정뿐만 아니라 문제 해결을 위한 개입에서 다양한 환경 체계의 복합적이고 역동적 과정에 관심을 두며, 이를 이해하는 데 유용한 틀을 제공해 준다.

사회복지실천에서 생태체계 관점의 유용성을 살펴보면 다음과 같다(Grief, 1986; 장인협, 1989). 첫째, 생태체계 관점은 문제를 사정할 때 거의 모든 체계와의 접촉을 통해 정보를 수집하므로 문제에 대한 총체적인 이해를 가능하게 해준다. 따라서 좀 더 정확하고 깊이 있는 사정을 가능하게 한다.

둘째, 생태체계 관점은 개인, 집단, 지역사회를 포함한 모든 크기의 사회 체계에 적용되는 관점으로 인간과 사회환경 사이의 역동성이라는 맥락에서 총체적으로 이해할 수 있도록 해준다. 따라서 모든 대상 집단에 포괄적이고 전문적으로 적용이 가능하다.

셋째, 생태체계 관점은 사정도구로서 직접적인 유용성을 갖는다. 이 관점은 특정 체계의 속성과 체계 사이의 상호 연관성을 평가할 때 각 체계 사이의 일관성과 상호성, 갈등 등의 정도와 상태를 규명할 수 있는 개념 기준을 제공한다(Payne, 2005).

넷째, 생태체계 관점은 문제를 전체 체계의 총체성 속에서 이해하기 때문에 문제에 대한 개입에서도 어느 한 부분만이 아니라 모든 관련 체계에 개입하여 체계적인 변화를 일으킨다. 따라서 전체 체계의 변화를 위해 구체적인 목표를 강조한다.

4) 사회 체계 모델

실천모델(model)이란 사회복지실천이 일관성 있게 이루어지도록 그 유형과 원칙을 구조화한 것이다. 따라서 실천모델은 복잡한 상황을 어떻게 구조화하고 조직화하여 어떤 개입을 할 것인지를 알려준다. 핀커스와 미나한(Pincus & Minahan, 1973)은 일반체계이론의 체계 개념을 활용하여 사회복지사가 사회복지실천현장에서 상호작용하는 4가지 유형의 사회 체계, 즉 변화 매개 체계, 클라이언트 체계, 표적 체계, 행동 체계를 제시하였다. 여기에 콤튼과 갤러웨이(Compton & Galaway, 1994)는 전문가 체계를 추가하여 5체계를 제시하였다. 예를 들어 정신건강사회복지사는 고등학생인 정우의 심각한 음주 문제를 도와달라는 어머니의 요청으로 정우와 상담하였다. 정우는 학생으로서 자신의 음주 문제의 심각성을 알고 있지만, 함께 어울리는 친구들의 압력을 거부할 수 없다고 하였다. 따라서 정신건강사회복지사는 학교사회복지사와 협력하여 정우의 친구들도 함께 치료 프로그램에 참여시키는 방안을 모색하고 있다. 여기서 변화 매개 체계는 정신건강사회복지사이며, 클라이언트 체계는 정우의 어머니이다. 표적 체계는 정우와 친구들이며, 학교사회복지사는 행동 체계이다. 이러한 체계들은 언제나 명확하게 구분할 수는 없으며, 각 체계는 사회복지사와 만나는 목적과 관계 양상에 따라 변할 수 있다. 이러한 체계에 대해 살펴보면 다음과 같다(Pincus & Minahan, 1973; Compton et al., 2005).

① 변화 매개 체계

변화 매개 체계(change agent system)란 사회복지사와 사회복지사를 고용하고 있는 기관 및 조직 등을 의미한다. 예를 들어 음주 상태에서 아내에게 폭력을 가하던 남편을 경찰이 중독관리통합지원센터로 의뢰하였다. 이때 중독관리통합지원센터나 중독치료전문가인 사회복지사는 변화 매체 체계에 해당한다. 이처럼 변화 매개인(change agents)이란 계획적인 변화를 목적으로 특수하게 고용된 돕는 사람, 즉 사회복지사를 의미한다. 변화 매개 체계는 기관의 정책, 절차, 자원 등을 통해 사회복지사의 전문적 활동에 큰 영향을 준다.

② 클라이언트 체계

클라이언트 체계(client system)란 서비스나 도움이 필요한 사람들, 즉 개인, 가족, 집단, 기관이나 지역사회 등이다. 다시 말해서 변화 매개인인 사회복지사에게 도움을 요청하거나 어떤 문제 해결을 위해 사회복지사와 공동의 노력을 하겠다는 묵시적 계약 상태에 있는 사람들이 클라이언트 체계가 된다. 예를 들어 자녀의 음주 문제를 도와달라고 요청한 어머니는 클라이언트 체계이다. 하지만 음주 문제가 있는 자녀가 변화를 보이면서 정신건강사회복지사에게 직접 도움을 요청할 경우에는 청소년 자신이 클라이언트 체계가 되는 것이다.

③ 표적 체계

표적 체계(target system)란 변화 매개인인 사회복지사가 개입 목표를 달성하기 위해 직접 영향을 주거나 변화가 필요한 사람 또는 사회 체계를 가리킨다. 변화되어야 할 대상이 클라이언트이거나 클라이언트 체계일 때 표적 체계와 클라이언트 체계는 중복된다. 그러나 대부분 사회복지실천에서는 표적 체계의 변화를 위해 클라이언트 체계와 함께 일한다. 사회복지사가 변화시키고자 하는 사람은 클라이언트 체계라기보다는 표적 체계이다.

④ 행동 체계

행동 체계(action system)란 변화 매개인인 사회복지사가 문제 해결 노력의 목표를 달성하기 위해 함께 노력하거나 상호작용하는 모든 체계로서 이웃, 가족, 전문가 등이 해당한다. 때로는 한 사람 혹은 집단이 동시에 행동 체계, 표적 체계, 클라이언트 체계가 될 수 있다. 일반적으로 사회복지사는 수많은 행동 체계, 즉 이웃이나 지역사회 집단들, 옹호 기관, 가족구성원, 자조집단이나 지지집단, 다학문적 전문가 팀 등과 상호작용하면서 문제 해결을 위해 협력해야 한다.

⑤ 전문가 체계

전문가 체계(professional system)는 사회복지사로 구성된 조직, 사회복지 관련 학회, 사회복지사 자격을 갖춘 전문가 단체 등 사회복지사와 사회복지실천에 대한 가치와 윤리, 법, 인가 등의 역할을 하는 집단들이 포함된다. 전문가 체계는 사회복지사의 활동에 정당성을 부여하고, 사회복지사가 기본적으로 갖추어야 할 윤리강령을 마련하고, 그것을 실천하도록 하는 역할을 담당한다. 사회복지사는 전문가 체계의 도움을 받아 소속 기관에서 자기 영향력을 증대시키거나 사회변화 노력의 지원을 얻을 수 있다. 때로 전문가 체계는 클라이언트 체계가 될 수도 있다. 즉, 사회복지사가 한국사회복지사협회에 서비스를 제공할 수도 있다. 한국사회복지사협회의 정책 변화가 개입의 목적이라면 전문가 체계가 표적 체계가 될 수도 있다.

핵 · 심 · 정 · 리

1. 통합적 접근 방법의 등장 배경: 전통적 방법의 한계

① 복잡한 문제에 대한 개입의 어려움
② 지나친 분화와 전문화로 서비스의 파편화 현상 초래
③ 전문화 중심의 교육 및 훈련의 문제점 대두
④ 공통 기반을 전제하지 않는 분화 및 전문화로 사회복지 전문직의 정체성 문제 발생

2. 통합적 방법을 지향하는 일반주의 사회복지실천의 내용

① 생태체계 관점 유지
② 광범위하고 포괄적인 문제 규정
③ 다양한 클라이언트 체계 수준에서의 접근
④ 이론과 개입의 개방적 선택
⑤ 사회복지실천 과정을 문제 해결 과정으로 규정

3. PIE 분류체계

① 요소 Ⅰ은 사회적 기능 문제
② 요소 Ⅱ는 환경 문제
③ 요소 Ⅲ은 정신건강 문제
④ 요소 Ⅳ는 신체건강 문제

4. 일반체계이론의 주요 개념

개념	내용
체계 (system)	독특한 방식으로 상호작용하고 상호 의존하는 부분들로 구성된 전체
경계 (boundary)	체계 내부와 외부, 한 체계와 다른 체계를 구분할 수 있는 테두리
홀론 (holon)	중간 수준의 체계가 갖고 있는 이중적 성격으로 경계로 구분된 체계를 구성하는 작은 체계보다는 큰 상위 체계이고, 그 체계를 둘러싼 더 큰 체계보다는 하위 체계
엔트로피 (entropy)	폐쇄 체계에 나타나는 현상으로 외부로부터 에너지나 정보의 유입 없이 체계 구성 요소 사이의 상호작용이 감소하면서 유용한 에너지가 소멸되어가는 상태

네겐트로피 (negentropy)	개방 체계와 관련된 개념으로 체계 외부로부터 에너지를 가져옴으로써 이용할 수 없는 에너지가 감소된 상태
투입 (inputs)	경계를 넘어 그 체계에 영향을 주는 외부 사건, 정보, 에너지 또는 생각
전환 (throughputs)	체계 내에 들어온 에너지나 정보 등과 같은 투입물을 처리하여 체계의 기능 유지에 필요한 형태로 전환하는 체계적 과정
산출 (outputs)	전환을 통해 나타난 결과물인 에너지와 정보가 체계의 경계선 밖으로 나가 주변 환경에 미치는 영향
환류 (feedback)	체계가 정보와 에너지를 산출해 내고 그 정보와 에너지는 환경에 영향을 주고, 다시 체계로 들어와 산출의 결과를 알려주는 과정
동등 종결 (equifinality)	개방 체계와 관련된 개념으로 처음의 다른 상태로부터 비슷한 결과에 이른다는 뜻
다중 종결 (multifinality)	처음에 서로 비슷한 상태에서 출발하지만 다른 결과에 도달한다는 뜻

5. 생태체계 관점의 주요 개념

미시 체계 (microsystem)	개인의 가장 근접한 환경인 가족, 친구, 학교 등과 같은 물리적 환경과 사회적 환경, 그 환경 내에서의 지위와 역할, 활동, 대인관계
중간 체계 (mesosystem)	미시 체계의 연결망, 즉 환경 속에서 둘 이상의 미시 체계 사이의 상호 의존적 관계와 작용
외부 체계 (exosystem)	개인이 직접 참여하거나 상호작용하지는 않지만, 개인의 삶과 복지에 간접적 영향을 주는 환경 체계로 부모의 직장, 교육청, 사회복지기관
거시 체계 (macrosystem)	정치, 경제, 사회, 법, 종교, 복지 정책 등과 같은 광범위한 사회적 맥락을 통하여 개인에게 간접적으로 영향
시간 체계 (chronosystem)	개인의 전 생애에 걸쳐 일어나는 변화와 역사적 환경을 포함하는 체계
개방 체계 (open system)	다른 체계와 에너지, 정보, 자원 등을 상호 교류하는 반투과성의 경계를 가진 체계로 네겐트로피 상태
폐쇄 체계 (closed system)	이론적으로 다른 체계들과 상호 교류가 없거나 교류할 수 없는 불투과적 경계를 가진 체계로 엔트로피 상태
위계 (hierarchy)	권력과 통제권에 기반을 둔 체계의 서열

균형 (equilibrium)	고정된 구조를 가진 체계가 체계 내에서 수평적인 상호작용을 하면서 외부체계들과 교류를 거의 하지 않는 상태
항상성 (homeostasis)	체계가 환경과 계속해서 상호작용하면서 정적 균형보다는 다른 체계와의 관계에서 적응하고 변화하면서 역동적 균형을 이루는 상태
호혜성 (reciprocal)	체계의 일부가 변화되면, 그 변화가 체계의 다른 부분들과 상호작용하여 나머지 부분들도 변화된다는 개념

6. 사회 체계 모델

변화매개 체계	사회복지사와 그를 고용한 기관 및 조직
클라이언트 체계	서비스나 도움이 필요한 사람
표적 체계	사회복지사가 개입 목표를 달성하기 위해 직접 영향을 주거나 변화가 필요한 사람이나 사회 체계
행동 체계	사회복지사가 문제 해결의 목표를 달성하기 위해 함께 노력하거나 상호작용하는 모든 체계로 이웃, 가족, 전문가 등이 해당
전문가 체계	사회복지사로 구성된 조직, 사회복지 관련 학회, 사회복지사 자격을 갖춘 전문가 단체

CHAPTER 06

사회복지실천의 다양한 관점

이 장의 구성

1. 강점 관점
2. 다문화 관점
3. 임파워먼트 모델

CHAPTER 06

사회복지실천의 다양한 관점

학습목표

- 강점 관점을 이해한다.
- 다문화 관점을 이해한다.
- 임파워먼트 모델을 이해한다.

1. 강점 관점

강점 관점(strengths perspective)은 하나의 이론이 아니라 사회복지사가 클라이언트를 바라보는 방식으로 클라이언트를 원조하기 위한 접근에 영향을 미친다. 따라서 강점 관점은 사회복지의 대상층인 개인, 가족, 집단, 지역사회 등에 대한 병리적 관점, 증상 중심의 의료적 모델, 문제 중심적 시각 등에서 벗어나 그들의 개인적 · 사회적 · 환경적 강점 등에 개입의 초점을 둔다. 이처럼 강점 관점이란 클라이언트를 독특한 존재로 인정하고 다양성을 존중하면서 그의 결점보다는 강점에 초점을 두고 가능한 모든 자원을 활용하여 클라이언트의 역량을 실현하도록 돕는 것이다(양옥경 외, 2018).

원조 전문가인 사회복지사는 클라이언트의 결핍과 문제를 사정하는 데 매우 익숙하다. 따라서 사회복지사는 클라이언트의 강점보다는 약점, 긍정적인 부분보다는 부정적인 부분, 이미 가지고 있는 것들보다는 부족한 것들에 초점을 맞추기 쉽다. 하지만 강점 관점에서는 약점을 보완하거나 부정적인 부분을 수정하거나 부족한 부분을 채우기 위한 역량은 강점과 긍정적인 부분과 이미 성취한 점 등에서 찾을 수 있음을 강조한다(김혜란 외, 2013).

1) 강점 관점의 의미

강점은 장점과 같은 의미로 생각하여 잘하는 것으로만 인식하기 쉽다. 하지만 강점은 잘하는 것뿐만 아니라 가진 것, 좋아하는 것, 하고 싶은 것까지를 모두 포괄하는 개념이다(우국희 외, 2015). 클라이언트의 강점은 긍정적인 사회적 기능의 원인이 되는 속성, 경험, 기술 등으로 규정할 수 있다. 강점은 삶의 경험, 희망과 불굴의 용기, 특별한 능력, 다른 사람을 돕는 헌신, 개인의 진실성으로부터 배우는 수용력 등과 같이 다양한 형태가 있다(Sheafor & Horejsi, 2012). 특히 강점 관점에서 강점이란 개인적 요인뿐 아니라 사회적, 환경적 요인 등을 포함한다. 먼저 개인적 요인으로는 개인의 인지, 정서, 동기, 대처, 대인적 특성, 장점, 재능, 이전의 역경을 극복한 경험, 영성 등을 포함한다. 다음으로 사회적·환경적 요인으로는 클라이언트 주변의 활용 가능한 환경적 지지 자원을 포함한다(김혜란 외, 2013).

이러한 강점 관점은 클라이언트를 문제를 가진 대상으로 보는 병리적 관점과는 차이가 있다. 병리적 관점에서 문제는 강점 관점에서는 변화를 위한 하나의 도전으로 간주하며, 병리적 관점이 과거 지향이라고 볼 수 있다. 반면에 강점 관점은 현재(here & now)를 기반으로 한 미래 지향이다(양옥경 외, 2018). 〈표 6-1〉은 병리적 관점과 강점 관점을 비교한 것이다.

▌표 6-1▌ 병리적 관점과 강점 관점 비교

구분	병리적 관점	강점 관점
개인	개인을 진단에 따라 증상을 가진 사례로 규정한다.	개인을 독특한 존재, 즉 강점을 가진 기질, 재능, 자원을 가진 유일한 존재로 규정한다.
치료 초점	클라이언트의 문제에 둔다.	해결 가능성에 둔다.
클라이언트 진술	전문가가 재해석하여 진단에 활용한다.	클라이언트를 알아가고, 올바르게 인식할 수 있는 중요한 방법 중 하나이다.
사회복지사 태도	클라이언트의 진술에 회의적이다.	클라이언트의 진술을 인정한다.
외상 경험	어린 시절 외상은 성인기의 병리를 예측할 수 있는 전조이다.	어린 시절 외상은 개인을 약하게 할 수도 있고, 강하게 할 수도 있다.
치료 활동	전문가가 준비한 치료 계획이다.	개인, 가족, 지역사회의 참여이다.
전문가	사회복지사는 클라이언트 인생의 전문가이다.	개인, 가족, 지역사회가 클라이언트 인생의 전문가이다.
개인적 발전	병리에 의해 제한된다.	항상 개방되어 있다.
변화 자원	전문가의 지식과 기술이다.	개인, 가족, 지역사회의 장점, 능력, 적응 기술이다.
원조 목적	행동, 감정, 사고, 관계의 부정적인 개인적, 사회적 결과와 증상의 영향을 감소하는 것이다.	클라이언트의 삶을 인정하고, 가치를 개발하고 확인하도록 하는 것이다.

출처: Saleebey (1996). The strengths perspective in social work practice: extension & cautions. Social Work, 41(3), p. 298에서 인용.

2) 강점 관점의 실천 원칙

강점 관점에서 보면 모든 클라이언트는 강점을 가지고 있다. 따라서 사회복지사의 과업은 클라이언트의 강점을 발견하여 그것을 기반으로 개입하는 것이다. 클라이언트가 강점을 인식한다는 것은 동기 부여가 되며, 희망과 자신감을 느끼게 되며, 새로운 가능성과 자원을 개발하는 데 긍정적인 영향을 준다(Sheafor & Horejsi, 2012).

강점 관점을 가진 사회복지사는 클라이언트가 자기 문제보다는 강점을 볼 수 있도록 원조한다. 아무리 열악한 상황에 있는 클라이언트라도 강점이 전혀 없을 수는 없다. 하지만 오랜 시간 동안 약점, 결점, 문제 등에 집중한다면, 클라이언트가 가진 강점은 진단명이나 자신에 대한 의심, 다른 사람들의 비난으로 인해 가려질 수 있다. 더욱이 병리적 관점에서는 문제를 가진 사람을 문제와 동일시할 뿐만 아니라 환경과 맥락을 충분히 고려하지 않고 부정적이거나 비관적 전망을 하는 경향이 있다. 예를 들어 가정밖청소년에게 문제 중심적으로 접근한다고 가정해 보자. 그렇게 되면 그 청소년의 개별 특성이나 가족, 환경적 특성, 또는 상황과 맥락 등을 충분히 고려하지 않은 채 가정밖청소년으로 낙인찍기 쉽다. 따라서 가정밖청소년의 희망, 열망, 변화 가능성 등에 대한 낙관적인 기대보다는 비관적인 전망을 하게 된다(김혜란 외, 2013).

강점 관점을 가진 사회복지사는 클라이언트의 강점을 강조함으로써 클라이언트가 다양한 어려움과 문제를 해결하기 위해 현재 사용하고 있는 성공 전략을 기반으로 해결 방법을 찾을 수 있다는 것을 이해하도록 원조한다(Glicken, 2004). 사회복지사는 클라이언트의 변화와 성장을 촉진하는 전문가이다. 따라서 그 변화와 성장은 클라이언트가 가지고 있지 않은 것에 집중하기보다는 이미 성취한 것, 즉 강점의 강조를 통해 이루어진다. 이처럼 사회복지사는 클라이언트가 현재 잘하지 못하는 것보다는 잘하는 것, 가지고 있지 않은 것보다는 가지고 있는 것, 한계나 약점보다는 강점 등을 강조함으로써 변화를 이루도록 원조해야 한다(김혜란 외, 2013).

강점 관점을 적용한 실천 원칙은 사회복지사가 그것을 근거로 실천할 때, 수용해야 할 전제 또는 믿음 체계이다. 샐리비(Saleebey, 2002; 2009)가 제시한 강점 관점의 실천 원칙을 살펴보면 다음과 같다.

첫째, 모든 개인, 가족, 집단, 지역사회 등은 강점을 가지고 있다. 원조 과정에서 사회복지사는 진단과 결함, 증상, 약점보다는 강점과 관심, 능력, 지식, 역량 등에 초점을 두어야 한다. 이러한 강점을 발견하기 위해 사회복지사는 클라이언트의 이야기나 이들이 자신들의 경험에 부여하는 해석에 관심을 가져야 한다.

둘째, 외상(trauma), 학대, 질병 또는 그 밖의 힘겨운 삶들은 사람에게 상처가 될 수 있지만, 다른 한편으로는 도전과 기회의 근원이 될 수도 있다. 역경 속에서도 새로운 기술과 생존 방법을 터득한 사람은 여전히 두려움과 상처가 있을지라도 도전에 맞서 싸웠다는 성취감을 가질 수 있다. 이런 사람의 자부심이 강점이다. 예를 들어 학대자로부터 독립했다는 자부심, 성폭력으로부터 생존했다는 자부심 등은 매우 중요한 강점이다.

셋째, 인간의 성장과 변화 능력은 무한한 것으로 가정하고, 개인, 집단, 지역사회 등의 열망을 진지하게 받아들여야 한다. 클라이언트는 회복될 수 있으며, 클라이언트가 품은 희망이 달성 가능한 것으로 사회복지사가 믿고, 이것을 클라이언트에게 전달할 때 클라이언트의 몸과 마음은 최상의 상태로 반응할 수 있다(엄명용 외, 2011).

넷째, 사회복지사와 클라이언트가 협력할 때 클라이언트에게 최선의 서비스가 제공될 수 있다. 원조 관계는 협력(collaboration)과 상호성(mutuality), 동반자(partnership)와 권력 등을 공유하는 관계이다. 따라서 사회복지사는 클라이언트의 지혜와 지식을 전문적 견해에 종속시키는 오류를 범해서는 안 된다.

다섯째, 모든 환경은 자원의 보물 창고이다. 열악한 환경조차도 잠재적으로는 자원과 가능성이 풍부한 것으로 이해해야 한다. 따라서 사회복지사는 강점 기반으로 이루어지는 비공식적 원조 활동을 촉진하고 비공식적 자원을 먼저 활용해야 한다.

여섯째, 사회복지실천은 보살핌(care)과 돌봄(caretaking)이다. 사회복지사는 보살핌과 돌봄이 필요한 사람이 서비스를 받을 수 있도록 자문을 제공하며, 클라이언트 자신이 변화와 회복의 주체임을 믿어야 한다(김혜란 외, 2013).

3) 강점 관점의 단계별 요소

사회복지실천의 단계별 요소를 강점 관점을 통해 살펴보면 다음과 같다(Saleebey, 2002). 첫째, 클라이언트가 경험하는 고통을 인정해야 한다. 둘째, 적응유연성과 강점의 이야기로 자극하여야 한다. 셋째, 사회복지사는 생활의 맥락에서 행동하는데, 클라이언트가 자신의 강점과 잠재력, 적응유연성 등을 인식할 수 있도록 교육, 옹호, 필요한 자원과 연계하는 일 등을 하여야 한다. 넷째, 사람들의 강점은 일상생활에서 일반화되고, 역량이 강화된 사람이 다른 사람을 교육하고 돕는 것임을 강조한다.

이와 같은 강점 관점의 개념, 원칙, 요소 등은 사회복지실천에서 막연하게 클라이언트와 주위 환경의 강점을 찾아 인정, 칭찬 및 격려하는 수준이 아니라는 것을 확인할 수 있다. 즉, 인간이 살아가면서 만날 수 있는 다양한 역경을 이겨내는 인간 강점의 발휘와 행동적 대응이며, 그러한 행동을 새로운 에너지와 전략으로 전환하여 좀 더 효율적인 대처를 지원하는 것이다. 특히 클라이언트가 어떤 어려운 상황에 있더라도 이미 강점과 잠재 능력이 있다는 것은 사회복지사와 동등한 입장에서 상호 협력할 수 있는 계기가 되고, 클라이언트의 자존감을 높이며 역량을 강화하는 관계적 힘이 된다. 이러한 접근이 사회복지실천 모델로 발전되기 위해서는 대안적인 지식과 기술이 필요하다. 즉, 자신과 다른 클라이언트의 사고와 행동 등에서 강점을 발견하는 시각과 지식이 필요하다. 이와 함께 클라이언트가 자신의 역경에서 부정적인 경험보다는 도전과 전환의 계기가 되도록 돕거나 좌절과 죄책감보다는 새로운 미래를 향한 열망을 느끼도록 돕는 기술이 필요하다(박선영, 2011).

4) 강점 관점 실천을 위한 질문

강점 관점 실천을 위한 질문의 유형은 〈표 6-2〉에서와 같이 생존, 지지, 예외, 가능성, 존중, 장래, 변화, 의미 등이다(Saleebey, 2009). 강점 관점의 실천과정에서 시행하는 질문은 클라이언트가 역경을 헤쳐 나오는 과정에서 어떤 장점과 자원을 활용했는지를 알아보기 위한 것과 문제가 덜 심각하거나 문제가 없는 바람직한 미래 상황에 대한 클라이언트의 비전을 알아보기 위한 것으로 나누어 볼 수 있다. 하지만 질문의 초점은 클라이언트가 어떤 삶을 살아왔는지를 알아보는 것이 아니라 어떤 삶을 살아가길 원하는지를 알아보는 것에 있다. 그리고 이런 질문을 통해 확인된 모든 종류의 개인적 · 사회적 자원은 클라이언트가 설정한 목적 달성을 위해 사용된다.

▌표 6-2▌ 강점 관점 실천을 위한 질문의 예

질문 유형	질문의 예
생존 질문	• 역경 속에서 당신과 당신 주변의 세계에 대해서 배운 것은 무엇인가? • 어려움과 역경을 통해서 당신은 특별한 힘, 통찰력, 기술 등을 갖게 되었는가?
지지 질문	• 누가 당신에게 세상에 대해 알려주고, 도움을 주었는가? • 당신이 특별히 의지할 수 있는 사람은 누구인가? 그러한 사람들을 어떻게 알게 되었는가?
예외 질문	• 일이 잘 풀려 갈 때는 언제였는가? 그때는 무엇이 좀 달랐는가? • 당신을 둘러싼 세상일 중에서 어떤 부분을 되살리고 싶은가?
가능성 질문	• 현재 당신의 삶으로부터 무엇을 원하는가? • 앞으로 하고 싶은 일은 무엇인가? 당신의 특별한 재능이나 능력은 무엇인가?
존중 질문	• 다른 사람들은 당신에 대해 좋은 말을 하는가? • 당신의 삶에 있어 진정한 기쁨은 무엇인가?
장래 질문	• 당신의 현재 상황을 어떻게 설명하겠는가? • 이런 상황을 자신과 사회복지사와 다른 사람에게 어떻게 설명하겠는가?
변화 질문	• 당신의 현 상황을 향상하거나 당면 과제를 해결하기 위해 무엇을 해야 한다고 생각하는가? • 그 과정에서 사회복지사는 어떻게 도울 수 있는가?
의미 질문	• 당신의 가치체계는 무엇인가? • 당신이 전적으로 믿고 있고, 다른 어떤 것보다도 소중하게 여기는 것은 무엇인가?

2. 다문화 관점

현대사회는 국제화 또는 세계화로 상호 의존성이 더욱 심화하고, 인구의 국제적 이동이 그 어느 때보다 활발하게 이루어지고 있다. 그 결과 비교적 동질적인 문화를 유지하던 국가들도 국가 간 교류, 결혼과 노동 등으로 인해 다양한 민족과 인종이

유입되면서 다문화사회를 맞게 되었다. 한국 사회도 여러 인종 또는 민족이 함께 어울려 사는 다문화사회가 되면서 다양한 민족과 문화와 공존해야 하는 현실에 직면해 있다. 특히, 결혼이주여성, 외국인 근로자, 북한 이탈 주민 등과 같은 다양한 문화적 배경을 가진 사람들이 증가하면서 사회복지실천에서 사회복지사의 문화적 역량의 필요성이 제기되고 있다. 이런 상황에서 다양한 문화적 배경을 가진 이주자와 주변화되었거나 압박받는 사람들을 먼저 돕는 것은 사회복지의 가치와 부합되어서 다문화 관점이 주목받고 있다(엄명용 외, 2020).

1) 다문화 관점의 의미

다문화 관점이란 사회를 다문화주의(multi-culturalism)에 입각해서 이해하는 것이다. 다문화주의는 특정 사회에 존재하는 다양한 인종이나 민족집단의 문화를 지배적인 하나의 문화에 동화시키지 않고, 서로 인정하고 존중하면서 공존하려는 이념체계를 의미한다. 즉, 모든 문화의 가치는 동등하다는 문화상대주의로서, 문화적 차이에 대한 관용을 중시하는 견해다(엄명용 외, 2020). 이처럼 어느 문화든 가치가 있고 정당하므로 문화는 비교 대상이 되어서는 안 되며, 우열을 가려서도 안 된다고 본다. 따라서 서로 다른 문화적 전통을 유지하면서 살아갈 수 있도록 상호 존중하는 사회문화적 환경을 구축해야 한다.

다문화 관점을 이해하기 위해서는 먼저 문화의 개념을 이해해야 한다. 일반적으로 문화란 사회구성원으로서 인간이 습득한 지식, 믿음, 예술, 도덕, 법, 관습, 기타 모든 능력과 습관의 복합적 총체로 규정할 수 있다(Tylor, 1958). 이러한 문화는 개인이 습득해야 하는 기존의 적응 양식과 구체적인 행동 지침을 제공하기도 한다. 이처럼 인간은 문화의 영향을 지대하게 받는다.

다음으로 다문화 관점과 관련된 주요 개념들을 이해해야 한다(권중돈, 2021). 먼저 문화변용이란 서로 다른 문화를 가진 두 사회가 지속적인 접촉을 통해 서로의 문화에 변화를 일으키는 과정을 의미한다. 이러한 문화변용은 어느 한쪽 사회 또는 양쪽 모두에서 일어날 수 있는데, 일반적으로 어느 한 집단에서 더 많은 변화를 일으키는 경향이 강하다. 문화변용은 문화적 다양성이 존재한다는 것을 전제로 하며, 다문화사회를 기반으로 한다. 다문화사회에서 주류사회 또는 지배집단의 문화를 얼마나 수용하는지와 자신의 문화적 정체성과 특성을 어느 정도 유지하느냐에 따라 문화적응의 유형이 달라진다. 먼저 통합(integration)은 자신의 문화적 정체성과 특성을 유지하면서 주류사회의 문화를 수용하는 유형이다. 동화(assimilation)는 자신의 문화적 정체성을 유지하지 못하고 주류사회의 문화에 함몰되는 유형이다. 분리(segregation)는 자신의 문화적 정체성을 고집하고 주류사회의 문화를 수용하지 않는 유형이다. 주변화(marginalization)는 자신의 문화적 정체성을 유지하지도 못하고 주류사회의 문화를 수용하지도 못하는 유형이다. 그러나 이러한 문화적응 유형은 단절적인 범주가 아니며 연속선상의 개념으로, 새로운 문화로 진입한 이주민들은 통합이라는 문화적응 유형을 선호하는 경향이 있다.

2) 문화적 민감성과 문화적 역량

문화적 민감성이란 사회복지사와 클라이언트 사이의 문화적 차이를 인정하고 이해하며 이를 수용하고 존중하는 것을 말한다. 즉, 클라이언트가 자신의 문화가 존중받는다고 느끼도록 클라이언트의 문화와 관련된 지식과 기술, 경험, 인식 등을 전달하거나 보여주는 것으로서, 집단 사이에 존재하는 문화적 다양성과 유사성을 인지하고 다양성에 대해 어떤 선호나 옳고 그름의 가치를 부여하지 않는 것을 말한다(김연희, 2007). 일반적으로 문화는 삶의 문제에 대처하는 방식, 자신의 요구를 충족하는 방식, 사람과의 관계를 형성하는 방식, 자신과 타인에 대한 기대, 일이 진행되는 방식 등에 영향을 준다. 사회복지사는 자신의 문화중심주의에 빠지지 않고 다른 문화에 대한 선입견과 고정관념을 가지지 않으면서 클라이언트의 생활 방식을 진정으로 이해하고 또 그 문화권에 적합한 방식으로 의사소통할 수 있어야 한다(김혜란 외, 2013).

문화적 역량은 각 문화에 내재하는 강점과 자원들을 인정하면서 소수 문화 집단에 대해 갖고 있었을지도 모르는 개인의 부정적 개념이나 결핍 모델로부터 근본적으로 인식과 태도를 전환하는 것을 의미한다(Lum, 2011). 사회복지사는 인식, 지식, 기술 측면 등에서 문화적 역량을 갖추어야 하며(김연희, 2007), 이런 문화적 역량을 증진하기 위해서는 문화적 민감성이 필요하다. 즉, 클라이언트의 문화에 대한 다양성의 존중이 배제된 상황에서 그의 강점과 장점을 발견하여 필요한 서비스를 제공할 수 없기 때문이다.

사회복지사는 다문화 사회복지실천을 위해 문화적 역량을 증진해야 한다. 이를 위해 사회복지사는 자신의 문화, 가치, 행동 양식 등에 근거해 다른 문화적 배경을 가진 클라이언트의 문제를 규정하지는 않는지 민감하게 인식해야 한다. 또한 출신 국가와 피부색 사이에 존재하는 권력적 위계 관계가 클라이언트와의 전문적 원조 관계에 영향을 미칠 수 있음을 인식해야 한다. 사회복지사는 다양한 문화적 배경을 지닌 클라이언트의 생활 경험과 세계관과 관련된 지식 등을 기반으로 그들을 이해하도록 노력하며, 그들의 생활 경험과 문화적 가치에 적합한 개입 전략과 기술을 개발해야 한다(김혜란 외, 2013). 이를 위해 사회복지사는 소수 인종에 대한 선입관이나 편견을 탐색하거나, 문화적 특성을 이해하기 위해 다양한 문화를 경험하거나, 사회적 차별에 맞서는 단체들의 활동을 분석하는 등의 활동을 통해 문화적 역량을 증진해야 한다. 이와 함께 사회복지사는 자신의 문화적 정체성과 편견에 대한 성찰적 분석, 문화적 상이성에 대한 수용과 존중, 다문화 배경의 클라이언트에 관한 지식의 필요성 인식, 다문화 배경의 클라이언트에게 개입하고 의사소통을 할 수 있는 능력 등의 문화적 역량을 갖추도록 노력해야 한다.

3. 임파워먼트 모델

임파워먼트는 지역사회의 문제를 해결하기 위해서 빈민과 함께 거주하면서 지역사회의 환경 개선을 전개한 인보관 운동에서 그 기원을 찾을 수 있다. 이러한 과정에서 대학생들이 빈민의 사회 주도력을 함양하는 개입 방향과 임파워먼트 실천을 시행한 것으로 볼 수 있다. 이처럼 임파워먼트 모델은 사회복지사와 클라이언트 간의 협력관계를 강조하며, 클라이언트의 문제보다는 강점과 자원을 강조하면서 병리적 관점의 대안으로 나타났다.

1) 임파워먼트의 의미와 특성

사회복지실천에서 임파워먼트(empowerment)란 개인, 가족, 지역사회 체계의 삶을 향상하기 위해 사회복지사와 클라이언트가 함께 행동할 수 있는 개인, 대인관계 및 사회정치적 관계 등 다층에서의 힘이 증가하는 과정이며(Gutierrez, 1994), 클라이언트가 주체적으로 향상된 삶의 질을 유지하게 되는 성과를 지칭하는 용어이다. 즉, 임파워먼트란 필요한 환경 자원을 이용하거나 스트레스 상황에 적절히 대처하기 어려운 클라이언트가 자신의 삶을 충분히 통제할 수 있도록 원조하는 것을 의미한다. 따라서 임파워먼트 모델이란 사회적 차별과 장애, 억압 및 개인적 문제 때문에 권리를 상실하고 무력한 상태에 있는 클라이언트가 권리, 기회, 힘, 자원을 회복하여, 주체적 인간으로 자기 삶에 대한 결정력과 통제력을 가지도록 하는 것이다(Payne, 2005).

이런 개념에 근거한 임파워먼트 모델의 특성은 다음과 같다(Lee, 2001). 첫째, 임파워먼트 모델은 강점 관점에 기초를 두며, 개인, 가족, 집단, 지역사회의 권한 회복과 통제력 획득을 위한 다체계적 개입을 추구한다. 이런 측면에서 임파워먼트 모델은 생태체계적 관점과 유사한 특성이 있다.

둘째, 임파워먼트 모델은 개인의 내적 자원과 강점을 강화함으로써 개인의 변화를 모색한다. 동시에 개인이 주변 환경을 인식하고 집단 경험과 권익 활동을 통해 집단 간 자원의 균등한 배분과 지역사회 변화를 추구하는 데도 초점을 둔다.

셋째, 임파워먼트 모델은 사회복지실천의 다양한 관점과 연결되어 있다. 임파워먼트 모델은 특정한 이론이 아니기 때문에 개인에 대한 억압과 차별을 인식하고 변화를 위한 실질적인 개입방법을 개발하기 위해서 다양한 이론과 접근방법을 활용한다.

넷째, 임파워먼트 모델은 전통적으로 차별과 억압을 받은 개인의 편에 서서 사회제도의 불평등과 모순을 해결하고, 이들의 권한을 회복하는 데 초점을 둔다. 따라서 임파워먼트 모델은 사회복지사에게 사회 현실과 정의에 대한 좀 더 비판적이고 전략적인 접근을 요구하며, 기존의 사회제도와 권력관계를 바꿀 수 있는 다양한 정치적 행동을 강조하기도 한다.

2) 임파워먼트 모델의 실천 원칙

임파워먼트 모델을 사회복지실천에 적용할 때 고려하는 실천 원칙은 다음과 같다(정규석 외, 2013; Payne, 2005).

첫째, 임파워먼트 모델은 클라이언트의 적극적인 참여를 강조한다. 강점 관점에 기반을 두는 임파워먼트 모델은 클라이언트의 적극적인 참여를 통해 자신의 삶에 대한 통제력을 획득하도록 한다. 클라이언트는 자기 삶의 과정뿐만 아니라 집단과 지역사회에 적극적으로 참여해야 한다. 이를 통해 자아 수용과 자신감을 얻을 수 있으며, 사회환경을 이해하고 비판적으로 인식할 수 있는 능력을 향상할 수 있다. 사실상 이것이 클라이언트가 임파워먼트되는 과정이다. 이 원칙은 클라이언트의 자기결정이라는 실천 원칙과 맥락을 같이 한다. 즉, 실천과정에서 자신의 문제와 관련된 의사결정 과정에 클라이언트가 적극적으로 참여하여 스스로 판단하고 결정함으로써 자신의 문제를 책임지게 된다.

둘째, 임파워먼트 모델은 사회복지사와 클라이언트 간의 상호 협력관계를 강조한다. '적극적인 참여'의 개념은 실천과정에서 사회복지사와 클라이언트 관계 형성에도 반영된다. 임파워먼트 모델은 사회복지사와 클라이언트 간의 일방적 원조관계가 아니라 대등한 협력관계 형성을 강조한다. 사회복지사는 클라이언트에게 일방적으로 문제 해결의 방향을 제시하거나 도움을 제공해서는 안 된다. 오히려 클라이언트가 자기 능력에 대한 개인적 신념을 강화하여 문제 해결 과정에 적극적인 주체가 되도록 도와야 한다. 이 원칙은 사회복지사가 클라이언트의 존엄성을 인정할 때 가능하다.

셋째, 임파워먼트 모델은 클라이언트가 자기 문제를 자신의 언어로 표현하고 자신의 실재를 이해하는 데 초점을 둔다. 클라이언트는 자신의 언어를 통해 욕구를 표현하고 현실을 이야기함으로써 자신의 권익을 주장하는 방법을 배우게 된다. 이 원칙은 사회복지사가 프로그램이나 개입방법을 선택할 때 클라이언트가 표현한 욕구를 그가 원하는 방식으로 충족할 때 가능하다.

넷째, 임파워먼트 모델은 사회제도적 억압과 차별에 대한 저항을 강조한다. 사회복지실천의 대상인 클라이언트는 오랫동안 사회제도적 억압과 차별에 시달려 왔다. 이것은 개인의 삶을 짓밟는 것이므로 임파워먼트 모델을 통해 사회제도적 억압과 차별을 타파하며, 클라이언트가 자기 주변의 현실을 재구조화할 수 있도록 도와야 한다.

다섯째, 임파워먼트 모델은 자기주도적인 집단과정을 강조한다. 클라이언트는 사회복지사와 유사한 문제를 가진 집단과의 연대감을 통해 자신을 억압하고 취약하게 만드는 사회환경의 모순에 효과적으로 도전할 수 있다. 즉, 클라이언트는 자기주도적인 집단과정에 참여함으로써 자기 문제에 대한 비판적 의식을 갖고 현재 문제에 대한 대안을 찾기 위해 집단과 공동으로 노력할 수 있다. 이러한 과정을 통해 클라이언트는 문제에 대한 자기 비난을 피하고, 변화를 성취하는 데 개인적 책임을 인정하며 적극적인 참여를 향상할 수 있다.

3) 임파워먼트 모델의 과정

일반적으로 사회복지사는 임파워먼트 모델로 사회복지실천을 할 때 대화단계, 발견단계, 발달단계의 과정을 거친다(양옥경 외, 2018).

① 대화단계: 임파워먼트 관계 수립

사회복지사는 대화를 통해 클라이언트의 현재 상황, 주요 욕구, 강점 등을 파악해야 한다. 이 단계에서 사회복지사는 클라이언트와 협력관계를 형성해야 하며, 관계의 목적을 명확히 해야 한다. 이 단계에서 사회복지사는 클라이언트와 협력하여 수용 · 존중 · 신뢰에 근거한 파트너십 형성, 사회복지사와 클라이언트의 역할 규정, 클라이언트가 자신의 상황을 분명히 인식, 쉽게 활용할 수 있는 자원 확보, 클라이언트의 경험을 구체적으로 서술, 클라이언트의 감정 구체화, 협력작업의 목적 규정 등을 달성해야 한다.

이 단계의 주요 과제는 다음과 같다. 첫째, 파트너십을 형성하는 것이다. 사회복지사와 클라이언트가 사회복지실천의 목적과 윤리기준을 반영하여 그들의 관계를 규정하는 과정이다. 둘째, 현재 상황을 명확화하여 도전을 탐색하는 것이다. 도전을 탐색한다는 것은 클라이언트의 현재 상황에 대하여 클라이언트의 시각에서 이야기하는 과정이다. 셋째, 방향을 설정하는 것이다. 사회복지사와 클라이언트는 특정 목적을 위하여 함께 나갈 방향을 정한다. 구체적인 방향을 설정함으로써 클라이언트의 참여를 동기화한다.

② 발견단계: 사정, 분석, 계획하기

클라이언트의 내외부에 있는 자원을 정확히 사정하여 바람직한 결과를 위한 계획을 수립해야 한다. 이 단계에서 강점과 해결방안이 구체화되어야 한다. 협력관계를 형성한 사회복지사와 클라이언트는 함께 수집한 정보를 분석하고 변화를 위한 전략을 개발한다.

이 단계의 주요 과제는 다음과 같다. 첫째, 강점을 확인한다. 클라이언트의 강점을 조사함으로써 클라이언트와 사회복지사는 여러 가능성을 발견할 수 있다. 둘째, 자원의 역량을 사정한다. 강점 사정을 통하여 사회복지사와 클라이언트는 변화 노력에 기여할 수 있는 것을 발견하며, 그들이 원하는 결과를 활성화할 수 있는 자원체계가 무엇인지를 예측한다. 셋째, 해결방안을 수립하는 것이다. 사회복지사와 클라이언트는 구체적인 목적에 동의하고 바람직한 결과를 달성하기 위한 해결방안을 개발한다.

③ 발달단계

이 단계에서 사회복지사와 클라이언트는 기존의 자원을 활성화하고, 클라이언트의 목적을 달성하기 위하여 새로운 대안을 형성한다. 이 단계에서 모든 활동은 클라이언트체계와 환경체계의 변화를 시작하며 강화하고 안정시킨다.

이 단계의 주요 과제는 다음과 같다. 첫째, 자원을 활성화한다. 이미 가지고 있거나 접근 가능한 자원을 활용할 수 있는 방향을 모색한다. 둘째, 기회의 확대이다. 사회복지사와 클라이언트는 환경에서 현재는 없지만, 꼭 필요한 새로운 자원을 형성한다. 셋째, 성공을 인정한다. 목적 달성을 측정하고, 과정의 효과성을 평가하며, 함께 일한 것 등에 대해 서로 협력자로서 인정하는 작업을 한다. 넷째, 달성한 것을 통합한다. 클라이언트의 노력으로 성장, 발전, 변화하고 있음을 사회복지사는 격려해야 한다. 개입을 종결하며 클라이언트가 독립성을 유지할 수 있도록 클라이언트체계를 임파워먼트한다.

핵 • 심 • 정 • 리

1. 강점 관점의 실천 원칙

① 모든 개인, 가족, 집단, 지역사회 등은 강점이 있음
② 외상, 학대, 질병 또는 그 밖의 힘겨운 삶들은 사람에게 상처가 될 수 있지만, 도전과 기회의 근원이 될 수도 있음
③ 인간의 성장과 변화 능력은 상한선이 없는 것으로 가정하고, 개인, 집단, 지역사회 등의 열망을 진지하게 받아들임
④ 사회복지사와 클라이언트가 협력할 때 클라이언트에게 최선의 서비스가 제공될 수 있음
⑤ 모든 환경은 자원으로 가득함
⑥ 사회복지실천은 보살핌과 돌봄

2. 사회복지사의 문화적 역량

① 문화적 상이성에 대한 수용과 존중
② 자신의 문화적 정체성과 편견에 대한 성찰적 분석
③ 다문화 배경의 클라이언트에 관한 지식의 필요성 인식
④ 다문화 배경의 클라이언트에게 개입하고 의사소통 할 수 있는 능력
⑤ 소수 인종에 대한 선입관이나 편견 탐색
⑥ 사회적 차별에 맞서는 단체들의 활동 분석

3. 임파워먼트 모델의 특성

① 임파워먼트는 개인, 대인관계, 제도적 차원에서 이루어짐
② 클라이언트를 문제 해결의 협력관계로 인정
③ 클라이언를 위해 자원을 동원하거나 권리를 옹호
④ 강점 관점과 생태체계적 관점이 기반
⑤ 클라이언트를 자기 문제의 전문가로 인정

4. 임파워먼트 모델의 과정

① 대화단계(임파워먼트 관계 수립) : 파트너십 형성, 현재 상황을 명확히 하여 도전을 탐색, 방향을 설정하는 것
② 발견단계(사정, 분석, 계획하기) : 강점 확인, 자원의 역량 사정, 해결방안 수립
③ 발달단계 : 자원의 활성화, 기회의 확대, 성공을 인정, 달성한 것을 통합

CHAPTER 07

사회복지실천과 관계

이 장의 구성

1. 관계 형성의 중요성
2. 전문적 원조 관계의 기본 요소
3. 사회복지실천의 관계 원칙
4. 전문적 원조 관계의 영향 요인

CHAPTER 07

사회복지실천과 관계

학습목표

- 사회복지실천에서 관계의 개념을 이해한다.
- 전문적 원조 관계의 특징을 이해한다.
- 전문적 원조 관계의 기본 요소를 이해한다.
- 사회복지실천의 관계 원칙을 이해한다.
- 전문적 원조 관계에 영향을 주는 요인을 이해한다.

1. 관계 형성의 중요성

1) 관계의 개념

사회복지실천에서 관계란 사회복지사와 클라이언트 사이의 관계를 의미하며 사회복지사와 클라이언트 사이의 상호작용 산물로서 라포(rapport)라도 한다. 즉, 라포란 사회복지사와 클라이언트가 사고와 감정을 공유하면서 서로 이해하여 조화롭게 일치된 상태를 말한다. 특히 비에스텍(Biestek, 1957)은 관계를 "클라이언트가 환경에 잘 적응하도록 도우려는 목적을 달성하기 위한 사회복지사와 클라이언트 사이의 태도와 감정의 역동적 상호작용"으로 정의하였다. 일반적으로 사회복지실천에서 클라이언트와 사회복지사의 관계 형성은 사회복지사만의 노력이 아니라 상호 신뢰와 협력을 바탕으로 이루어진다. 따라서 사회복지실천에서 관계는 사회복지사와 클라이언트가 함께 클라이언트의 문제를 해결하는 연결 통로이며, 클라이언트가 자신의 환경에 좀 더 나은 적응을 할 수 있도록 돕는 중요한 매개체이다(최혜지 외, 2013).

사회복지실천에서 사회복지사와 클라이언트 사이의 라포 형성은 클라이언트의 복지를 위한 사회복지사의 진실한 관심과 도우려는 열망을 통해 이루어진다. 즉, 사회복지사가 먼저 자신을 개방하는 태도를 보이면 클라이언트도 자신을 효과적으로 드러내게 된다. 이때 중요한 것은 사회복지사의 자기노출 수준을 적절히 조절하여 항상 클라이언트로부터 초점이 벗어나지 않도록 하는 것이다. 따라서 라포 형성은 클라이언트의 문제 해결 과정을 촉진하여 목표를 달성하는 데 도움이 된다. 일반적으로 라포 형성은 비언어적인 것과 언어적인 방법이 있는데, 사회복지사는 이 두 가지를 병행해야 한다. 라포 형성을 위해서는 안정된 물리적인 환경도 필요하지만, 무엇보다 중요한 것은 사회복지사의 행동이다. 사회복지사가 클라이언트의 행동에 맞추어 반응하는 것은 라포 형성의 지름길이다. 사회복지사의 언어적 의사소통방법도 라포 형성에 영향을 미친다. 따라서 사회복지사는 클라이언트와 가족구성원들이 자주 사용하는 단어나 표현을 주의 깊게 살피는 것이 유익하다. 즉, 클라이언트와 가족구성원들에게 익숙하지 않은 단어나 표현을 사회복지사가 반복하여 사용한다면 라포 형성은 어려울 것이다(김유숙 외, 2003). 클라이언트에 대한 존중을 표현하는 것도 라포 형성에 매우 중요하다. 존중을 표현하는 방법은 약속 시간을 지키거나 클라이언트의 이름을 기억하는 등 기본적인 예의를 갖추는 사회복지사의 태도에서 나온다(Hepworth & Larsen, 1986). 사회복지실천에서 사회복지사와 클라이언트 사이의 라포가 형성되면 클라이언트는 마음을 열고 사회복지사와 함께 자신의 문제 해결을 위해 적극적으로 협력할 것이다.

2) 전문적 원조 관계의 특징

사회복지사와 클라이언트 사이의 관계는 일반적인 대인 관계와는 다른 전문적 원조 관계이다. 전문적 원조 관계를 형성한다는 것은 기본적으로 클라이언트를 존중하는 방법으로 관계를 맺고, 신뢰를 발전시키며 정직한 의사소통을 촉진하는 것을 의미한다. 이러한 클라이언트와 사회복지사 사이의 전문적 원조 관계는 대인 관계와는 다른 특징이 있다(Perlman, 1979).

첫째, 전문적 원조 관계는 사회복지사와 클라이언트 사이에서 인정되고 합의된 목적을 근거로 이루어진다. 전문적 원조 관계의 목적은 클라이언트가 당면한 문제 해결과 사회적 기능 향상을 위해 사회복지사 자신과 자원을 활용하는 것이다. 특히 인정되고 합의된 목적이란 클라이언트가 원하며 달성하기를 기대하는 것에 대해 사회복지사와 클라이언트가 서로 분명히 하고, 다음 단계에서 무엇을 기대하며, 각자 무슨 일에 관여할 것인지 등을 이해하는 것을 의미한다.

둘째, 전문적 원조 관계는 시간상으로 제한이 있다. 전문적 원조 관계는 상호 합의한 목적이 달성되면 종결된다. 이처럼 전문적 원조 관계에서 시간적인 제한을 두는 이유는 사회복지사의 현실적인 여건 때문이다. 일상생활에서 지지적인 관계를 경험하지 못한 클라이언트는 사회복지사에게 편안함을 느껴 계속해서 관계를 유지하기를 원할 수도 있다. 하지만 사회복지사는 다른 사례들도 다루어야 하므로 현실적으로 원조 관계를 계속 유지하는 것은 어렵다. 다른 이유로는 시간적인 제한이 있을 때 클라이언트는 자신의 역량을 최대한 발휘하는 경향이 있기 때문이다. 이처럼 정해진 시간 내에 문제를 해결해야 한다는 것을 사회복지사와 클라이언트가 인식함으로써 각자가 해야 할 일에 초점을 맞추어 노력하게 된다. 또한 종결을 예고하는 시간적인 제한은 클라이언트가 전문적 원조 관계의 종결 과정을 심리적으로 준비할 수 있게 도와준다.

셋째, 전문적 원조 관계는 클라이언트를 위한 것, 즉 클라이언트의 욕구가 중심이 된다. 일반적인 대인 관계는 서로의 만족과 욕구가 충족되는 것을 기대하지만, 전문적 원조 관계는 사회복지사의 헌신이 필요한 클라이언트 중심적 관계이다. 대체로 클라이언트는 만족스러운 관계를 형성하고 유지할 능력이 없거나 심한 스트레스 상황에서 자신의 안전과 보호만을 중요하게 여길 수 있다. 이런 상황에서 사회복지사의 관심과 호의는 일방적인 것이 될 수 있다. 만약 클라이언트가 적절히 반응하면 사회복지사는 보람을 느끼지만, 비협조적이면 화가 나거나 실망할 수도 있다. 그러므로 전문적 원조 관계의 목적은 클라이언트의 문제 해결과 사회적 기능 향상을 위해 사회복지사의 지식과 전문성을 활용하는 것이다.

넷째, 전문적 원조 관계는 권위가 있다. 사회복지사는 전문적 지식과 기술, 전문직의 윤리강령에서 비롯된 전문가의 권위 등을 가지고 클라이언트에게 영향력을 행사할 수 있다. 이러한 권위는 책임감이 수반되는데, 사회복지사는 클라이언트와 그의 상황을 이해하여 더 좋은 결과를 얻도록 하는 방법이 무엇인지를 전문적으로 판단하여야 한다.

다섯째, 전문적 원조 관계는 통제된 관계이다. 여기서 통제란 클라이언트를 통제하는 것이 아니라 사회복지사와 원조 방법에 대한 통제를 말한다. 즉, 사례에 대해서 사회복지사는 자신의 감정을 인식하고, 무엇이 바람직하고 바람직하지 않은가를 판단하여 가장 효과적이고 효율적인 원조 방법을 사용해야 한다는 의미이다.

이처럼 전문적 원조 관계는 사회복지사와 클라이언트가 상하 관계가 아니라 인정되고 합의된 목적 달성을 위해 협력적 관계를 형성하는 것이다. 이러한 만족스러운 좋은 관계 형성을 통해 클라이언트는 사회복지사에게 수용되었다는 느낌이 들게 된다(Brill, 1998). 사회복지사와 클라이언트가 상호 신뢰와 이해를 바탕으로 전문적 원조 관계를 형성하면, 클라이언트는 방어기제의 사용을 줄일 뿐만 아니라 문제의 진실에 직면하여 스스로 문제 해결 방법을 찾게 된다. 특히 전문적 원조 관계가 형성되면 다음과 같은 긍정적인 효과가 나타난다(Miller, 1976; 엄명용 외, 2015). 첫째, 전문적 원조 관계는 문제 해결 과정에 생기와 활력을 불어넣어 준다. 둘째, 클라이언트는 역량강화와 행동할 능력이 있다는 느낌이 들게 된다. 셋째, 클라이언트와 사회복지사는 자신과 타인에 대한 이해의 폭이 넓어진다. 넷째, 자신의 가치를 높이 평가한 클라이언트는 자신감과 능력이 향상된다. 다섯째, 타인과 접촉하고 관계를 맺으려는 클라이언트의 욕구가 과거보다 강해진다. 결과적으로 클라이언트와 사회복지사 사이의 전문적 원조 관계가 원만하게 형성되면, 클라이언트에게 바람직한 변화가 나타날 것이다.

2. 전문적 원조 관계의 기본 요소

전문적 원조 관계는 클라이언트의 문제 해결 및 사회적 기능 향상이라는 분명한 목적을 가지고 제한된 시간 동안 이루어진다. 일반적인 대인 관계와 다르게 전문적 원조 관계에서 클라이언트는 도움을 요청하고 사회복지사는 전문가로서 도움을 제공하는 관계가 형성된다. 따라서 전문적 원조 관계는 항상 클라이언트의 입장에서 출발해야 하며 사회복지사는 관계의 전반적인 과정에서 전문적 책임이 있다. 사회복지실천에서 전문적 책임을 수행하기 위해 사회복지사는 다음과 같은 전문적 원조 관계의 기본 요소를 실천해야 한다(Compton et al., 2005; 양옥경 외, 2010).

1) 타인에 대한 관심

타인에 대한 관심(concern), 즉 존중은 클라이언트에게 일어난 일에 대해 진정한 관심을 가지며, 클라이언트의 삶과 욕구에 대해서 조건 없이 긍정적으로 인정한다는 것을 표현하는 것이다. 그러나 다른 생활 습관을 지니고 있거나 적대적인 클라이언트를 만날 경우가 있다. 사회복지사는 클라이언트의 말이나 행동 및 태도 등이 마음에 들지 않더라도, 존엄성과 가치를 지닌 존재로 인정해야 한다. 또한 사회복지사는 자신의 감정을 인식함으로써 클라이언트에게 무의식적으로 분노와 거부 반응을 보이지 않도록 주의해야 한다. 타인에 대한 관심은 모든 클라이언트를 고유한 가치가 있는 존재로 인정하며, 클라이언트의 관심사와 원하는 목표에 맞추어 사회복지사 자신을 기꺼이 내주며 자신의 지식과 기술을 제공하는 것이다. 이처럼 타인에 대한 관심, 즉 클라이언트를 존중한다는 것은 클라이언트에게 영향을 주는 모든 사람과 사회 체계에 관심을 가져야 한다는 것을 의미한다.

2) 수용

수용(acceptance)은 클라이언트와 그 문제를 심판하지 않으면서 있는 그대로 받아들이고 적극적으로 이해하려는 사회복지사의 태도를 말한다. 사회복지사는 클라이언트의 행동에 대해 자신의 생존과 대처를 위해서 그 상황에서 최선을 다한 것임을 인식해야 한다. 클라이언트의 행동이 바람직하지 않더라도 사람과 그의 행동을 구분하여 클라이언트를 비난하지 않고 그의 상황과 감정을 이해하도록 노력해야 한다. 수용은 클라이언트에 대한 정형화된 편견이 사회복지사에게 있는지에 대한 자기 인식과 다양한 인간의 삶과 문제에 대한 깊은 이해를 바탕으로 이루어진다. 이러한 수용은 클라이언트의 감정을 존중하고 클라이언트가 자신의 문제를 해결할 수 있다는 믿음이 있을 때 가능하다.

3) 감정이입

감정이입(empathy)은 다른 사람과 일치되는 느낌의 과정으로 다른 사람의 생각, 느낌, 경험, 환경 등을 이해하고 인식하는 것이다. 즉, 공감(sympathy)은 사회복지사가 클라이언트와 같은 감정 상태에 함몰되어 문제 해결 능력을 상실한 상태인 반면

(엄명용 외, 2015), 감정이입이란 사회복지사가 원조 과정에서 자신의 관점을 유지하면서 클라이언트의 감정과 사고를 이해하는 능력을 의미한다. 이는 사회복지사가 클라이언트의 처지에서 보고 느낄 수 있는 능력으로 클라이언트의 주관적인 경험에 의식적이고 의도적으로 참여하는 것이다(Cournoyer, 2011). 사실상 감정이입은 클라이언트의 입장이 되어 보는 것이다. 사회복지사는 클라이언트의 경험과 느낌을 느껴야 하지만, 사회복지사로서 전문적 책임을 다하기 위해 자신을 통제해야 한다. 다시 말해서 사회복지사는 클라이언트의 감정과 하나가 되기 위해 자신을 잃지 않으면서 심리적 거리를 유지해야만 이성적으로 문제 해결 방법을 찾을 수 있다. 이러한 감정이입을 위해서는 적극적인 경청과 세심한 관찰이 필요하며, 클라이언트의 상황에서 사회복지사는 어떤 감정을 느낄 것인가를 상상해 보는 것이 좋다. 또한 클라이언트에게 감정이입의 반응을 보이기 위해서는 다양한 감정에 대해 적절한 어휘를 잘 사용하여 표현하여야 한다. 이러한 클라이언트와의 감정이입을 통해 전문적 원조 관계는 발전될 수 있다.

4) 진실성

전문적 원조 관계에서 진실성(authenticity)은 클라이언트와의 관계에서 보이는 성실성을 말한다. 클라이언트와의 관계에서 사회복지사는 자기 인식을 바탕으로 자신의 감정과 반응을 신중하고 진실하게 말하고 행동하며, 대화의 내용과 행동이 항상 일치하고, 자신의 내면과 외면이 일치하도록 노력해야 한다. 진실한 사회복지사는 방어적이지 않고, 다른 사람의 생각에 열려 있으며, 자기 생각과 느낌을 솔직히 나눈다(Cournoyer, 2011). 이처럼 전문적 원조 관계에서 사회복지사는 전문가 역할을 기계적으로 수행하는 것이 아니라 타인에게 관심을 가지며, 자신을 가장하지 않고 실제 모습으로 관계를 형성한다. 진실성과 일치성을 갖추기 위해서 사회복지사는 올바른 자기 인식과 자기 성찰이 필요하며, 자신의 감정에 정직해야 한다(Perlman,

1979). 또한 사회복지사와 클라이언트에게 같은 의미로 작용하는 전문가의 역할, 기관의 절차와 정책과 관련된 지식, 타인에 대한 관심, 수용, 헌신 등 전문적 원조 관계에서 필요한 기본 요소를 내면화해야 한다.

클라이언트와의 관계에서 진실성을 강조하는 것은 매 순간 사회복지사의 모든 감정을 솔직하게 표현하라는 의미는 아니다. 기본적으로 전문적 원조 관계는 사회복지사가 아니라 클라이언트를 위한 것이라는 점을 기억해야 한다. 사회복지사의 생각과 감정을 표현하는 것은 상호 합의된 목표를 달성하기 위해 클라이언트를 돕거나 함께 일할 때만 적절하다. 그 외에 어떤 목적으로든 사회복지사의 생각과 감정을 표현하는 것은 사회복지실천의 효과가 감소하거나 최악에는 클라이언트에게 나쁜 결과를 초래할 수 있다(Cournoyer, 2011). 이처럼 클라이언트가 사회복지사의 의사소통과 행동을 이해하고 편안하다고 느낄 때 전문적 원조 관계는 진실성을 가진다.

5) 헌신과 의무

헌신과 의무(commitment & obligation)는 전문적 원조 관계에서의 책임감을 갖고 절차상의 조건을 따르는 것을 의미하며, 신뢰성과 일관성을 포함하는 개념이다. 상호작용에서 책임감이 없다면 다른 사람과 의미 있는 관계를 맺을 수 없다. 따라서 사회복지사와 클라이언트는 전문적 원조 관계의 목적을 달성하기 위하여 헌신과 의무를 인정해야 한다. 전문적 원조 관계에 헌신할 때 클라이언트는 안전하다고 느끼며, 그 초기에 주로 나타나는 시험적인 행동이나 시행착오적인 탐색을 줄이고, 자신을 보호하기보다는 현재의 과업에 자신의 관심과 에너지를 집중한다. 또한 전문적 원조 관계에서 헌신은 일정한 의무를 수반한다. 클라이언트의 의무는 자신의 문제와 상황, 대처 방법 등을 솔직하고 정직하게 말하며, 정해진 면접 시간을 준수하는 것과 같은 전문적 원조 관계에서 최소한의 절차상 조건을 성실하게 준수하는 것이다. 사회복지사의 의무는 정해진 면접 시간을 준수하고, 클라이언트의 문제에 초점을 유지하며, 클라이언트의 성장과 변화를 위해 원조 과정의 기본적 절차를 준수하는 것이다. 이러한 사회복지사의 의무를 정당한 이유나 적절한 설명 없이 준수하지 않는다면, 클라이언트는 사회복지사를 신뢰하지 않고 자신을 중요하게 생각하지 않는 것으로 받아들여 전문적 원조 관계 형성에서 문제가 생기게 된다.

6) 권위와 권한

권위(authority)는 클라이언트와 기관이 사회복지사에게 위임한 권한(power)이다. 사회복지사는 전문적 지식과 기술 및 일정한 지위 등이 있으므로 사회복지실천에서 영향력을 행사할 수 있는 권한이 있다. 전문적 원조 관계의 맥락에서 권위는 두 가지 측면이 있다. 하나는 사회복지기관에서 사회복지사의 지위와 기능을 통해 나오는 제도적 측면이다. 다른 하나는 전문가로서 사회복지사에게 정보와 조언을 구함으로써 클라이언트가 사회복지사에게 부여하는 심리적 측면이다(Compton & Galaway, 1989). 클라이언트가 그런 권한을 가진 사람으로 사회복지사를 인정함으로써 성립된 전문적 원조 관계는 클라이언트에게 안전과 보호의 느낌을 주게 된다. 이처럼 사회복지사의 권위와 권한은 클라이언트를 지배하거나 통제하려는 것이 아니라 클라이언트의 욕구 충족과 문제 해결을 위한 전문적 원조 관계로 발전하기 위해 사용해야 한다(최해경, 2009).

권위와 권한의 문제는 법원의 명령이나 기관의 결정으로 의뢰된 클라이언트일 경우 더욱 두드러지게 나타난다. 전문가의 잘못된 권위와 권한 때문에 피해를 본 경험이 있거나, 전문가의 개입 목적을 오해한 클라이언트는 사회복지사에게 반감과 불신을 보일 수 있어 결과적으로 관계 형성이 어려울 수 있다. 이런 상황에서 사회복지사는 어떤 권위와 권한이 있으며, 이를 어느 정도 범위 내에서 어떻게 사용할 수 있는지 등을 클라이언트에게 분명히 설명하는 것이 바람직하다(양옥경 외, 2010).

7) 자기 개방

자기 개방(self-disclosure)은 클라이언트의 이야기를 들으면서 그 주제와 관련된 사회복지사의 자기 생각, 가치, 느낌, 태도 및 개인적인 것 등을 클라이언트에게 드러내는 것이다. 즉, 자기 개방은 사회복지사가 원조 과정에서 적절하다고 생각되는 자신의 감정과 경험을 클라이언트와 나눌 수 있는 능력을 말한다(엄명용 외, 2011). 사회복지사의 자기 개방은 클라이언트의 자기 개방을 촉진할 뿐만 아니라 원조 과정에서 나타날 행동들을 클라이언트에게 보여주는 모델링의 효과도 있다(Anderson & Mandell, 1989). 그 결과 클라이언트는 사회복지사와 신뢰감을 형성하고 솔직히 의사소통을 할 수 있게 된다.

일반적으로 자기 개방은 감정을 표현하는 것과 자신의 경험을 이야기하는 것 두 가지 형태가 있다. 먼저 감정을 표현하는 것은 "당신의 변화가 무척 기쁩니다." 혹은 "당신이 자주 자신을 비하하는 말들을 해서 속상합니다."라고 하는 것이다. 다음으로 자신의 경험을 이야기하는 것은 "저도 과거에 그런 문제를 겪은 적이 있어요."라고 하는 것이다. 이때 자기 개방의 내용과 감정은 일치해야 하며, 지나치게 솔직한 자기 개방은 자제해야 한다. 예를 들어 클라이언트에 대한 부정적인 감정까지 개방하게 되면 갈등의 원인이 될 수 있으므로 특히 주의해야 한다. 따라서 사회복지사는 클라이언트의 반응에 따라 자기 개방의 양과 형태를 적절히 조절해야 한다. 또한 사회복지사가 자기 개방을 자주 사용하면 클라이언트의 탐색을 방해하고 사회복지사에게로 관심이 이동할 수 있으므로 필요한 때에만 활용하는 것이 좋다(Evans et al., 1998).

3. 사회복지실천의 관계 원칙

도움을 요청하는 클라이언트에게 정도의 차이는 있지만, 대체로 〈표 7-1〉과 같이 공통적이고 기본적인 형태의 정서와 태도가 있다. 이러한 클라이언트의 욕구에 대해 사회복지사가 어떻게 반응해야 하는지를 비에스텍(Biestek, 1957)이 제시한 사회복지실천의 관계 원칙을 중심으로 살펴보고자 한다.

▮표 7-1▮ 사회복지실천의 관계 원칙

클라이언트의 욕구	관계의 원칙
유형 또는 범주로서 처우받기보다는 한 개인으로 대우받고 싶은 욕구	개별화: 모든 클라이언트는 개별적인 욕구를 가진 존재로 개별화해야 한다.
자신의 부정적인 감정과 긍정적인 감정을 표현하고자 하는 욕구	의도적 감정 표현: 클라이언트가 감정을 자유롭게 표현하도록 해야 한다.
자기가 표현한 감정에 대해서 공감적 이해와 반응을 받으려는 욕구	통제된 정서적 관여: 클라이언트의 감정에 대해 민감하게 이해하고 반응해야 한다.
자신의 약점, 실패와 관계없이 가치 있는 사람으로서 인정받고자 하는 욕구	수용: 클라이언트를 있는 그대로 인정해야 한다.
자신의 어려움에 대해 심판이나 비난을 받고 싶지 않은 욕구	비심판적 태도: 클라이언트를 비난하거나 심판하지 않는다.
자신의 생활에 관한 선택과 결정을 스스로 하고 싶은 욕구	클라이언트의 자기 결정: 클라이언트의 자기 결정을 존중해야 한다.
자신에 관한 비밀이 지켜지기를 바라는 욕구	비밀보장: 클라이언트의 비밀을 보장해야 한다.

1) 개별화

사람은 어떤 유형 또는 범주보다는 한 개인으로 대우받고자 하는 욕구가 있다. 개별화(individualization)란 모든 사람은 개별적인 욕구를 지닌 존재로서 각 사람의 특성이나 상황에 따라 다르게 대우하고, 원조 과정에서도 사회복지사가 개인마다 다른 원리나 방법을 활용하는 것이다. 클라이언트는 독특한 차이를 가진 한 개인으로 인정받기를 원한다. 따라서 사회복지사는 클라이언트를 어떤 유형이나 범주에 속한 사람으로서가 아니라 개별적 차이를 지닌 독특한 존재로 보아야 한다. 즉, 사회복지사가 클라이언트를 대할 때 그를 보편적인 한 사람으로서가 아니라 개인적인 독특한 자질과 차이점을 지닌 사람으로 보는 것이다. 이처럼 사회복지사가 클라이언트의 개별성을 존중하는 것은 클라이언트와의 긍정적인 전문적 원조 관계를 수립하고 유지하는 데 도움이 된다. 개별성을 존중하는 사회복지사의 태도와 행동은 클라이언트의 자존심을 지원하고 강화한다.

사회복지실천에서 사회복지사는 클라이언트의 개별화를 위해서 다음과 같은 역할을 수행한다(Biestek, 1957; 장인협, 1989). 첫째, 사회복지사는 사람에 대한 편견이나 선입견을 버리고 클라이언트의 문제나 도움의 요청 사항을 객관적으로 볼 수 있어야 한다. 사회복지사의 편견이나 선입견이란 고정관념에 영향을 받아 클라이언트를 정확하게 판단하지 못하는 것을 의미한다. 때때로 사회복지사는 제한된 정보를 토대로 클라이언트를 특정 집단에 귀속시키고, 그 구성원들의 태도, 감정, 행동 등을 클라이언트의 것으로 생각할 수가 있다. 이러한 사회복지사의 경험에 의한 판단은 클라이언트의 상황과 문제를 잘못 이해할 수도 있다.

둘째, 사회복지사는 인간 행동과 발달에 관한 지식과 경험을 습득하고 활용할 수 있어야 한다. 인간 행동과 발달에 관한 지식은 클라이언트와 관련된 중요한 사실과 정확한 실태를 파악하여 개별화가 가능하도록 도움을 준다. 또한 인간 행동과 발달에 관한 지식은 개인을 이해하고 원조하기 위한 분석 틀을 마련하는 데 필요하다. 이 밖에도 사회복지사는 다른 분야의 과학적 지식을 보완하여 활용해야 한다.

셋째, 사회복지사는 클라이언트가 자신의 특성과 욕구 혹은 문제에 관해 더 많은 이야기를 할 수 있게 하고, 이를 경청하고 관찰해야 한다. 클라이언트는 자기 방식대로 자신의 감정과 자신에 관해 모든 것을 표현할 수는 없다. 그러나 면접에서 사회복지사가 클라이언트의 말을 경청하고 관찰하여 진정으로 이해한다면, 클라이언트를 개별화할 수 있을 것이다.

넷째, 사회복지실천에서 사회복지사는 클라이언트가 있는 곳에서 출발하여 그와 보조를 맞추어 의사소통하는 것이 필요하다. 이것은 클라이언트가 자료수집, 사정 및 개입 과정 등에 충분히 참여하도록 하여 클라이언트가 자신감을 가질 수 있게 도우려는 것이다. 예를 들어 의사소통 과정에서 사회복지사가 너무 어렵거나 추상적인 용어를 사용한다든지 한 번에 너무 많은 정보를 얻으려고 하면, 클라이언트의 신뢰감이 낮아질 수 있다. 따라서 개별화를 위해 사회복지사는 클라이언트의 능력과 상황을 고려하여 의사소통의 방법과 속도를 조정하는 것이 필요하다.

다섯째, 사회복지사는 클라이언트의 감정에 대해 민감하게 반응하고, 그 감정과 경험을 사회복지사 자신의 경험으로 받아들여 이해하고 느껴야 한다. 클라이언트의 감정은 가장 개별적인 특성과 문제이므로 개별화를 위해 클라이언트의 감정에 대한 사회복지사의 민감성과 반응이 필요하다.

여섯째, 사회복지사는 클라이언트의 환경을 이해하고 관여할 수 있어야 한다. 사회복지실천 과정에서 사회복지사가 클라이언트의 개별화에 집중하다 보면, 클라이언트의 환경을 소홀히 하는 경우가 발생할 수 있다. 예를 들어 사회복지실천에서 클라이언트의 감정적 욕구 충족에 집중하는 바람에 그의 신체적 욕구를 이해하지 못하는 경우이다. 따라서 개별화는 클라이언트의 신체적 · 심리적 · 사회적 요소의 이해뿐만 아니라 그들 사이의 상호작용 영향력과 파급성 그리고 미래에 전개될 일들에 대한 조망 등도 포함해야 한다.

한편, 사회복지사는 클라이언트의 개별화를 위해 다음과 같은 방법을 활용해야 한다(Biestek, 1957; 장인협, 1989). 먼저 클라이언트의 처지를 이해하고 상황을 세심하게 배려할 필요가 있다. 세심한 배려란 사회복지사가 클라이언트에게 집중적 서비스를 제공하는 개별화 수단이다. 예를 들어 클라이언트의 상황과 편의를 고려한 면접 장소와 시간의 결정, 면접을 위한 철저한 사전 준비 등을 하는 것이다. 특히 개별화를 위한 준비 사항으로 클라이언트의 사례 기록을 재검토함으로써 다음 면접의 목적을 설정할 수 있다. 이런 준비 과정을 통해 사회복지사는 복잡한 마음을 정리하여 클라이언트에게 더욱 효과적으로 관심을 집중할 수 있다(엄명용 외, 2011). 다음으로 사회복지사는 클라이언트의 언어적 표현을 경청하고 표정, 손짓, 자세 등의 비언어적 표현도 면밀하게 관찰하여야 한다. 이를 통해 클라이언트가 무엇을 말하려고 하는지와 그의 특성과 욕구는 무엇인지를 이해하며, 클라이언트의 감정을 민감하게 포착할 수 있다.

2) 의도적 감정 표현

사람은 자신의 부정적 · 긍정적 감정을 표현하고자 하는 욕구가 있다. 의도적 감정 표현(purposeful expression of feeling)이란 클라이언트가 비난받게 될지 모르는 자신의 감정, 특히 부정적인 감정을 자유롭게 표현하도록 사회복지사가 도와주는 것이다. 클라이언트의 문제가 물질적 도움이나 구체적 서비스가 필요한 것이더라도 감정적 요소가 포함되어 있으므로 사회복지사는 클라이언트의 감정적 측면을 다루어야 한다. 예를 들어 경제적 어려움이 있는 클라이언트는 자신을 인생의 낙오자나 실패자라고 생각할 수도 있다. 이런 경우 사회복지사는 클라이언트의 감정 표현을 촉진할 필요가 있다(김혜란 외, 2013).

사회복지실천에서 클라이언트가 자신의 감정을 솔직하게 표현함으로써 얻을 수 있는 장점이 있다. 솔직한 감정 표현을 통해 클라이언트는 스트레스나 긴장에서 벗어날 수 있으며, 자신의 문제나 현재 상황을 좀 더 명확하고 객관적으로 볼 수 있다. 또한 클라이언트의 부정적인 감정이 문제일 경우, 클라이언트의 감정 표현은 문제해결의 계기가 될 수 있다. 클라이언트의 감정 표현을 통해 사회복지사는 클라이언트가 그 문제를 어떻게 보며, 어떤 의미로 받아들이는지를 알게 되어 클라이언트를 이해하는 데 도움이 된다. 그리고 문제와 관련된 클라이언트의 감정 표현을 사회복지사가 경청하는 것은 클라이언트에게 심리적 · 사회적 지지가 된다. 이처럼 클라이언트의 감정 표현과 이에 대한 사회복지사의 경청은 서로를 이해하는 데 큰 도움이 된다.

사회복지사는 클라이언트의 감정 표현을 돕기 위해 다음과 같은 역할을 수행해야 한다(Biestek, 1957; 장인협, 1989). 첫째, 사회복지사는 클라이언트에게 안정된 환경을 조성해야 한다. 사회복지사는 자유롭게 감정을 표현하도록 클라이언트를 격려하거나, 클라이언트가 사용한 단어나 짧은 문구를 되풀이하는 것도 좋은 방법이다. 클라이언트가 자신의 감정을 표현할 때, 사회복지사는 클라이언트의 속도에 맞추어서 면접을 진행해야 한다. 또한 비스듬히 마주보고 이야기할 수 있도록 편안한 의자와 탁자를 배치하는 등 면접실의 물리적 환경도 잘 정돈하여 편안한 느낌을 주는 것이 좋다.

둘째, 사회복지사는 긴장하지 않고 허용적인 태도(permissive attitude)로 편안한 분위기를 마련해야 한다. 이를 위해 사회복지사는 클라이언트의 말을 경청하고 공감하는 자세를 보이는 것이 좋다. 이러한 편안한 분위기는 사회복지사의 노력만으로 이루어질 수는 없다. 클라이언트의 적절한 반응과 참여가 있을 때 자유롭게 감정을 표현할 수 있는 분위기가 조성되기 때문이다.

셋째, 사회복지사는 클라이언트에게 정서적 지지를 제공해야 한다. 클라이언트에 대한 사회복지사의 정서적 지지는 초기 저항을 완화할 수 있으며, 전문적 원조 관계를 편안하게 만드는 장점이 있다. 사회복지실천의 초기 단계에서 클라이언트가 느끼는 두려움은 자신의 사생활 침해, 자신의 무능이 드러날 가능성, 자존감의 상실, 독특한 개성의 상실에 대한 두려움, 다른 사람들의 거부나 비난, 자신의 부정적 측면이 다른 사람에게 알려지는 것에 대한 두려움 등이 있다. 이와 같은 심리적 두려움이나 위험을 최소화하기 위해 클라이언트는 자아 방어기제를 사용하는 동시에 사회복지사의 정서적 지지를 기대한다. 사회복지사의 정서적 지지는 클라이언트를 심리적으로 격려하고 자신감을 느끼게 한다. 따라서 사회복지사의 정서적 지지를 통해 클라이언트는 자신의 존재와 권리를 현실적으로 인정하는 효과를 얻을 수 있다.

넷째, 사회복지사는 클라이언트가 의도적으로 자신의 감정을 표현하도록 격려해야 한다. 사회복지사는 누구나 양가감정을 가질 수 있다는 것과 자신의 감정을 표현해도 괜찮다는 것을 알려줌으로써 클라이언트가 솔직하게 감정 표현을 하도록 도와야 한다. 특히 분노의 감정은 다른 사람에게 표현하기 어렵지만, 환기(ventilation)를 통해서는 가능하다. 이처럼 표현된 감정들은 클라이언트의 문제를 확인하고 사정하는 중요한 정보가 된다. 클라이언트가 긍정적인 변화를 원한다면 자신의 모든 경험을 개방해야 한다(엄명용 외, 2011).

다섯째, 사회복지사는 클라이언트가 표현한 감정에 대해 너무 빠르게 해석하거나, 비현실적인 보장과 성급한 판단이나 약속 등으로 클라이언트를 안심시키거나 기쁘게 하는 것도 삼가야 한다. 이처럼 사회복지사가 실현 가능성이 없는 일을 보장하거나 혹은 부정적으로 판단하는 경우, 클라이언트가 실망할 수 있으므로 주의해야 한다.

3) 통제된 정서적 관여

사람은 자기가 표현한 감정에 대해 공감적 이해와 반응을 받고 싶은 욕구가 있다. 통제된 정서적 관여(controlled emotional involvement)란 사회복지사가 클라이언트의 감정을 민감하게 포착하고, 객관적인 입장에서 그 감정이 의미하는 것을 이해하고, 그 감정에 적절히 반응하는 것이다. 이를 위해 클라이언트가 무엇을 느끼고 생각하는지에 대해 사회복지사는 민감하게 파악하여 대처해야 한다. 또한 사회복지사는 클라이언트의 문제와 관련된 감정의 의미를 이해하며, 클라이언트의 감정 상태에 따라 적절하게 반응해야 한다. 다시 말해서 사회복지사는 클라이언트와의 대화에서 감정적으로 동요되지 않고, 객관적인 입장에서 클라이언트의 감정을 충분히 이해하고 사회적으로 바람직한 형태로 표출될 방안을 모색해야 한다. 통제된 정서적 관여를 위한 사회복지사의 역할을 살펴보면 다음과 같다(Biestek, 1957; 장인협, 1989). 먼저 사회복지사는 클라이언트의 감정에 민감해야 한다. 감정에 대한 민감성(sensitivity)은 클라이언트의 언어적·비언어적 감정 표현을 주의 깊게 경청하고 관찰하는 것에 초점을 둔다. 클라이언트는 자신의 감정을 말로 표현하지 않거나 감정이 너무 깊어서 표현하지 못할 수도 있다. 그러므로 사회복지사는 표정, 자세, 손놀림, 말의 속도나 어조 등 클라이언트의 감정을 나타내는 지표에 주의를 기울여야 한다. 이처럼 사회복지실천에서 사회복지사의 민감성이란 클라이언트가 무엇을 생각하고 말하고 행하고자 하는지에 대해 감각적으로 파악하고 이에 적절히 대처하는 것을 뜻한다.

다음으로 사회복지사는 감정의 의미를 클라이언트와 클라이언트의 문제와 관련하여 완전히 이해하는 감정이입적 이해(empathetic understanding)가 필요한데, 이해는 계속되는 과정이다. 감정이입적 이해란 역지사지(易地思之), 즉 상대방의 감정을 가슴으로 느끼고, 그가 처한 상황을 머리로 헤아리는 것을 말한다(강진령, 2012).

면접 과정을 통하여 클라이언트에 대한 사회복지사의 이해 폭과 깊이는 넓어지게 된다. 사회복지사는 클라이언트를 충분히 이해하기 위해 계속해서 노력해야 한다. 특히 감정이입적 이해를 위해서는 클라이언트의 의사소통에서 표면적 내용뿐만 아니라 이면에 잠재된 의미도 반응할 수 있어야 한다. 사회복지사는 클라이언트가 경험한 내용의 성격을 파악하며, 그런 경험이 클라이언트에게 어떤 영향을 주는지의 의미를 민감하고 정확하게 클라이언트의 관점에서 감정이입적으로 이해하여야 한다(엄명용 외, 2011). 예를 들어 아버지에게 적대적인 감정을 표현한 클라이언트는 실제로는 아버지에게 강한 애착이 있을 수 있다. 인간의 공통된 욕구와 심리적 반응 등 인간 행동의 지식, 사회복지사의 생활 경험 및 전문적 실천 경험 등은 클라이언트의 감정을 이해하는 데 도움이 된다. 또한 사회복지사는 재교육이나 슈퍼비전 등을 통해 자신의 욕구와 감정을 자각하고 관리함으로써 클라이언트의 감정을 왜곡하여 이해하지 않도록 주의해야 한다(양옥경 외, 2010).

마지막으로 정서적 관여에서 사회복지사는 원조 목적과 자기 인식으로 부단히 통제되고 조정되는 정서적 반응(response)을 하여야 한다. 클라이언트의 감정에 대한 사회복지사의 적절한 반응은 목적과 방향성을 지닌 반응인 동시에 내면에서 우러나 오는 것이어야 한다(최해경, 2009). 사회복지실천 관계에서 클라이언트의 감정에 대한 사회복지사의 반응은 가장 중요한 심리적 요소이지만, 반드시 언어로 전달할 필요는 없다. 사회복지사가 클라이언트의 감정에 대하여 표정과 행동 등을 통해 비언어적으로 적절하게 반응하는 것도 중요하다. 본질에서 사회복지사의 반응은 자신의 지식 체계와 실천 목적을 토대로 나타나는 태도이다. 따라서 사회복지사의 반응은 클라이언트의 변화하는 욕구와 면접의 목적에 따라 의도적으로 적절하게 선택되어야 한다.

4) 수용

사람은 여러 약점을 가지고 있지만, 가치 있는 존재로 인정받고자 하는 욕구가 있다. 수용(acceptance)이란 사회복지사가 클라이언트의 모습을 있는 그대로 받아들이고 대하는 것이다. 즉, 수용은 클라이언트의 어려운 상황이나 문제에도 불구하고, 사회복지사가 클라이언트를 있는 그대로 존중하고 이해를 받을 만한 자격과 능력이 있는 존재임을 인정하는 것이다. 따라서 사회복지사는 클라이언트의 존엄성과 가치를 인정하면서 클라이언트의 장점과 단점, 바람직한 성격과 그렇지 못한 성격, 긍정적 행동과 부정적 행동 등을 포함하여 현실적으로 있는 그대로를 인정하고 클라이언트를 대해야 한다. 수용의 대상은 클라이언트의 선한 부분만이 아니라 있는 그대로이다. 즉, 수용의 대상은 잘하거나 잘못한 것이 아니라 사실 그 자체이며, 바람직한 것에 대한 전문적 기준과 상관없이 클라이언트를 있는 그대로 인식하고 대하는 것이다(장인협, 1989).

사회복지실천의 관계에서 효과적으로 수용하기 위한 사회복지사의 역할을 살펴보면 다음과 같다(엄명용 외, 2011). 첫째, 사회복지사는 클라이언트를 완전히 이해하기 위해 노력해야 한다. 클라이언트에 대한 완전한 이해란 있는 그대로 받아들이는 것을 의미한다. 따라서 클라이언트의 잠재 능력과 성장 가능성을 신뢰하는 것에서부터 출발하여 클라이언트 존재 전부를 수용해야 한다.

둘째, 사회복지사는 클라이언트와의 가치관 차이를 극복해야 한다. 예를 들어 부정적이고 바람직하지 못한 클라이언트의 상황이 사회복지사의 개인적 가치관과 일치할 때는 어느 정도 이해하고 수용할 수 있다. 그러나 사회복지사가 클라이언트와 비슷한 문제에 직면해 있을 때 클라이언트를 수용하기가 어려워진다. 이처럼 사회복지사의 가치관이 클라이언트의 있는 그대로의 모습을 수용하는 것에 장애가 되어서는 안 된다.

셋째, 사회복지사는 수용하는 것과 동의하는 것과의 차이를 인식해야 한다. 수용은 자신이 다른 사람과 다를 수 있다는 권리를 인정하는 것이지만, 클라이언트의 일탈적 태도나 반사회적인 행동을 허용한다는 것은 아니다. 즉, 수용은 행동으로 표현된 감정을 허용하는 것이지 그 행동을 인정하는 것이 아니다(최해경, 2009). 보편적인 사회 규범이나 가치로부터 어느 정도 벗어난 클라이언트의 행동을 수용하고 지지한다면, 클라이언트는 사회복지사의 진실성이나 능력을 의심할 수도 있다. 사회복지사는 윤리, 법, 전문적 가치 등에 따라 바람직한 것과 수용할 수 있는 것에 대한 기준을 정해야 하며, 사회복지사의 역할은 클라이언트를 바람직하고 수용할 수 있는 상황으로 변하도록 돕는 것이다. 따라서 사회복지사는 클라이언트에 대한 관심과 따뜻한 마음, 정중한 태도, 경청하는 자세 등을 가지고 중립성을 유지하려고 노력해야 한다.

넷째, 사회복지사는 클라이언트를 수용할 때 다음과 같은 다양한 장애물을 제거해야 한다.

① 사회복지사가 인간 행동과 발달에 관한 지식이 부족하면 클라이언트를 수용하기가 어려울 수 있다. 예를 들어 사회복지사가 스트레스 상황에 있는 인간의 행동 유형, 사회적 · 경제적 문제에 대한 공통된 정서적 반응, 방어기제와 관련된 심리학 · 정신의학 지식 등이 부족할 때 클라이언트를 제대로 수용할 수 없다.

② 사회복지사가 자기 인식 능력이 부족하면 클라이언트를 수용하기가 어렵다. 사회복지사의 자기 인식은 자신을 개인적 반응과 독특한 특징을 가진 개인으로 조명하는 데 도움이 된다.

③ 사회복지사의 편견이나 선입견은 클라이언트를 수용하는 데 걸림돌이 된다. 따라서 사회복지사는 클라이언트와의 신념, 문화, 가치관, 경제적 지위 등의 차이로 인한 편견과 선입견의 경향을 의도적으로 자각하고, 그것으로부터 벗어나려고 노력해야 한다.

④ 사회복지사가 보증할 수 없으면서 클라이언트에게 말로만 안심시키는 재보증(reassurance)도 수용의 걸림돌이 된다. 재보증은 클라이언트가 어려운 현실을 충분히 극복할 힘이 없을 때 그 현실과의 대결을 일시적으로 연기하도록 돕는 심리적 지원이다. 그러나 구체적인 대안의 제시 없이 사회복지사가 말로만 재보증한다면, 클라이언트의 현실 대처를 거부하는 것이므로 반드시 피해야 한다.

⑤ 사회복지사의 클라이언트에 대한 수용은 수용할 수 있는 것과 없는 것의 구분이 모호할 때도 어렵다. 인간 행동에 대한 사회복지사의 개인적 가치는 사회적으로 바람직한 것과 바람직하지 못한 것, 수용할 수 있는 것과 수용할 수 없는 것에 대한 기준이 된다. 이러한 수용의 기준은 윤리적 규범, 법과 제도, 인간생활에서 그 품위와 존엄성을 발전시키는 사회적 · 경제적 기준 등과 관련되어 있어 모호할 때가 있다.

⑥ 사회복지사가 클라이언트에 대한 존경심이 부족할 때도 수용이 어렵다. 문제를 가진 클라이언트라 하더라도 사회복지사는 인간의 존엄성과 가치를 존중해야 한다. 하지만 사회복지실천 과정에서 클라이언트는 반복적으로 약점과 실패, 무능과 열등감 등을 보이는 경우가 있다. 특히 비윤리적이고 도덕적인 문제가 있는 클라이언트의 경우 사회복지사는 더는 클라이언트를 존경할 수 없을 뿐만 아니라 수용하기도 어려워진다(엄명용 외, 2011).

5) 비심판적 태도

사람은 자신의 문제나 어려움에 대해서 비난받고 싶지 않은 욕구가 있다. 비심판적 태도(non-judgemental attitude)란 클라이언트의 문제나 욕구의 발생에 그가 어느 정도의 책임이 있는가를 사회복지사가 판단하지 않는 것이다. 즉, 원조 과정에서 비심판적 태도란 사회복지사가 클라이언트의 어려움이나 문제의 원인이 클라이언트의 인격과 같은 개인 내적 혹은 외부 환경에 의한 것이라도, 클라이언트에게 문제의 책임이 있다는 것을 언어적 혹은 비언어적으로 표현하지 않는 것이다. 사회복지사가 비심판적 태도를 보이는 것은 클라이언트의 의견과 태도를 경청하고, 그의 약점과 어려움의 원인을 파악함으로써 그를 좀 더 정확히 이해하고 필요한 원조를 제공하는 데 도움을 주려는 것이다(엄명용 외, 2011).

도움을 요청한 클라이언트는 자신의 실패, 무능함, 비윤리성 등에 대해서 심판받을까 두려워하며, 사회복지사의 심판적 태도에 대해서 매우 민감하게 느낄 수 있다. 사회복지사는 객관적으로 검증할 수 없는 사안에 대해서 옳고 그름을 판단하기보다 클라이언트를 이해하고 행동의 원인을 규명하는 데 초점을 두어야 한다(최해경, 2009). 사회복지사가 비심판적 태도를 보인다면 클라이언트는 비난의 두려움에서 벗어나 자신의 욕구나 문제를 솔직하게 말하게 된다. 또한 자기 자신을 객관적으로 볼 수 있는 능력이 향상되며, 사회복지사와 클라이언트 사이의 관계 형성이 촉진될 수 있다.

여기서 사회복지사의 비심판적 태도는 사회적, 법적, 윤리적 기준 등에 대한 무관심이나 거부를 의미하는 것은 아니다. 사회복지사는 클라이언트의 행동, 태도, 가치관 등을 객관적인 기준으로 평가하여야 한다. 사회복지사가 반사회적, 비윤리적 · 불법적 태도나 행동 등에 대한 올바른 기준이 없다면 사회적 책임을 회피하는 것이다. 따라서 사회복지실천에서 사회적 가치 기준에 맞게 클라이언트가 변화될 수 있도록 돕는 것은 매우 중요하다.

사회복지실천 관계에서 비심판적 태도와 관련한 사회복지사의 역할에 대해 살펴보면 다음과 같다(엄명용 외, 2011).

첫째, 사회복지사의 비심판적 태도가 클라이언트에게 전달되어야 한다. 사회복지사의 비심판적 태도는 말투와 태도 등을 통해 간접적으로 전달된다. 또한 사회복지사가 클라이언트의 감정에 민감하게 대처하고 있음을 느끼도록 해야 한다. 특히, 면접 초기부터 사회복지사는 비심판적 태도를 보여야 한다. 클라이언트가 사회복지사의 비심판적 태도를 느낌으로써 이전에 클라이언트를 그다지 존중하지 않았던 사람들과의 관계와는 다른 것을 느끼도록 해야 한다.

둘째, 클라이언트의 행동과 말에 대해 사회복지사가 편견과 선입견을 품고 성급하게 결론을 내리거나 다른 사람과 비교하거나 일정한 유형으로 분류하려는 것 등은 비심판적 태도를 전달하는 데 걸림돌이 된다.

셋째, 사회복지사는 자기 인식을 통한 개방적 태도를 유지하여 클라이언트도 스스로 행복을 추구할 권리가 있는 존재임을 인식해야 한다.

6) 클라이언트의 자기 결정

사람은 자신의 삶에 관한 선택과 결정을 스스로 하고 싶은 욕구가 있다. 클라이언트의 자기 결정(self-determination)이란 사회복지실천 과정에서 클라이언트가 자신의 삶을 어떻게 살아가야 할지에 대해서 충분한 정보와 대안 중에서 결정하도록 격려한다는 원칙이다(Davies, 2000). 클라이언트는 심리적 · 사회적 문제 때문에 사회복지사에게 도움을 요청하더라도 자신의 생활을 결정할 수 있는 잠재 능력이 있으며, 자신의 삶을 스스로 결정하는 것은 누구도 대신할 수 없는 인간의 기본적 권리이다. 이러한 원리는 사회복지사가 클라이언트를 위해 무엇을 해주는 것이 아니라, 클라이언트와 함께 문제를 해결하는 것을 의미하므로 전문적 원조 관계에서 동반자 의식을 강조한다(양옥경 외, 2010).

사회복지사는 클라이언트의 자기 결정을 위하여 자신의 문제와 욕구에 대해서 클라이언트가 전체적 관점에서 명확히 알도록 도와야 한다. 그리고 지역사회에서 활용할 수 있는 적절한 자원과 가능한 대안들의 특성과 장점 또는 단점 등에 대해서 클라이언트에게 자세히 알려주어야 한다. 또한 클라이언트가 자신의 잠재적 자원을 발견하여 활용하도록 자극함으로써 성장할 수 있는 환경을 만들도록 노력해야 한다. 클라이언트의 자기 결정은 중요한 원칙이지만, 다음과 같은 경우에는 예외가 될 수 있다. 첫째, 클라이언트가 지적 · 신체적 · 정신적 능력이 불충분하거나, 미성년자로서 자신의 의견이나 계획을 표현하기 어려운 경우 자기 결정의 기회가 제한될 수 있다. 그러나 사회복지사는 처음부터 클라이언트가 무능력하다고 규정해서는 안 되며 객관적으로 능력을 평가해야 한다.

둘째, 클라이언트의 자기 결정은 사회 규범이나 법률에 따라 제한될 수 있다. 즉, 클라이언트가 결정한 내용이 사회 규범을 벗어나거나 법률에 위반이 되면 그 권리를 제한할 수 있으며, 클라이언트 자신이나 다른 사람이 위험에 처하지 않도록 도와주어야 한다.

셋째, 사회복지기관의 규정과 기능에 따라 클라이언트의 자기 결정이 제한되기도 한다. 클라이언트는 서비스를 받을 권리와 욕구가 있지만, 기관의 적격성 요건을 충족하지 못한 경우 클라이언트의 자기 결정은 제한될 수 있다(장인협, 1989).

한편, 클라이언트가 자기 결정을 할 수 있도록 사회복지사는 다음과 같은 역할을 수행해야 한다(엄명용 외, 2011). 첫째, 사회복지사는 클라이언트가 자신의 문제와 욕구를 전체적 관점에서 관찰하고 자기 인식과 자기 수용을 할 수 있도록 원조해야 한다.

둘째, 사회복지사는 클라이언트가 직면한 문제를 해결하는 데 도움이 되는 여러 대안을 제시하여야 한다. 따라서 사회복지사는 클라이언트와 함께 가능한 대안을 탐색하며 클라이언트가 선택권을 가지고 스스로 결정할 수 있도록 도와야 한다(양옥경 외, 2010).

셋째, 사회복지사는 이용 가능한 지역사회의 여러 자원에 관한 정보를 클라이언트에게 제공함으로써 자기 결정의 참고 자료로 활용하도록 도와야 한다. 만일 이용 가능한 자원 중에서 한 가지만을 선택해야 할 경우, 사회복지사는 선택 가능한 자원들의 특성과 중요성, 각 자원의 장·단점 등 필요한 정보를 구체적이고 상세하게 제안하는 것이 필요하다.

넷째, 클라이언트가 자신의 장점이나 능력 등과 같은 잠재적 자원을 적극적으로 개발하여 활용할 수 있도록 사회복지사는 자극을 주어야 한다. 이것은 클라이언트가 성장할 수 있고 문제를 해결할 수 있는 관계의 환경을 만드는 것이다.

다섯째, 사회복지사는 사회복지실천 과정에 클라이언트가 적극적으로 참여하여 자신의 문제를 스스로 해결하도록 하며 인격적으로 성장할 수 있는 분위기를 만들어야 한다. 특히 자신의 문제와 관련된 의사결정 과정에 클라이언트가 참여하여 스스로 판단하고 결정할 수 있도록 도와야 한다. 이러한 자기 결정은 클라이언트에게 적극적이고 능동적인 참여자가 되게 하며, 자신의 문제를 책임지게 함으로써 원조의 효과뿐만 아니라 결과의 만족도도 높일 수 있다.

반면에 클라이언트의 자기 결정을 위해 사회복지사가 피해야 할 사항은 다음과 같다(엄명용 외, 2011).

첫째, 사회복지사가 결정하고, 그 결정 내용을 클라이언트가 그대로 따르도록 유도하는 일은 피해야 한다. 즉, 사회복지실천 과정에서 사회복지사가 주도적으로 모든 것을 결정하고 클라이언트는 부차적인 역할만 수행하도록 해서는 안 된다.

둘째, 클라이언트가 요구하는 서비스는 무시하고 사회복지사 중심으로 서비스 계획을 수립하고 지원 내용과 방법 등을 결정하는 일은 피해야 한다. 사회복지사가 클라이언트에 관한 모든 것에 관여하고 해결하려는 것은 바람직하지 않다. 전체적인 책임을 지려는 사회복지사는 모든 것을 알고, 사정하여 개입함으로써 문제를 해결할 수 있다는 생각에서 비롯된 것이기 때문에 이는 올바른 판단이 아니다.

셋째, 사회복지실천 과정에서 사회복지사만의 판단에 따라 결정한 행동 방법을 따르도록 교묘하게 클라이언트를 직 · 간접적으로 조종하는 일(manipulation)은 피해야 한다.

넷째, 통제와 같은 방법으로 클라이언트를 강제로 설득하는 일도 피해야 한다. 클라이언트를 통제하고 설득하는 일은 클라이언트의 선택과 결정의 자유를 방해하는 것이다. 따라서 사회복지사가 결정한 후에 클라이언트에게 참여를 권유하거나 협력하도록 하는 것과 같은 종속적인 역할을 유도하지 않도록 해야 한다.

7) 비밀보장

사람은 자신에 관한 사적인 정보나 비밀이 지켜지기를 바라는 욕구가 있다. 비밀보장(confidentiality)이란 전문적 원조 관계를 통해 알게 된 클라이언트에 관한 정보를 클라이언트의 동의 없이 전문적 개입 목적 외에 누구에게도 공개할 수 없다는 것이다. 사회복지실천의 가장 기본적 원칙인 비밀보장은 사회복지사의 윤리적 의무인 동시에 클라이언트의 기본적 권리이다. 사회복지실천 과정에서 클라이언트는 자신이 원하는 도움을 받기 위해 사회복지사에게 자신의 생활이나 환경에 대해 말하게 된다. 그러나 자신의 정보가 다른 사람에게 알려질 수 있다고 생각한다면, 클라이언트는 비밀이나 부정적 생각과 감정 등을 사회복지사에게 말하지 않을 것이다. 이런 상황은 사회복지사와 클라이언트의 좋은 관계 형성을 방해하며 문제 해결을 어렵게 만든다. 자신에 관한 정보가 소중히 다루어진다고 느낄 때, 클라이언트는 사회복지사를 신뢰하며 사회복지실천 과정에 적극적으로 참여한다.

사회복지실천에서 비밀보장의 책임을 준수하기 위해서 사회복지사는 다음과 같은 부적절한 상황에서 클라이언트에 관한 정보를 노출하는 것에 주의해야 한다. 예를 들어 사회복지사가 친구나 가족에게 클라이언트에 관해 말한다든지, 승강기 안에서나 식당 등 공개된 장소에서 클라이언트에 관해 다른 사회복지사나 슈퍼바이저에게 말하는 경우이다. 또한 사례회의나 슈퍼비전 등의 자료에도 클라이언트의 실명을 사용하거나 이메일이나 공용 팩스 및 사무실에서의 전화 등을 통해 클라이언트의 개인 정보가 노출될 위험성이 있다.

사회복지실천의 효과성을 위해 클라이언트에 관한 사적인 정보의 비밀보장은 반드시 지켜야 한다. 클라이언트가 비밀보장에 대한 믿음이 있을 때 사회복지사와의 의사소통이 촉진될 수 있다. 그러나 클라이언트의 비밀이 항상 보장될 수 있는 것은 아니므로 사회복지사는 비밀보장의 한계에 관해 클라이언트에게 설명해야 한다. 클라이언트의 비밀은 좀 더 적절한 서비스를 제공하기 위한 사례회의나 슈퍼비전의 목적을 위해 기관 내·외부의 다른 전문가들과 공유할 수 있다. 이때 다른 전문가들도 비밀보장의 의무가 있으며, 어떤 정보를 누구에게 어떤 이유로 공개하는지에 대해 클라이언트로부터 반드시 고지된 동의(informed consent)를 얻어야 한다.

또한 비밀보장의 원리는 클라이언트와 타인의 생명이나 안전을 위협하는 경우에는 제한될 수 있다. 예를 들어 클라이언트가 자살 계획을 이야기했거나 타인에게 심각한 위해를 가하겠다고 말하거나 가할지도 모른다고 의심될 경우, 사회복지사는 그 사람의 생명을 보호하기 위해 이를 알려야 한다. 이 밖에도 미성년 클라이언트 부모나 보호자의 자료 공개나 정보 요청에 응해야 할 경우, 그리고 법원의 자료 요청 등 법적인 명령에 따르기 위한 경우에도 클라이언트의 비밀보장을 지키지 못하게 된다(Reamer, 1999; 오혜경, 2008).

4. 전문적 원조 관계의 영향 요인

사회복지사와 클라이언트 사이의 긍정적 원조 관계 형성은 클라이언트의 문제를 해결하고 성장과 변화를 촉진하기 위하여 매우 중요하지만, 이를 유지하는 데는 여러 장애 요인이 존재한다. 사회복지사는 클라이언트와 긍정적 원조 관계를 형성하기 위해 수용, 감정이입, 진실성 등을 통하여 노력하더라도 어떤 클라이언트는 여러 이유로 부정적인 반응을 보일 수도 있다. 또한 사회복지사의 성격적 특성으로 클라이언트에게 지배적으로 행동하거나 거듭되는 실수로 클라이언트가 원조 관계의 중단을 요구할 수도 있다. 긍정적 원조 관계를 형성한 후에도 사회복지사의 바쁜 업무 때문에 원조 관계가 지속해서 발전하지 못할 수도 있다. 따라서 사회복지사는 원조 관계 형성의 장애 요인들을 인식하고 이를 잘 다루어야 한다. 사회복지사와 클라이언트의 전문적 원조 관계에 위협이 되는 요인들과 이를 적절하게 다루는 방안들을 살펴보면 다음과 같다(Sheafor & Horejsi, 2005; Johnson & Yanca, 2007; Hepworth et al., 2010; 김혜란 외, 2013).

1) 인구 · 사회적 측면의 차이

사회복지사와 클라이언트가 성별, 연령, 인종 등의 차이 때문에 거리감을 느끼거나 갈등이 있을 수도 있다. 성별의 영향은 성 역할의 사회화에 따라 서로 지각하거나 기대하는 것이 다를 수 있으므로 전문적 원조 관계에 영향을 미칠 수 있다. 미혼의 사회복지사와 자녀가 있는 클라이언트는 연령에 따른 삶의 경험에서 오는 차이로 인해 원조 관계에 영향을 미칠 수 있다. 또한 사회복지사와 클라이언트는 상대방의 문화나 다양성에 대한 지식 부족으로 고정관념이 있을 수 있으므로 원조 과정에서 상호 신뢰가 형성되지 못할 수도 있다. 다양한 문화적 환경에서 사회복지사가 효과적으로 활동하기 위해서는 자신이 가진 편견과 선입견을 인식하여야 하고, 서로 다르다는 사실을 정확히 이해하고 이를 포용할 수 있어야 한다. 사회복지사는 문화적으로 다른 집단이 가질 수 있는 세계관, 남성과 여성의 행동에 대한 기대, 생각 및 감정의 표현 방법 등을 이해해야 한다. 문화적으로 다른 클라이언트를 돕기 위해서 사회복지사는 높은 수준의 존중, 감정이입, 진실성 등이 필요하다. 또한 특정한 집단의 강점과 자원을 발굴하기 위해 사회복지사는 부지런하고 유연하며 창의적이어야 한다.

2) 클라이언트의 불신

사람을 신뢰하는 능력은 클라이언트마다 다르다. 사회복지사가 관심과 애정을 보여도 어떤 클라이언트는 사회복지사를 불신하여 시험하거나 방어적인 태도를 보이기도 한다. 삶의 과정에서 다른 사람들로부터 애정과 인정을 받지 못한 클라이언트는 사회복지사에게 거부를 당할 것으로 예상하고 원조 관계에 적극적으로 참여하지 않는다. 사회복지사를 불신하는 클라이언트는 면접 과정에서 자신의 문제를 피상적으로만 표현한다. 그러므로 전문적 원조 관계가 형성되기 전에 클라이언트에게 자신을 드러내도록 재촉하는 것은 그 관계를 멀어지게 하거나 중단시킬 위험이 있다. 따라서 사회복지사는 불신하는 클라이언트가 자신의 부정적인 감정을 솔직하게 표현하도록 도와야 한다. 또한 사회복지사는 클라이언트가 원조 과정에 계속 참여하도록 전화하거나 가정 방문을 하는 등 인내심을 갖고 노력해야 한다.

3) 전이

전이(transference)는 클라이언트가 부모나 형제·자매 등 의미 있는 인간관계와 과거에 타인과의 관계에서 경험하였던 소망이나 두려움과 같은 다른 감정을 사회복지사에게 보이는 반응이다. 전이는 반복적이고 부적절하며 무의식적으로 일어나고 퇴행하는 특징이 있다(엄명용 외, 2015). 또한 전이는 사회복지사에 대한 클라이언트의 비현실적인 인식과 반응으로 과잉 일반화나 왜곡된 인지와 관련이 있다. 예를 들어 어떤 클라이언트는 사회복지사의 외모가 자신의 오빠와 닮았기 때문에 자신의 문제를 이야기하는 데 어려움이 있으며, 독재자적인 아버지를 둔 클라이언트는 남성 사회복지사와 신뢰 관계를 형성하기가 어려울 수 있다. 일반적으로 전이 반응은 시간 제한적이고 과업 중심적인 개입에서는 나타날 가능성이 작다. 반면에 장기적인 개입, 과거에 초점을 둔 개입 그리고 정신 내적 과정을 심도 있게 분석하는 개입 등에서 클라이언트의 전이가 나타날 가능성은 매우 크다(김혜란 외, 2013).

전이는 클라이언트의 문제 해결에 방해가 되는 동시에 성장의 기회가 되기도 한다. 원조 관계는 클라이언트의 대인 관계 유형, 조건화된 지각과 감정의 유형이 드러나는 사회적 관계의 축소판이다. 이러한 맥락에서 클라이언트는 평상시의 대인 관계와 인지 유형 및 감정 등을 드러내는 경우가 많다. 따라서 사회복지사는 클라이언트가 자신의 왜곡된 인지를 깨닫고 사회복지사를 포함한 다른 사람들을 고유한 개인으로 인식할 수 있도록 도와야 한다. 사회복지사는 그러한 감정이 언제 그리고 어떤 방식으로 나타나는지 탐색하여 왜곡된 인지의 원천을 클라이언트가 확인할 수 있도록 도와야 한다. 또한 클라이언트가 자기감정의 비현실성과 그러한 감정을 유발한 왜곡을 인식한 후, 사회복지사와 실제 감정을 공유할 수 있도록 해야 한다. 이는 화가 나고 상처를 받았고 분노가 치밀고 거부당했다고 느끼는 클라이언트에게 재보증의 원천이 될 수 있다. 이후에 사회복지사는 문제가 되는 감정을 검토한 후에 클라이언트가 다른 관계에서도 비슷한 반응을 경험했는지를 생각하도록 돕는다. 이러한 탐색을 통해 클라이언트는 다른 관계들에서 어려움을 초래했던 왜곡의 유형을 깨달을 수 있다(김혜란 외, 2013; Hepworth et al., 2016).

4) 역전이

역전이(countertransference)란 사회복지사가 클라이언트를 마치 자신의 과거 어떤 시점의 인물이나 관계로 느끼고 무의식적으로 반응하는 것이다. 즉, 역전이는 사회복지사가 과거에 경험했던 관계에서 파생된 감정, 충족되지 못한 욕구와 소망, 무의식적인 방어기제 등 사회복지사의 특성에서 비롯된 클라이언트에 대한 태도, 감정, 행동 등을 말한다. 예를 들어 부모에게 거부당한 감정을 해결하지 못한 사회복지사는 무관심하고 냉담한 클라이언트와 원조 관계를 맺는 데 어려움을 느낄 수 있다. 이러한 역전이는 사회복지사의 객관적인 인식을 방해하고 클라이언트와의 긍정적 상호작용을 방해한다. 역전이 반응의 예로는 클라이언트에게 지나치게 관심을 두는 것, 클라이언트와의 약속에 계속 늦거나 잊어버리는 것, 클라이언트에게 적대감을 느끼거나 공감하지 못하는 것, 면접을 계속 일찍 끝내거나 정해진 시간을 넘기는 것을 허용하는 것 등이다. 이러한 역전이 반응과 같은 감정과 행동을 인식한다면 사회복지사는 역전이를 교정할 방법을 찾아야 한다. 그렇지 않으면 사회복지사와 클라이언트의 관계에도 부정적인 영향을 미치고 클라이언트에게 도움이 되기보다는 역기능이 심화할 수 있기 때문이다(김혜란 외, 2013).

역전이 반응을 해결하기 위해서는 사회복지사의 자기 인식이 필요하다. 자기 인식은 감정, 반응, 행동 등의 근원에 대해 스스로 분석적으로 대화하는 것이다. 자기 인식은 사회복지사가 클라이언트와의 관계에서 현실적인 관점을 취하거나 되찾도록 돕는다. 사회복지사는 한 인간으로서 클라이언트에게 비합리적인 감정이나 반응을 보이거나 행동할 수 있음을 인정해야 한다. 사회복지사가 역전이를 인정하고 이해하면, 클라이언트에 대한 무의식적인 반응의 가능성은 줄어든다(최해경, 2009). 또한 동료 사회복지사나 슈퍼바이저의 자문과 슈퍼비전은 클라이언트와의 관계를 한쪽으로 치우치지 않도록 해주기 때문에 사회복지사가 자신의 감정을 탐색하고 새로운 생각을 할 수 있게 돕는다. 이런 노력에도 불구하고 역전이 반응으로 전문적 원조 관계를 지속할 수 없을 때 사회복지사는 자신의 문제로 원조 관계를 지속할 수 없음을 클라이언트에게 알리고 다른 사회복지사에게 의뢰해야 한다.

5) 이중 관계

사회복지사와 클라이언트의 관계는 클라이언트의 문제 해결과 사회적 기능 향상이라는 특정한 목적을 달성하기 위한 전문적 원조 관계이다. 그런데 원조 관계에서 사회복지사는 전문가 역할 이외의 다양한 역할을 수행하며, 클라이언트와의 관계에서도 의도적이든 우연한 것이든 전문적 원조 관계의 차원 외에 다른 관계를 형성할 수 있다. 이처럼 이중 관계란 사회복지사와 클라이언트와의 전문적 원조 관계에서 사회복지사가 서비스 제공자라는 전문가 역할 이외에 또 다른 의미 있는 관계를 형성하는 것을 말한다(김혜란 외, 2013). 즉, 사회복지사가 클라이언트에게 돈을 빌리거나 물건을 사고파는 등의 경제적 이해관계를 맺는 경우, 원조 관계와는 관련 없이 영화나 연극을 보러 가는 경우처럼 이성 친구나 고객 등의 사적인 관계로 연결되는 것을 뜻한다. 이렇듯 원조 관계의 경계를 넘어서는 상황은 사회복지사가 클라이언트에게 사적인 감정을 개입하였거나 너무 감정적으로 몰입한 경우, 또는 이타적인 도움을 주려는 마음이 지나쳤을 때 발생하게 된다(양옥경 외, 2018). 예를 들어 사회복지사의 친구 부모가 클라이언트일 수도 있으며, 차가 고장 나서 수리를 맡겨야 하는데 맡길 사람이 현재 서비스를 제공하는 아동의 부모일 수도 있다. 이러한 이중 혹은 다중의 역할 상황에서 사회복지사는 객관성과 전문성이 낮아질 수 있고, 클라이언트에게 피해를 주거나 착취할 가능성과 같은 부정적 결과로부터 사회복지사와 클라이언트를 보호하기 위해 이중 관계를 경계해야 한다(오혜경, 2005; 김혜란 외, 2013). 따라서 사회복지사는 다양한 이중 관계에 관여하지 않도록 분명한 자기 인식과 내적 성숙을 갖추어야 한다.

6) 비자발성

비자발적 클라이언트는 사회복지사에게 도움을 요청하지 않거나 참여의 실패에 대한 두려움 때문에 혹은 법원이나 학교 등 다른 사람의 요청으로 전문적 원조 과정에 참여하는 사람을 말한다(Murdach, 1980). 즉, 비자발적 클라이언트는 사회복지사에게 도움을 요청하지는 않지만, 부정적인 제재를 피하고자 협력해야 하므로 개입 과정에서 불만과 적대적인 감정을 표현하기 쉽다. 예를 들어 가정폭력 가해자나 보호관찰 대상자의 경우는 법적 규정에 따라 사회복지사의 원조를 받아야 한다. 이들은 이런 조치가 불공정하다고 항의할 수 있고, 사회복지사의 개입이 도움이 되지 않을 것이라고 불신할 수도 있다. 이런 경우 사회복지사는 클라이언트에게 기관에 의뢰된 이유를 설명함으로써 클라이언트의 오해를 풀어야 한다. 만약 클라이언트의 항의 내용이 의뢰 기관의 정보와 많이 다른 경우에는 이에 대한 분명한 확인이 필요하다(Sheafor et al., 1997). 또한 법원으로부터 정보 요구가 있을 때는 비밀보장의 준수가 어려울 수 있음을 클라이언트에게 분명히 알려야 한다(양옥경 외, 2010).

비자발적 클라이언트는 사회복지사의 권한 때문에 진정한 변화 없이 거짓말을 하거나 무조건 잘못했다고 하면서 자신의 변화 노력을 가장할 수도 있다. 이런 경우 사회복지사는 따뜻하고 지지적인 방식으로 클라이언트를 대하면서도 눈에 띄는 변화가 없을 때 발생할 수 있는 결과에 대해서는 분명하게 알려주는 것이 필요하다(양옥경 외, 2010). 이처럼 비자발적 클라이언트는 사회복지사나 기관에 저항감이 있을 수 있다. 따라서 사회복지사는 클라이언트의 메시지를 이해하기 위해 먼저 비언어적인 단서들을 찾아야 한다. 또한 클라이언트를 직접 자극하는 대응이나 직면 등과 같은 기술은 사용을 자제해야 하며, 자신의 양가감정을 인식하도록 클라이언트에게 성찰의 기회를 주는 것이 좋다. 비자발적 클라이언트와의 관계에서 사회복지사는 선입견을 품고 클라이언트를 다루지 않도록 조심해야 한다. 또한 클라이언트의 저항을 줄이려는 방법으로 사회복지사는 자신의 경험을 노출하기도 한다. 이때 사회복지사는 역전이 반응을 주의하면서 서둘러 자신의 경험을 노출하지 않도록 경계해야 한다.

7) 저항

저항(resistance)은 클라이언트가 개입 목표와 반대되는 행동이나 태도를 보이는 것, 즉 사회복지사와 클라이언트의 관계에서 변화를 방해하는 힘을 의미한다. 이러한 저항은 클라이언트가 의식적으로 하는 경우도 있지만 대부분 의식하지 못하며,

사회복지사의 눈에만 보이는 경우가 많다(김기석 역, 1978). 종종 저항은 원조 관계나 개입에 협조하지 않는 행동이라고 생각한다. 그러나 인간의 양가감정에서 비롯된 저항과 단순히 협조하지 않는 것과는 구분해야 한다. 즉, 클라이언트는 변화를 원하여 도움을 요청하지만 익숙한 것을 버리고 새로운 행동을 하는 것에 대한 두려움으로 변화에 저항하게 된다(Hepworth & Larsen, 1986). 이러한 저항의 원인은 클라이언트가 변화를 원하면서도 기존의 삶을 유지하기를 원하는 양가감정 때문이다. 사회복지사는 이러한 양가감정이 매우 자연스러운 것임을 알려주고 클라이언트가 그것을 자유롭게 표현할 수 있도록 도와야 한다. 그 결과로 클라이언트는 자신의 양가감정을 인식하고 저항을 줄일 수 있다. 양가감정 이외에도 클라이언트가 저항하는 원인은 다음과 같다(Hepworth & Larsen, 1986).

첫째, 서비스 개입의 본질에 대한 클라이언트의 오해 때문이다. 즉, 클라이언트가 자신에게 제공되는 서비스와 개입의 성격을 이해하지 못해 충분히 협조하지 않을 수 있다. 이런 경우 제공되는 서비스를 클라이언트에게 상세히 설명하고 개입 과정에서 어떤 역할을 해야 하는지를 알려줌으로써 서비스 개입의 진행 여부를 결정하도록 하여 저항을 줄여야 한다.

둘째, 익숙하지 않은 행동을 해야 하거나 그러한 상황을 만나는 것에 대한 클라이언트의 두려움 때문이다. 이런 경우 모델링, 행동연습 혹은 구체적 실천 지침의 제시 등을 통해 클라이언트의 두려움을 탐색하고 극복하도록 도와야 한다.

셋째, 사회복지사에게 보이는 클라이언트의 전이 반응 때문이다. 즉, 클라이언트가 사회복지사를 의존적 욕구나 비현실적 기대를 충족시킬 수 있는 대상자로 보고 개입 목표보다 사회복지사에 대한 환상에 집착하는 현상이다.

핵 • 심 • 정 • 리

1. 전문적 원조 관계의 특징

① 사회복지사와 클라이언트 사이에 인정되고 합의된 목적에 근거
② 상호 합의한 목적이 달성되면 종결되는 시간적인 제한
③ 클라이언트의 욕구가 중심이 되는 클라이언트 중심적 관계
④ 전문 지식과 기술, 전문직의 윤리강령에서 비롯된 전문가의 권위
⑤ 사회복지사와 원조 방법에 대한 통제된 관계

2. 전문적 원조 관계의 기본 요소

① 타인에 대한 관심
② 수용
③ 감정이입
④ 진실성
⑤ 헌신과 의무
⑥ 권위와 권한
⑦ 자기 개방

3. 사회복지실천의 관계 원칙

사회복지사의 관계 원칙	클라이언트의 욕구	내용
개별화	개별적인 인간으로 대우받고 싶은 욕구	각 클라이언트가 개별적인, 독특한 특성을 가지고 있다는 것을 인정하고 이해하여 개별 클라이언트를 원조하는 내용과 방법, 과정에서 개별적으로 다루어져야 한다.
의도적 감정표현	감정을 표현하고 싶은 욕구	클라이언트가 감정을 표현하고 싶은 욕구를 인식하여 클라이언트가 자신의 감정을 표현하도록 도와준다.
통제된 정서적 관여	감정에 대해 공감적 반응을 얻고 싶은 욕구	클라이언트의 감정에 민감성을 가지며, 그것의 의미에 대해 이해하고, 클라이언트의 감정에 대한 의도적이고 적절한 반응을 한다.

수용	가치 있는 인간으로서 인정받고 싶은 욕구	클라이언트를 있는 그대로 이해한다.
비심판적 태도	심판받지 않으려는 욕구	문제의 원인이 클라이언트의 잘못 때문인지 아닌지, 어느 정도 클라이언트에게 책임이 있는지 등을 심판하지 않으며, 클라이언트의 특성 및 가치관을 비난하지 않는다.
자기 결정	스스로 선택하고 결정을 내리고 싶은 욕구	클라이언트가 모든 의사결정 과정에 참여하여 스스로 선택하고 결정하는 자유를 누리게 한다.
비밀보장	자신의 비밀을 지켜 주기를 바라는 욕구	클라이언트가 전문적 관계에서 노출한 정보를 사회복지사가 전문적 치료 목적 외에 타인에게 알려서는 안 된다.

4. 전문적 원조 관계의 영향 요인

① 인구·사회적 측면의 차이
② 클라이언트의 불신
③ 전이
④ 역전이
⑤ 이중 관계
⑥ 비자발성
⑦ 저항

CHAPTER 08

사회복지실천과 면접

이 장의 구성

1. 사회복지실천에서의 의사소통
2. 사회복지실천 면접의 목적
3. 사회복지실천 면접의 유형
4. 사회복지실천 면접의 구조
5. 사회복지실천 면접의 기술
6. 면접의 기록

CHAPTER 08

사회복지실천과 면접

학습목표

- 사회복지실천 면접의 목적을 이해한다.
- 사회복지실천 면접의 유형을 이해한다.
- 사회복지실천 면접의 기술을 이해한다.
- 사회복지실천 면접의 기록을 이해한다.

1. 사회복지실천에서의 의사소통

1) 의사소통의 원칙

의사소통은 두 사람 이상이 서로의 생각과 의미를 주고받으며 점검하는 상호작용 과정이다(Satir, 1972). 의사소통에서 말을 듣는 사람은 적절한 반응을 보이며 상대방의 말을 듣고, 자신이 어느 시점에 말하는 것이 적절할지 판단해야 한다. 일방적으로 혼자 계속해서 말하거나 상대방이 말하는 도중에 말을 자르거나 가로채면 의사소통이 원활하게 이루어지지 않는다. 사회복지사가 클라이언트와 의사소통을 하는 목적은 클라이언트의 상황을 이해하고 욕구를 파악하여 클라이언트의 문제 해결을 위한 전문적 원조를 제공하기 위해서이다. 사회복지사가 클라이언트에게 감정이입,

수용, 진실성 등의 태도를 보이고, 클라이언트가 이를 왜곡 없이 지각할 때 의사소통은 촉진된다. 그 결과로 클라이언트는 문제가 해결될 뿐만 아니라 잠재 능력도 계발되고 성장한다.

사회복지실천에서 의사소통의 원칙은 면접의 목적과도 관련이 있다. 즉, 사회복지실천의 면접은 원조라는 분명한 목적을 가진 활동이므로 면접의 초점은 사회복지사가 아니라 클라이언트에게 맞춰져야 한다. 따라서 사회복지사는 언제 어떤 말을 해야 하는지, 그때 어떤 반응을 보여야 하는지 등을 클라이언트의 욕구에 맞추어야 한다. 이것은 전문가와 비전문가를 구분하는 중요한 기준 요소로서 사회복지사의 인격적 성숙과 전문적 원조에 대한 헌신, 그리고 기관이나 동료의 지지 등이 뒷받침될 때 가능하다(김혜란 외, 2013).

사회복지실천에서 의사소통의 중요한 원칙은 사회복지사가 클라이언트의 수준과 보조를 맞추는 것이다. 사회복지사는 클라이언트를 배려하고 존중하면서 그의 말을 경청하고, 말을 끊지 않아야 하며, 클라이언트의 언어를 사용하는 것이 바람직하다. 또한 클라이언트의 개별적 특성과 상황에 맞추어 융통성을 발휘해야 한다. 예를 들어 클라이언트가 아동이면 집중할 수 있는 시간이 성인보다 짧음을 고려하여 면접 시간을 여러 번으로 나누어 진행하는 융통성을 발휘하여야 한다. 또한 사회복지사는 클라이언트의 방식으로 의사소통을 시작하고, 그가 이해할 수 있도록 중요한 메시지는 반복하여 강조한다. 특히 메시지의 중간 부분은 왜곡될 가능성이 있으므로 중요한 메시지는 앞이나 끝부분에 언급하는 것이 바람직하다. 이처럼 사회복지사는 클라이언트에게 바람직한 의사소통 방법을 실제로 보여주는 모델이 되어야 한다.

2) 의사소통의 장애 요인

사회복지실천에서 클라이언트와의 의사소통에서 일어나는 장애의 모든 책임은 전적으로 사회복지사에게 있으므로 사회복지사는 클라이언트와 원활한 의사소통을 위해 노력해야 한다. 하지만 사회복지실천의 면접에서 의사소통의 장애는 의사소통 과정의 어떤 순간에 발생할 수 있는데, 사회복지사는 이런 요인들을 인식하고 극복해야 한다. 사회복지실천의 면접에서 발생 가능한 의사소통의 장애 요인들을 살펴보면 다음과 같다(Compton & Galaway, 1994; Garrett, 1995; 김혜란 외, 2013).

① 상대방에 대한 예측

사회복지실천의 면접에서 사회복지사는 클라이언트가 말하고자 하는 것을 듣지 않고 성급하게 예측하여 일반화하는 경우에 의사소통의 어려움이 발생한다. 예를 들어 가정밖청소년이 가출 이유에 대해 거짓말을 했다고 모든 내용이 거짓이라고 생각한다면 이는 성급한 일반화에 해당한다. 또한 사회복지사는 클라이언트에 대해 이분법적 사고를 피하고 다차원적으로 생각해야 한다. 사회복지사에게 익숙하지 않다고 문제나 일탈로 생각하기보다는 차이로 이해하여야 한다. 예를 들어 욕설을 자주 사용하는 청소년을 비행청소년으로 단정짓는 것은 그 근거가 충분하지 않은 예측일 수 있다. 이 밖에도 사회복지사는 특정 이론이나 클라이언트의 특징적 행동 때문에 편견을 가져서는 안 된다. 예를 들어 손가락을 빠는 모든 유아를 정서 불안 문제가 있다고 규정한다면 이는 성급한 예측일 수 있다.

② 의미에 대한 주관적 가정

사회복지실천의 면접에서 사회복지사가 클라이언트가 말한 의미를 주관적으로 가정할 때 의사소통의 어려움이 발생한다. 즉, 클라이언트의 메시지가 모호하거나 행동과 말이 일치하지 않을 때에 사회복지사는 그 의미를 주관적으로 가정(assumption)할 수 있다. 이런 상황에서 사회복지사가 클라이언트와 함께 그 의미를 점검하는 것은 잘못된 가정을 예방할 뿐만 아니라 신뢰성과 타당성이 없는 자료를 근거로 진행하는 것을 방지할 수 있다. 필요한 경우, "제가 잘 이해하지 못한 것 같습니다."라고 말하는 것이 바람직하다.

③ 고정관념

고정관념(stereotype)은 특정 대상이나 집단구성원의 속성에 대해 대다수의 사람이 공유하고 있는 생각을 말한다(신홍임, 2008). 사회복지실천의 면접에서 클라이언트에 대한 사회복지사의 고정관념으로 의사소통의 어려움이 발생하기도 한다. 특히 사회복지사는 저소득층, 알코올 중독자, 가정폭력 가해자, 비행청소년 등에 대해 부정적인 고정관념이 있을 수 있다. 사회복지사의 부정적인 고정관념은 사회복지실천의 면접에서 클라이언트의 욕구를 파악하고 목표를 달성하는 데 걸림돌이 된다. 하지만 사회복지사도 살아오면서 받은 상처와 해결하지 못한 문제들이 있으므로 부정적인 고정관념에서 벗어나지는 못한다. 사회복지사가 부정적인 고정관념을 가지지 말아야 한다는 것이 아니라 그것을 인식하고 적절히 통제하는 것이 필요하다.

④ 면접의 목적에 대한 이해 부족

사회복지실천의 면접에서 클라이언트와 사회복지사가 서로 다른 목적을 가지고 있거나 클라이언트가 면접의 목적을 혼동하거나 왜곡해도 의사소통의 어려움이 발생한다. 따라서 사회복지사는 면접의 초기 단계에서 개입의 구조화를 통해 면접과 개입의 목적을 분명하게 설정하고, 이를 클라이언트가 명확히 이해하도록 도와야 한다.

⑤ 너무 성급한 개입

사회복지실천의 면접에서 사회복지사가 지시적 접근을 하거나 성급하게 확신을 준다면, 클라이언트가 자신의 문제와 상황을 이해하는 데 걸림돌이 될 수 있다. 예를 들어 집단따돌림으로 괴로워하는 학생에게 학교 친구, 교사, 학교 등에 대한 구체적인 개입 계획이 전혀 없는 상황에서 그 문제가 곧 해결될 것이라는 확신을 주는 경우이다. 이럴 때 그 학생은 학교사회복지사를 신뢰하지 않을 뿐만 아니라 자신의 문제와 상황을 이해하는 데 걸림돌이 될 수 있다.

⑥ 방심

사회복지실천의 면접에서 사회복지사의 방심, 즉 면접에 집중하지 못하는 것이 의사소통의 장애 요인으로 작용할 수 있다. 사회복지사는 개입 계획을 세우느라, 다른 업무를 생각하거나 혹은 자신의 문제를 염려하느라 의사소통에 집중하지 못할 수 있다. 하지만 전문가로서 사회복지사는 공과 사를 분명히 구분하여야 하며, 면접 중에는 클라이언트에게 온전히 집중하여야 한다.

⑦ 클라이언트의 저항

사회복지실천의 면접에서 클라이언트의 저항으로 의사소통의 어려움이 발생하기도 한다. 클라이언트는 낯선 사람과 상황에 대해서 저항할 수 있다. 즉, 클라이언트는 잘 모르는 사람인 사회복지사에게 자신의 욕구나 문제를 설명해야 하는 데에서 오는 두려움이 있다. 또한 클라이언트에게는 양가감정(ambivalence)이 생길 수 있다. 클라이언트의 양가감정은 사회복지사에게 도움을 요청하지만 제공된 서비스를 실생활에서 이용하지 않거나, 사회복지사에게 조언을 구하지만 실천하지 않거나, 사회복지사와 함께 계획을 세우지만 이를 실행하지 않거나, 말과 행동이 일치하지 않는 등 다양하게 나타날 수 있다.

클라이언트의 저항은 문화적 차이에서도 나타날 수 있는데, 그는 기관의 절차나 방식뿐만 아니라 사회복지사와 문화적 차이를 느낄 수 있다. 드물게는 문제로부터 만족을 찾으려는 클라이언트의 병리적 특성이 저항으로 작용할 수도 있다. 예를 들어 우울한 클라이언트가 주위의 관심과 배려에 만족해서 우울에서 벗어날 의지가 없는 경우이다. 이와 같은 클라이언트의 저항을 적절하게 다루기 위해서 사회복지사는 클라이언트와 라포를 형성하는 것이 중요하다.

2. 사회복지실천 면접의 목적

면접(interview)은 개입에 필요한 자료를 수집하기 위해 사회복지사가 활용하는 중요한 도구이다. 면접을 통해 사회복지사는 클라이언트의 욕구를 이해하고, 개입 방법을 의논하고, 실행 과정을 점검하며, 실천 기술을 사용한다. 이처럼 사회복지실천의 과정에서 면접은 인간의 행동과 그 행동에 영향을 미치는 사회환경에 대한 전문적 지식과 기술을 갖춘 사회복지사가 클라이언트와 전문적 원조 관계에 바탕을 두고 정보 수집, 과업 수행, 클라이언트의 욕구 충족이나 문제 해결 등과 같은 목적을 수행하는 시간 제한적 대화로 볼 수 있다(Johnson, 1989). 이러한 면접의 목적은 클라이언트의 삶의 질 향상과 성장을 위해 문제를 해결하고, 이에 필요한 전략이나 행동을 모색하기 위해 사회복지사와 클라이언트 사이에 정보를 주고받는 것이다. 즉, 사회복지실천에서 면접의 목적은 사회복지사가 문제 상황에 직면한 클라이언트에 관한 정보를 수집하여 도움을 제공하는 것이다(Hepworth & Larsen, 1990).

면접의 목적과 관련해서 사회복지사는 도우려는 마음만으로는 부족하다는 것을 알아야 한다. 클라이언트의 문제 상황을 이해하지 않은 상태에서 사회복지사가 개입한다면, 그 문제를 효과적으로 해결할 수 없을 뿐 아니라 클라이언트의 실망과 분노를 초래할 수도 있다. 사회복지사는 서두르지 말고 클라이언트의 욕구와 상황, 그리고 그에 관한 다양한 정보를 수집하는 일 등에 집중해야 한다. 또한 사회복지사는 소속 기관의 기능과 서비스 범위를 명확히 인식하고 그 범위 내에서 일하되, 클라이언트의 욕구가 기관의 서비스 범위를 벗어날 때는 다른 적합한 기관으로 의뢰하는 것이 필요하다(엄명용 외, 2011).

사회복지실천의 면접은 다음과 같은 네 가지 특성이 있다(Compton & Galaway, 1994). 첫째, 면접을 위한 맥락(context)이나 장(setting)이 있다. 즉, 문제 해결을 위해 도움을 요청한 클라이언트에게 규정된 서비스를 제공하는 특정한 기관의 맥락이나 장이 있고, 면접 내용은 그것에 한정되어 있어 관련 없는 요인들은 제거된다. 둘째, 면접은 목적과 방향이 있다. 즉, 사회복지실천의 면접은 목적 지향적인 활동으로 우연히 만나서 정보를 교환하는 비공식적 대화가 아니라 개입의 목적을 달성하기 위해 수행되는 과정이다. 따라서 면접에서 의사소통은 개입 목적과 관련된 내용으로 제한된다. 이처럼 면접은 클라이언트와 사회복지사가 목적 달성을 위한 일련의 원조 과정을 시행하기로 합의한 상태에서 진행한다.

셋째, 면접은 한정적이며 계약적이다. 즉, 면접은 클라이언트와 사회복지사가 개입의 목적을 달성하기 위해 일련의 과정을 합의한 상태에서 진행한다. 따라서 면접이 한정적이고 계약적이라는 것은 사회복지사와 클라이언트가 합의한 목적을 달성하기 위해 특수한 상황에서 기간을 정해 함께 활동한다는 의미이다. 또한 의사소통은 그러한 목적을 달성하는 것에 한정된다는 것이다.

넷째, 면접은 사회복지사와 클라이언트 사이의 특정한 역할 관계가 있다. 즉, 사회복지사는 면접자로, 클라이언트는 피면접자로 각자의 정해진 역할이 있고, 그 역할에 따라 상호작용이 제한된다는 점에서 한정적 요소가 있다. 따라서 사회복지실천의 면접은 사회복지사와 클라이언트가 서비스를 제공하는 과정에서 특정 목적을 가지고 계약에 따라 수행하는 의사소통이다(양옥경 외, 2010).

3. 사회복지실천 면접의 유형

사회복지실천의 면접은 달성하고자 하는 목적에 따라 정보 수집, 사정, 치료를 위한 면접 등으로 분류할 수 있다. 종종 이러한 면접의 유형은 중복되기도 하지만, 구조와 진행 방식 등에서 차이가 있다(Zastrow, 1999; 양옥경 외, 2010).

1) 정보 수집 면접

정보 수집 면접(Informational Interviews)은 사회력(social history) 면접이라고도 하는데, 클라이언트의 개인적 혹은 사회적 문제와 관련된 배경이나 발달사의 자료를 수집하기 위한 것이다. 이 면접의 목적은 클라이언트의 모든 배경을 파악하기 위한 것이 아니라 그를 더 잘 이해함으로써 제공할 서비스의 종류를 결정하기 위한 것이다. 수집하려는 정보는 객관적인 사실뿐만 아니라 주관적인 감정과 태도도 포함된다. 따라서 정보 수집 면접의 초점은 클라이언트의 유형, 문제 영역, 기관의 성격 등에 따라 다를 수 있다. 예를 들어 아동보호전문기관은 부모의 학대 및 방임의 형태, 아동의 신체적 손상 및 정신적 외상 등에 초점을 두며, 지적장애인에게 서비스를 제공하는 장애인복지관의 경우는 그 장애인의 지능 및 사회성 등에 관한 정보에 더 많은 초점을 둔다. 다른 예로는 학대의심 사례를 의뢰받은 노인보호전문기관의 사회복지사는 어르신을 만나 학대의 내용과 정도를 파악하고, 어르신의 정서 상태와 욕구를 확인하는 정보 수집 면접을 진행하는 것이다.

일반적으로 정보 수집 면접에 포함되는 내용은 다음과 같다(Zastrow, 1999). 클라이언트의 일반적 사항(성별, 나이, 학력, 종교, 결혼 상태, 주소 등), 현재 문제(문제 상황, 문제와 관련된 과거력 등), 가족력(클라이언트와 원가족 사이의 관계, 부모 · 부부 · 자녀 관계 등), 개인력(아동기 성장 과정, 발달 단계상의 문제, 학교생활, 친구관계, 직장생활, 결혼생활 등), 그리고 사회적 · 직업적 기능(클라이언트의 사회활동이나 직업 경력 등) 등이다.

2) 사정 면접

사정 면접(Assessment Interviews)은 의사결정 면접이라고도 하는데, 클라이언트의 문제를 해결하기 위해 구체적으로 어떤 서비스가 필요한지를 결정하는 것으로 정보 수집 면접보다 훨씬 더 목적 지향적이다. 사정은 문제와 원인이 무엇인지 그리고 그 문제의 해결을 위해 무엇이 변화되어야 하는지에 대해 답하는 사회복지실천 과정의 핵심 단계이다. 예를 들어 사회복지관의 사회복지사는 가정폭력 문제가 있는 클라이언트와의 사정 면접을 통해 어떤 개입 방법을 사용할 것인지를 결정한다. 이러한 결정을 위해서는 가정폭력의 원인이 무엇인지, 상담이나 가족치료 및 집단 프로그램 등의 효과는 어느 정도로 예측되는지를 판단하고, 클라이언트와 가족, 지역사회의 기존 자원과 능력 등을 평가한다. 사정 면접을 통해 사회복지사는 클라이언트의 현재 문제 상황을 파악하고, 클라이언트의 욕구 우선순위를 설정하고, 클라이언트의 강점을 파악하며, 문제 해결 과정의 장애물을 탐색하며, 문제 해결의 목표를 설정하며, 설정된 목표를 달성하기 위해 어떤 개입 방법을 선택해야 할지 등을 결정한다.

3) 치료 면접

치료 면접(Therapeutic Interviews)의 목적은 클라이언트의 변화를 돕기 위한 것, 클라이언트의 사회적 기능을 향상하기 위해 사회환경을 변화시키는 것, 혹은 클라이언트와 사회환경 모두의 변화를 돕는 것 등이다. 먼저 클라이언트의 변화를 돕기 위한 치료 면접은 주로 개인 내부(감정 · 사고 · 행동 등)의 변화에 초점을 둔다. 이를 통해 클라이언트의 자신감 향상, 자기효율성 강화, 문제 해결 능력의 향상 등을 목적으로 한다. 예를 들어 치료 면접을 통해 학교폭력 피해 학생의 자존감 향상을 목적으로 심리적 지지를 제공하는 것이다.

다음으로 클라이언트의 사회적 기능을 향상하기 위해 사회환경의 변화를 목적으로 하는 치료 면접이 있다. 이 면접은 클라이언트가 속한 집단(가족, 조직, 지역공동체 등)이나 다른 사회 체계와의 상호작용 과정(의사소통이나 환류 등)의 변화에 초점을 둔다. 이러한 치료 면접은 클라이언트와 관련된 중요한 사람들과 진행하기도 하고, 클라이언트의 권리와 이익을 옹호하거나 대변하기 위해 사회복지기관, 지역사회, 관련 공무원 등과 이루어지기도 한다(양옥경 외, 2010).

4. 사회복지실천 면접의 구조

1) 면접 장소

사회복지실천의 면접은 어느 곳에서나 할 수 있지만 사회복지기관의 면접실이나 상담실에서 하는 것이 가장 적합하다. 사회복지기관의 면접실은 전문적 원조 관계를 기초로 면접이 진행되며 그에 적합한 활동이 이루어지는 공식적인 장소이다(Zastrow, 1985). 이때 면접실의 물리적 환경은 면접의 목적과 클라이언트의 상황 등을 고려할 필요가 있다. 예를 들어 클라이언트와 사회복지사 사이에 물리적 장애물이 없도록 가구를 배치하거나 클라이언트의 긴장을 완화하고 집중도를 높일 수 있도록 편안한 의자를 비스듬히 배치할 필요가 있다. 또한 적절한 채광과 조명, 춥거나 덥지 않은 적당한 온도, 비밀보장이 되는 안전하고 독립된 공간, 외부인의 출입으로 방해받지 않는 분위기 등을 조성할 필요가 있다. 혹시 면접실의 물리적 환경이 열악할 경우, 이에 대해 클라이언트에게 설명하는 것이 바람직하다.

종종 클라이언트의 특성이나 사정에 따라 사회복지실천의 면접 장소가 변경되기도 한다. 특히 변화 동기가 없지만, 개입이 필요하다고 판단되는 클라이언트와 면접할 때는 찾아가는 면접을 시행할 수 있다. 이때는 구체적으로 어떤 장소에서 면접할 것인지를 미리 준비하는 것이 필요하다. 때로는 클라이언트의 생활환경이나 거주 지역을 파악하는 것이 도움된다고 생각할 때는 가정 방문을 할 수도 있다. 특히 이동에 어려움이 있거나 장애가 있는 클라이언트에게는 대체로 가정 방문을 통한 면접이 주로 활용된다(Zastrow, 1985). 클라이언트의 가정에서 면접할 경우, 사회복지사는 클라이언트의 거주 지역과 생활환경을 이해할 수 있고, 친숙한 환경에서 행동하는 방식을 파악하며, 가족구성원들과 상호작용하는 방식을 관찰할 수 있다는 점에서 장점이 있다(우국희 외, 2015). 하지만 사회복지사는 가정 방문을 통한 면접은 다음과 같은 한계도 있음을 유념해야 한다(최혜지 외, 2013). 우선, 클라이언트의 사적인 공간에 사회복지사가 들어간다는 점에서 원조 관계 형성에 어려움이 있을 수 있다. 따라서 클라이언트와 긍정적 관계가 형성되어야 하며, 방문의 목적과 필요한 사항 등을 클라이언트에게 미리 알리고 동의를 받는 절차가 필요하다. 다음으로 가정 방문을 통한 면접은 어린 자녀나 이웃들에게 개방된 거주 환경으로 심층적인 면접이 어려울 수 있다. 마지막으로 사회복지사의 측면에서 볼 때, 클라이언트의 가정환경의 위생 상태나 안전을 위협하는 상황 때문에 거부감이 생길 수 있다.

2) 면접 시간과 빈도

사회복지실천에서 면접 일정과 시간을 정하는 것은 클라이언트만을 위해 특정한 시간을 배정한다는 점에서 그에 대한 존중을 표시하는 것이다. 그리고 클라이언트에게 면접의 중요성과 필요성을 재확인시키고, 자신의 문제 해결에 적극적으로 참여하도록 하는 개입 효과도 있다(우국희 외, 2015). 면접 시간은 클라이언트, 클라이언트의 주의 집중 능력이나 의사소통 능력 등에 따라 다양하게 구성할 수 있다. 일반적으로 면접 시간은 50분을 기준으로 일주일에 1~2회 정도가 적당하다. 더 길어지면 지루해지고 집중력이 떨어져 효과가 낮아지기 때문이다. 그러나 긴급 상황이나 위기 개입은 2~3시간 정도 집중적으로 하거나 매일 또는 격일로 접촉하는 것이 좋다.

5. 사회복지실천 면접의 기술

사회복지실천의 구체적 방법은 면접이다. 이러한 면접에서 사용할 수 있는 기술은 여러 가지가 있지만, 여기서는 관찰, 경청, 질문, 요약, 해석 등의 면접 기술에 대해 살펴보고자 한다.

1) 관찰

관찰은 클라이언트가 말하고 행동하는 것뿐만 아니라 비언어적인 표현에 주의를 기울여 그를 이해하는 것이다. 경청과 함께 관찰은 사회복지실천의 면접에서 매우 중요한 기술이다. 면접에서 사회복지사가 주목해서 관찰해야 할 내용은 클라이언트의 언어적 · 비언어적 표현, 시작하는 말과 끝맺는 말, 면접 중에 주제의 변경, 반복되는 언급, 내용의 불일치, 숨겨진 의미, 침묵 등이다(Garrett, 1995; 엄명용 외, 2011).

① 클라이언트의 언어적 · 비언어적 표현

클라이언트는 대체로 언어적 표현으로 의사소통하지만, 몸짓, 손짓, 표정, 시선, 자세 등 비언어적 방법으로 정보나 감정을 전달하기도 한다. 그러므로 사회복지사는 클라이언트의 언어적 · 비언어적 의사소통을 잘 관찰하여야 한다. 특히 사회복지사가 클라이언트의 감정과 표현의 차이를 구분하여 클라이언트를 이해할 때 비언어적 표현은 매우 중요하다. 예를 들어 클라이언트가 계절이나 날씨에 적합한 옷을 입었는지, 의복은 청결한지, 표정은 어떠한지, 면접에서 사회복지사와 눈 맞춤을 하는 유형은 어떠한지 등을 관찰한다. 대체로 클라이언트는 자신의 감정을 말을 통해 직접 표현하지 않는다. 따라서 클라이언트의 비언어적 감정 표현을 이해하기 위해서 사회복지사는 쳐다보듯 응시하지 말고 주의 깊게 관찰해야 한다(Cournoyer, 2011).

② 시작하는 말과 끝맺는 말

클라이언트가 처음 시작하는 말과 끝맺는 말은 그가 생각하는 우선순위, 자신이나 환경에 대한 생각, 사회복지사에게 원하는 것 등을 포함하고 있을 가능성이 크다. 따라서 사회복지사는 유도 질문이나 회기의 방향을 정하는 질문보다 클라이언트가 원하는 내용과 방향으로 이야기할 수 있도록 개방형 질문을 하는 것이 바람직하다. 예를 들어 면접을 시작할 때 "오늘 기분은 어떠세요?" 또는 "일주일 동안 어떻게 지내셨어요?"라고 묻는다면, 클라이언트가 하고 싶은 말보다는 질문에 대답하는 내용으로 대화의 주제가 정해질 수 있다. 그러므로 "어떤 이야기를 하고 싶으세요?" 또는 "어떤 이야기로 시작할까요?"라고 클라이언트에게 묻는 것이 바람직하다. 클라이언트의 끝맺는 말도 클라이언트를 이해하는 데 매우 중요하다. 가끔 클라이언트는 정말 하고 싶었던 말을 끝맺는 말에서 하는 경우가 있다. 따라서 사회복지사는 클라이언트의 끝맺는 말을 기억했다가 다음 면접에서 다루어 볼 필요가 있다.

③ 면접 중에 주제의 변경

면접에서 클라이언트는 특정 주제가 나올 때마다 의식적 혹은 무의식적으로 갑자기 대화의 주제를 변경하기도 한다. 이것은 그 주제가 클라이언트에게는 민감한 것으로 이야기하기 싫거나 어렵다는 의미이므로 나중에라도 그 이유를 알아볼 필요가 있다.

④ 반복되는 언급

클라이언트가 특정한 주제를 반복해서 이야기하거나 우회적으로 말하는 경우이다. 예를 들어 "내가 이렇게 된 것은 어릴 때 부모에게 상처를 받았기 때문이에요." 또는 "남편이 시도 때도 없이 화를 내니까 나는 어떤 것도 할 수 없어요." 등을 반복하면서 변화를 시도하지 않는 경우이다. 이것은 매우 중요하거나 도움을 원하는 문제이므로 사회복지사는 주의 깊게 들어야 한다. 사회복지사는 클라이언트에게 "이

상황이 어떻게 변화되기를 원하세요?", "남편이 어떻게 행동하기를 바라세요?" 등을 질문함으로써 해결의 실마리를 찾아야 한다.

⑤ 내용의 불일치

클라이언트의 말이 일관되지 않고 앞뒤 내용이 불일치할 경우이다. 사회복지사는 클라이언트의 말에서 일관성이 없거나 불일치한 부분을 살펴볼 필요가 있다. 예를 들어 학창 시절을 이야기하면서 어느 기간을 건너뛰는 경우, 사회복지사는 그 시기에 주의할 필요가 있다. 이는 클라이언트가 사실을 공개하고 싶어 하지 않는다는 것을 의미한다(엄명용 외, 2011). 따라서 사회복지사는 클라이언트가 말하는 것뿐만 아니라 말하지 않는 것에도 주의를 기울일 필요가 있다.

⑥ 숨겨진 의미

클라이언트의 말과 행동에는 숨겨진 의미가 있을 수 있다. 사회복지사는 클라이언트의 말실수, 말과 태도의 불일치, 클라이언트의 저항 등에 숨겨진 의미가 있는지를 관찰할 필요가 있다.

⑦ 클라이언트의 침묵

면접 중에 사회복지사는 클라이언트의 침묵도 주목해서 관찰해야 한다. 클라이언트의 침묵에는 몇 가지 의미가 있다. 클라이언트가 자기의 생각을 정리한 후 표현하기 위하여 침묵할 수도 있고, 말하는 도중에 감정이 격해져서 이를 다스리기 위해 잠시 침묵할 수도 있다. 또한 면접의 주제가 자신에게 위협적이라고 느끼거나 말하기 어렵거나 곤란하다는 것을 의미할 수도 있다. 어떤 때에는 정말 할 말이 없어서 침묵할 수도 있다. 때마다 사회복지사는 다르게 반응해야 하는데, 이를 분별하기 위해서는 침착하고 개방적인 마음으로 클라이언트의 말을 주의 깊게 관찰하면서 경청해야 한다(엄명용 외, 2011). 이러한 침묵을 깨뜨리기 위해 사회복지사가 대화의 주제를 변경하거나, 이런저런 질문을 하는 것은 바람직하지 않다. 오히려 침묵하는 클라이언트에게 침묵하는 것은 괜찮다 혹은 말하고 싶을 때 천천히 말해도 된다는 반응을 보이는 것이 더 적절하다.

일반적으로 사람은 같은 상황도 다르게 관찰할 수 있다. 이는 자신이 보고 싶은 것만 보거나 선입견에 따라 선택적으로 관찰하기 때문이다. 따라서 면접에서 사회복지사의 관찰은 자동으로 되는 것이 아니라 클라이언트의 상황과 욕구를 민감하게 파악하기 위한 연습과 훈련을 통해 이루어진다. 예를 들어 학생들의 학교폭력 문제에 관심을 가지고 관찰하는 학교사회복지사일수록 학교폭력의 징후를 찾아낼 가능성이 크다. 또한 관찰은 서로 이루어진다. 즉, 사회복지사가 클라이언트를 관찰하는 동시에 클라이언트도 사회복지사를 관찰한다. 클라이언트는 사회복지사가 얼마나 열의가 있는지, 진실하게 반응하는지, 자신의 이야기를 얼마나 진지하게 듣고 있는지 등을 관찰한다. 사회복지사가 클라이언트를 왜곡해서 관찰한다면, 그는 사회복지사의 편견에 부합하는 방식으로 행동할 수 있다. 예를 들어 빨간색으로 염색한 여중생을 머리카락 색만 가지고 문제 학생으로 판단한다면 사회복지사의 편견은 여중생에게 전달된다. 따라서 사회복지사는 자신의 관찰 결과가 사회복지실천에 어떤 영향을 미칠 것인지에 대해 통찰할 필요가 있다(김혜란 외, 2013).

2) 경청

경청은 클라이언트가 전달하려는 메시지를 사회복지사가 이해하고 파악하면서 듣는 능력을 말한다(Egan, 2002). 클라이언트의 언어적 메시지만 듣는 것이 아니라 표정이나 몸짓 등으로 표현되는 비언어적 메시지도 관찰하여 클라이언트가 정말로 말하려는 것이 무엇인지, 말하는 것의 의미가 무엇인지를 깊이 있게 듣는 기술이다. 이처럼 경청이란 단순히 듣는 것(hearing)이 아니라 상대방의 사고와 감정을 이해하려는 적극적 경청활동(active listening)을 말한다(엄명용 외, 2011). 사회복지사가 주의 깊게 경청하면 클라이언트는 존중받는 느낌을 받게 되고, 자신의 감정을 충분히 표현하면서 부정적 감정을 정화함으로써 마음의 안정을 경험하게 된다. 그 결과 사회복지사와 클라이언트의 신뢰 관계가 향상된다. 이러한 경청을 통해 사회복지사는 클라이언트의 준거 틀을 이해할 수 있고, 그에 대한 성급한 판단이나 평가를 예방할 수 있다(엄명용 외, 2011).

클라이언트와 면접할 때 사회복지사가 먼저 해야 할 일은 그의 문제를 들어주는 것이다. 즉, 면접에서 클라이언트가 주로 말하고 사회복지사는 경청하는 방식으로 진행되는 것이 바람직하다(Garrett, 1995). 클라이언트가 즉각적인 조언을 요청할 때도 사회복지사는 조언이 필요한 상황으로 이해하고 즉시 조언해야 한다는 부담을 가질 필요가 없다. 대체로 사회복지사보다 클라이언트가 자신의 문제나 상황을 더 잘 이해하고 있다. 따라서 섣부른 조언보다는 클라이언트에게 지금까지 어떤 시도를 했는지, 어떻게 하면 좋겠는지 등을 질문하여 클라이언트가 스스로 결정하도록 돕는 것이 바람직하다(김혜란 외, 2013).

하지만 대체로 사람은 듣고 싶은 것, 듣기를 예상하는 것, 듣는 순간에 관심이 있는 것 등을 선택적으로 듣는 경향이 있다. 즉, 클라이언트의 말을 듣는다고 경청이 자동으로 이루어지는 것이 아니므로 사회복지사는 클라이언트가 전하고자 하는 말을 잘 듣기 위한 연습과 훈련이 필요하다. 특히 완벽한 경청을 위해서는 다음과 같은 네 가지가 필요하다(Egan, 2002). 첫째, 클라이언트의 언어적 메시지를 듣고 이해해야 한다. 둘째, 클라이언트의 자세, 표정, 몸의 움직임, 목소리 등의 비언어적 표현을 관찰하고 읽을 수 있어야 한다. 셋째, 클라이언트의 상황 속에서 그를 볼 수 있어야 한다. 넷째, 클라이언트가 언젠가는 깨닫고 변화시켜야 할 문제까지도 파악하여야 한다.

3) 질문

사회복지사는 필요한 정보를 얻기 위해, 클라이언트의 생각과 느낌을 표현하도록 돕기 위해, 어긋나고 있는 대화의 초점을 바로 잡기 위해 다양한 질문 유형을 사용한다. 질문을 너무 많이 하면 클라이언트는 혼란을 느끼지만, 너무 적게 하면 면접에 대해 과도한 부담을 가지게 된다. 따라서 클라이언트의 속도에 맞추어 적절한 시점에서 질문이 이루어져야 한다(엄명용 외, 2011). 면접에서 사회복지사는 적절한 질문을 통해 통솔력과 지도력을 발휘할 수 있다. 하지만 어떤 내용의 질문을 언제, 어떻게 하는지에 따라 면접의 질이 달라질 수 있다. 더욱이 사람마다 각자의 질문 방식이 있을 수 있으므로 사회복지사는 자신의 질문 방식을 분석해볼 필요가 있다(Benjamin, 1969). 일반적으로 면접에서 유의해야 할 질문 유형은 다음과 같다.

① 폐쇄형 질문과 개방형 질문

사회복지실천의 면접에서는 주로 개방형 질문을 사용하는 것이 바람직하다. 하지만 클라이언트의 정확한 정보나 구체적 상황에 초점을 맞출 때는 폐쇄형 질문을 사용한다. 폐쇄형 질문은 "결혼하셨습니까?" 혹은 "이전에 사회복지관을 이용한 경험이 있습니까?"와 같이 '네' 또는 '아니오'의 대답을 끌어내는 것으로 클라이언트의 대답 방법과 초점을 제한하고 확실한 사실에 대해서만 묻는 질문 방식이다. 이와 같은 폐쇄형 질문은 중요한 정보를 빨리 얻어야 하는 위기 상황일 때, 사회복지사가 원하는 구체적인 정보를 얻고자 할 때, 면접 주제의 범위를 좁히거나 한정하고자 할 때, 사회복지사가 클라이언트의 말을 이해했는지 확인하고 동의를 구할 때 등의 경우에 사용할 필요가 있다. 하지만 사회복지사가 폐쇄형 질문을 너무 많이 하면 클라이언트는 심문을 당하는 것 같은 느낌이 들 수 있다. 이런 느낌은 원조 관계 형성과 효과적인 면접 진행을 저해할 수 있으므로 주의해서 사용해야 한다. 반면에 개방형 질문은 클라이언트가 자유롭게 대답함으로써 자신에 대해 더 많은 것을 표현하도록 하는 것으로 "그 일은 어떻게 일어났습니까?" 혹은 "무엇이 가장 힘 드십니까?"와 같은 질문이다(Goodman & Esterly, 1988). 개방형 질문에서 '무엇'으로 시작하는 질문은 어떤 사실이나 세부 사항을 알아낼 수 있다. 예를 들어 "무슨 일로 남편과 다투셨나요?"라는 질문을 통하여 남편과의 관계에서 일어난 사건의 사실적 내용을 자세히 들을 수 있다. 반면에 '어떻게'로 시작하는 질문은 과정이나 절차에 관한 정보를 얻을 수 있다. "어떻게 그런 상황이 됐나요?"라는 질문에는 좀 더 과정 지향적인 반응, 즉 상황이 어떻게 전개되었는지를 대답할 것이다(Ivey & Ivey, 2007).

개방형 질문은 그 의도와 목적이 무엇이냐에 따라 사실을 수집하기 위한 질문, 클라이언트의 경험을 구체화하는 질문, 상황에 관한 주관적 느낌과 생각을 탐색하는 질문 등으로 분류할 수 있다(천성문 외, 2015). 먼저 클라이언트의 상황과 관련된 사실을 수집하기 위한 질문의 예는 "언제 처음으로 그 문제를 알았습니까?", "어머니는 어떤 분이세요?", "학교생활은 어떤가요?", "이번 시간에 도움이 된 점은 무엇입니까?" 등이다. 이러한 질문은 사회복지사가 클라이언트의 문제와 생활 영역에서 자료를 수집하기 위한 접수 면접이나 초기 면접에서 주로 사용된다. 다음으로 클라이언트의 경험을 구체화하는 질문의 예는 "어떤 점에서 그렇습니까?", "그것이 의미하는 바가 무엇인지 예를 들어 보시겠습니까?" 등이다. 클라이언트가 자신의 경험을 명확하게 진술하지 못할 때 이런 질문을 통해 클라이언트가 자신의 경험 세계와 만날 수 있도록 도움을 줄 수 있다. 마지막으로 클라이언트가 특정한 상황에 대해 느끼는 주관적 느낌과 생각을 탐색해 볼 수 있는 질문이다. "그런 말을 들었을 때 어떤 느낌이었습니까?", "그때 어떻게 하고 싶으셨습니까?" 등이다. 이러한 질문을 통해서 사회복지사는 클라이언트의 상황에서 해결되지 못한 감정과 그러한 감정을 불러일으키는 지각 체계를 이해할 수 있다.

② 너무 많거나 적은 질문

너무 많거나 혹은 너무 적은 질문은 문제가 될 수 있다. 특히 사회복지사가 한번에 여러 내용이 섞여 있는 중첩형 질문(stacking question)을 하면 클라이언트가 혼란을 느끼게 된다. 예를 들어 "친구 관계에서의 어려움은 무엇입니까? 어떤 경우에 어려움이 있나요? 그럴 때 어떤 감정을 느끼나요?" 등과 같이 사회복지사가 한 번에 많은 질문을 연속적으로 하는 경우이다. 이 경우에 클라이언트는 중첩되는 질문 중에서 몇 번째 질문에 초점을 두고 대답할지 모를 수 있으므로 질문의 효과는 낮아진다. 이처럼 중첩형 질문은 질문의 초점이 흐려져서 클라이언트가 당황하여 피상적으로 대답하거나 대답하기 쉬운 질문만 먼저 대답하게 되므로 중요한 정보를 얻을 수 없다(Hepworth & Larsen, 1990). 따라서 하나씩 분리하여 순서대로 질문하는 것이 바람직하다. 반대로 사회복지사가 질문을 너무 적게 하는 경우, 면접 자체가 클라이언트에게 지나친 부담이 될 수 있다.

③ '왜'로 시작하는 질문

'왜'로 시작하는 질문(why-questions)은 클라이언트의 잘못이나 책임을 추궁하거나 몰아세우는 인상을 주며, 알지 못하는 상황에 대해서 답변을 강요할 수 있으므로 조심해서 사용해야 한다. 일반적으로 '왜'라는 단어는 반감이나 불쾌감을 암시하므로 클라이언트는 자신의 행동을 정당화시키려고 방어적인 태도를 보이게 된다(Sheafor & Horejsi, 2012). 예를 들어 "그 민감한 상황에서 왜 그런 말을 하셨지요?" 혹은 "그 때 당신은 왜 그런 행동을 하셨나요?"라는 질문에 대해 클라이언트는 정확한 이유를 모르거나, 사실과는 다르게 자신의 행동을 정당화하기 위해 사회적으로 허용되는 대답을 하거나, 자신을 방어하기 위한 대답을 할 경향이 있다. 따라서 사회복지사는 '왜'로 시작하는 질문을 신중하게 사용해야 한다. 또한 클라이언트의 행동이나 상황에 대해서 '왜'로 시작하는 질문보다는 '무엇을, 언제, 어디서, 어떻게'에 초점을 두는 질문을 사용하는 것이 클라이언트의 방어적인 태도를 예방하고 솔직한 대답을 끌어낼 수 있다. 예를 들어 "오늘 왜 늦게 오셨어요?"는 "오늘따라 늦으셔서 무슨 일이 생겼나 염려되었습니다."로 질문하는 것이 좋다.

④ 유도 질문

질문자인 사회복지사가 생각하는 대로 말하도록 암시하거나 듣고자 하는 방향으로 클라이언트가 대답하도록 이끄는 것이 유도 질문(leading question)이다. 유도 질문은 사회복지사가 원하는 대답을 클라이언트가 하도록 질문을 구성하기 때문에 피하는 것이 바람직하다. 예를 들어 "그 사람을 놀리고 싶은 생각이 처음부터 마음속에 있었던 거죠?"와 같은 질문이다. 이 질문은 클라이언트의 진술보다는 사회복지사의 의견을 확인하기 위한 것으로 정확한 상황을 이해하는 데 방해가 된다. 이처럼 유도 질문은 바람직한 결과를 클라이언트가 선택하기를 바라는 마음에서 사회복지사의 감정이나 견해를 해결책의 형태로 간접적으로 나타내는 것이다. 하지만 유도 질문은 클라이언트를 위협하거나 모욕적으로 들릴 수도 있다. 이럴 때 클라이언트는 사회복지사에게 거짓말을 할 수도 있다. 이처럼 유도 질문은 개방적이고 포괄적이어야 하는 사회복지실천의 과정을 제한하는 경향이 있으므로 사용을 피해야 한다.

⑤ 호기심의 질문

면접에서 사회복지사는 단순한 호기심 때문에 질문하는 것은 삼가야 한다. 사회복지실천의 면접에서 질문은 항상 목적이 있어야 하고, 면접의 진행에 도움이 되어야 한다. 예를 들어 믿었던 자녀가 갑자기 가출하여 혼란스러워하는 부모에게 "자녀는 공부를 열심히 했나요?"라고 질문하는 경우이다. 이 질문으로 혼란스러움을 호소하려는 어머니의 사고나 감정의 흐름을 방해할 수 있다. 또한 논의의 초점이 어머니로부터 자녀로 바뀌게 되어 어머니의 생각과 감정을 탐색해 볼 기회를 상실할 수도 있으므로 호기심의 질문은 피해야 한다.

⑥ 사적인 질문

사회복지사는 질문만 하는 것이 아니라 종종 클라이언트로부터 질문을 받기도 한다. 특히 사회복지실천의 면접에서 클라이언트가 사회복지사에 관한 사적인 질문을 한다면, 사회복지사는 당황하거나 난처할 수도 있다. 예를 들어 "당신은 결혼을 하셨나요?"와 같은 사적인 질문에 사회복지사가 대답을 회피하거나 지나치게 자기 입장을 장황하게 설명할 필요는 없다. 클라이언트의 사적인 질문에 대한 사회복지사의 대답은 원조 관계에 영향을 미칠 수 있다. 따라서 사회복지사는 짧고 간단히 솔직하게 대답하고, 면접의 초점을 다시 클라이언트에게로 돌리는 것이 좋다(Kirst-Ashman & Hull, 2009). 클라이언트의 문제에 대해서만 집중하는 것이 도움이 될 수 있을 것이라고 솔직하게 말함으로써 사적 관계로 진전되지 않도록 한다. 하지만 사적인 질문에 포함된 클라이언트의 관심사나 염려를 반영하기 위해 노력하는 것이 중요하다. 클라이언트의 사적인 질문은 정말 궁금하거나 호기심 때문이기도 하지만, 자신의 문제를 드러내는 방법일 수도 있기 때문이다(Sheafor & Horejsi, 2012).

4) 요약

요약(summarization)은 면접 도중에 클라이언트가 한 말의 내용과 그 속에 담겨 있는 감정을 정리하여 강조할 필요가 있을 때 사용한다. 요약을 통해 클라이언트는 면접 동안 진전된 사항의 파악, 중요한 측면을 다시 생각할 기회, 그리고 면접 내용이 정확한지 등을 확인할 수 있다(Cormier & Cormier, 1998). 이처럼 요약은 클라이언트의 생각, 행동, 감정 등을 사회복지사의 언어로 정리함으로써 클라이언트의 말을 주의 깊게 경청하고 있음을 보여주는 동시에 정확히 이해했는지를 확인하는 수단이 된다. 본질에서 요약은 반영적 성격이 있으므로 클라이언트가 잘못 이해한 부분을 바로잡아 주면서 자신의 욕구나 문제를 한 번 더 심사숙고하게 한다. 특히 요약은 다음과 같은 유용한 측면이 있다(Trevithick, 2000).

첫째, 사회복지사가 지난 면접의 내용을 간략히 요약함으로써 새로운 면접을 시작할 수 있다. 둘째, 요약은 지금까지 논의된 핵심 내용을 간략하고 정확하게 정리해준다. 셋째, 면접에서 방향을 잃었거나 주제에서 벗어났을 때 그 주제를 정리하고 새로운 주제로 이동할 수 있도록 해 준다. 넷째, 요약은 만족스럽게 면접 시간을 끝낼 수 있도록 돕는다.

5) 해석

해석(interpretation)은 암묵적으로 표현된 부분들에 대해 클라이언트가 명확하게 의식하지 못하는 것을 일깨워주는 사회복지사의 설명이다. 즉, 해석은 사회복지사가 클라이언트의 말 속에 담긴 숨은 의미를 파악하여 이를 다른 관점으로 제시함으로써 클라이언트가 자신의 사건, 행동, 감정, 태도 및 생각 등에 대해 새로운 시각이나 방법으로 볼 수 있도록 하는 기술이다(Evans et al., 1998). 사회복지사는 해석을 통해 클라이언트에게 현재의 행동, 감정 및 사고 등의 이유를 설명하고, 그 근원을 통찰하게 하며 새로운 관점을 제공함으로써 클라이언트의 자기 이해와 문제 해결을 돕는다. 예를 들어 성적이 떨어지는 것에 대해 학교사회복지사와 상담하는 클라이언트가 "열심히 공부하려고 하는데 너무 피곤해요. 봉사 활동에 너무 많은 시간을 할애해서 학업에 집중하기가 어려워요. 하지만 봉사 활동을 통해서 저 자신이 너무 대견하고 보람을 느껴요."라고 말할 수 있다. 이에 대해 학교사회복지사는 "현재 봉사 활동이 학업보다 우선한다고 말하는 것 같구나. 자신의 학업 태도에 대해 알게 되면 변화되는 데 도움이 될 거야."라고 말하는 것이 사회복지사의 해석 반응이다.

이처럼 해석을 통해 클라이언트는 현재 자기의 경험이나 반응을 더 심층적으로 이해하고 자신의 문제를 새로운 관점으로 볼 수 있다. 하지만 사회복지사가 해석을 잘못 사용하면 클라이언트가 위협으로 느껴 원조 관계가 손상될 수도 있다. 따라서 사회복지사는 다음과 같은 점에 유의하여 해석을 사용해야 한다(천성문 외, 2015).

첫째, 해석은 사회복지사와 클라이언트 사이가 안정적이고 신뢰 관계가 충분히 형성된 후에 사용해야 한다. 둘째, 해석은 클라이언트의 자기 이해나 통찰이 어느 정도 이루어진 후에 사용하는 것이 효과적이다. 셋째, 해석은 클라이언트에 관한 구체적이고 실제적인 정보를 근거로 시행하여야 한다. 넷째, 해석은 한 회기에 많이 사용하지 않도록 주의해야 하며, 클라이언트의 반응에 따라 속도를 조절해야 한다. 다섯째, 해석할 때 사회복지사는 전문적인 용어와 단정적인 표현을 삼가야 한다.

6. 면접의 기록

1) 기록의 목적

사회복지실천의 기록(recording)은 사회복지사의 개입 사례를 접수 단계부터 종결 단계와 사후관리에 이르기까지 전체 원조 과정에서 시행된 전문적 의사결정, 그 근거, 내용, 결과 등을 합당한 형식의 틀에 따라 객관적으로 서술하는 일이다. 그러므로 사회복지실천의 기록은 클라이언트의 상황을 확인·서술·사정하고, 서비스의 제공 목적과 활동, 서비스의 전달 과정, 클라이언트에 대한 개입 효과의 여부 등을 평가하는 서비스 중심 기록이다.

이러한 사회복지실천의 기록은 임상적 기능과 행정적 기능이 있다. 먼저 임상적 기능은 사회복지실천이 어떻게 계획되고 실행되며, 이를 통해 클라이언트의 삶에서 나타나는 변화들의 구체적인 내용과 다른 전문직들의 논의가 반영된 사례회의 기록 등이 해당한다. 다음으로 행정적 기능은 클라이언트, 조직, 전문직의 책무성(accountability) 등이 초점이 된다. 오늘날 사회복지실천에서 책무성의 요구가 증가하는 이유는 사회복지실천이 그 목적을 충실히 수행하는가에 대한 증거를 제시하라는 외부로부터의 압력과 사회복지사로서 자신의 전문적 개입이 그 목적에 충실한가에 대한 내부로부터의 자문에 있다. 이처럼 사회복지실천의 책무성은 궁극적으로 클라이언트의 삶의 질 향상에 얼마나 기여하고 있는지로 판단되어야 한다. 다시 말해서 사회복지실천의 효과성과 효율성의 평가, 적절하고 투명한 예산 관리 등 책무성을 평가하는 데 사회복지실천의 기록이 활용되고 있다(김기덕 외, 2012). 이처럼 사회복지사는 자신이 제공한 서비스 내용을 기록하고 설명하며 평가함으로써 클라이언트와 기관 및 지역사회 등에 대한 책무성, 즉 법적 · 윤리적 책임을 지게 된다(Kagle, 1991). 이러한 기록의 목적에 대해 살펴보면 다음과 같다(Kagle, 1991; 김혜영 외, 2014).

① 클라이언트의 욕구 확인

사회복지사는 클라이언트와의 첫 만남부터 종결까지 클라이언트의 욕구와 문제, 기관이 제공한 서비스의 내용과 정보 및 평가 등 원조 과정을 기록하여 문서로 만든다. 사회복지기관은 사회복지사가 작성한 기록을 종합적으로 분석함으로써 사회복지 서비스 전달의 경향성을 파악하고 점검할 수 있다.

② 서비스 내용 보고

사회복지사는 의사결정과 활동을 클라이언트의 욕구, 서비스 목표 및 계획 등과 연계하여 모든 원조 과정에서 일어나는 것을 기록한다. 사회복지사는 클라이언트와의 만남, 지역사회 기관들과의 회의, 기관의 사례회의 등을 기록한다. 이러한 기록을 통해 사회복지사는 클라이언트와 환경에 서비스가 어떤 영향을 주었는지를 분석한다. 또한 서비스 목표와 계획에서 변화가 필요한 부분과 서비스 전달 체계의 강점과 약점 등을 규명할 수 있다.

③ 사례의 연속성 유지

서비스의 목적, 계획, 과정 및 진전 상황 등에 관한 정보는 사회복지사가 교체되어 다른 사회복지사가 그 사례를 담당하게 되었을 때, 클라이언트와 마지막 면접 이후 상당한 시간이 지났을 때, 클라이언트의 상황이 복잡하고 광범위한 서비스가 제공될 때 매우 유용하다. 이처럼 이전의 기록은 동일 사례에 대해 서비스의 중복을 예방하고 시간을 절약하며 서비스의 연속성을 유지해 준다.

④ 전문가 사이의 원활한 의사소통

다양한 분야의 전문가들이 함께 협력하는 사회복지실천현장에서 기록은 전문직 사이의 협력 체계를 활성화하는 도구이다. 예를 들어 정신건강복지센터에서 정신건강사회복지사는 의사, 정신건강간호사, 정신건강임상심리사 등 다양한 전문직과 팀 접근을 통해 클라이언트에게 서비스를 제공하고 있다. 이때 기록은 단순히 문서화의 의미뿐만 아니라 각 전문직의 관점을 원활하게 공유하여 실천에 활용하는 팀 활동에 이바지한다.

⑤ 클라이언트와 정보 공유

기록은 클라이언트와 목표 및 개입 방법 등과 관련된 정보를 공유하는 의사소통의 도구이며, 서비스에 반응하도록 돕기 위한 치료적 수단이다. 최근에는 소비자 권리를 중시하는 경향으로 기록을 클라이언트나 가족에게 공개하는 경우가 증가하고 있다. 사회복지사는 클라이언트에게 제공된 서비스와 개입 과정을 공개할 필요가 있는데, 이런 점을 염두에 두고 기록해야 한다.

⑥ 슈퍼비전, 자문, 동료 검토에 의한 활성화

기록은 클라이언트의 상황과 서비스 과정의 정보를 슈퍼바이저, 자문가, 동료 사회복지사 등에게 제공된다. 특히 슈퍼바이저는 기록에서 얻은 정보를 기초로 슈퍼비전을 통해 사회복지사가 서비스를 계획하여 실행하도록 돕고, 사회복지사의 업무 수행의 질적인 측면을 사정하며, 사회복지사의 강점을 발견하는 근거로 활용한다. 이러한 슈퍼비전을 통해 사회복지사의 전문적 자질이 향상된다는 의미에서 기록은 서비스 질을 높이는 데 중요한 역할을 담당한다.

⑦ 서비스 과정과 효과의 점검

기록은 문서화뿐만 아니라 클라이언트와 함께 또는 클라이언트를 대신해서 제공된 서비스 활동을 검토하고, 평가하고, 수정하며, 진행 과정의 보고를 위해 사용된다. 기록을 통해 사회복지사의 서비스 제공 방법이나 전달 체계, 다른 부분 등을 점검할 수 있으므로 기관 차원에서 효과적인 서비스를 제공할 수 있게 한다.

⑧ 학생과 다른 전문가의 교육 자료 제공

기록은 사회복지실천의 과정과 기관의 업무 과정을 학생들에게 가르치는 유용한 교육 자료이다. 기록은 학생이나 실습생, 초임 사회복지사 등에게 기관의 실무를 소개하는 데 사용될 수 있다. 더 나아가 기록은 사회복지사의 보수 교육의 도구로 이용되는데, 기록을 근거로 사회복지사가 어떻게 실천하며 기록하는지를 교육할 수 있다. 또한 기록은 정기적으로 직원들의 업무 수행의 질을 평가하거나 다른 전문직 종사자들에게 사회복지실천의 교육 자료로 활용된다. 사회복지사가 기록한 것을 다른 분야의 전문가들이 읽고 사회복지사의 개입 활동을 이해하는 기회가 된다.

⑨ 실무와 행정 과업의 개선 자료 제공

기록은 클라이언트의 욕구, 서비스의 유형, 직무 수행과 관리, 자원의 배분 등 기관에서 필요한 행정 과업의 개선을 위한 자료를 제공한다.

⑩ 조사 연구의 자료 제공

기록은 사회복지실천에서 다양한 주제로 연구를 진행할 경우 풍부한 정보를 제공할 수 있다. 이 경우에는 클라이언트에 대한 비밀보장의 원칙을 철저하게 준수하는 것이 중요하다.

2) 기록 내용

사회복지실천에서 기록 내용은 어떤 기록 유형을 선택하든 간에 대부분 다음과 같은 사항을 포함한다(엄명용 외, 2011). 첫째는 면접 일시와 장소, 둘째는 면접 목표, 셋째는 프로그램의 내용과 목표 달성 전략, 넷째는 면접 내용(참석자, 클라이언트의 과제 수행 여부의 점검과 결과 기록, 프로그램 시행 내용, 면접 종결 시의 환류, 다음 면접의 활동 내용, 과제 부여, 준비 사항 등), 다섯째는 평가, 여섯째는 다음 회기의 면접 계획 등이다.

사회복지실천에서 면접 내용이 기록된다는 것을 아는 클라이언트는 비밀보장의 염려 때문에 부담스러워할 수 있다. 면접 전에 사회복지사는 어떤 내용을 중심으로 기록할 것이며, 그 이유가 무엇인지를 클라이언트에게 설명하고 허락을 구하는 고지된 동의를 수행하여야 한다. 또한 사회복지사는 기록 내용을 공개하지 않을 것이며, 만약 공개할 경우에는 반드시 클라이언트의 허락을 얻을 것이라는 사실을 설명해야 한다. 기록 내용을 적절히 활용하려면, 사회복지사의 객관성과 논리성의 유지가 필수적이다. 또한 면접 기록을 미룬다면, 재구성할 때 정확성과 신뢰도가 낮아지기 때문에 면접 후에 바로 작성해야 한다(엄명용 외, 2011).

좋은 기록을 위해서는 정확성, 간결성, 명확성, 책무성 등이 필요조건이다. 첫째, 정확성이란 자료의 객관성으로 클라이언트나 그의 사정을 왜곡하지 않아야 한다. 둘째, 간결성이란 정보는 간결하고 명료한 문장으로 표현해야 한다. 셋째, 명확성이란 사용하는 용어는 명확하여 의미가 잘 전달되도록 하고 일관성 있는 단어의 선택이 필요하다. 넷째, 책무성이랑 서비스의 목적, 목표, 계획, 활동, 성과 등과 관련된 지표를 문서화하여 서비스 전달을 잘 파악할 수 있게 하는 것이다. 일반적으로 면접에서 사회복지사는 중요한 내용을 주제어(key words)나 문구로 간단하게 작성하였다가 면접 후에 다시 기록하는 방법을 사용한다. 면접 과정에서 사회복지사가 기록에만 집중한다면, 클라이언트가 불편해하거나 주의를 산만하게 하여 면접 진행에 방해가 되기 때문에 조심해야 한다(Zastrow, 1999; 엄명용 외, 2011). 사회복지사는 중요한 사항을 기록하는 경우에도 클라이언트와 자주 시선을 맞추고 이야기에 집중하는 자세가 필요하다.

3) 기록 유형

기록 유형은 사회복지기관의 특성, 제공하는 서비스 유형, 활용 목적 등에 따라 달라질 수 있다. 일반적으로 사회복지실천현장에서 사용되는 기록 유형은 최소 기본 기록, 과정 기록, 이야기체 기록, 문제 중심 기록 등이 있다(Epstein, 1985; 엄명용 외, 2011).

① 최소 기본 기록

최소 기본 기록(minimum basic recording)은 단순하고 경제적인 기록 양식이다. 기본적 신상 정보인 클라이언트의 이름, 주소, 전화번호, 직업, 가족의 주소와 전화번호, 면접 일시, 클라이언트의 주요 문제, 목적, 개입 계획, 클라이언트의 반응, 탐색이 필요한 영역, 필요한 자원, 클라이언트에게 필요한 활동과 종결 상태 등을 중심으로 기록한다.

② 과정 기록

과정 기록(process recording)은 사회복지실천에서 가장 오랜 역사를 가진 기록 방법으로 면접 과정에서 일어난 사회복지사와 클라이언트의 상호작용을 있는 그대로 자세하게 기록하는 것이다. 초창기 사회복지실천에서 사회복지사는 클라이언트와 그 상황을 분석하기 위해 클라이언트의 말과 행동한 것, 사회복지사가 관찰한 것, 이때 클라이언트에 대한 사회복지사의 느낌 등 기억할 수 있는 모든 것을 기록하였다. 〈표 8-1〉은 과정 기록의 방법으로 면접 내용, 사회복지사의 느낌, 분석, 슈퍼비전 등으로 구성되어 있다. 이 방법은 정확한 환류를 얻을 수 있어 실습지도와 직원 교육에서 사정 기술 또는 면접 기술 등의 훈련에 유용하다. 하지만 과정 기록은 작성할 때 많은 시간이 소요된다는 것이 단점이다. 사회복지사가 다른 기록 유형과 과정 기록을 함께 사용한다면, 전문적 지식과 기술을 학습하고 자아를 점검하는 데 매우 유용할 수 있다.

▮표 8-1▮ 과정 기록 방법의 예

면접 내용	사회복지사의 느낌	분석	슈퍼비전
언어적 및 비언어적 의사소통을 포함하여 면접 중에 일어난 일을 있는 그대로 모두 기록한다. 제삼자의 존재나 처음 계획된 면접에 대한 장애 요인도 기록한다.	면접 동안 사회복지사의 느낌을 기록한다. 클라이언트의 반응이 아니라 사회복지사의 느낌이 중요하다. 여기에는 전문적 용어를 사용할 필요가 없으며, 솔직하고 개방적으로 기록한다.	사회복지사의 느낌의 근원, 면접 기법에 대한 분석, 더 효과적이었을 다른 대안적 접근 등을 기록한다.	기록된 면접 내용, 사회복지사의 느낌 및 분석 등에 대해 슈퍼바이저가 다음에 슈퍼비전 내용을 작성한다.

출처: 윤현숙 외 (2001). 사회복지실천기술론, p. 331에서 수정 인용.

③ 요약 기록

요약 기록은 일정 기간별로 묶어서 서술하는 형태로 일지 기록을 바탕으로 작성한다. 즉, 면접에서 수집된 모든 자료를 제시하기보다 그 자료 중에서 선택하여 클라이언트의 상황을 정확하고 요점만 기록하는 것이다. 주로 접수, 의뢰, 사례 종결에 사용되지만, 정기적으로 중요한 점을 요약하기 위해 매주, 매월 단위로 이루어지기도 한다. 요약 기록을 통해 다른 기관의 사회복지사는 빨리 정확한 정보를 파악하여 관계 형성을 진행할 수 있다. 또한 종결 단계의 요약 기록은 문제가 재발할 때 중요한 정보를 신속히 전달하는 점에서 의미가 있다. 〈표 8-2〉는 요약 기록의 예시이다(최혜지 외, 2021).

▌표 8-2▐ 요약 기록 방법의 예

내용
2022년 ○월 ○일, 사례관리 중인 A의 가정폭력 피해 사실이 결찰에 신고되었다. 사례관리팀 ○○○사회복지사는 면접을 통해 A가 매우 무기력하고 우울한 상태로서 자녀(6세)와 함께 쉼터 입소를 원하고 있었다. 사회복지사는 A가 가정폭력에 대한 상담과 함께 쉼터에 입소하여 안전된 환경에서 보호받을 필요가 있다고 판단하여 ○○가정폭력상담소에 의뢰하였다.

④ 문제 중심 기록

문제 중심 기록(problem-oriented record)은 단순히 기록 차원을 넘어 현재 문제를 중심으로 문제 영역을 규정하고 사정하고 목록화해서 각 문제에 대해 무엇을 할 것인지 계획하고 그 진행 상황을 기록하여 문제 해결 접근 방법에 반영한다. 기록의 목적이 문서화뿐만 아니라 정보 교환이므로 의료 및 정신건강 현장 등 다른 전문직과 함께 일하는 현장에서 효과적으로 이용된다(장수미 외, 2010). 문제 중심 기록은 문제를 파악하기 위한 자료 수집, 문제의 규정과 구체적 문제 목록 작성, 개입 계획, 개입의 수행 및 점검 등의 영역으로 구성되어(Wilson, 1980) 개입의 초점을 잘 보여주며 효율성을 향상한다는 평가를 받고 있다.

문제 중심 기록은 주로 SOAP 방식으로 기록한다. 먼저 주관적인 정보(Subjective Information)는 클라이언트가 자신의 상황을 어떻게 느끼고 인식하는지를 나타낸다. “저는 이 문제를 해결할 수 없어요. 저를 도와줄 사람도 없고요.” 주로 클라이언트의 자기 보고로부터 얻는다. 따라서 주관적인 정보는 독립적이거나 외적 타당도는 없다. 객관적인 정보(Objective Information)는 전문가의 직접적 관찰, 임상 검사, 실험, 체계적인 자료 수집 등과 같은 방법으로 얻어진 정보이다. 이 범주의 정보는 독립적으로 검증될 수 있다. 사정(Assessment)은 주관적인 정보와 객관적인 정보를 검토해서 추론된 전문가의 가설이나 임시적 결론이다. 예를 들어 자기효능감이 저하된 상태로 지지 체계가 빈약하다로 작성한 것이다. 계획(Plan)은 수집된 정보와 클라이언트의 정서상태 등 모든 자료에 대한 사정을 근거로 전문가가 클라이언트의 관심사나 문제를 어떻게 해결할 것인가에 대한 방법이다(Sheafor & Horejsi, 2012). 즉, 우울증 검사와 욕구에 따른 인적, 물적 자원 연계가 필요하다고 작성한 것이다.

▌표 8-3▌ 문제 중심 기록 방법의 예

S	남편은 자신의 음주 및 폭력 사실을 인정했지만, 아내가 자신에게 계속해서 잔소리했기 때문에 이런 일이 발생했다고 주장하고 있다. 외환위기로 실직한 이후 좌절감과 스트레스 그리고 현재 직장에 대한 불만 등을 이야기하는 데 많은 시간을 할애하였다. 아내와의 결혼생활을 계속하기를 원하며, 현재 언니 집에 있는 아내가 하루빨리 집으로 돌아오기를 원하고 있다. 음주 문제에 대한 치료 프로그램과 가정폭력 가해자 치료 프로그램의 참여에 대해서는 필요성을 인정하지 않고 있다. 다만 아내가 집으로 돌아오면 부부 상담에는 참여할 용의가 있다고 말하고 있다.
O	남편의 체격은 보통이며 목소리가 크고 막힘없이 이야기를 잘하는 편이다. 실직으로 직업을 바꾼 후 경제적으로 어려운 편이다.
A	남편은 음주 및 폭력문제를 부인하고 있다. 자신의 행동에 책임을 지기보다는 아내에게 책임을 미루는 것으로 보인다. 남편은 가부장적 가치관을 따르고 있지만, 결혼생활을 계속할 의사가 분명한 것, 아내 및 자녀에 대한 애정을 보이는 것, 개별 및 부부 상담에 개방적인 것 등은 부부관계에서 강점으로 보인다.
P	음주 및 폭력문제에 대한 남편의 책임을 인정하기 위하여 계속된 개입이 필요하다. 이것이 아내와 자녀에게 어떤 고통을 주었는지를 인식할 필요가 있다. 개별 면접을 계속할 예정이다.

출처: 윤현숙 외 (2001). 사회복지실천기술론, p. 344에서 수정 인용.

문제 중심 기록의 장점은 기록이 간결하고 형식이 통일되어 질 높은 기록 검토를 할 수 있을 뿐만 아니라 개입의 초점이 분명하여 효율성이 향상되는 것이다. 또한 다양한 분야의 전문가들이 함께 검토하기 때문에 문제 유형의 파악이 용이하여 책무성이 명확해진다. 하지만 클라이언트의 욕구, 자원, 장점보다는 문제에 중점을 두는 것, 개인과 환경의 상호작용보다는 개인을 강조하여 관련 현상을 단순화시키거나 부분화를 강조하는 것, 간결한 정보를 근거로 문제를 사정하여 클라이언트를 총체적으로 이해하지 못하는 것 등이 단점이다(장수미 외, 2010).

핵 · 심 · 정 · 리

1. 의사소통의 장애 요인

① 상대방에 대한 예측
② 의미에 대한 주관적 가정
③ 고정관념
④ 면접의 목적에 대한 이해 부족
⑤ 너무 성급한 개입
⑥ 방심
⑦ 클라이언트의 저항

2. 사회복지실천 면접의 특성

① 면접을 위한 맥락이나 장이 있음
② 면접은 목적 지향적 대화로 목적과 방향이 있음
③ 면접은 정해진 기간 동안 목적 달성을 위해 한정적이며 계약적임
④ 면접은 사회복지사와 클라이언트 사이의 특정한 역할 관계가 있음

3. 사회복지실천 면접의 유형

① 정보 수집 면접: 클라이언트의 개인적 혹은 사회적 문제와 관련된 배경이나 발달사의 자료를 수집하여 제공할 서비스의 종류를 결정
② 사정 면접: 클라이언트의 문제를 해결하기 위해 구체적으로 어떤 서비스가 필요한지를 결정
③ 치료 면접: 클라이언트의 변화를 돕기 위한 것, 클라이언트의 사회적 기능을 향상하기 위해 사회환경을 변화시키는 것, 클라이언트와 사회환경 모두의 변화를 돕는 것

4. 면접의 기술

관찰	클라이언트의 언어적, 비언어적 표현, 시작하는 말과 끝맺는 말, 면접 중에 주제의 변경, 반복되는 언급, 내용의 불일치, 숨겨진 의미, 클라이언트의 침묵
경청	감정적, 정서적으로 억압된 클라이언트의 감정표현을 돕기 위해 잘 들어주는 것, 면접에서 클라이언트를 이해하기 위한 가장 중요한 기술로 그가 무엇을 말하는지, 면접자의 질문에 어떻게 반응하는지를 듣는 것까지도 경청에 포함

질문	유의해야 할 질문 유형으로 폐쇄형 질문, 너무 많거나 적은 질문, 왜로 시작하는 질문, 유도 질문, 호기심의 질문, 사적 질문
요약	면접 도중에 클라이언트가 한 말의 내용과 그 속에 담겨 있는 감정을 정리하여 강조할 때 사용
해석	사회복지사가 클라이언트의 말 속에 담김 숨은 의미를 파악하여 이를 다른 관점으로 제시함으로써 클라이언트가 자신의 사건, 행동, 감정, 태도 및 생각 등을 새로운 방법으로 볼 수 있도록 하는 기술

5. 기록의 목적

① 클라이언트의 욕구 확인
② 서비스 내용 보고
③ 사례의 연속성 유지
④ 전문가 사이의 원활한 의사소통
⑤ 클라이언트와 정보 공유
⑥ 슈퍼비전, 자문, 동료 검토에 의한 활성화
⑦ 서비스 과정과 효과의 점검
⑧ 학생과 다른 전문가의 교육 자료 제공
⑨ 실무와 행정 과업의 개선 자료 제공
⑩ 조사 연구의 자료 제공

6. 기록 유형

과정 기록	가장 오래된 기록 방법으로 면접 과정의 모든 것을 자세하게 기록
요약 기록	수집된 자료 중에서 선택하여 클라이언트의 상황을 정확하고 요점만 작성
문제 중심 기록	문서화뿐만 아니라 정보 교환을 목적으로 SOAP 방식, 즉 주관적인 정보(S), 객관적인 정보(O), 사정(A), 계획(P) 등으로 작성

CHAPTER 09

사회복지실천 과정: 접수 및 자료 수집

이 장의 구성

1. 접수 단계
2. 자료 수집

CHAPTER 09

사회복지실천 과정: 접수 및 자료 수집

학습목표

- 접수의 개념을 이해한다.
- 접수 단계에서 사회복지사의 과업을 이해한다.
- 자료 수집의 내용을 이해한다.
- 자료의 출처를 이해한다.

1. 접수 단계

1) 접수의 개념

사회복지실천현장에서 사회복지사가 클라이언트와 접촉하는 경우는 일반적으로 다음의 세 가지 경로를 통하여 이루어진다. 첫째, 자신이 해결할 수 없는 문제에 대해 스스로 도움을 요청하는 클라이언트의 자발적 신청이다. 클라이언트와의 만남은 장애 요인이 전혀 없는 상황에서 사회복지사를 부담 없이 만날 수 있는 환경을 조성하는 것부터 출발한다. 둘째, 가족이나 이웃 등과 같은 비공식적 체계 혹은 공식적 체계로부터의 의뢰이다. 가족이나 이웃은 클라이언트가 경험하는 일상생활의 부적응과 문제 행동을 가장 먼저 확인할 수 있는 원천이다. 공식적 체계인 사회복지기관은 클라이언트의 욕구에 대응할 서비스가 없을 때 다른 기관으로 클라이언트를 의뢰한다. 셋째, 사회복지사의 사례 발굴이다. 자발적으로 도움을 요청하기가 어려운 잠재적 클라이언트나 다른 기관으로부터 의뢰되지 않는 사례를 사회복지사가 적극적으로 찾아나서는 아웃리치(out reach)를 통해 사례를 발굴하려는 노력이 필요하다.

이와 같은 과정을 통해 문제나 욕구를 가진 잠재적 클라이언트가 사회복지기관에 방문하면 먼저 접수 단계를 거치게 된다. 사회복지실천 과정에서 접수(intake)란 사회복지사가 잠재적 클라이언트의 문제와 욕구를 확인하고, 원조 과정에서 그가 기대하는 것이 무엇인지를 명확히 하여 그것이 기관의 정책과 서비스에 부합되는지를 판단하는 과정을 말한다. 사회복지실천 과정의 첫 단계인 접수를 통해 기관에서 적합한 서비스를 제공할 수 있다고 판단될 때, 도움을 요청한 잠재적 클라이언트는 비로소 클라이언트가 되어 사회복지실천 과정에서 적절한 서비스를 받게 된다. 하지만 기관의 서비스 범위를 벗어나는 사례일 경우에는 잠재적 클라이언트를 적합한 기관으로 의뢰하도록 결정해야 한다.

일반적으로 대다수 클라이언트는 첫 만남에서의 느낌이나 감정으로 재방문 여부를 결정하므로 접수는 앞으로 진행될 전문적 원조 관계의 양상을 결정하는 중요한 단계가 된다. 따라서 사회복지사는 짧은 시간의 접수 단계를 통하여 클라이언트와 전문적 원조 관계를 수립하여야 한다. 대체로 도움을 요청한 클라이언트는 두려움, 긴장감, 양가감정 등을 가질 수 있으므로 사회복지사는 클라이언트의 이런 측면들이 완화될 수 있도록 도와야 한다. 특히 원조를 받지 않을 경우 겪게 될 부정적 결과 때문에 어쩔 수 없이 오거나, 법적 명령 때문에 또는 다른 서비스를 받기 위한 조건으로 원조 요청을 하는 비자발적인 클라이언트들이 있다. 이들 중에는 사회복지실천 과정을 불신하거나 과거에 사회복지사와 부정적인 경험을 가진 일도 있을 수 있다. 일반적으로 비자발적인 클라이언트는 자원의 부족과 문제의 복잡성 때문에 문제 해결의 동기와 의지가 약한 편이다. 이러한 비자발적인 클라이언트를 대할 때, 사회복지사는 클라이언트의 선택권을 최대화하고자 노력하는 동시에 자기 결정권 침해에 대한 클라이언트의 불편한 감정을 인정함으로써 클라이언트에게 동기 부여를 할 필요가 있다(최해경, 2009).

접수 단계에서 사회복지사가 주의할 점은 클라이언트를 유형화해서는 안 된다는 것이다. 즉, 문제 유형에 따라 "그런 클라이언트는 보통 …할 것이다."라는 식으로 정형화해서는 안 된다. 모든 클라이언트를 개별화하며 그들이 가질 수 있는 양가감정과 두려움을 이해하고 클라이언트가 편안한 마음을 가질 수 있도록 관심과 존중을 보여주어야 한다. 사회복지사가 이러한 태도를 보여야만 클라이언트는 편안하게 자신의 문제를 말할 수 있다(양옥경 외, 2018).

2) 사회복지사의 과업

접수는 앞으로 진행될 사회복지실천 과정을 결정하는 중요한 단계이다. 짧은 시간의 접수 과정을 통해 사회복지사는 클라이언트와 긍정적인 전문적 원조 관계를 수립해야 한다. 이를 통하여 앞으로 전개될 원조 과정에서 클라이언트의 변화 동기가 형성되고, 적극적·협조적 자세를 가지게 되므로 접수 과정에서 사회복지사의 역할은 매우 중요하다(양정남, 최선령, 2014). 접수 단계에서 사회복지사의 주요 과업으로는 잠재적 클라이언트의 문제 확인, 기관 서비스와 원조 과정에 대한 정보 제공, 참여 유도, 의뢰 등이 있다.

(1) 문제 확인

사회복지사는 잠재적 클라이언트가 주로 호소하는 문제가 무엇인지를 먼저 확인해야 한다. 즉, 잠재적 클라이언트가 현재 주로 호소하는 문제와 관련된 욕구 및 그 발생 원인이 무엇인지를 정확하게 파악해야 한다. 접수 단계에서 잠재적 클라이언트가 호소하는 문제의 성격을 확인하는 것은 기관의 자원과 정책에 부합되는지를 결정하는 근거가 되므로 매우 중요한 작업이다. 또한 사회복지사는 잠재적 클라이언트가 자기 문제의 중요성을 어떻게 파악하고 있는지를 알아보아야 한다. 잠재적 클라이언트가 자기 문제를 해결해야 할 시급성과 당위성이 있다고 느낄 때 적극적으로 문제 해결 과정에 참여하기 때문이다. 따라서 사회복지사의 도움이 필요한 이유와 도움을 요청한 것에 대한 잠재적 클라이언트의 소감 등도 함께 이야기를 나누면서 원조 과정에 대한 클라이언트의 기대를 파악하는 것이 중요하다(Goldstein & Noonan, 2010).

잠재적 클라이언트가 사회복지기관에 대해 어떤 기대를 품고 있는지를 확인하는 이유는 기관에서 제공할 수 없는 서비스를 기대하거나 요구할 수도 있기 때문이다. 잠재적 클라이언트는 자신이 받을 수 있을 것으로 기대했던 서비스가 제공되지 못한다면 원조 과정 도중에 종결할 가능성이 크다. 따라서 사회복지사는 무슨 서비스가 어떤 절차에 따라 제공되는지를 충분히 설명하여 클라이언트가 그 기관의 서비스 이용 여부를 선택할 수 있도록 해야 한다(이영분 외, 2001).

(2) 기관 서비스와 원조 과정에 대한 정보 제공

사회복지사는 잠재적 클라이언트가 기관에 요구하거나 기대하는 것을 분명히 하고, 그것이 기관의 기능이나 정책에 부합되는지를 판단하여야 한다. 이를 위해 사회복지사는 기관이 제공할 수 있는 서비스 범위와 한계 등에 대해 클라이언트에게 상세하게 설명해야 한다. 또한 사회복지사는 서비스 자격 요건과 규칙, 원조 과정에서 사회복지사와 클라이언트의 역할 등을 설명해야 한다. 특히 클라이언트가 원조과정을 이해할 수 있도록 서비스와 관련된 세부 사항(시간, 장소, 빈도, 모임의 횟수, 전체 소요 시간, 평가 방법, 비용 등)에 대해서도 설명할 필요가 있다. 필요하다면 사회복지사는 클라이언트에게 서비스와 관련된 법규와 정책, 클라이언트의 권리, 비밀보장의 한계 등에 대해서도 자세하게 알려주는 것이 좋다(양정남, 최선령, 2014).

(3) 참여 유도

잠재적 클라이언트가 원조 과정에 적극적으로 참여하기 위해서는 사회복지사와 긍정적인 원조 관계 형성, 동기화, 양가감정 수용과 저항감 해소 등이 필요하다. 무엇보다도 사회복지사와 클라이언트 사이의 긍정적인 원조 관계, 즉 라포(rapport) 형성을 통해 사회복지실천 과정에 클라이언트가 적극적으로 참여하도록 유도해야 한다. 라포의 본질적 기능은 원조 과정을 수행할 수 있는 관계 기반을 구축하는 것이다. 클라이언트는 사회복지사가 자신을 진심으로 이해하고 기꺼이 도와주려고 한다는 것을 느낄 때 라포가 형성된다. 이를 통해 클라이언트는 사회복지사가 자신을 이해하고 진심으로 도움이 되고자 하는 것을 느끼게 된다. 라포가 형성되었다는 것은 클라이언트의 사적인 경험을 사회복지사에게 드러내도 안전하다는 생각과 함께, 자신을 이해하고 도와줄 수 있는 능력이 사회복지사에게 있다고 생각하는 것을 의미한다. 라포 형성을 통해 사회복지사에게 친밀감, 진실함, 안전과 능력에 대한 신뢰감 등을 느끼는 클라이언트는 방어적이지 않아 자신의 문제를 표현할 뿐만 아니라 문제 해결을 위해 적극적으로 노력하는 태도를 보인다(조홍식 외, 2009). 대체로 라포 형성은 서로를 소개하는 초기에 형성되며, 사회복지실천 과정이 진행되는 동안 유지되어야 한다. 이러한 라포 형성이 이루어질 때 사회복지실천의 기본 가치인 클라이언트의 존엄성, 수용, 자기 결정 등을 실천할 수 있는 토대가 마련된다(양옥경 외, 2010). 이처럼 사회복지사와 클라이언트 사이의 라포 형성은 성공적 개입을 위한 필수 조건이다. 원조 과정에 클라이언트가 적극적으로 참여하기 위해서는 먼저 사회복지사와 긍정적인 원조 관계의 형성이 필요하기 때문이다.

일반적으로 원조 과정은 변화 과정이기 때문에 클라이언트가 변화하고자 하는 동기나 의지가 부족하면 성공하기 어렵다. 따라서 사회복지사는 원조 과정 동안 클라이언트가 적극적으로 참여할 수 있도록 문제 해결에 대한 동기를 부여해야 한다. 특히 지나치게 낙담하여 더는 변화를 기대하지 않는 클라이언트에게는 그동안의 고통을 이해하고 지금까지의 의지를 격려하면서 문제를 해결할 수 있다는 희망을 품도록 하는 동기 부여가 필요하다. 예를 들어 비자발적 클라이언트인 청소년에게 "어머니의 말씀을 따르기 위해 여기까지 오다니…. 어려운 결정을 하다니 정말 대단합니다."라고 말하는 것이다. 어려운 상황에서도 클라이언트가 기관을 방문한 것은 자기 문제를 해결하려는 의지가 있기 때문이다. 이러한 클라이언트의 의지를 격려하고 지지하는 것이 동기 부여의 방법이 된다.

클라이언트의 참여를 유도하기 위해 사회복지사는 저항을 다루는 기술을 사용할 필요가 있다. 저항이란 원조 과정에 대한 클라이언트의 비협조적이고 부정적인 정서나 행동을 의미한다(최혜지 외, 2013). 변화에 대한 저항은 모든 인간과 사회 체계의 특성으로, 사람들은 원래의 현상을 유지하려는 경향이 있어서 변화에 저항한다. 특히 저항은 변화가 급격하고, 익숙한 유형을 엉망으로 만들 경우에 나타난다. 원조 과정에서 사회복지사는 클라이언트의 저항을 예측하고 대비해야 하는데, 저항은 양가감정과 밀접한 관련이 있다. 양가감정(ambivalence)이란 특정한 변화를 원하는 것과 원하지 않는 감정이 공존하는 상태를 말한다(Sheafor & Horejsi, 2012). 변화에 대해 누구나 양가감정을 가질 수 있는데, 사람은 변화를 원하면서도 현재 상태를 유지하고 싶은 마음이 있기 때문이다. 따라서 사람에게 양가감정은 자연스러운 현상이므로 사회복지사는 클라이언트가 그것을 솔직하게 표현하도록 도와야 한다. 또한 저항은 변화에 대한 양가감정, 도움받는 것을 꺼리는 마음, 지위나 자원의 상실에 대한 두려움, 변화할 수 없을 것이라는 생각, 시간 투자를 주저하는 마음, 참여를 방해하는 실질적인 장애와 불확실성 등에서 기인한다(Pincus & Minahan, 1973). 일반적으로 원조 과정에서 저항은 비협조적인 태도나 행동으로 나타난다. 즉, 클라이언트가 다음 면접을 거부하거나, 늦게 오거나, 연락도 없이 오지 않거나, 갑자기 문제가 해결되었다며 종결을 요구하는 경우 등이다. 이럴 때도 사회복지사는 변화에 대한 클라이언트의 양가감정을 수용하고 자신의 의견을 자유롭게 표현하도록 함으로써 저항감을 해소하기 위해 노력해야 한다(우국희 외, 2015). 또한 사회복지사는 변화 과정에서 나타날 수 있는 긍정적인 결과를 클라이언트에게 구체적으로 설명함으로써 변화에 대한 클라이언트의 기대와 확신을 높이기 위해 노력해야 한다.

(4) 의뢰

잠재적 클라이언트가 요구하거나 기대하는 것이 기관의 기능과 정책에 맞지 않는 경우가 있다. 이때 사회복지사는 클라이언트에게 서비스를 제공할 수 없는 이유를 충분히 설명하고, 적합한 서비스를 받을 수 있는 다른 기관으로 의뢰한다. 의뢰(referral)란 기관이 잠재적 클라이언트에게 필요한 서비스나 자원을 제공할 수 없을 때 필요한 서비스를 제공할 수 있는 다른 기관을 소개하고 연결하는 일이다(Johnson & Yanca, 2007). 일반적으로 의뢰가 필요한 경우는 다음과 같다(Sheafor & Horejsi, 2008). 클라이언트의 욕구와 문제가 기관의 기능이나 사업 내용과 맞지 않거나, 다른 기관이 클라이언트의 문제에 우선적 책임을 지거나 더 잘 다룰 수 있다고 판단되거나, 잠재적 클라이언트의 욕구와 문제를 다루기에 사회복지사의 전문적 지식과 기술이 부족하거나, 사회복지사의 가치나 언어가 효과적인 원조 관계 형성에 방해된다고 생각될 때 등이다. 이처럼 의뢰란 클라이언트에게 가장 적합한 서비스를 이용할 기회를 제공하고, 클라이언트를 간접적인 방법으로 지원함으로써 사회복지기관의 책무성을 높이는 수단인 된다는 점에서 의의가 있다(최혜지 외, 2013). 의뢰는 단순히 잠재적 클라이언트를 다른 기관으로 보내는 일이 아니라 그가 필요한 서비스를 받도록 연결하는 일이므로 철저한 사전 준비가 필요하다. 사회복지사가 의뢰를 결정하는 것이 아니라 클라이언트의 동의가 필요하므로 클라이언트와 보호자에게 의뢰하려는 이유를 충분히 설명해야 한다. 적절한 의뢰를 위해서 사회복지사는 지역사회의 다양한 기관들의 서비스 내용, 정책 및 절차 등에 관한 자원 목록을 준비하는 동시에 이들 기관과의 상호 연계 체계를 구축할 필요가 있다. 또한 클라이언트가 과거에 이용 경험이 있거나 혹은 서비스를 받지 못했던 기관인지도 확인해야 한다. 이와 함께 클라이언트가 원하는 서비스를 제공하는 다른 기관들의 정보도 충분히 제공하여 기관을 선택하도록 하며 지나치게 비현실적인 기대를 하지 않도록 해야 한다. 대체로 의뢰 과정에서 클라이언트는 두려움이나 양가감정을 포함해 많은 스트레스와 좌절을 경험할 수도 있다. 따라서 사회복지사는 클라이언트가 거부감을 느끼지 않도록 정서적 지지를 제공하면서 그의 참여와 동의를 얻어야 한다(김혜란 외, 2013).

의뢰 과정의 원활한 진행을 위해서 사회복지사는 의뢰할 기관명, 주소, 전화번호, 담당자 이름 등을 잠재적 클라이언트에게 알려주고, 그의 관심사와 욕구 등을 중심으로 의뢰 공문을 작성한다. 가능하다면 잠재적 클라이언트가 있는 자리에서 사회복지사가 의뢰 기관 담당자에게 전화하여 클라이언트와 그 담당자가 직접 통화할 기회를 마련하는 것이 좋다. 필요한 경우에는 잠재적 클라이언트와 함께 의뢰 기관을 방문함으로써 클라이언트가 사회복지사로부터 버림받았다는 느낌이 들지 않도록 배려해야 한다(Sheafor & Horejsi, 2008).

마지막으로 클라이언트를 의뢰한 이후에 사회복지사는 의뢰 과정을 평가해야 한다. 의뢰 과정에서 문제는 없었는지, 의뢰된 기관에서 클라이언트가 원하던 서비스를 실제로 받았는지, 서비스는 도움이 되었는지, 어려움은 없는지 등을 확인한다. 평가 결과를 토대로 클라이언트가 그 기관에서 필요한 서비스를 계속해서 이용할 가능성을 높이도록 노력해야 한다(우국희 외, 2015).

3) 접수 양식

접수 단계에서 면접 내용을 기록하는 양식을 접수 양식 또는 초기 면접지(intake sheet)라고 한다. 기관마다 차이가 있지만 대체로 클라이언트가 접수 양식의 빈칸을 작성한 다음, 사회복지사가 접수 면접을 한 후에 기록하여 클라이언트의 기본 정보를 수집한다. 접수 양식을 통하여 수집된 자료들은 사회복지사가 개입을 준비할 때 사정 자료로 활용된다. 사회복지사의 과업은 접수 양식에 작성된 클라이언트의 자료를 정확하게 파악하는 것이며, 이 자료를 통하여 클라이언트를 이해함으로써 개입 계획을 수립하기 위한 기초를 마련할 수 있다. 일반적으로 접수 양식에는 다음과 같은 정보가 포함된다(양옥경 외, 2010; 엄명용 외, 2011).

① **클라이언트의 기본 정보**

이름, 성별, 나이, 결혼 관계, 주소, 연락처, 직업 등이다.

② **가족 관계**

현재 동거 중인 가족을 중심으로 가족구성원의 이름, 나이, 직업, 교육 수준, 종교 등이다.

③ **주요 문제**

클라이언트가 도움을 요청한 문제가 무엇이며, 언제 발생하였고, 어떤 과정으로 지속하였는지 등이다.

④ **참여 경로**

클라이언트가 기관을 어떻게 알고 방문하게 되었는지를 확인하는 과정이다. 예를 들어 누구로부터 기관을 소개받았는지, 기관을 홍보하는 광고나 소식지 등을 보고 왔는지, 다른 기관으로부터 의뢰되었는지 등을 묻는다.

⑤ **의뢰 이유**

클라이언트가 스스로 찾아온 것이 아니라 다른 기관으로부터 의뢰받은 것이라면 의뢰 이유를 작성한다.

⑥ **이전의 사회복지 서비스 경험**

이전에 이 문제나 혹은 다른 문제로 사회복지기관에서 서비스를 받은 경험이 있는지, 있다면 어느 기관에서 어떤 서비스를 받았는지를 작성한다(양옥경 외, 2010).

⑦ 접수 담당 사회복지사의 의견

클라이언트의 문제나 욕구에 관한 사회복지사의 의견, 서비스 범위가 기관의 서비스와 정책에 부합되는지를 판단하는 것 등이 포함된다.

2. 자료 수집

1) 자료 수집의 특성

자료 수집은 클라이언트의 문제와 욕구를 파악하고 앞으로의 개입 방향을 결정하는 데 필요한 자료를 클라이언트와 주변 사람들로부터 모으는 과정이다. 사회복지사의 주요 과업은 클라이언트, 문제, 환경 등으로 범주화될 수 있는 자료들을 수집하는 것이다(Timberlake et al., 2002). 즉, 클라이언트의 문제와 원인, 클라이언트의 기능과 한계, 클라이언트의 가족 관계, 환경이라는 문제 상황과 관련된 자원과 제약 등을 파악하기 위해 관련 정보를 수집한다.

자료 수집 단계의 목표는 클라이언트의 문제와 욕구가 무엇인지를 분명히 하여 개입의 방향을 설정하는 것이다. 여기에는 충분한 자료 수집과 수집된 자료의 사정에 따른 문제 규정의 작업이 포함된다. 사회복지사는 문제의 심각성과 영향력에 대한 클라이언트의 인지 정도, 문제가 클라이언트의 일상생활에 영향을 주는 정도, 클라이언트의 문제 해결 능력 등의 자료를 수집하여 클라이언트의 문제를 사정한다(엄명용 외, 2011).

수집된 자료를 바탕으로 사정하므로 자료 수집이 사정 단계보다 먼저 진행될 것 같지만, 실제로는 자료 수집과 사정은 거의 동시에 이루어지며 반복된다. 즉, 사회복지사는 자료를 수집하면서 문제를 이해하고 분석하기도 하고, 분석 과정에서 필요한 자료를 수집하여 보완하기도 한다(양옥경 외, 2010). 이처럼 자료 수집은 이 단계에서 집중적으로 이루어지지만, 사회복지실천 과정 동안 계속해서 진행된다. 사회복지사가 효과적으로 개입하기 위해서는 개인과 환경 사이의 상호작용에 영향을 미치는 요인에 대한 확인이 필요하고, 이를 위해서 클라이언트와 그의 상황에 대한 자료 수집은 매우 중요하다(엄명용 외, 2011).

2) 자료 수집의 내용

클라이언트를 효과적으로 원조하기 위해서 사회복지사는 클라이언트, 문제 및 환경 등에 관해 정확하고 다양한 자료를 근거로 사정하고 개입 계획을 수립해야 한다. 따라서 자료 수집 단계에서 사회복지사는 클라이언트, 문제, 클라이언트의 환경 등으로 범주화할 수 있는 자료를 수집하여야 한다. 즉, 사회복지사는 생태체계 관점으로 제시된 문제와 그것과 관련된 개인, 환경 속에 있는 개인과 문제, 환경이라는 문제 상황과 관련된 잠재적 혹은 실질적 자원과 한계 등을 파악한다(최해경, 2009). 이런 점을 염두에 두고 사회복지사는 다음과 같은 내용을 중심으로 자료를 수집해야 한다(양옥경 외, 2010; 우국희 외, 2015).

(1) 클라이언트의 기본적 정보

접수 단계에서 사회복지사는 클라이언트의 기본적 정보와 호소하는 문제, 즉 클라이언트가 문제라고 인식하는 것이 무엇인지를 파악한다. 클라이언트 개인의 기본적 정보뿐만 아니라 가족 상황, 경제적 상태, 교육 수준 및 직업 등에 관한 정보, 클라이언트의 주요 호소 문제 등은 클라이언트를 이해하는 기초 자료가 된다.

(2) 문제에 관한 정보

접수 단계에서는 클라이언트가 도움을 요청한 문제에 초점을 둔다. 하지만 자료 수집 단계에서는 클라이언트가 도움을 요청한 문제의 발생 시점과 현재까지의 진행 과정, 현재 상황과 지금까지 문제 해결을 위해 클라이언트가 시도한 노력, 문제의 직접적 요인과 상황을 악화시킨 요인, 문제에 대한 클라이언트의 대처 방법, 문제와 관련된 중요한 사람에 관한 정보, 클라이언트가 환경 속에서 어떤 영향을 주고받았는지에 관한 정보, 심리적 · 사회적 · 경제적 요인이 클라이언트나 가족에게 영향을 미친 사실 등의 자료를 수집한다.

(3) 개인력

개인력은 클라이언트가 살아온 역사를 말한다. 클라이언트나 가족으로부터 클라이언트의 영 · 유아기, 아동기, 청소년기, 성인기, 중 · 장년기, 노년기 등 인간의 발달 단계에 따른 인간관계 및 주요 사건 등을 파악한다.

(4) 가족력

클라이언트의 원 가족 상황과 가족 관계, 현재의 가족 구성과 관계 등에 관한 정보를 수집한다.

(5) 클라이언트의 기능

클라이언트의 지적 · 정서적 · 신체적 · 사회적 기능 등의 수준을 파악할 수 있는 자료를 수집한다. 특히 사회적 기능 측면에서는 대인 관계 능력, 업무 능력, 문제 해결 능력 등을 파악할 수 있는 자료를 수집한다.

(6) 클라이언트의 자원

일상생활에서 클라이언트가 이용하는 서비스와 현재 활용 가능한 자원은 어떤 것들이 있는지에 관한 자료를 수집한다.

(7) 클라이언트의 강점 및 한계

문제 해결 과정에서 이용할 수 있는 클라이언트의 강점에 관한 자료 수집이 필요하다. 사회복지사는 변화 가능성이 거의 없는 클라이언트의 상황에서 강점을 찾기가 쉽지 않다. 하지만 클라이언트가 도움을 요청한 사실 그 자체도 강점이 될 수 있다. 또한 사회복지사는 클라이언트와 그의 환경 속에 있는 한계 등의 자료도 수집해야 한다.

(8) 클라이언트의 환경

사회복지사는 클라이언트의 환경에 관한 자료 수집을 통하여 어떤 요인들이 클라이언트의 문제와 관련이 있는지를 파악할 필요가 있다. 사회복지사는 클라이언트의 환경 특성, 친밀한 관계 및 이웃과 지역사회에 관한 정보, 사회적 관계망, 사회 제도 및 서비스의 수혜 경험, 차별 및 소외 경험 등의 자료를 수집해야 한다. 이때 클라이언트의 개별적 상황을 고려해 문제나 욕구와 관련 있는 측면에 초점을 두어야 한다. 클라이언트의 생활주기, 신체 · 정신건강, 흥미, 자원에 따라 환경의 적정성이 좌우되기 때문이다(Hepworth et al., 2016).

3) 자료의 출처

클라이언트의 문제와 욕구를 파악하기 위한 자료의 출처는 매우 다양하다. 사회복지실천에서 사회복지사가 일반적으로 활용하는 자료의 출처는 다음과 같다. 클라이언트가 작성한 서식, 클라이언트의 자기 보고, 클라이언트의 비언어적 행동 관찰, 클라이언트와 다른 사람과의 상호작용 및 가정 방문을 통한 관찰, 이차적 출처로부터의 정보, 사정도구 및 표준화된 검사도구의 결과, 클라이언트와 상호작용하는 사회복지사의 경험 등이다(Gambrill, 2006; Hepworth et al., 2013).

이처럼 다양한 출처로부터 얻은 자료를 사회복지사는 클라이언트의 개인력, 가족력, 지적·정서적·신체적 능력, 문제 해결 능력, 클라이언트의 자원, 클라이언트의 강점과 약점 등으로 재구성하여 사정에 필요한 자료로 준비한다. 대체로 사회복지사는 특정한 자료 수집 방법에만 의존하기보다 여러 가지를 함께 사용하는 것이 좋다. 이와 같이 다양한 출처로부터 수집된 자료를 근거로 종합적으로 사정할 필요가 있다(Nugent, 2008; 엄명용 외, 2011). 예를 들어 클라이언트에게 자기보고서를 작성하게 하고, 가정 방문을 통해서 클라이언트의 가족으로부터 필요한 정보를 수집한다. 또한 사회복지사는 클라이언트와의 직접적인 상호작용을 통해 정보를 수집하며, 다른 출처로부터 얻은 정보를 보완하기 위해 표준화된 검사도구의 결과를 활용하는 등 다각화된 방법을 사용하는 것이 좋다. 일반적으로 사회복지사가 클라이언트의 문제와 욕구를 파악하기 위한 자료의 출처로 사용하는 것들을 살펴보면 다음과 같다 (Zastrow, 2010; Hepworth et al., 2013; 김혜란 외, 2013).

(1) 클라이언트가 작성한 서식

접수 단계에서 클라이언트가 작성한 기관의 접수 양식에는 기본적 인적사항(이름, 성별, 연령, 주소, 종교, 직업, 학력, 결혼 관계 등)과 클라이언트가 도움을 요청한 문제, 가족 관계, 기관에 오게 된 동기, 이전의 사회복지 서비스 이용 경험, 의뢰 이유 등에 관한 정보가 포함되어 있다.

(2) 클라이언트의 자기 보고

클라이언트의 자기 보고(self-report)는 가장 중요한 정보 출처이다. 자기 보고에는 면접 과정에서 자신이 말하는 언어적 보고와 자기 관찰 보고 등의 유형이 있다. 먼저 자신의 문제와 상황을 가장 잘 아는 클라이언트가 말하는 언어적 보고는 매우 중요할 뿐 아니라 어떤 경우에는 거의 유일한 자료 출처이다. 면접 과정에서 클라이언트로부터 문제와 감정, 문제의 원인과 지금까지의 전개 과정, 문제 해결을 위한 자원 및 지금까지의 문제 해결 노력 등의 정보를 얻을 수 있다. 이처럼 클라이언트가 말하는 내용은 자신의 현재 상황을 어떻게 느끼고 있는지를 알려주는 중요한 단서가 된다. 다음으로 클라이언트가 자신의 표적 문제와 관련된 감정, 행동, 생각 등을 일지에 기록한 자기 관찰 보고이다. 자기 관찰의 장점은 클라이언트가 자신에 관해 주목할 수 있으므로 자신의 상황에 대한 통찰력을 얻을 수 있다.

대체로 클라이언트가 자신의 문제와 자원에 관해 보고하는 내용은 정확하다. 하지만 클라이언트는 불안, 잘못된 기억, 편견과 부족한 자기 인식 등으로 객관성이 결여되거나 왜곡될 수도 있다. 특히 법적으로 문제가 될 수 있는 행동(가정폭력, 비행 등)에 대해서는 처벌의 두려움으로 자신의 문제 행동을 고의로 부인할 수 있다. 이처럼 클라이언트의 자기 보고 유형은 주관적 경향이 있을 수 있다. 따라서 클라이언트의 자기 보고 내용의 진위와 객관성을 판단하기 위해 사회복지사는 순환적 질문을 하거나 다른 출처를 통해 얻은 자료들을 참고할 필요가 있다.

(3) 클라이언트의 비언어적 행동 관찰

클라이언트의 비언어적 행동은 자신의 정서적 상태와 반응과 관련된 중요한 정보를 제공한다. 즉, 클라이언트의 비언어적 행동(말투나 목소리의 떨림, 눈물, 표정의 변화, 굳게 다문 입, 눈의 움직임 등)은 분노, 상처, 불안, 두려움 등과 같은 말로 표현하기 어려운 자신의 감정 상태와 반응 및 스트레스 수준 등에 대한 정보를 제공한다.

어떤 경우에는 언어적 표현보다 비언어적 행동이 클라이언트의 감정과 사고를 더 정확하게 전달할 수 있다. 따라서 사회복지사는 클라이언트의 비언어적 행동을 민감하게 인지하여 감정이입적 반응을 통해 현재 개입하는 문제와 연결한다면, 클라이언트로부터 가치 있는 자료를 얻을 수 있다(이영분 외, 2001).

(4) 다른 사람과의 상호작용 및 가정 방문을 통한 관찰

사회복지사는 일상생활에서 클라이언트가 가족구성원, 친척, 친구 등과 같은 다른 사람들과 상호작용하는 방식을 관찰함으로써 많은 정보를 얻을 수 있다. 이를 통해 사회복지사는 클라이언트가 알지 못한 내용을 다각적인 차원에서 정보를 얻을 수 있다. 특히 가정 방문은 자연스러운 생활공간에서 클라이언트와 가족의 상호작용과 상황을 파악하는 기회가 된다. 하지만 가정 방문에서 얻은 정보에는 관찰자의 지각 오류가 있을 수 있으므로 다른 출처에서 얻은 정보들과 어느 정도 일치하는지 비교할 필요가 있다.

(5) 이차적 출처로부터의 정보

사회복지사는 클라이언트의 친구, 친척, 이웃 주민, 교사, 직장 동료나 상사 등 이차적 또는 부수적인 출처와 접촉하여 클라이언트에 관한 정보를 수집할 수 있다. 긴급 상황을 제외하고, 이러한 이차적 출처와 접촉하여 클라이언트에 관한 정보를 수집하고자 할 때는 클라이언트로부터 반드시 자료 수집의 동의를 얻어야 한다. 이차적 출처로부터 수집된 정보의 타당성을 검토할 때, 사회복지사는 정보 제공자와 클라이언트 사이의 정서적 유대와 관계 특성이 그 정보에 영향을 미칠 수도 있음을 고려해야 한다. 이러한 정보도 다른 출처에서 얻은 정보와 어느 정도 일치하는지를 검토할 필요가 있다. 또한 사회복지사는 정보 제공자와 정보의 신뢰도를 염두에 두고 어떤 상호작용 속에서 이런 관점의 차이가 나타나는지에 주목해야 한다.

(6) 사정도구 및 표준화된 검사도구의 결과

클라이언트에 관한 자료는 다양한 사정도구 및 표준화된 검사도구의 결과로부터 얻을 수 있다. 특히 심리검사 중에서 지능검사, 성격검사, 흥미검사 등과 같은 객관적 검사(objective test)와 로르샤흐(rorschach)와 같은 투사적 검사(projective test)는 사회복지사가 실시하기보다는 자격 있는 전문가가 시행한 검사 결과를 활용하는 것이 바람직하다. 이러한 검사도구를 사용해 클라이언트의 자료를 쉽게 수집할 수 있지만, 어떤 검사도구는 신뢰도와 타당도의 한계와 특정 클라이언트에게 사용하는 것이 부적합하므로 사용할 때 주의해야 한다. 또한 사회복지사는 표준화된 검사도구의 결과를 클라이언트를 이해하는 참고 자료로 활용하는 것이 바람직하다.

(7) 클라이언트와 상호작용을 통한 사회복지사의 경험

일반적으로 클라이언트는 사람들과 상호작용하는 방식과 유사하게 사회복지사와 상호작용한다. 따라서 사회복지사는 클라이언트와의 상호작용을 통하여 평소 클라이언트의 대인 관계 및 의사소통 유형, 숨겨진 내면의 감정, 중요한 다른 사람과의 관계 등에 관한 정보를 수집할 수 있다(양정남 · 최선령, 2014). 예를 들어 사회복지사가 클라이언트와의 상호작용을 통해 자기표현이 부족하다는 것을 느꼈다면, 다른 사람들도 그렇게 느낄 가능성이 크다. 그러나 클라이언트에 대한 사회복지사의 주관적인 느낌을 정보로 활용할 때는 각별한 주의가 필요하다. 클라이언트는 특정 상황이나 사람에 따라 다르게 상호작용할 수도 있으므로 다른 사람들을 대하는 것처럼 사회복지사를 대하지 않을 수도 있다(Hepworth et al., 2013). 또는 사회복지사의 독특한 대인 관계 유형이나 삶의 경험이 클라이언트와의 상호작용에 영향을 미칠 수도 있기 때문이다.

핵 • 심 • 정 • 리

1. 접수(intake)의 개념

사회복지사가 잠재적 클라이언트의 문제와 욕구를 확인하고, 원조 과정에서 그가 기대하는 것이 무엇인지를 명확히 하여 그것이 기관의 정책과 서비스에 부합되는지를 판단하는 과정

2. 접수 단계에서 사회복지사의 주요 과업

① 잠재적 클라이언트의 문제 확인
② 기관 서비스와 원조 과정에 대한 정보 제공
③ 참여 유도: 신뢰 관계(라포) 형성, 동기화, 양가감정 수용과 저항감 해소
④ 의뢰(referral): 잠재적 클라이언트에게 필요한 서비스나 자원을 기관에서 제공할 수 없을 때 필요한 서비스를 제공할 수 있는 다른 기관을 소개하고 연결하는 일

3. 접수 단계에서 획득할 수 있는 정보

① 클라이언트의 기본 정보
② 가족 관계
③ 주요 문제
④ 참여 경로
⑤ 의뢰 이유
⑥ 이전의 사회복지 서비스 경험
⑦ 접수 담당 사회복지사의 의견

4. 자료 수집의 내용

① 클라이언트의 기본 정보
② 문제에 관한 정보
③ 개인력
④ 가족력
⑤ 클라이언트의 기능
⑥ 클라이언트의 자원
⑦ 클라이언트의 강점 및 한계
⑧ 클라이언트의 환경

5. 자료의 출처

① 클라이언트가 작성한 서식
② 클라이언트의 자기 보고
③ 클라이언트의 비언어적 행동 관찰
④ 타인과의 상호작용 및 가정 방문을 통한 관찰
⑤ 이차적 출처로부터의 정보
⑥ 사정도구 및 표준화된 검사도구의 결과
⑦ 클라이언트와 상호작용을 통한 사회복지사의 경험

CHAPTER 10

사회복지실천 과정: 사정

이 장의 구성

1. 사정의 개념
2. 사정의 특성
3. 사정의 내용
4. 사정도구

CHAPTER 10

사회복지실천 과정: 사정

학습목표

- 사정의 개념과 특성을 이해한다.
- 사정 단계에서 사회복지사가 수행해야 할 과제를 이해한다.
- 사정의 내용을 이해한다.
- 다양한 사정도구의 특징과 작성 방법을 이해한다.

1. 사정의 개념

일반적으로 사정(assessment)은 클라이언트, 클라이언트의 환경, 그리고 클라이언트와 환경 사이의 상호작용과 관련된 정보 등을 수집, 탐색, 조직, 분석하는 과정이다. 즉, 사회복지실천 과정에서 가장 핵심 단계인 사정은 수집된 관련 정보를 기초로 사회복지사와 클라이언트가 함께 클라이언트의 문제 및 욕구의 성격과 원인 등을 규명하여 개입의 함의를 도출하는 실천 활동이다(김혜란 외, 2013). 이처럼 사정은 수집된 정보를 기초로 클라이언트의 문제를 규정하여 개입의 방향을 결정하는 것으로 클라이언트가 호소하는 문제가 무엇이며, 어떤 원인 때문인지, 그 문제를 해결하거나 감소시키기 위해 무엇이 변화되어야 하는지 등에 대해 대답하는 것이다(최해경, 2009).

사정은 수집된 자료를 기초로 하지만 사회복지사는 자료를 수집하면서 분석하는 과정에서 필요한 자료를 추가로 수집하므로 사실상 자료 수집과 사정은 거의 동시에 순환적으로 이루어진다고 볼 수 있다. 이처럼 자료 수집과 사정은 긴밀한 관련을 맺고 있다. 자료 수집이 클라이언트와 그의 문제를 이해하는 데 도움이 되는 주관적·객관적 정보를 수집하는 활동이라면, 사정은 수집된 정보를 분석하고 해석하여 클라이언트의 문제를 규정하는 작업이다(Timberlake et al., 2002; 우국희 외, 2015). 예를 들어 대인 관계에서의 어려움을 호소하는 클라이언트와 면접 후에 사회복지사는 문제의 원인을 자기표현 능력의 부족으로 규정하고, 자기주장 훈련 프로그램의 참여를 문제 해결의 방안으로 제시할 수 있다. 결국 사정은 누가 문제를 가지고 있고, 그 문제가 무엇이며, 문제의 이유가 무엇인가를 공식화하는 것이다. 이처럼 사정의 결과는 사정보고서를 통해 체계적으로 그 내용을 조직화하여 보고한다. 클라이언트의 기능 수행과 그를 둘러싼 상황의 사회적 측면에 대한 정보를 정리한 사정보고서를 살펴보면 다음과 같다. 즉, 사회복지사는 문제, 개인, 환경 등에 대해 평가한 이후에는 〈누가〉 가지고 있는 〈무슨 문제〉의 변화 가능성은 〈이유: 문제의 성격, 개인의 동기 또는 능력, 환경 내 자원 및 제약〉 때문에 〈높음, 약간 높음, 보통, 약간 낮음, 낮음〉으로 사정된다(김혜란 외, 2013).

사정은 클라이언트의 역사와 배경, 문제가 클라이언트에게 미치는 영향, 문제 해결에 필요한 자원과 지지 등을 사회복지사가 이해할 수 있도록 돕는 과정이다(Hepworth et al., 2016). 이러한 사정 단계에서 사회복지사의 중요한 과업은 다음과 같다(엄명용 외, 2011).

첫째, 클라이언트의 문제를 발견한다. 둘째, 문제 해결을 위해 관련 정보를 수집한다. 셋째, 클라이언트의 문제를 규정해서 개입 계획의 수립에 필요한 질문에 대답한다. 즉, 클라이언트의 충족되지 못한 욕구를 인지하고 장애물을 규명하여 제거하는 방법을 설정하는 과정이 사정이다(Johnson, 1989). 이처럼 문제를 규정하는 과정에는 클라이언트의 욕구가 무엇이며, 욕구의 충족을 방해하는 장애물이 무엇인지,

그리고 욕구의 충족에 필요한 변화에 도움이 되는 클라이언트 및 외부 체계의 잠재적 능력이나 장점은 무엇인지 등을 규명해야 한다(Johnson & Yanca, 2007). 예를 들어 클라이언트가 제시한 '남편의 일중독' 문제를 '자신이 남편에게 중요한 존재임을 느끼고 싶어하는' 욕구로 바꾸어 진술하는 것이 문제 형성이다.

2. 사정의 특성

사회복지실천 과정의 핵심 단계인 사정은 자료를 수집하여 분석하고 종합하는 창의적 과정인 동시에 문제 해결 과정을 포함하고 있어 과학적이라고 할 수 있다. 사회복지사는 자료 수집 단계를 통해 수집된 정보를 연결하여 클라이언트의 문제 및 욕구가 무엇인지 파악하고 그것의 성격과 원인을 규명하여 그에 대한 개입 계획을 세우게 된다. 결국 이러한 사정 과정을 통해 사회복지사는 개입 목표와 방법을 설정한다. 따라서 문제 해결을 위한 개입의 효과는 얼마나 정확하게 사정하였느냐에 달려 있다(양옥경 외, 2010). 이러한 사정의 주요 특성에 대해 살펴보면 다음과 같다(Johnson & Yanca, 2007; 김혜란 외, 2013).

1) 과정인 동시에 결과

사정은 과정(process)인 동시에 결과(product)이다. 사정 단계는 사회복지사가 사정을 수행하면서 자료를 수집하고, 조직화하며, 판단하는 경험의 과정으로 구성된다. 또한 결과로서의 사정은 클라이언트의 문제, 자원, 관련 요소 등에 관한 이해를 통해 문서로 만들어진 결과이다.

2) 지속성

사정은 사회복지실천의 초기 단계에서 주로 이루어지지만 그 이후 종결 단계까지 계속되는(ongoing) 역동적 과정이다. 사회복지실천의 모든 원조 과정 동안 클라이언트와 그 상황에 관한 새로운 정보 수집을 통해 이해가 증진되기 때문에 사정은 어떤 시점에도 완전할 수 없으며 지속해서 이루어지는 과정으로 볼 수 있다.

3) 이중초점

사정은 이중(twofold)초점을 둔다. 즉, 사정은 상황 속의 클라이언트를 이해하는 것과 사회복지실천 계획과 개입을 위한 기초를 제공하는 것에 이중초점을 둔다. 사정 과정에서 사회복지사는 클라이언트와 관련 체계들의 상호 관계, 환경, 욕구, 욕구 충족의 방해물, 문제, 그리고 욕구와 문제에 관련된 중요한 사람과 체계 등에 관한 정보를 수집해야 한다. 또한 강점, 한계, 변화 동기, 변화에 대한 저항 등을 살펴보는 것도 중요하다. 사회복지사는 다양한 방법으로 수집된 자료를 기초로 사정하여 클라이언트의 문제 해결과 욕구 충족을 위한 개입 계획을 세운다.

4) 상호작용 과정

사정은 클라이언트와 사회복지사가 참여하는 상호작용 과정(mutual process)이다. 사정의 주요 내용은 면접, 집단 토의, 관찰 등에서 클라이언트와 사회복지사의 상호작용을 통해 이루어진다. 이때 클라이언트는 자신의 능력을 최대한 발휘하여 사정의 모든 측면에 적극적으로 참여해야 한다. 사회복지사는 사실에 대한 의미 파악과 상황 속의 클라이언트를 이해하기 위하여 수집한 자료를 클라이언트와 논의한다. 이런 상호작용 과정은 클라이언트의 자존감을 인정하고 그가 생각하고 믿는 것이 중요하다는 것을 확인시켜 주므로 클라이언트의 역량을 강화하는 방법이 된다. 이러한 상호작용 과정을 통해 클라이언트는 소극적으로 참여하는 서비스 수혜자가 아니라 원조 과정의 중요한 동반자라는 것을 깨닫게 된다.

5) 사고의 전개 과정

사정 과정에는 순서, 즉 움직임(movement)이 있다. 사정 과정은 서비스 상황의 관찰과 이해를 위해 필요한 정보를 확인·수집하며, 그 정보의 의미를 설명하는 순서로 이어진다. 즉, 수집된 정보를 바탕으로 전체 상황을 이해하기 위해 여러 부분에 관한 사실들과 그 의미들을 통합하는 사고의 전개 과정이 포함된다(양옥경 외, 2010).

6) 수평적·수직적 탐색

사정의 초기 단계에서는 클라이언트의 상황을 수평적(horizontal)으로 보는 것이 유용하다. 모든 가능한 부분, 상호작용, 관계 등을 중심으로 클라이언트의 욕구를 확인하기 위해 상황을 폭넓게 검토하는 것이다. 수평적 탐색의 목적은 문제 해결의 장애 요인과 욕구 충족을 위해 활용할 수 있는 생태체계의 강점과 자원을 파악하기 위해서이다. 이후에 그 상황이나 문제 해결에 필요한 것으로 확인된 부분들을 수직적(vertical)으로 심도 있게 검토한다. 즉, 개인력이나 문제의 역사 등에 대한 정보를 수집한다. 정보 수집 과정은 사회복지사와 클라이언트가 함께 욕구, 문제 및 상황 등을 탐색하면서 수평적인 것에서부터 수직적으로, 또다시 수평적인 것으로 몇 번씩 방향을 이동할 수 있다. 사회복지사는 수평적 탐색과 수직적 탐색이 언제 가장 적절하고 필요한지를 판단할 수 있는 기술이 있어야 한다.

7) 지식 기반

사회복지사는 상황 속의 클라이언트를 이해하는 수단으로 자신의 지식 기반(knowledge base)을 이용한다. 근거 기반 실천에서는 사회복지사의 사정 및 개입 계획이 이론적 근거나 실증적 근거에 기초를 두어야 함을 강조한다. 개인에 대한 이해는 인간 발달과 다양성의 요소를 고려하며, 가족에 대한 이해는 가족 구조와 가족 과정의 지식이 필요하다. 기관에 대한 이해는 관료적 구조의 지식을 참조하고, 지역사회에 대한 이해는 경제학과 정치학의 지식이 필요하다. 생태체계에 대한 이해는 체계 이론과 체계의 구성 요소, 에너지, 정보 교환 등의 지식이 필요하다. 이처럼 사례에 따라 그에 맞는 지식 기반이 필요하며, 정신장애를 이해하기 위해서는 정신의학과 심리학에 대한 지식이 필요하다(양옥경 외, 2010).

8) 생활 상황의 이해

사정이란 클라이언트의 생활 상황(life situations) 속의 욕구를 확인하고, 문제를 규정하며, 그것들의 의미와 유형을 설명하는 것이다. 즉, 사정은 클라이언트가 생활하는 상황에서 어떤 욕구를 가지고 있으며, 욕구 충족의 걸림돌이 무엇인지를 파악하기 위해 생활 주기의 성장과 변화 과정을 활용한다.

9) 강점 확인

사정은 클라이언트와 그를 둘러싼 생태체계의 강점(strength)을 확인하여 개입 과정에서 강점이 강화될 수 있도록 한다. 인간은 자신의 한계가 아니라 강점을 통해 성장한다. 클라이언트와 함께 개입의 목적과 목표 및 성공 가능성이 높은 과업 등을 설정하기 위해서는 신체적 · 정신적 · 정서적 · 행동적 강점 등을 철저하게 사정한다.

클라이언트의 강점은 클라이언트의 욕구 충족에 사용할 수 있는 클라이언트 체계, 환경 또는 상황 속의 자원 등에 대한 확인을 통해서 이루어진다.

10) 개별화

사정은 클라이언트의 문제와 욕구에 따라 개별화(individual)되는데, 인간의 상황은 복잡하며 같은 상황에 부딪힌 사람은 아무도 없다. 이처럼 클라이언트는 자기 나름대로 독특성과 상황이 달라서 모든 사정은 다를 수밖에 없다. 사회적·문화적 배경 등이 다른 클라이언트를 사정할 때, 사회복지사의 관점이 아니라 클라이언트의 관점에서 그 상황과 의미를 살펴보는 것이 중요하다.

11) 판단

사정에는 많은 결정이 내려져야 하므로 사회복지사의 판단(judgment)이 중요하다. 사정에서 사회복지사는 무엇을 고려해야 할 것인지, 어떤 지식 기반을 적용할 것인지, 클라이언트를 어떻게 참여시킬지, 관심사나 욕구를 어떻게 정의할 것인지 등을 결정해야 한다. 이러한 사회복지사의 결정은 사정의 내용과 해석에 영향을 미치기 때문에 사건들의 중요성에 대해 클라이언트의 관점에서 주의 깊게 평가해야 한다. 사회복지사가 중요하지 않다고 판단한 것이 클라이언트에게는 매우 중요할 수 있으며, 그 반대일 수도 있기 때문이다.

12) 한계

클라이언트와 그 상황을 완전히 이해하는 데는 불가능하거나 한계(limits)가 있을 수 있으므로 어떤 사정도 완벽할 수는 없다. 사회복지사가 클라이언트와 그 상황을 이해하는 데는 많은 시간이 필요하지만, 어려움에 직면한 클라이언트는 신속하게 원조를 받아야 하는 경우가 대부분이다. 사회복지사는 클라이언트에게 효과적인 원조를 제공하기 위해 어떤 이해가 필요한지를 결정해야 하고, 원조 과정에서 깨닫는 새로운 이해에 주의를 기울여야 한다. 이처럼 사회복지사가 클라이언트와 그 상황을 완전히 이해하는 데는 한계가 있다. 따라서 사회복지사는 사정의 불확실성을 편안하게 받아들이면서 사정이 지속적 과정임을 기억해야 한다.

3. 사정의 내용

사정은 자료 수집과 관련이 있으므로 사정의 범위도 클라이언트, 문제, 환경 등의 범주로 나눌 수 있다. 그러나 사정 단계에서 사정의 주요 범위와 내용은 사회복지사의 역할에 따라 달라질 수 있다. 특히 사회복지실천현장에서 사회복지사는 다른 전문가와 함께 팀의 일원으로서 사정할 수도 있다. 예를 들어 학교 현장에서 임상심리사는 학생의 심리적·사회적 기능 등을 사정하며, 학교사회복지사는 가정 배경과 환경 체계 등을 사정하기 때문에 그 역할이 구분될 수 있다(김혜란 외, 2013).

과거의 사회복지실천에서는 사정보다는 진단(diagnosis)이라는 용어가 사용되었고, 클라이언트의 결함이나 문제와 같은 부정적이고 역기능적 측면에 초점을 두었다. 여전히 진단이라는 용어를 사용하지만(Turner, 1994), 오늘날의 사정 과정에서는 클라이언트의 자원, 강점, 능력 등 긍정적이고 기능적 측면에 초점을 둔다. 이것은 사회복지사가 현재의 문제를 무시하거나 무조건 낙관적인 접근을 취하는 것이 아니라 가장 어려운 상황에서도 클라이언트의 강점을 찾으려고 노력해야 한다는 것이다. 일반적으로 사정의 내용은 문제의 발견, 문제를 더 잘 이해하기 위한 정보의 발견, 정보 분석을 통한 문제 형성이라고 볼 수 있다. 이처럼 사정의 내용은 주로 클라이언트의 자원이나 강점 등을 중심으로 사정하는데, 그 주요 영역을 살펴보면 다음과 같다(Kirst-Ashman & Hull, 2009; 김혜란 외, 2013).

첫째는 클라이언트의 가족과 친구이다. 클라이언트에게 심리적 · 사회적 지지와 자원 등을 제공할 수 있는 가족이나 친구가 있는지와 그들이 클라이언트의 문제 상황을 다루는 데 큰 도움이 되는지 등을 파악한다.

둘째는 클라이언트의 교육 정도와 취업 경험이다. 클라이언트의 문제가 실업 또는 재정적 문제와 관련된 경우, 취업에 필요한 교육 배경, 기술 또는 취업 경력 등에 대한 사정이 중요하다. 취업에 도움이 되는 기술이나 능력을 잘 파악하여 클라이언트가 취업 분야를 결정하는 데 활용할 수 있다.

셋째는 클라이언트의 문제 해결 능력과 의사결정 능력이다. 클라이언트가 현재의 문제와 유사한 과거의 문제에 대해 어떻게 해결하려고 했는지를 사정하는 것이다. 이것은 현재의 문제 해결을 위해 클라이언트가 어떤 노력을 하는지에 대한 단서가 될 수 있다.

넷째는 클라이언트의 개인적 자질과 성격이다. 클라이언트의 자원 중에서 개인적 자질과 성격이 많은 비중을 차지한다. 원만한 대인 관계와 약속 시간을 잘 지키는 것 등은 클라이언트의 긍정적 자질과 성격이므로 문제 해결에 도움이 될 수 있다.

다섯째는 클라이언트의 물리적 및 재정적 자원이다. 문제 해결을 위해 클라이언트 가정의 주요 재정적 자원들인 주택, 저축 및 기타 자산 등을 파악해야 한다.

여섯째는 클라이언트의 문제 해결에 대한 태도와 관점이다. 클라이언트가 자신의 문제 해결을 위해 노력하려는 동기와 사회복지기관과 협력하려는 의지가 중요하다. 현재의 상태를 체념하기보다 자신의 문제나 상황을 적극적으로 해결하려는 태도를 보이는 클라이언트가 개입에 더 성공적일 수 있다.

일곱째는 클라이언트의 종교 활동이다. 종교 활동에 열심히 참여하는 사람이 부정적 생활 사건이나 질병 등을 잘 극복하는 것으로 알려져 있으므로 클라이언트의 종교 활동에 대해 사정한다.

여덟째는 클라이언트의 다른 강점이다. 모든 사람은 개별적 독특성이 있어서 강점도 많을 수 있다. 운동을 잘하거나, 노래를 좋아하거나, 다른 건전한 취미 활동을 하는 것 등은 클라이언트의 자존감 향상과 동기 부여의 잠재적 자원이 될 수 있다.

4. 사정도구

사회복지사가 클라이언트의 문제 해결과 욕구 충족을 위한 최선의 개입 방법을 선택하기 위해서는 여러 사정도구에 대한 이해가 필요하다. 원조 전문가들이 개발한 사정도구들은 개인과 가족구성원 사이의 상호작용 관찰과 더 큰 사회 체계와의 상호작용을 사정하는 데 유용하다. 여러 사정도구는 클라이언트와 가족구성원에 관한 객관적인 자료뿐만 아니라 그들의 생각이나 느낌과 같은 주관적인 자료를 수집하는 데 유용하다. 특히 사회복지실천 과정의 초기 단계에서 말을 잘 하지 않는 클라이언트와 면접할 경우, 사회복지사는 사정도구를 통해 자료에 관한 기술이나 진술을 요구할 수 있어서 큰 도움이 된다(Holman, 1983).

1) 가계도

가계도(genogram)는 3세대 이상의 가족계보(family tree)와 가족 관계를 여러 상징부호를 사용하여 도식화한 것으로 클라이언트나 가족이 제시한 문제의 근원을 클라이언트의 양육 환경에서 사정하는 도구이다(Zastrow, 1999). 가계도는 여러 세대에 걸쳐 가족구성원의 성별, 연령, 출생과 사망, 결혼과 이혼, 직업 등의 인구학적 정보와 주요 생활사건, 가족구성원의 기능, 가족 관계와 역할 등의 정보를 연대기적으로 보여준다(McGoldrick et al., 2008). 사회복지사는 가계도를 통해 가족구성원의 문제와 관계 등을 전체 가족의 맥락에서 볼 수 있으며, 여러 세대에 걸쳐 가계도를 작성할 경우 세대 간 반복되는 관계 유형을 찾고 가족의 과거와 현재가 어떻게 연결되어 있는지를 파악할 수 있다(김혜란 외, 2013).

가계도는 사회복지사와 클라이언트가 협력해서 가족구성원의 관계와 특별한 관심을 받는 가족의 경험을 탐색하고 논의하는 작업을 통해 완성된다. 사정도구로서 가계도는 가족의 경험을 체계화하고, 가족의 문제들을 재구성하는 데 도움이 된다. 가계도의 작성 과정은 현재의 문제, 동거 가족, 가족의 현재 상황 등과 같은 비교적 쉬운 질문부터 확대 가족, 가족 사건의 역사, 가족구성원의 역할, 기능, 관계 등의 어렵고 불안을 초래할 수 있는 질문으로 넓혀가는 것이 좋다(McGoldrick et al., 2008).

가족구성원의 구조와 관계를 나타내는 가계도의 작성에서 공통으로 사용하는 상징들은 [그림 10-1]과 같으며, 가계도 작성의 일반적 방법을 살펴보면 다음과 같다(McGoldrick et al., 2008). 첫째, 가계도는 클라이언트의 조부모 세대까지 작성하고 적어도 3세대가 포함되도록 한다. 둘째, 가계도는 대체로 현재를 중심으로 그리는데, 증상이 시작되었거나 가족에게 중요한 변화가 일어났던 과거의 어느 시점을 중심으로 작성하기도 한다. 셋째, 생물학적 · 법적 가족구성원과 가족 구조는 직선으로 표시한다. 특히 가족 구조에서 부부는 평행하게 직선으로 연결하고, 자녀는 부모보다 아래로 수직선을 추가하여 표시한다. 이러한 정보들은 정해진 위치에 표시하며 추가적 정보는 부모 근처 빈 곳에 표시한다. 넷째, 남자는 네모로 여자는 원으로 표시하며, 나이는 기호 안에, 출생 연도는 기호의 왼쪽 위에, 사망 연도는 오른쪽 위에 작성한다. 다섯째, 자녀는 출생 순서에 따라 왼쪽부터 오른쪽으로 순차적으로 그린다. 클라이언트가 자녀인 경우 형제 · 자매보다 선을 길게 내려서 낮게 그린다. 동거하는 구성원은 점선으로 묶어 표시하며, 클라이언트는 도형을 이중선으로 그려 표시한다. 마지막으로 기본적 가족 구조가 작성되면, 중요한 정보(인구학적 요소, 관계, 가족사건 등)와 가족 관계를 추가로 기재한다. 가족 관계는 가족 구조보다는 복잡하고

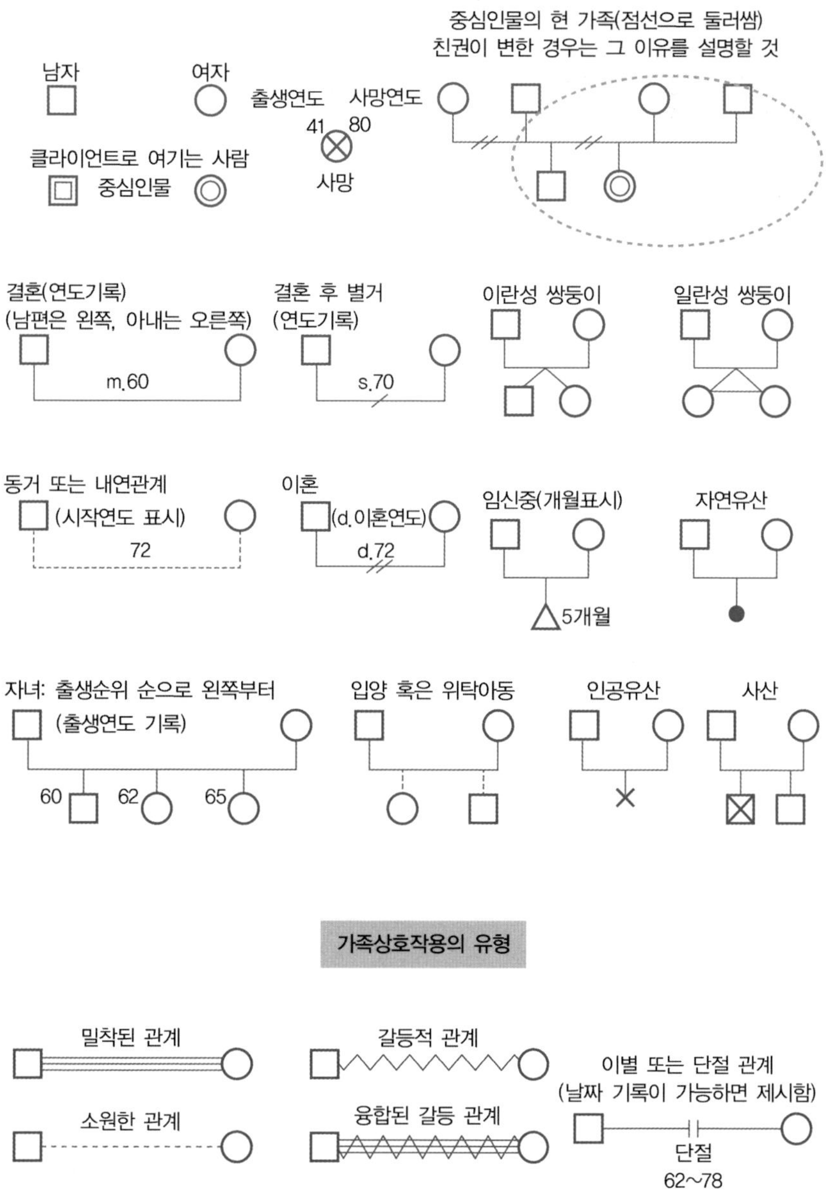

▌그림 10-1▐ 가계도 도식

출처: McGoldrick & Gerson (1985). Genograms in family assessment.; 김혜숙 (2008). 가족치료 이론과 기법(2판), p. 191에서 재인용.

사회복지사에 따라 다르게 사용하기도 하지만, 공통으로 선을 상징화하여 사용한다.

이러한 상징 부호들을 기초로 작성된 가계도는 네 가지 차원에 초점을 두고 분석한다(김혜란 외, 2022). 첫째, 가족 구조와 구성을 분석한다. 결혼 상태, 형제·자매의 출생 순위, 자녀에 대한 부모의 기대 등을 분석한다. 둘째, 가족생활 주기에서 현재 가족의 위치를 분석한다. 가족이 가족생활주기의 각 단계와 전환기(결혼, 출산, 퇴직 등)의 특성에 성공적으로 적응했는지를 살펴본다. 셋째, 세대에 걸쳐 반복되는 양상(pattern)을 분석한다. 가족 체계에서 나타나는 특성들은 몇 세대에 걸쳐 되풀이되는데, 그 양상은 다르다 하더라도 그 속에 숨겨진 같은 속성은 세대에 걸쳐 이어질 수 있다(Bowen, 1978). 이런 현상의 발생 이유는 다음 세대가 현세대의 관계 양상을 은연중에 모방하기 때문이다. 따라서 가족 기능과 관계, 가족구성원의 역할과 기능의 균형 등이 세대 간에 어떤 양상으로 나타나는지를 주목한다. 세대에 걸쳐 가족의 기능 방식이 얼마나 유사하게 적응적(탄력성, 강점 등)인지 혹은 부적응적(가정폭력, 알코올중독 등)인지를 살펴보며, 가족 관계에서 친밀, 정서적 단절, 갈등 등이 세대 간에 반복되는지를 살펴본다(McGoldrick et al., 2008).

넷째, 가족구성원의 역할과 기능에서 균형이 이루어지는지를 분석한다. 부부간, 형제자매 간, 혹은 능력이나 부모의 선호, 가족 가치 등에서 차이가 있는 성원 간에 힘의 균형이 어떻게 이루어지는지, 불균형일 때는 가족이 어떻게 해결할지, 평등한 균형을 위해 성원들이 어떻게 변화하여야 하는지 등을 검토한다(김혜란 외, 2022).

가계도는 가족에 관한 정보의 도식화로 복잡한 가족 유형의 형태를 한눈에 볼 수 있는 장점이 있다. 즉, 3세대 이상의 가족에 관한 정보가 도식화되어 있는 가계도를 통하여 사회복지사는 현재 가족의 문제, 반복되는 사건, 관계의 유형 등이 어떻게 연결되는지를 파악할 수 있다(김유숙 외, 2003). 이러한 가계도 작성 과정을 통해서 나타난 결과를 토대로 사회복지사가 체계적으로 질문할 수 있어 유용하다.

2) 생태도

생태도(ecomap)는 클라이언트와 가족의 삶에 영향을 주는 모든 외부 환경을 체계적으로 확인하고 조직화해 한 개인의 사회적 세계를 그림으로 나타낸 것이다(Hartman & Laird, 1983). 생태도는 가족과 환경 체계들의 관계를 이해하는 도구로 클라이언트 및 가족구성원과 외부 환경 사이의 자원 교환과 에너지의 흐름, 환경의 지지, 스트레스, 갈등 등을 선과 화살표를 이용해 나타낸다. 생태도 활용의 장점은 클라이언트와 가족이 외부 환경과 어떻게 상호작용하는지를 전체적이며 생태체계 관점에서 볼 수 있게 한다는 점이다(Hartman, 1995). 사회복지사는 생태도를 통해 가족구성원의 사회적 지지는 어떠한지, 사회적으로 고립된 구성원은 없는지, 가족에게 부족한 자원이나 스트레스는 무엇인지 등을 확인함으로써 가족 내부의 이해와 함께 외부와의 연결과 적응 정도를 파악할 수 있다(엄명용 외, 2011). 이처럼 생태도는 가족의 갈등 상황의 변화에 필요한 자원과 개입 방법이 무엇인지를 확인하는 데 도움이 되므로 가계도를 보완하는 역할도 한다.

사회복지사가 생태도를 작성하여 클라이언트나 가족에게 설명하는 것이 아니라 그들과 함께 작성하여 클라이언트와 가족이 먼저 이해하고 분석하도록 격려해야 한다. 생태도의 작성 방법을 살펴보면, 먼저 백지의 중앙에 가족 체계를 상징하는 큰 원을 그린 후에 그 안에 가족구성원이 표시된 간략한 가계도를 작성한다. 그다음에는 가족에 관한 정보를 작성하고, 그 주위에는 가족과 관련된 외부 환경 체계(직장, 학교, 의료 및 사회적 서비스 기관, 문화, 여가 활동, 종교 기관, 친구 등)를 원으로 표시한다. 이러한 원은 자원의 양을 의미한다. 가족 체계와 외부 환경 체계들과의 교류 상황을 파악한다. 가족 체계와 외부 환경 체계들과의 관계의 내용과 방향은 여러 종류의 선과 화살표를 통해 나타낸다. 선은 관계의 정도를 나타내는데, 실선(—)이 굵을수록 강한 긍정적 관계를 나타내고 점선(---)은 약한 관계를 의미한다. 또한 실선 위에 사선을 그린 것은(⧵⧵⧵⧵) 긴장 혹은 갈등 관계를 의미하며, 체계 사이의 자원과 에너지의 흐름은 화살표(→)로 표시한다.

생태도를 작성할 때 사회복지사는 다음의 질문들을 고려해야 한다(Sheafor & Horejsi, 2005). 즉, 가족은 기본적 욕구(의 · 식 · 주 등)를 충족할 만큼의 적절한 소득이 있는지, 가족 중에서 직업이 있는 구성원은 그 직업에 만족하는지, 가족은 확대가족 · 친구 · 이웃 등과 상호작용은 어떠하며 갈등은 없는지, 자녀들은 필요한 교육 자원을 이용하며 학교생활에 만족하는지, 가족구성원은 사회 · 문화 · 종교 활동에 참여하는지 등이다. 사회복지사와 클라이언트가 협력해야 할 중요한 일은 가족과 외부 환경과의 상호작용 중에서 가장 효과적인 변화를 보일 요소를 찾는 것이다(엄명용 외, 2015). 생태도는 사회복지실천 초기 단계에만 작성하는 것이 아니라 원조 과정 동안 여러 번 작성하는 것이 좋다. 개입을 통해 클라이언트와 외부 환경과의 관계는 변할 수 있다. 따라서 생태도를 여러 번 작성하여 외부 환경과의 상호작용이 어떻게 변화되었는지를 클라이언트 체계가 이해할 수 있도록 해야 한다(Thomlison, 2010).

생태도의 기본적인 모형은 [그림 10-2]와 같다. 생태도는 세 가지 차원에서 분석할 수 있다(김혜란 외, 2006). 첫째, 생태학적 환경에서 클라이언트와 가족을 전체적으로 이해할 수 있다. 클라이언트와 가족은 어떤 자원들을 주로 이용하는지, 없거나 부족한 자원이나 지지는 무엇인지, 가족과 환경 사이의 관계 본질은 무엇인지 등을 알 수 있다. 둘째, 클라이언트와 가족과 환경 사이의 경계를 이해할 수 있다. 에너지 혹은 자원의 투입과 산출의 흐름이 양 방향적인지, 환경에서 가족으로 혹은 가족에서 환경으로 일방적인지 등을 알 수 있다. 셋째, 가족 내부를 이해할 수 있다. 가족구성원은 외부 체계들과 어떻게 연결되어 있는지, 누가 주변 환경으로부터 단절되어 있는지 혹은 갈등 관계에 있는지, 모든 가족구성원이 혹은 개별적으로 다른 체계들과 상호작용하는지 등을 알 수 있다.

이와 같은 이해와 분석을 통해 사회복지사는 클라이언트와 가족과 환경 체계를 변화시켜야 할 것인지, 클라이언트와 가족과 환경 체계의 관계를 변화시켜야 할 것인지, 혹은 클라이언트와 가족 체계를 변화시켜야 할 것인지를 결정할 수 있다(김혜란 외, 2022).

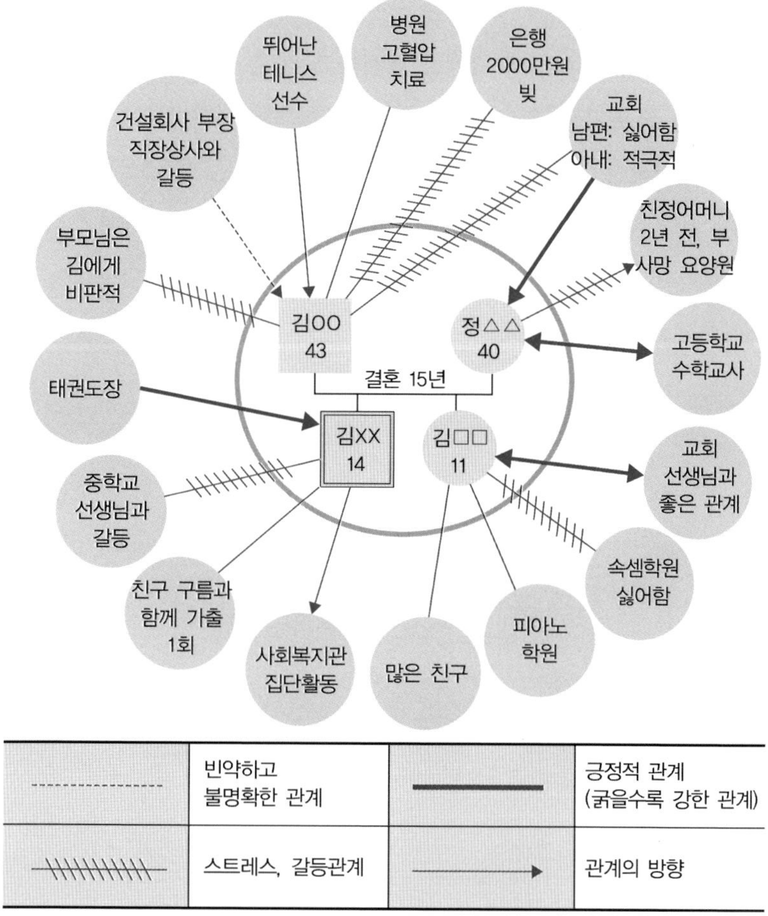

▌그림 10-2▌ 생태도

3) 사회도

사회도는 소시오그램(sociogram)이라고도 하는데, 집단구성원 사이의 상호작용을 도식화하여 집단 내의 선호 관계를 한눈에 볼 수 있도록 하는 집단 사정도구이다. 사회도는 집단구성원 사이의 전체적 관계 유형은 물론 집단 내의 하위 집단 사이의 역학 관계, 집단구성원 사이의 지위와 사회적 서열 관계 등을 쉽게 파악할 수 있다.

여러 상징 부호를 사용하여 사회도를 작성한다. [그림 10-3]은 사회도의 예인데, 각종 기호로서 집단구성원 사이의 관계를 표시하고 있다. 실선은 호감을 느끼는 관계, 점선은 무관심한 관계, 끊어진 선은 불편한 관계를 의미한다. 화살표는 호감의 방향을 의미하며, 화살표가 없는 선은 상호 관계를 의미한다. 또한 관계의 강도, 거부 등을 나타내기 위해 다른 색깔을 사용할 수도 있다. 집단의 발달 단계에 따라 사회도를 여러 번 작성하여 비교함으로써 집단 내의 특징적 상호작용 또는 대인 관계 유형을 파악할 수 있다. 아울러 집단구성원의 행동 관찰을 통해 파악하기 어려운 집단 내의 소외자, 하위 집단, 경쟁 관계 등을 사회도를 통해 파악할 수 있다(조학래, 2019).

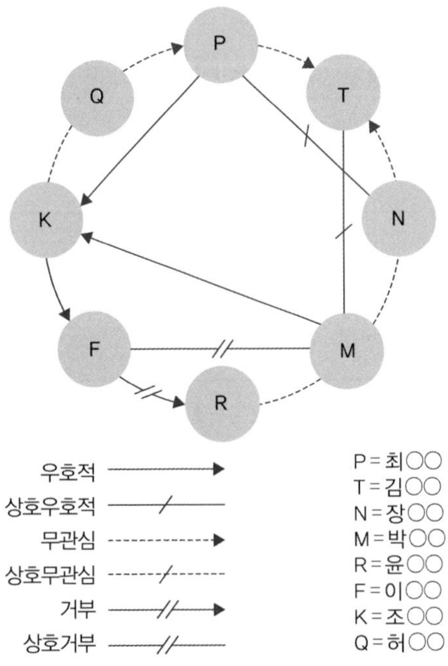

▮그림 10-3▮ 소시오그램의 예

출처: Toseland & Rivas (2001). An Introduction to Group Work Practice (4th ed.), p. 240.

그러나 사회도는 다음과 같은 한계가 있다(Toseland & Rivas, 2001). 첫째, 집단에서 각 구성원의 지위는 파악할 수 있지만 구성원의 실제 행동을 표시할 수 없다. 둘째, 집단 과정의 특정한 순간만을 포착하고 있어 관찰 및 사정도구로 사용하기에는 편리하지만 그 현상의 이유를 설명하지 못하기 때문에 어떤 치료나 개입을 결정할 때 이용할 수 없다.

4) 심리검사

클라이언트의 지능, 동기, 대처 행동의 유형, 자기 개념, 불안이나 우울의 정도, 일반적 인성의 통합 등과 같은 심리 상태는 표준화된 심리검사를 통해 파악할 수 있다. 클라이언트의 심리 평가는 심리검사를 통해 수집된 정보를 중심으로 면접, 행동 관찰, 개인력 등의 자료를 참조하여 종합적으로 평가하는 전문적 과정이다. 따라서 클라이언트의 심리 상태에 대한 검사가 필요하다는 사실을 사회복지사가 인지한다면 심리검사 전문가에게 의뢰하여야 한다. 이러한 심리검사 결과는 개입을 위한 의사결정에서 하나의 참고 자료로 사용해야지 그것에만 의존해서는 안 된다(엄명용 외, 2011).

5) 생활력 표

생활력 표(life history grid)는 클라이언트의 삶에서 중요한 사건이나 문제를 시기별로 나타낸 도표로 클라이언트의 생애 동안 발생한 중요한 사건이나 문제의 발전 과정을 사정하는 데 필요하다. 즉, 생활력 조사를 통해 출생부터 개입 시점까지 클라이언트 삶의 과정에서 발생한 중요한 사건이나 문제의 발전 과정이나 특징들을 수집하여 다른 자료들과 종합함으로써 클라이언트의 현재를 이해한다(엄명용 외, 2011).

▌표 10-1▐ 생활력 표의 예

클라이언트 이름:

연도	연령	지역	가족	학교	건강	활동	문제
2004	1	대전	부:28세 모: 29세			정상 분만	
2005	2						
2006	3						
2007	4						
2008	5		여동생 출생				
2009	6			어린이집 입학			
2010	7					태권도 학원	
2011	8			초등학교 입학			
2012	9						인터넷 중독
2013	10				교통사고 다리 골절		
2014	11	서울 이사	부모 이혼	성적 부진			흡연, 음주
2015	12			무단결석			
2016	13			가출			학교폭력

출처: Sheafor et al. (1994). Techniques and Guidelines for Social Work Practice (3rd ed.), p. 276에서 수정 인용.

생활력 표의 작성 방법을 살펴보면, 첫째 칸에는 클라이언트의 출생 연도부터 현재까지의 연도를 기록한다. 연령에는 해당 연도의 클라이언트 나이를 기록한다. 지역에는 해당 연도의 주요 사건이 발생했던 장소를 기록한다. 가족에는 해당 연도에 발생한 가족 관계나 가족 구조의 주요 변화를 기록한다. 학교에는 해당 연도에 있었던 학교생활의 주요 변화를 기록한다. 건강, 활동 및 문제 등에도 각각 해당 연도에 있었던 클라이언트의 건강 관련, 기타 활동 및 주요 문제를 작성한다. 생활력 표는 클라이언트나 가족이 직면한 문제의 발생 시점과 촉발 사건이나 시점 등을 파악할 수 있는 장점이 있으며, 사건 전과 후 사이에 보이는 양상이나 관계를 파악할 수 있다. 대체로 생활력 표는 아동과 청소년 대상의 활동에 유용하며, 그 표를 통하여 클라이언트의 현재 기능 수행에 영향을 미치는 발달 단계상의 특정 시기의 생활 경험을 이해할 수 있다(Sheafor & Horejsi, 1997; 우국희 외, 2015).

6) 사회적 관계망 표

사회복지사는 문제의 원인을 사정한 후에는 문제의 해결에 필요한 클라이언트의 자원을 사정해야 한다. 자원은 클라이언트의 능력과 자질과 같은 내부 자원과 외부로부터의 지원인 사회적 지지로 나눌 수 있다. 일반적으로 클라이언트는 사회적 지지가 거의 없거나 매우 부족한 특성을 보인다. 따라서 클라이언트가 적절한 사회적 지지를 사용할 수 있도록 클라이언트와 함께 잠재적인 사회적 지지를 확인하고 이를 사정하는 것이 필요하다. 이를 위해 사회복지사는 사정 과정에서 〈표 10-2〉와 같은 사회적 관계망 표(social network grid)를 작성할 기회를 클라이언트에게 제공할 필요가 있다(Tracy & Whittaker, 1990).

사회적 관계망 표는 개인과 가족의 사회적 관계망 혹은 사회적 지지의 유형을 구분하고 가족의 환경과 필요한 자원을 파악하는 데 유용한 사정도구로서 작성 방법을 살펴보면 다음과 같다(엄명용 외, 2015).

먼저 클라이언트가 중요하다고 생각하는 사람(가족이나 친척 · 인척, 직장 동료나 교우, 자신이 속한 단체나 클럽, 동아리 회원, 친구, 이웃, 전문가 등) 15명을 선택하도록 한다. 이들의 이름은 표의 가장 왼쪽에 기록하고, 이들과 삶의 어떤 영역에서 접촉하게 되는지에 따라 해당 번호를 기재한다. 그다음 그 사람들이 제공한 물질적 · 정서

▌표 10-2▌ 사회적 관계망 표

• 클라이언트 이름: ○○○ • 작성 일자: 20○○년 ○○월 ○○일

사회적 관계망에서 중요한 인물		생활 영역	물질적 지지	정서적 지지	정보적 지지(조언)	비판	원조 방향	친밀감	접촉 빈도	알고 지낸 기간
		1. 동거 가족 2. 다른 가족 3. 직장/학교 4. 조직 5. 친구 6. 전문가 7. 기타	1. 거의 없음 2. 간혹 있음 3. 거의 있음	1. 거의 없음 2. 간혹 있음 3. 거의 있음	1. 거의 없음 2. 간혹 있음 3. 거의 있음	1. 거의 없음 2. 간혹 있음 3. 거의 있음	1. 양방향 2. 당신이 그들에게 3. 그들이 당신에게	1. 친밀하지 않음 2. 보통 3. 매우 친밀함	0. 보지 않음 1. 몇 회(년) 2. 매달 3. 주별 4. 매일	1. 1년 미만 2. 1~5년 미만 3. 5년 이상
이름	번호									
	01									
	02									
	03									
	…									
	14									
	15									

출처: Tracy & Whittaker (1990). The Social Network Map: Assessing Social Support in Clinical Practice. Families in Society, 71, pp. 461-470.

적 · 정보적 지지, 비판 등이 어느 정도 자주 있었는지에 따라 해당 번호를 기재하고, 이러한 지지의 원조 방향 한 가지를 선택하여 기록한다. 특히 비판은 클라이언트에게 비판적인 느낌을 주는 사람을 의미한다. 그리고 이러한 사람들과의 친밀감은 어떠한지, 얼마나 자주 접촉하는지, 그리고 얼마나 오랫동안 알고 지냈는지 등을 파악하여 해당 번호를 기재한다.

이상과 같은 사회적 관계망 표를 작성하였으면, 사회복지사는 클라이언트가 활용 가능한 중요한 사회적 지지 체계를 문제 해결이나 대처 방법으로 활용할 수 있도록 도울 필요가 있다. 우리가 만나는 클라이언트 가운데는 활용할 만한 사회적 지지 체

계가 전혀 없거나 있어도 유익하지 못한 경우가 많고, 오히려 역기능적이어서 해를 줄 수도 있다. 따라서 사회복지사는 클라이언트와 함께 이러한 부분을 자세히 검토하여 문제 해결에 도움이 될 수 있는 적절한 자원을 활용하도록 도울 필요가 있다(엄명용 외, 2015).

7) 자아방어기제 사정

자아방어기제(ego defense mechanism)란 불안으로부터 개인을 보호해 주며 내적인 혹은 외적인 위험이나 스트레스의 자각으로부터 개인을 보호해 주는 자동적인 심리학적 과정이다(Segal al., 2007). 즉, 자아방어기제란 자존심을 유지하고 불안을 회피하기 위해 자신에게 위협적인 충동과 정보를 속이면서 갈등이나 좌절에 반응하는 자아의 무의식적 반응을 말한다. 이러한 자아방어기제는 불안을 줄일 뿐만 아니라 긍정적인 사회적 결과를 가져오기도 하므로, 긍정적 자아상을 유지하고 사회 적응을 도모하고 정신건강을 향상하기도 한다(김춘경 외, 2010). 일반적으로 도움을 요청한 클라이언트는 방어기제를 많이 사용한다. 이러한 방어기제의 사용은 개인의 현실 인식 능력과 대인 관계 능력을 훼손하고 현실적인 문제 해결에 장애가 된다. 따라서 사회복지사가 클라이언트의 자아방어기제를 이해하는 것은 원조 과정에서 클라이언트가 보이게 될 반응의 예견을 위해서 중요하다. 클라이언트의 자아방어기제를 넘어서기 위해서는 사회복지사의 온정적이고 공감적인 원조 관계 수립이 가장 중요하다.

핵·심·정·리

1. 사정 단계의 사회복지사의 과업

① 클라이언트의 문제 발견
② 문제 해결을 위해 관련 정보 수집
③ 클라이언트의 문제 규정을 통해 개입 계획 수립에 필요한 질문에 대답

2. 사정의 특성

① 과정인 동시에 결과
② 지속성
③ 이중초점
④ 상호작용 과정
⑤ 사고의 전개 과정
⑥ 수평적·수직적 탐색
⑦ 지식 기반
⑧ 생활 상황의 이해
⑨ 강점 확인
⑩ 개별화
⑪ 판단
⑫ 한계

3. 사정의 주요 영역

① 클라이언트의 가족 및 친구
② 클라이언트의 교육 정도 및 취업 경험
③ 클라이언트의 문제 해결 능력 및 의사결정 능력
④ 클라이언트의 개인적 자질 및 성격
⑤ 클라이언트의 물리적 및 재정적 자원
⑥ 클라이언트의 문제 해결에 대한 태도와 관점
⑦ 클라이언트의 종교 활동
⑧ 클라이언트의 다른 강점

4. 사정도구

가계도 (genogram)	3세대 이상의 가족계보와 가족 관계를 여러 상징 부호를 사용하여 도식화한 것으로 클라이언트나 가족이 제시한 문제의 근원을 클라이언트의 양육 환경에서 사정하는 도구
생태도 (ecomap)	클라이언트와 가족의 삶에 영향을 주는 모든 외부 환경을 체계적으로 확인하고 조직한 것으로 가족의 갈등 상황의 변화에 필요한 자원과 개입 방법이 무엇인지를 확인하는 데 도움
사회도 (sociogram)	집단구성원 사이의 상호작용을 도식화하여 집단 내의 선호 관계를 한눈에 볼 수 있도록 하는 집단 사정도구
생활력 표 (life history grid)	클라이언트의 삶에서 중요한 사건이나 문제의 전개 과정을 연대기적으로 작성하여 사정하는 도표
사회적 관계망 표 (social network map)	클라이언트와 가족의 사회적 관계망 혹은 사회적 지지를 사정하는 도구

CHAPTER 11

사회복지실천 과정: 계획 및 개입

이 장의 구성

1. 계획
2. 계약
3. 개입

CHAPTER 11

사회복지실천 과정: 계획 및 개입

학습목표

- 계획 수립의 단계를 이해한다.
- 개입의 목표 설정을 이해한다.
- 계약의 개념 및 형식을 이해한다.
- 개입 단계에서 수행해야 할 사회복지사의 과제를 이해한다.
- 직접적 개입 기술과 간접적 개입 기술을 이해한다.

1. 계획

클라이언트의 문제와 상황에 대한 자료 수집과 사정이 이루어지면 그것을 기초로 개입 계획을 세워야 한다. 즉, 계획이란 원조 과정에서 변화에 초점을 두고 사정과 개입을 연결하는 교량 역할을 한다(Johnson & Yanca, 2007). 따라서 개입 계획이란 클라이언트의 표적 문제를 선정하고, 개입의 방향 및 장·단기 목표를 설정하며, 이를 성취하기 위한 구체적인 개입 전략이 포함된 계획을 세우는 과정을 의미한다. 일반적으로 사회복지사가 원조 과정의 계획 수립을 잘 구성하기 위해서는 전문성, 개별성, 역동성과 융통성, 실용성 등을 고려하여야 한다. 이러한 요소들을 좀 더 구체적으로 살펴보면 다음과 같다(고기홍, 2014).

첫째, 원조 과정의 계획 수립은 전문적 지식을 기반으로 한다. 즉, 사회복지사는 인간 행동과 발달에 대한 광범위한 지식, 문제 · 원인 · 해결 방법에 대한 전문적 지식, 원조 과정에 대한 전문적 지식 등이 있어야 원조 과정의 계획을 치밀하게 세울 수 있다.

둘째, 원조 과정의 계획 수립은 개별화되어 있다. 즉, 사회복지사는 모든 클라이언트를 획일적인 방법으로 원조하는 것이 아니라 각 클라이언트에게 맞춤형 원조 과정의 계획을 세운다.

셋째, 원조 과정의 계획 수립은 역동성과 융통성을 고려한다. 즉, 사회복지사는 클라이언트의 상황이 역동적으로 변화한다는 점을 고려하기 때문에 원조 과정의 계획을 융통성 있게 점검 및 조정한다.

넷째, 원조 과정의 계획 수립은 실용적이다. 즉, 사회복지사는 원조 과정의 계획 수립 절차는 간단하게, 실천에서도 쉽게 활용할 수 있도록 구성한다. 만약 원조 과정의 계획 수립 절차가 어렵고 복잡해서 많은 시간과 에너지를 소모하거나, 계획 수립 이후에 적용할 수 없다면 바람직한 계획 수립이라고 할 수 없다.

이처럼 사회복지실천 과정에서 개입 계획의 수립은 개입 과정을 효율적으로 조직화하여 목적 달성의 수단인 동시에 서비스 질을 유지하고 사회복지사의 자질을 향상하는 중요한 절차이다. 일반적으로 이러한 사회복지실천 과정에서 개입 계획의 수립은 표적 문제의 선정과 우선순위 결정, 목적 및 목표의 설정, 목적을 목표로 구체화하기, 계약의 공식화 등의 순으로 진행된다. 이 과정에서 사회복지사의 과업은 클라이언트가 해결하고자 하는 문제에 초점을 두고 목표를 설정하며, 클라이언트와 그를 둘러싼 중요한 사람들의 기대를 고려하여 목표를 설정하고, 목표의 중요성을 고려하여 클라이언트에게 가장 시급한 것을 우선순위의 목표로 설정하는 것이다.

1) 표적 문제의 선정

일반적으로 클라이언트의 문제는 여러 가지 요소가 복합적으로 얽혀 있는 경향이 있다. 하지만 현실적 여건과 제한된 시간 때문에 사회복지사가 클라이언트의 모든 문제를 다루는 것은 불가능하다. 따라서 사회복지사는 클라이언트가 지닌 여러 문제 중에서 가장 중요하고 시급히 해결해야 할 표적 문제(target problem)를 먼저 선정해야 한다. 실제로 클라이언트의 문제는 계획된 시간 내에 모두 다룰 수 없으므로 사회복지사는 자신의 지식과 기술을 고려하여 두세 가지 표적 문제로 압축하여 선정한다. 이때 표적 문제의 우선순위 기준은 그 문제의 긴급성, 변화 가능성, 해결 가능성, 클라이언트의 선택 등을 고려할 필요가 있다.

일반적으로 개입 계획에서 선정할 표적 문제는 사회복지사와 클라이언트가 먼저 해결하고자 합의한 문제를 선정하는 것이 바람직하다. 예를 들어 자녀의 학교 부적응, 직장 상사와의 갈등, 남편의 취업 문제 등 클라이언트가 호소한 여러 문제 중에서 클라이언트는 어떤 문제부터 다루고 싶은지 확인하는 것이 필요하다. 이때 가장 중요한 사람은 클라이언트이므로 클라이언트가 중요하게 생각하고 시급히 해결되기를 원하며, 클라이언트의 문제 상황을 대표하는 문제로 표적문제를 선정한다. 이처럼 사회복지실천 과정에서 클라이언트의 자기 결정권은 반드시 지켜져야 할 기본적 가치인 동시에 클라이언트의 동기 부여와 적극적 참여가 핵심 요소이기 때문이다(엄명용 외, 2011).

표적 문제를 선정하였다면, 선정된 표적 문제는 클라이언트가 이해할 수 있는 용어로 분명하게 규정해야 한다. 예를 들어 클라이언트가 여러 문제 때문에 스트레스를 많이 받는다고 표현할 수 있다. 그럴 경우 사회복지사는 먼저 스트레스를 줄이는 데 개입의 초점을 두고 원조 관계를 진행해도 괜찮을지를 클라이언트에게 물어보는 것이다. 이처럼 표적 문제의 우선순위는 클라이언트가 중요하게 생각하고, 시급히 해결되기를 원하며, 그 문제 상황을 대표하며, 현실적으로 해결 가능성이 있는 것 등을 고려함으로써 실제로 집중할 표적 문제를 선정한다(Kirst-Ashman & Hull, 2009).

2) 개입의 목표 설정

표적 문제가 선정되면 사회복지사는 클라이언트와 함께 개입의 목표를 설정한다. 사회복지실천 과정의 개입 계획에서 개입의 목표 설정은 매우 중요하다. 그 이유는 사회복지사와 클라이언트에게 개입 과정의 방향을 분명하게 제시하고 지속성을 유지하며, 종결 후에 실천 과정 및 개입 결과의 달성 여부를 평가하는 기준이 되며, 목표 설정을 위해 사회복지사와 클라이언트 사이에 합의 과정이 이루어지기 때문이다(Johnson & Yanca, 2007). 또한 목표 설정은 적절한 개입 전략과 방법을 선택하고 개발하도록 돕고, 개입 전략의 평가와 클라이언트의 변화 정도를 점검할 수 있으므로 가치가 있다.

일반적으로 목적(goal)이란 개입을 통해 얻고자 하는 장기적이고 궁극적인 결과이며, 해결책을 제시하는 방향이면서 목표보다 광범위하고 추상적인 개념이다(Miley et al., 2007). 반면에 목표(objective)란 사회복지사와 클라이언트의 노력이 향하고 있는 바람직한 결과로서 문제가 해결된 상태, 개입을 통해 나타나기를 바라는 구체적이며 긍정적인 변화를 의미한다. 목표는 사회복지실천 과정의 종결 단계에서 개입의 성공 여부를 평가하는 기준이 되며(엄명용 외, 2011), 개입 방향을 명확히 하는 데 이바지할 수 있다. 이러한 목표를 클라이언트와 함께 설정할 때, 사회복지사는 SMART 형식을 사용할 필요가 있다(Egan, 1982). 즉, 개입 목표의 설정에서 사회복지사는 구체성(Specific), 측정 가능성(Measurable), 성취 가능성(Achievable), 현실성(Realistic), 시기 적절성(Timely) 등 다섯 가지 요소를 고려하여야 한다.

일반적으로 개입 목표가 갖추어야 할 조건들을 살펴보면 다음과 같다(Egan, 1982; Hepworth et al., 2006; Johnson & Yanca, 2007; Kirst-Ashman & Hull, 2009). 첫째, 목표는 클라이언트가 원하는 결과와 관련되어야 한다. 클라이언트는 자신이 원하는 것을 성취하려고 할 때 동기 부여가 되고 목표를 달성하기 위해 노력하게 된다. 예를 들어 어떤 종류든지 한 가지 직업기술의 습득을 목표로 설정했다면, 평상시 클라이언트가 원했던 자동차 정비기술을 배울 수 있도록 돕는 것이 클라이언트에게 동기 부여가 될 수 있다. 클라이언트의 적절한 동기 부여를 위해서 사회복지사는 클라이언트가 원하는 결과를 목표로 선정한다면, 클라이언트는 자신의 문제가 해결되거나 감소하여 삶이 개선될 수 있다는 믿음을 가지게 될 것이다.

둘째, 목표는 바람직한 성과를 포함해야 한다. 목표는 문제 상황을 변화시키는 과정이 아니라 행동 양식으로 기술해야 한다. 자녀를 학대하는 아버지에 대한 개입 목표는 공격성 감소 프로그램에 참여하는 것이 아니라 학대를 하지 않는 것이다. 사회기술이 부족한 사람에 대한 개입 목표는 사회기술 훈련 프로그램에 참여하는 것이 아니라 몇 가지의 사회기술을 습득하는 것이다. 개입 목표는 공격성을 다루는 기술이나 사회기술을 습득하여 실생활에서 학대를 하지 않거나 원만한 대인 관계를 유지하도록 하는 등 바람직한 성과와 관련되어야 한다.

셋째, 목표는 측정할 수 있도록 분명하고 구체적으로 설정해야 한다. 이러한 목표는 클라이언트가 자신의 행동을 통제하고, 점검하는 지침이 된다. 측정 가능한 목표를 설정하려면, 개입 전의 클라이언트의 문제 상태와 관련된 정보가 필요하다. 예를 들어 일주일 동안 클라이언트의 음주 횟수가 얼마나 되는지와 같은 문제 상황에 관한 구체적인 정보가 있다면, 현실적이면서도 측정 가능한 목표를 설정할 수 있다.

넷째, 목표는 클라이언트의 문제 해결에 도움이 될 수 있도록 타당하게 설정해야 한다. 예를 들어 자녀와의 관계가 좋지 못한 아버지의 일찍 귀가하겠다는 목표는 타당한 목표가 아니다. 일찍 귀가하더라도 자녀와 어떻게 시간을 보낼 것인지, 자녀와의 관계 회복을 위한 구체적인 대안이 목표에 반영되지 않으면 문제 해결에 도움이 되지 못한다. 따라서 타당한 목표를 설정하기 위해서는 자료 수집과 사정 단계에서 문제의 원인과 양상, 문제에 대한 당사자들의 관점 등과 관련된 구체적인 정보가 필요하다.

다섯째, 목표는 현실적으로 달성 가능한 수준으로 설정해야 한다. 목표의 현실성이란 목표 달성에 필요한 자원을 동원할 수 있어야 하며, 합리적인 시간 내에 실현

가능성이 매우 높은 수준의 목표를 말한다. 이는 클라이언트와 사회복지사의 능력, 상황적 제약 등을 고려하여 목표를 설정하여야 한다는 뜻이다. 예를 들어 공부에 흥미가 없는 지역아동센터 이용 아동이 모든 과목에서 80점을 받는 것을 목표로 설정하는 것은 한 번도 80점을 받아보지 못한 아동에게는 비현실적인 목표가 된다.

여섯째, 목표는 구체적인 기간이 명시되어야 한다. 클라이언트와 사회복지사는 목표가 언제 달성될지 알아야 현실적으로 기한 내에 달성 가능한 목표를 설정할 수 있다. 예를 들어 가출 문제가 있는 클라이언트의 목표를 "외박하지 않는다."로 설정하기보다는 "2022년 1월 1일부터 12월 31일까지 1년 동안 외박하지 않는다."로 설정하는 것이다. 여기서 기간을 구체적으로 명시한다는 것은 시작일과 종료일, 그리고 총 기간 등을 명시한다는 것이다. 이처럼 시간이 명시된 목표의 설정은 개입의 순차성이나 연계성을 명확하게 파악할 수 있다는 점에서 유용하다.

일곱째, 목표는 사회복지사의 지식과 기술로 달성할 수 있어야 한다(Miley et al., 2007). 만일 설정된 목표가 사회복지사의 전문성과 능력의 범위를 벗어난다면 슈퍼바이저의 슈퍼비전을 통해 목표에 접근하거나 자격을 갖춘 다른 전문가에게 의뢰하여야 한다. 예를 들어 가정폭력이 빈번하게 발생하는 가족의 경우, 경험이 부족한 사회복지사보다는 숙련된 사회복지사에게 의뢰하는 것이 적합하다.

여덟째, 목표는 성장을 강조하는 긍정적인 형태로 작성하는 것이 더 바람직하다. 즉, '비난하지 않기'보다는 '칭찬하기'로 한다거나(양옥경 외, 2010) "클라이언트의 문제 행동이 줄어든다."는 형태가 아니라 "클라이언트의 긍정적인 대안 행동이 증가한다."는 것이 더 바람직하다. 성장 지향을 강조하는 목표 설정은 목표가 달성되면 클라이언트의 삶 속에서 나타나게 될 유익한 변화나 성취를 더욱 부각해 주는 효과가 있다. 즉, 문제 행동을 제거하기보다 긍정적인 용어를 사용하여 성취해야 하는 것을 목표로 설정하면 목표가 달성되었을 때 그 성과를 확인하기가 쉽다(Berg & Miller, 1992). 부정적인 행동을 하지 않는 것에 초점을 두면 클라이언트는 더욱 그 행동에 집중하는 효과가 나타날 수 있다. 그러므로 어떤 부정적인 행동을 하지 않는 것보다 클라이언트가 할 수 있는 긍정적인 행동을 더 잘하도록 도움으로써 성취감을 높일 수 있다(양정남 · 최선령, 2014).

아홉째, 목표는 기관의 기능 및 사회복지 전문직의 가치와 일치해야 한다. 사회복지기관의 일원으로 사회복지사의 변화 노력은 기관의 기능과 일치해야 한다. 따라서 사회복지사는 기관의 목적과 기능의 범위 내에서 클라이언트를 도와야 한다. 목표가 기관의 기능과 일치하지 않는다면 클라이언트를 다른 기관으로 의뢰해야 한다(양옥경 외, 2010). 또한 사회복지 전문직의 가치와 부합하기 위해서는 클라이언트와 함께 목표를 설정하고 동의를 구해야 한다. 목표의 설정 과정에 클라이언트를 참여시키는 것은 클라이언트의 권리 보호뿐만 아니라 목표 달성을 위해 함께 일하겠다고 동의하는 것이다. 클라이언트의 대부분은 목표를 설정할 능력이 있다. 그러므로 사회복지사는 클라이언트에게 자신의 문제가 해결되었다는 것을 어떻게 알 수 있는지를 질문함으로써 목표의 설정 과정에 클라이언트를 참여시켜야 한다(Cournoyer, 2011).

3) 개입 목표의 우선순위 결정

개입 목표가 여러 개일 경우 다음과 같은 기준으로 우선순위를 정해야 한다. 즉, 클라이언트에게 가장 시급한 문제, 가장 단기간에 달성할 수 있어 성취감을 느낄 수 있는 것, 클라이언트가 다른 목표에 도전할 수 있도록 동기를 부여할 수 있는 것, 사회복지사의 능력이나 기관의 기능에서 어려움 없이 달성 가능한 것 등이다. 이런 기준으로 선정된 두세 가지의 목표 중에서 우선순위를 정해서 개입한다. 이처럼 개입 목표의 우선순위를 정하는 것은 개입할 때 목표의 중요성을 상기시키고, 어느 목표가 더 시급한 것인지를 인식하여 정확한 개입 방향을 설정하기 위한 것이다(양옥경 외, 2018).

2. 계약

1) 계약의 개념

계약(contract)은 클라이언트와 사회복지사가 목적, 초점 및 기대되는 결과 등의 합의를 촉진하는 도구이다(Hepworth et al., 2006). 즉, 표적 문제와 그 문제를 해결하려는 목표가 설정되면 문제가 해결된 상태인 개입의 목표 달성을 위해 클라이언트와 사회복지사 사이의 공동 노력을 명시하는 계약을 맺는다. 이러한 계약은 사회복지사의 사회복지실천 과정이 공식적으로 시작되었음을 클라이언트에게 공지하는 활동이다. 계약 과정을 통해 사회복지사는 클라이언트의 문제 해결을 위해 달성해야 할 목표와 수단을 명확히 규정하며, 개입 과정에서 사회복지사와 클라이언트의 역할을 설명하고, 구체적인 개입과 지원이 이루어지는 환경, 조건, 시간 등을 분명히 제시한다(Hepworth et al., 2006; 김혜란 외, 2013). 계약 내용에는 개입과 그에 따른 클라이언트와 사회복지사 각각의 역할을 명확히 하여 가능한 클라이언트의 참여를 높여야 한다. 특히 사회복지실천 과정에서 개입의 성공 여부는 클라이언트가 해야 할 일과 역할을 분명하게 인식하고 적극적으로 참여하겠다는 마음과 자세를 가지느냐에 달려 있다. 이처럼 사회복지실천 과정은 사회복지사와 클라이언트 사이의 계약 관계로 볼 수 있다(엄명용 외, 2011).

2) 계약의 내용

계약 과정은 주로 개입 단계를 자연스럽게 소개하는 형태로 진행되며, 계약 지침은 〈표 11-1〉과 같다. 계약은 사회복지사와 클라이언트가 이해한 내용을 간결하게 재검토하는 것으로서 계약의 형식에 따라 내용에 차이가 있다. 일반적으로 계약에 포함되는 내용으로는 문제, 개입 목표, 사회복지사와 클라이언트의 과업과 책임, 개입 방법과 개입의 몇 가지 구조적 요인(장소, 기간 등), 평가 방법, 일정의 변경이나 취소에 관한 규정, 비용이 발생할 경우에 관한 규정, 계약의 파기 요건 등이다(Hepworth et al., 2013). 이러한 계약의 내용은 개입 결과의 진척에 따라 수정되거나 보완될 수도 있음을 클라이언트에게 알려야 한다(Trevithick, 2000).

▌표 11-1▐ 계약의 지침

1. 문제
   1) 클라이언트가 규정한 문제
   이 부분은 클라이언트가 제시한 문제의 개요를 분명하게 기록한다.
   2) 사회복지사가 규정한 문제
   이 부분은 사회복지사가 확인한 문제의 개요를 정확히 기록한다.
   3) 개입을 위한 문제
   이 부분은 클라이언트와 사회복지사가 다루기로 합의한 문제의 개요를 기록한다. 클라이언트나 사회복지사 중 한쪽이 문제의 재고 또는 수정을 요청할 수 있다.

2. 목표
   이 부분은 사회복지사와 클라이언트가 합의한 최종 목표의 개요를 기록한다. 이 목표는 개입을 위한 문제와 관련 있어야 한다. 이상적으로 목표는 명확하고 구체적이며 측정할 수 있도록 기술해야 한다.

3. 계획
   1) 실행 계획
   이 부분은 사회복지사와 클라이언트가 계획한 접근 방법을 요약한다. 누가 참여할 것인지, 어디서, 언제, 얼마나 자주 만날 것인지, 얼마나 오랫동안 그리고 어떤 과정이 전개될 것인지 등을 기록한다.
   2) 클라이언트의 과제 또는 실행 단계
   이 부분은 목표 달성을 위한 클라이언트의 과제 혹은 실행 단계를 요약한다.
   3) 사회복지사의 과제 또는 실행 단계
   이 부분은 목표 달성을 위한 사회복지사의 과제 혹은 활동을 요약한다.
   4) 세션 내의 과제 또는 실행 단계
   이 부분은 사회복지사와 클라이언트가 만남 동안 실행하기로 한 과제나 활동의 개요를 요약한다.
   5) 유지 과제
   장기간 변화가 목표에 포함된다면, 이 부분은 사회복지사가 정기적으로 지속적인 변화를 촉진하기 위해 동의한 과제나 활동을 요약한다.
   6) 평가 계획
   이 부분은 목표의 평가 방법과 과정을 기록한다. 가능하면, 타당도와 신뢰도가 높은 객관적인 평가 도구를 주관적인 방법과 과정에 통합한다.

출처: Cournoyer (2000). The Social Work Skills Workbook (3rd ed.), pp. 301-302.

계약의 장점은 클라이언트의 자기 결정과 참여의 권리를 보장하고, 개입 과정에 대한 정보를 인지하는 것이다. 계약 과정을 통해 클라이언트는 합의된 목적과 목표에 도달하기 위해서는 자신의 참여가 중요하다는 것을 알게 된다. 그 결과 클라이언트의 동기 부여가 촉진되며, 개입 상황에 자신이 영향을 미칠 수 있음을 인식하면서 문제를 해결할 수 있다는 자신감을 느끼게 된다(김혜란 외, 2013).

3) 계약의 형식

일반적으로 계약은 클라이언트의 욕구를 근거로 한다. 따라서 계약의 형식은 말이나 글을 사용하여 명시적으로 하거나, 이면적 교류를 통해 암묵적으로 하는 경우도 있다. 즉, 계약의 형식은 공식성의 정도에 따라 서면 계약, 구두 계약, 암묵적 계약 등으로 구분할 수 있다(Hepworth et al., 2006; Sheafor & Horejsi, 2002; Kirst-Ashman & Hull, 2009; 김혜란 외, 2013).

(1) 서면 계약

서면 계약(written contract)은 가장 공식적인 형태의 계약이다. 사회복지사와 클라이언트 및 관련 체계가 개입 목표와 과정, 기간, 장소, 비밀보장 및 사례 기록 절차 등을 합의하고 동의한 사실을 문서로 작성하여 각자 서명하는 방법이다. 즉, 서면계약은 공식적 문서에 개입의 구체적 목표를 달성하기 위해 누가, 무엇을, 언제 할 것인지 등의 내용을 명확히 기재한 것이다(양정남 · 최선령, 2014). 서면 계약을 통해 클라이언트는 변화를 위한 동기 부여가 촉진될 뿐만 아니라 개입 목표를 분명히 설정함으로써 클라이언트와 사회복지사의 의무를 강조하고 오해의 소지를 줄일 수 있다(Wilcoxon, 1991). 또한 개입의 우선순위와 평가 기준 등이 문서 형태로 공식화되어 있어 필요한 경우 계약 내용을 확인할 수 있으며, 가장 정확하게 의사소통을 할 수 있고, 사회복지기관의 책무성의 근거가 되는 장점이 있다.

그러나 단점은 계약 과정이 복잡하며, 작성하는 데 시간이 오래 걸리고, 상황을 고려한 계약 내용의 변경이 상대적으로 어렵다. 또한 너무 공식적인 형태라 클라이언트가 거부감을 보일 수도 있고, 비자발적인 클라이언트에게는 활용하기가 힘들며, 법적 문제의 원인이 될 수도 있다(Sheafor & Horejsi, 2002). 따라서 서면 계약의 작성 과정에서 클라이언트의 자유를 최대한 보장하여 문제와 목표 설정, 해결 방법 등에서 클라이언트의 참여를 촉구할 필요가 있다. 일반적으로 서면 계약은 개입의 목표, 각자의 역할과 책임, 계약 일자와 내용 등을 명시한 계약서에 서명하도록 하는 방법을 활용하거나, 변화에 대한 동기 부여가 되어 있는 부부 상담에서 활용된다.

(2) 구두 계약

구두 계약(verbal contract)은 모든 목표와 책임을 분명하게 한다는 점에서 근본적으로 서면 계약과 같지만, 그 형식을 말로 계약한다는 차이가 있다. 클라이언트와 말로 계약을 하지만, 사회복지사는 계약 일자와 내용, 목표의 우선순위 등을 클라이언트의 관련 자료에 기록해야 한다. 구두 계약의 장점은 서면 계약보다 실용적이어서 쉽고 편리하며, 계약 내용이 유동적이므로 융통성 있게 조정할 수 있어 거부감 없이 이루어질 수 있다는 점이다. 또한 클라이언트가 서류에 서명하는 것을 거부하거나 이에 대해 불신감을 가진 경우에 유용하다. 그러나 단점은 서면 계약처럼 합의한 내용의 상세한 부분을 클라이언트에게 제공하지 않기 때문에 종종 구체적인 내용을 잊어버리거나 공식적이지 않다는 점이다(Kirst-Ashman & Hull, 2009). 따라서 사회복지실천 과정의 내용, 역할 및 책임 소재 등이 분명하지 못해 오해의 가능성이 발생할 수 있을 뿐만 아니라 평가가 어렵다는 단점이 있다. 이런 단점을 보완하기 위해서는 면접 기록에 구두 계약의 내용을 기록하거나 클라이언트가 사회복지사와 주위의 중요한 사람들 앞에서 그 내용을 공언하도록 하는 것이 좋다.

(3) 암묵적 계약

암묵적 계약(implicit contract)이란 계약의 내용을 분명하게 언급하거나 문서로 만드는 과정을 통해 합의하지 않았지만, 암묵적으로 개입의 목표에 대한 합의가 이루어진 것을 의미한다. 가장 비공식적 계약 형태인 암묵적 계약은 사회복지실천현장에서 자주 사용된다. 그러나 암묵적 계약의 단점은 클라이언트가 실제로 동의하지 않았는데 동의했다고 잘못 생각할 수 있으며, 클라이언트가 계약의 모든 조건과 책임을 이해한다고 가정하지만 실제는 그렇지 않을 수 있다는 것이다. 즉, '암묵적'이라는 말에서 알 수 있듯이 계약 내용을 구체적으로 명시하거나 말로 합의하지 않았기 때문에 사회복지사와 클라이언트 사이의 오해와 갈등의 원인이 될 수 있으므로 주의가 필요하다. 이러한 위험이 암묵적 계약에 수반되므로 가능하면 책임에 대한 내용은 서면 계약이나 구두 계약을 활용하는 것이 바람직하다(Kirst-Ashman & Hull, 2009).

3. 개입

1) 개입 단계에서 사회복지사의 과제

사회복지실천 과정에서 개입 단계란 변화에 초점을 두는 원조 과정의 핵심 단계로서 사회복지사와 클라이언트가 합의하여 설정한 목표를 달성하기 위해 수립한 계획을 구체적인 개입활동으로 실천하는 것을 말한다. 즉, 개입은 사정 단계에서 수립된 계획들을 사회복지사가 기본적인 사회복지실천 기술들을 활용하여 클라이언트와 협력하여 실행하는 것이다. 대체로 클라이언트는 자신의 문제에 대해 해결 가능성이 있다고 생각할 때에 행동하는 경향이 있으며 자기 나름의 독특한 방식으로 접근한다. 따라서 사회복지사는 클라이언트의 가치와 신념 체계, 일상생활에서의 대처 방법 등의 파악뿐만 아니라 사회복지 전문직의 가치를 기반으로 각 상황에 필요한 전문적 지식과 기술을 갖추고 있어야 개입의 효과가 나타날 수 있다.

사회복지실천 과정에서 사회복지사의 개입은 클라이언트의 욕구 충족과 문제 해결이라는 목표를 달성하려는 일련의 전문적 실천활동을 의미한다. 즉, 개입 단계의 목표는 클라이언트의 욕구 충족과 문제 해결을 위해 사회복지사가 개인, 가족, 집단, 지역사회를 대상으로 직접적·간접적 실천활동을 통해 긍정적인 변화를 끌어내는 것이다. 이러한 개입 단계의 목표를 달성하기 위해 사회복지사가 수행하는 과제를 살펴보면 다음과 같다(엄명용 외, 2011).

첫째, 사회복지사는 클라이언트의 욕구 충족과 문제 해결을 위해 구체적인 변화 전략을 수립한다. 변화 전략의 내용은 상담, 지역사회와의 자원 연계 및 새로운 자원의 개발, 사회적 지지를 위한 집단 활용, 교육, 정보 제공, 역할극 등 다양하게 구성할 수 있다.

둘째, 사회복지사는 다양한 개입 방법과 기술을 적용하여 클라이언트와 그를 둘러싼 환경 체계에서 긍정적인 변화가 나타날 수 있도록 원조한다. 사회복지사는 교육, 동기 부여, 자원 연결, 행동 변화 등을 통해 클라이언트의 문제를 완화하거나 해결하는 변화를 만든다. 사회복지사는 클라이언트와 그 문제의 특성에 적합한 개입 방법을 선택하여 적용한다.

셋째, 사회복지사는 지속적 점검(monitoring)을 통해 클라이언트의 변화 정도를 유지하고 평가한다. 사회복지사는 클라이언트의 변화 노력을 방해하는 걸림돌이 있는지를 점검하는 동시에 개입 과정에서 클라이언트에게 정기적으로 지지와 환류를 제공해야 한다. 또한 설정한 목표 달성에 사회복지사의 개입이 어떤 효과가 있는지를 계속해서 평가해야 한다.

특히 개입 단계에서 사회복지사의 중요한 과제인 점검의 목적을 살펴보면 다음과 같다(Hepworth & Larsen, 1990).

첫째, 점검은 개입 전략의 효과성을 평가할 수 있다. 사회복지사의 개입으로 기대했던 효과가 나타나지 않는다면, 사회복지사는 그 원인을 제거하거나 대안을 찾아야 한다. 둘째, 점검은 개입 전략의 효율성을 평가할 수 있다. 목표를 달성하려는 클라이언트의 노력을 평가하여 개입 과정의 초점을 지속시켜야 한다. 셋째, 점검은 개입 과정에서 나타날 수 있는 장애 요인을 발견하여 대처할 수 있다. 사회복지사는 점검을 통해 클라이언트의 반응을 평가하고, 클라이언트의 부정적 태도와 정서 등과 같은 장애 요인에 즉각적으로 대처해야 한다. 넷째, 점검을 통해 개입의 효과를 지속해서 평가하여 원조 과정에서 클라이언트의 동기 부여와 자신감을 고양할 수 있다.

결론적으로 점검은 수립된 개입 계획이 차질 없이 수행되도록 하는 동시에 변화나 문제가 생기면 이를 클라이언트에게 최선의 이익이라는 원칙에 따라 계획을 수정할 수 있는 융통성을 발휘하기 위한 것이다. 사회복지사가 점검을 과학적으로 시행하기 위해서는 개입 과정에 대한 평가가 필요하다(엄명용 외, 2011).

2) 변화의 초점

개입 단계에서 사회복지사는 클라이언트의 문제를 해결하고 목표를 달성하는 데 도움을 주는 변화에 초점을 두어야 한다. 이러한 변화를 위한 사회복지사의 노력은 지속하여야 하는데, 사회복지사는 클라이언트, 환경, 그리고 클라이언트와 환경 모두에 초점을 두어야 한다. 일반적으로 사회복지사는 개인적 변화, 관계적 변화, 환경적 변화 등에 초점을 맞추어야 한다(Bogo, 2006; 최해경, 2009).

(1) 개인적 변화

개인적 변화는 개인의 사고, 감정, 행동 등의 변화를 말한다. 예를 들어 개인의 사고 변화는 클라이언트가 자신의 포부 · 태도 · 경험에 부여하는 의미의 변화, 지식의 저변 확대, 자신에 관해 좀 더 긍정적인 감정을 갖게 되는 것, 지난 일에 대한 수용과 자신의 삶에 변화를 가져올 능력을 개발하는 것 등이 초점이 될 수 있다. 개인의 감정 변화는 분노의 빈도와 강도를 줄이는 것이나 조금 더 편안해지는 것 등이 초점이 될 수 있다. 그리고 개인의 행동 변화는 집단에서 더 자주 말하거나 양육기술을 더 능숙하게 사용하는 것이 초점이 될 수 있다(Cournoyer, 2011). 이러한 개인의 사고, 감정, 행동 등의 개인적 변화는 개인이 더 큰 도전에 좀 더 유연하게 적응하는 대처 방식을 터득하게 한다.

이처럼 개인적 변화가 목표일 때 사회복지사와 클라이언트는 클라이언트의 지각, 의미, 감정과 행동 사이의 관계 등을 검토한다. 클라이언트가 자신과 상황에 관한 새로운 지각과 의미를 찾기 위해서는 이전에 의식하지 못했던 감정들을 확인하도록 돕는 것이 필요하다. 혹은 클라이언트가 자신의 감정을 더 예민하게 경험하는 것에서 해결책을 찾을 수도 있다. 감정과 그것에 기인한 이해와 의미는 행동에 큰 영향을 미친다(Greenberg, 2002). 감정은 사고와 행동에 영향을 주는 요소이다. 클라이언트가 이러한 강한 감정을 의식하고 이에 관해 어떻게 말하고 반영할지를 알게 되면, 자기 인식이 증진되면서 감정을 더 잘 통제하게 된다. 사회복지사는 클라이언트가 자신의 감정을 표현하고, 사고하며, 더 깊이 경험하도록 도와야 한다. 즉, 사회복지사의 도움으로 클라이언트는 분노와 슬픔과 같은 다양한 감정을 끌어냄으로써 혼란과 양가감정을 해소하게 된다. 이러한 강한 감정 상태를 사회복지사와 함께 탐색할 때 클라이언트는 관련된 사고와 의미를 분명히 할 수 있으며 사고, 감정, 행동 사이의 상호 관계가 더욱 더 분명해진다. 사고, 감정, 행동 영역 등의 관계를 검토하는 과정에서 클라이언트는 그동안 지속하였고 자신이 변화하기를 원하는 유형을 확인할 수 있다. 개인적 변화를 위한 개입은 그 유형을 대신할 새로운 사고, 감정, 행동 방식 등의 습득에 초점을 둔다.

(2) 관계적 변화

관계적 변화는 배우자, 가족구성원, 친구, 동료, 고용주 등 중요한 관계에서의 변화를 말한다. 즉, 대인 관계의 개선이 필요한 사람들이 의사소통하고, 갈등을 해결하며, 만족을 얻는 방식을 변화시키는 것을 말한다. 어떤 경우는 한 명 또는 일부만 참여를 희망하는 경우가 있는데, 일반적으로 원조 과정에서 관계적 변화는 모든 관련자의 참여가 필요하다. 관계적 변화를 위한 개입은 클라이언트가 휘말려 있거나 갈등의 원인이 되는 의사소통 유형이나 갈등 해결 방식에 초점을 둔다.

(3) 환경적 변화

환경적 변화는 개인의 복지와 사회적 기능에 큰 영향을 미치는 환경 속의 상황이나 자원의 변화를 말한다. 예를 들어 맞벌이 가정이 아동의 방과 후 보호 프로그램이 활성화된 지역으로 이사하거나, 아버지가 자녀와 더 많은 시간을 보내기 위해 야근이 거의 없는 직장으로 옮기는 것이다. 개인적 변화가 목적이라 하더라도 환경적 변화가 필요한 경우가 종종 있다. 환경적 변화는 사회복지사의 계획된 개입으로 발생하거나 우연히 일어날 수 있다.

이처럼 사회복지사가 다루는 문제의 범위는 개인뿐만 아니라 지역사회에 영향을 미치는 문제에 이르기까지 광범위하다. 또한 개입 단계에서 변화의 초점이 개인, 관계, 환경 등에 이르기까지 다양하므로 직접적 개입과 간접적 개입 방법을 모두 활용할 수 있어야 한다(최해경, 2009).

3) 개입 과정에서 사회복지사의 역할

개입 과정에서 개입 단계의 목표인 변화를 가져오기 위한 과업으로 사회복지사는 다양한 역할을 수행한다. 여기에서는 개입 활동의 개념화를 위한 준거 틀을 제공하는 사회복지사의 역할을 살펴보고자 한다(Compton & Galaway, 1984; 엄명용 외, 2011).

(1) 중개자

중개자(broker)란 클라이언트가 필요로 하는 자원과 서비스를 연결하는 역할로서 사회복지사는 지역사회의 다양한 자원과 기관의 운영 절차 등에 대한 충분한 정보와 지식이 있어야 한다. 예를 들어 생활 형편이 어려운 혼자 사는 노인에게 말벗이나 집안일을 도와줄 자원봉사자와 후원자 등을 연결하거나 병원에서 장기이식이 필요한 환자와 장기기증자를 연결하는 것이 중개자의 역할이다. 실제로 지역사회의 자원에 대한 정보를 근거로 자원을 연결하는 사회복지사의 능력에 따라 클라이언트의 서비스 양과 질은 크게 달라진다. 사회복지사는 클라이언트의 다양한 욕구를 파악하는 능력도 중요하지만, 그 욕구를 충족하기 위한 자원에 대한 정보에도 능통해야 하므로 평소 지역사회 기관의 담당자와 상호 교류하면서 관계를 유지해야 한다.

(2) 조력자

조력자(helper)의 역할은 클라이언트가 자신의 문제를 해결할 능력이나 대처 능력을 향상하는 데 필요한 자원을 찾도록 돕는 것이다. 클라이언트의 현재 상태를 변화시키는 주체는 자신이므로 사회복지사는 클라이언트의 능력을 개발하는 데 최선을 다 해야 한다. 예를 들어 대인 관계의 문제가 있는 클라이언트는 그 문제의 원인을 분석하여 대인 관계를 개선하도록 통찰력을 갖게 하거나 대안을 모색하도록 한다. 또한 가족이 강제로 장애인 거주시설에 입소시켰던 장애인이 그 시설에서 퇴소하기를 요청함에 따라 퇴소 상담을 시행하는 것, 알코올중독자가 자기 문제를 깨닫고 금주방법을 찾도록 도와주는 것도 조력자의 역할이다.

(3) 교사

교사(teacher)의 역할은 클라이언트가 문제 상황에 잘 대처할 수 있도록 새로운 지식과 기술을 습득하도록 도와주거나, 정보를 제공하거나 모델링을 통해 직접 가르치는 것 등이다. 교사로서 사회복지사는 전문적 지식과 정확한 정보를 클라이언트에게 전달하는 의사소통 기술을 갖추어야 한다. 예를 들어 장애아동을 양육하는 부모에게 발달 단계에 따른 적합한 양육 기술을 교육하거나 지역사회의 다양한 특수교육 기관과 훈련 프로그램에 관한 정보를 제공하는 것 등은 교사의 역할이다.

(4) 중재자

중재자(mediator)의 역할은 클라이언트와 갈등 관계에 있는 다른 사람 또는 외부 체계 사이를 중재하여 합의점을 찾도록 하는 것이다. 즉, 중재자는 갈등 사항이나 도출한 합의에 아무런 이해관계가 없는 제삼자의 입장에서 쌍방의 이해를 절충하고 타협하는 등 체계 사이의 갈등과 의견 차이를 조정하는 역할을 한다. 예를 들어 돌봄 서비스를 받는 노인과 직원 사이의 갈등을 해결하거나 자퇴한 학생의 복교를 위해 학교, 학부모, 학생 등의 입장과 욕구를 수렴하여 해결 방법을 모색하는 것은 중재자의 역할이다.

(5) 옹호자

옹호자(advocate)의 역할은 클라이언트의 입장에서 논쟁, 교섭, 타협, 투쟁 등을 통해 클라이언트의 이익과 권리를 보호하는 것이다. 옹호 활동이 필요한 상황은 정보가 부족하고 조건이나 절차가 까다로워 클라이언트가 서비스를 포기한 경우, 클라이언트가 권리 의식이 있으나 서비스 제공자의 편의에 따른 기준으로 서비스가 제한된 경우, 클라이언트가 권리 의식이 부족해 서비스 이용을 꺼리는 경우, 서비스 제공자가 클라이언트의 권리를 인식하지 못하는 경우 등이 모두 해당된다(Connaway & Gentry, 1988). 특히 클라이언트가 스스로 필요한 것을 얻을 힘이 거의 없을 때 옹호자의 역할이 필요하다. 예를 들어 재개발 사업으로 철거를 당하게 된 세입자들의 권리 확보를 위한 활동, 장애학생의 교육권 확보를 위해 학교당국에 편의시설을 요구하거나, 미등록 이주노동자 자녀가 교육을 받을 수 있도록 관계법 개정을 제안하는 것 등은 옹호자의 역할이다. 하지만 사회복지사는 클라이언트의 권리나 이익을 법적인 범위 내에서만 옹호할 수 있다(김융일 외, 1995).

4) 개입 기술

다양한 환경에서 다른 욕구를 가진 클라이언트들은 개별화된 개입 활동이 필요하다. 어떤 경우는 문제를 사정하고 개입 계획을 세우는 것만으로 클라이언트의 변화가 나타나기도 하고, 다른 경우에는 사회복지사와 클라이언트의 관계 형성만으로도 충분할 수 있다(Johnson, 1989). 그런가 하면 잘 계획된 다양한 개입 활동이 필요한 상황도 있다. 사회복지사의 개입 활동은 원조 관계의 접근 방법 또는 모델로 분류되는 이론적 기초에 근거해야 하는데, 이론과 모델은 개입의 방향을 제시하기 때문이다. 사회복지실천 이론과 모델은 클라이언트와 사회복지사의 바람직한 관계는 어떠해야 하는지, 사회복지사가 사정을 위해 어떤 정보를 수집해야 하는지, 목표 설정을 어떻게 할 것인지, 그리고 어떻게 개입할 것인지 등을 알려준다. 개입 활동은 클라이언트의 욕구나 문제의 특성과 클라이언트와 사회복지사의 역량 등에 따라 차이가 있을 수 있다. 일반적으로 사회복지사의 개입 활동은 직접적 개입과 간접적 개입으로 나눌 수 있다.

(1) 직접적 개입

직접적 개입이란 개인, 가족, 집단, 지역사회 등의 사회적 기능이나 대처 능력의 향상을 위해 사회복지사가 클라이언트와 대면 접촉을 통해 개입하는 것을 의미한다. 특히 직접적 개입이 필요한 개인의 문제는 주로 클라이언트의 내적·주관적 원인에서 비롯된 경우, 대인 관계에 문제가 있는 경우, 문제의 초점이 불분명하고 모호해서 문제 해결에 어려움이 있는 경우, 위기 상황에서 복잡한 감정과 갈등을 경험하는 경우, 자원을 동원하거나 이용할 수 있는 클라이언트의 능력이 손상된 경우 등이다(엄명용 외, 2011). 이러한 직접적 개입에 필요한 대표적 기술을 살펴보면 다음과 같다(Sheafor & Horejsi, 2002; 김기태 외, 2009; 엄명용 외, 2011; 김혜란 외, 2013).

① 의사소통 기술

의사소통 기술은 전문적 원조 관계 형성을 통해 사회복지사와 클라이언트 사이의 변화를 도모하는 대화 기술을 말한다. 구체적으로 의사소통 기술은 클라이언트의 감정과 사고에 개입의 초점을 둔다. 즉, 클라이언트의 정서적 안정, 인지 구조의 변화, 상황 인식 능력의 향상 등이 주된 목적이다(조홍식 외, 2009; 엄명용 외, 2011).

a. 정서적 안정

정서적 안정이란 낙담, 좌절, 의기소침, 무력감, 자신감 부족 등과 같은 클라이언트의 심리적 부적응 상태를 건강하고 자신감 있는 상태로 회복시킨다. 그뿐만 아니라 불안, 분노, 죄의식 등과 같은 클라이언트의 불합리하고 불건전한 정서적 상태를 적절하게 해소할 수 있도록 원조하여 자아 기능을 회복시키는 것을 말한다. 따라서 사회복지사는 클라이언트의 정서적 안정을 위해 지지, 재보증, 일반화, 환기법 등을 적절히 사용하여야 한다.

지지(support)는 클라이언트를 격려하고 고무하며 인정하는 것을 의미하며(Brill, 1998), 경청이나 칭찬, 인정 등으로 전달될 수 있다. 또한 문제 해결 능력과 지식을 갖춘 클라이언트의 능력과 동기 부여를 극대화하는 방법으로 효과적이며, 어려운 과제 때문에 자신감이 부족한 클라이언트에게도 유용한 기법이다(최해경, 2009). 지지는 언어적 지지와 비언어적 지지 등이 있다. 클라이언트가 능력을 발휘하는 부분을 칭찬하고, 긍정적 의미를 부여하는 것이 언어적 지지이다. 비언어적 지지란 사회복지사가 클라이언트와 시선을 맞추거나 경청하는 표정을 보인다거나 고개를 끄덕이는 등의 신체적 반응을 보이는 것이다.

재보증(reassurance)은 클라이언트가 자신의 행동이나 결정이 실제로 합리적이고 현실적임에도 이에 대한 의구심이 있거나 자신 없어 할 때 사용된다. 즉, 클라이언트의 능력이나 자질에 대해 사회복지사가 신뢰를 표현함으로써 클라이언트의 불안과 불확실한 감정을 줄이고 편안한 감정을 갖도록 돕기 위한 기술이다(Trevithick, 2000). 특히 클라이언트가 자기 삶에서 경험하는 사건이나 문제 때문에 객관적으로 자신을 바라보지 못하거나 판단하지 못할 때, 사회복지사가 재보증 기술을 사용하면 클라이언트가 희망을 품을 수 있다. 예를 들어 취업 원서를 제출했지만, 실패에 대한 두려움과 불안을 표현하는 클라이언트에게 "지금까지 희망 씨는 크고 작은 위기에도 포기하지 않고 적극적으로 노력하면서 사셨습니다. 그때 포기했다면 이 자리에 없을 것이라고 말씀하셨지요? 희망 씨가 취직 시험도 그러한 자세로 임하시면 좋은 결과가 있을 것으로 생각합니다."와 같이 클라이언트의 합리적인 의사 결정이나 생각에 사회복지사가 신뢰를 표현함으로써 클라이언트에게 자신감을 향상해 주는 것이다(Sheafor & Horejsi, 2002; 김혜란 외, 2013).

일반화(universalization)는 클라이언트가 자기만 특정 문제나 어려움이 있다고 생각하면서 주관적 고통의 크기에 압도당하고 있을 때, 그러한 문제가 다른 사람들도 공통으로 경험하는 문제나 어려움임을 지적함으로써 문제에 대한 인식의 방향을 바꾸어주는 기술이다. 즉, 일반화는 인간 경험의 공통점과 클라이언트의 문제 상황과 유사한 상황을 성공적으로 해결한 다른 사람의 강점을 활용하는 것이다(Brill, 1998). 이처럼 일반화는 다른 사람들이 비슷한 문제에 성공적으로 대처한 사례가 있다는 것을 알게 하여 클라이언트가 그 상황으로 인해 지나치게 영향을 받는 것을 완화하고, 문제 해결 방식에 관한 정보를 나누고 비교하며, 다른 사람의 강점을 참조하도록 하는 데 사용될 수 있다(최혜경, 2017). 예를 들어 사회복지사가 사춘기 자녀와의 갈등을 겪고 있는 클라이언트에게 "대부분 부모님은 사춘기 자녀와 대화하는 것을 어려워합니다. 갑자기 말수가 적어지고 퉁명스러워진 자녀 때문에 특히 어머니가 상처를 많이 받습니다."라는 일반화를 통해 클라이언트만 그러한 문제를 겪는 것이 아님을 인식하게 할 수 있다.

환기(ventilation)는 클라이언트의 내부에 억압된 분노, 슬픔, 죄의식, 불안 등과 같은 부정적 감정이 문제가 되거나 이러한 감정 때문에 문제 해결에 방해를 받는 경우, 사회복지사가 이를 적극적으로 표현하도록 격려함으로써 감정의 강도를 약화하거나 해소하는 기술이다. 즉, 환기는 클라이언트의 기능에 부정적인 영향을 미칠 수 있는 감정을 표현하도록 돕는 기술이며, 이러한 감정을 클라이언트가 탐색하고 고려할 기회를 제공한다(Brill, 1998). 클라이언트에게 "힘드셨을 것 같네요. 그때 기분이 어떠셨어요?"라고 하는 것이 환기의 예이다.

b. 인지 구조의 변화

인지 구조의 변화란 사회복지사가 클라이언트의 부정적 혹은 왜곡된 사고 구조를 변화시켜 자신과 상황을 좀 더 현실적으로 인식하도록 돕는 것을 말한다. 사회복지사는 초점화, 직면, 재명명 등을 적절히 사용함으로써 클라이언트의 왜곡된 인지 구조를 변화시킬 수 있다.

초점화(focusing)란 클라이언트가 자신의 문제를 말로 표현할 때 느끼는 혼란과 산만함을 점검함으로써 말 속에 숨겨진 선입견이나 혼란을 드러내어 자신의 사고 과정을 명확히 볼 수 있게 하는 방법이다. 사회복지사는 초점화를 위해 적절한 시기에 질문함으로써 클라이언트가 자신의 정보, 감정, 경험 등을 분류하여 명확히 하고 정리할 수 있게 돕는다(엄명용 외, 2011).

직면(confrontation)은 클라이언트의 자기 인식을 고양하고 변화를 촉진하는 기술로 클라이언트 자신이 만든 어려움을 일으키거나 유지하는 사고, 감정, 행동 등의 특정 측면을 클라이언트가 직시하도록 하는 방법이다(Hepworth et al., 2006). 즉, 클라이언트의 언어적·비언어적 행동의 모순점을 깨닫도록 함으로써 자신의 사고, 감정, 행동 등이 다른 사람에게 어떤 영향을 주는지 알 수 있게 돕는 것이다. 일반적으로 개입 과정에서 직면의 기법을 사용할 때, 사회복지사는 "한편으로 당신은 ~라고 말하지만, 다른 한편으로 당신은 ~라고 말합니다."라는 형식을 사용한다(Carkhuff & Anthony, 1979). 예를 들어 술을 그만 마시겠다고 가족들과 약속한 클라이언트가 여전히 단주의 어려움을 호소할 때, 사회복지사는 "당신은 가족과의 관계를 회복시키고 싶어 하면서도 여전히 술을 마시고 있군요."라고 말하는 것이다. 이러한 직면은 클라이언트에게 방어적 반응을 불러일으킬 수 있어서 극심한 정서적 긴장 상태에 있거나 스트레스에 취약하거나 효과적인 대처 기술이 부족한 클라이언트에게는 위험할 수 있다. 따라서 사회복지사는 직면 기술을 사용하기 전에 클라이언트가 충격을 견딜만한 심리적 · 사회적 자원이 있는지를 확인해야 하며, 클라이언트와의 신뢰 관계가 형성된 뒤에 사용하는 것이 유용하다. 직면은 주로 클라이언트의 행동이 자신에게 도움이 되지 않으면서 타인에게는 위협이 될 때, 이를 재인식하도록 돕기 위해 사용한다(Sheafor et al., 1991; 엄명용 외, 2011).

재명명(reframing)은 재구성이라고도 하는데, 어떤 문제, 행동, 생활 경험 등에 대해 클라이언트가 부여하는 의미를 수정함으로써 클라이언트의 관점을 긍정적인 방향으로 변화시키는 기술이다. 즉, 클라이언트의 문제 상황이나 행동을 새로운 관점에서 볼 수 있도록 도와주는 것이다. 일반적으로 클라이언트는 자신의 문제 상황을 부정적으로 명명하면서 부정적 단어나 문장을 사용하는 경향이 있다. 따라서 클라이언트의 부정적 단어나 문장을 긍정적 단어나 문장으로 바꿔 주면 클라이언트의 인식과 행동은 바람직한 방향으로 변화한다. 예를 들어 아들의 과잉 행동이 심각하다고 말하는 클라이언트에게 "아들이 활동적이네요."라고 말함으로써 부정적인 문제에 긍정적인 의미를 부여하는 것이다.

c. 상황 인식 능력 향상

상황 인식 능력의 향상은 클라이언트의 정서 상태와 인지 구조 및 행동, 문제와 이를 둘러싼 상황, 동원 가능한 자원 등에 대한 클라이언트의 통찰력을 높이는 것이다(김융일 외, 1995). 사회복지사는 정보 제공과 조언 등을 적절히 사용함으로써 클라이언트의 상황 인식 능력의 향상을 도울 수 있다. 정보 제공(informing)은 클라이언트의 문제 해결 능력을 향상하는 데 필요한 정보와 지침을 제공하는 것이다. 정보 제공은 클라이언트가 의사 결정을 하고 과제를 수행하는 데 필요한 정보를 제공하기 때문에 상황에 대한 이해력과 문제 해결 능력을 높일 수 있다(최해경, 2009). 사회복지사가 제공한 정보를 통해 클라이언트는 이전에 알지 못했던 새로운 것을 알게 되고, 자신의 사고, 감정, 행동 등에서 잘못되거나 자기 파괴적인 생각을 되돌아볼 수 있다. 그 결과로 클라이언트는 자기 생각을 확장함으로써 바람직한 변화를 위한 도전의식이나 확신을 하게 된다. 또한 사회복지사가 제공한 정보를 클라이언트 스스로 선택할 수 있도록 분위기를 조성해야 한다. 제공되는 정보가 클라이언트에게 도움이 되려면 클라이언트의 능력에 맞게 정보를 제공하는 것이 중요하다. 정보 제공은 시간이 길어질수록 강의로 변질될 수 있으므로 간결해야 하며, 정보 제공 후에 클라이언트가 그 정보를 얼마나 이해하고 있는지 간단한 말로 확인해 볼 필요가 있다.

조언(advice)은 클라이언트가 해야 할 것을 추천하거나 제안하는 사회복지사의 진술을 의미한다. 사회복지사는 때로 클라이언트가 생각하지 못한 대안들을 제시하거나 대안 가운데 하나를 추천하는 조언도 한다. 조언을 위해서 사회복지사는 클라이언트의 관심사를 성공적으로 처리하는 방법에 관해 클라이언트보다 더 많이 알아야 한다. 조언의 성공과 실패는 이를 활용하는 클라이언트의 능력과 관련이 있으므로 사회복지사는 클라이언트의 능력에 관한 판단을 바탕으로 조언을 사용해야 한다(최해경, 2009). 조언은 문제 해결 과정에서 여러 대안을 모색하고 활용하였지만 별 효과를 거두지 못하여 더는 다른 선택이나 개입의 여지가 없을 때 최후의 수단으로 활용하는 것이 좋다.

② 행동 변화 기술

행동 변화 기술은 클라이언트가 새로운 행동을 학습하거나 기존의 행동을 수정하도록 돕는 것이 개입 목적일 때 사회복지사가 사용할 수 있는 가장 강력한 개입 방법이다(Sheafor & Horejsi, 2006). 사회복지사는 특정한 표적 행동을 강화 혹은 증가시키거나 반대로 약화 혹은 감소시키기 위한 목적으로 행동 기술을 사용한다. 개입의 초점이 되는 표적 행동은 사정 과정에서 명확하게 규정되고, 측정이 가능하도록 정의된 행동을 의미한다. 이처럼 행동 변화 기술은 특정한 문제 행동을 없애거나 바람직한 행동으로 변화시키고자 할 때 사용되며, 주로 고전적 조건화와 조작적 조건화의 원리에 근거하고 있다(최해경, 2009).

강화(reinforcement)는 특정 행동을 한 이후에 강화물을 제공함으로써 그 행동이 증가하도록 하는 원리로 표적 행동이 더욱 빈번하게 발생할 가능성을 증가시키는 사건이나 활동을 말한다. 강화는 두 가지 형태가 있다. 먼저 정적 강화는 클라이언트의 바람직한 행동 이후에 강화물을 제공함으로써 그 행동을 증가시키는 강화 기법이다. 즉, 표적 행동의 증가를 위해 클라이언트가 좋아하거나 즐거워하는 조건을 제공하거나 추가하는 것을 의미한다. 자녀가 책상에서 공부하면 매일 한 시간씩 인터넷 게임을 하도록 허락한다면, 자녀는 책상에서 공부하는 경우가 많아지게 되는 것이 그 예이다. 다음으로 부적 강화는 바람직한 행동 이후에 부적 조건을 제거함으로써 그 행동을 증가시키는 강화 기법이다. 즉, 표적 행동의 증가를 위해 클라이언트가 싫어하거나 불쾌해하는 조건을 감소하거나 제거하는 것을 말한다. 예를 들어 어머니가 자녀에게 책상에서 공부하라는 잔소리를 하지 않게 되면 자녀는 책상에서 공부할 때가 많아지는 경우이다. 일반적으로 강화 조건은 표적 행동이 일어나는 상황, 행동, 행동 뒤에 오는 강화 결과 등의 상호 관계를 말한다. 즉, 행동이 일어나는 전체 상황과 그 자체를 의미한다. 행동 강화라는 관점에서 볼 때 개인이 행동하는 모든 상황은 강화 조건이 될 수 있다.

처벌(punishment)은 특정 행동을 한 이후에 고통스럽고 불쾌한 자극인 벌을 가함으로써 그 행동을 줄이거나 제거하는 기법이다. 처벌은 두 가지 형태가 있다. 먼저 정적 처벌은 표적 행동 이후에 처벌함으로써 그 행동을 감소시키는 처벌 기법이다. 예를 들어 적색 신호등에 정지하지 않은 운전자에게 범칙금을 부과하여 교통 위반 빈도를 줄이는 것이다. 다음으로 부적 처벌은 표적 행동 이후에 생활의 유쾌한 부분인 정적 조건을 제거함으로써 그 행동을 감소시키는 기법이다. 운동장에서 친구들이

즐겁게 놀고 있을 때 혼자 교실에 있게 하면, 그 아동은 수업 시간에 소란스러운 행동을 멈춘다는 것이 그 예이다.

▌표 11-2▌ 조작적 강화와 처벌

절차 형태 / 목표	자극 제시	자극 제거
행동 증가	정적 강화	부적 강화
행동 감소	정적 처벌	부적 처벌

소거(extinction)는 바람직하지 않은 행동을 줄이거나 없애기 위해 그 행동을 무시하는 것을 말한다. 즉, 소거는 벌을 사용하는 대신 특정 행동을 강화하지 않음으로써 자연히 그 행동이 소멸되도록 하는 것이다. 소거의 예로는 교실에서 우스꽝스러운 행동을 하는 아동에 대해 교사와 다른 학생들이 그 행동에 관심을 두지 않고 웃지 않기로 약속한다. 이러한 조건으로 처음에는 아동의 우스꽝스러운 행동의 빈도가 증가할 수 있지만 점차 줄어들 것이다.

타임아웃(time out)은 부적응적인 행동을 했을 때 긍정적인 강화를 받을 기회를 박탈함으로써 그 행동을 소거하려는 기법으로 주로 신체적 징계의 대안으로 문제 행동을 감소시키는 데 사용된다. 타임아웃의 목적은 바람직하지 않은 행동을 강화하는 환경으로부터 클라이언트를 일시적으로 격리해 문제 행동을 감소하거나 제거하려는 것이다. 예를 들어 장난감이 많은 방에서 동생과 싸우는 형을 장난감이나 흥미거리가 전혀 없는 방에서 일정 시간 나오지 못하게 격리해서 아동의 흥분이나 화를 가라앉게 하는 것이다. 이 방법을 사용할 때는 미리 경고하여야 하며 시간은 짧을수록 좋다. 너무 오랫동안 격리하면 아동은 그 의미를 잊기 때문이다.

토큰 경제(token economy)는 토큰을 통한 대리 강화 체계를 구성하고, 바람직한 행동을 한다면 토큰을 제공함으로써 그 행동을 증가시키는 강화 기법이다. 즉, 바람직한 행동과 습관을 구체적으로 미리 정해 놓고 그 행동을 했을 때 토큰으로 보상하였다가 나중에 클라이언트가 원하는 물건이나 기회와 교환할 수 있도록 함으로써 체계적으로 강화하는 것이다. 스키너(Burrhus Frederic Skinner)의 조작적 조건화의 원리, 즉 어떤 반응에 선택적으로 보상함으로써 그 반응을 보일 확률을 증가시키거나 감소시키는 것을 활용한 기법으로 토큰 강화라고도 한다.

행동 조성(shaping)은 기대하는 반응이나 행동의 학습을 위해 그 행동을 작은 단위로 세분하여 과제를 주는 것이다. 강화의 원리를 준수하는 행동 수정의 가장 대표적 방법인 행동 조성은 복잡한 행동이나 기술을 학습하는 데 매우 유용하다. 처음에는 아주 간단한 반응을 요구하지만, 점점 강화물의 제공 기준을 까다롭게 하여 더 복잡하고 정교한 반응을 습득하게 된다. 예를 들어 대 · 소변 가리기 행동의 학습이 필요한 유아에게 먼저 '응아'라는 말로 배변 욕구를 표현할 때 칭찬하여 배변 욕구 표현 행동을 조성한다. 다음으로 바지 내리기, 변기에 앉기, 배설하기, 변기 물 내리기 등의 행동을 차례로 행하게 하여 행동을 조성하는 것이다(권중돈, 2014).

모델링(modeling)은 다른 사람이 바람직한 행동을 하는 것을 보고 그대로 모방함으로써 행동을 변화시키려는 것으로 클라이언트가 모방할 수 있는 행동의 예를 제시하는 방법이다. 모델링을 위해 실제 다른 사람의 행동을 직접 관찰해야 하는 것은 아니다. 책을 읽거나 비디오나 역할극 등을 통해서 시행할 수도 있는데(엄명용 외, 2011), 클라이언트가 보인 행동에 대해 환류를 제공해 준다.

역할 교환(role reversal)은 클라이언트가 다른 사람의 입장에서 상황을 바라보고 의견을 말함으로써 주변 사람들의 행동이나 감정에 대한 이해를 높이는 데 도움이 된다. 갈등 관계에 있는 아버지와 아들은 각자의 역할을 바꾸어 연기함으로써 서로에 대해 공감하고 이해하는 경험을 하게 된다. 역할 교환을 적용하기에 가장 적절한 시점은 서로의 갈등이 극에 달했거나 각자의 견해를 고집하여 변화의 여지가 없을 때이다(조홍식 외, 2009).

시연(rehearsal) 혹은 행동 시연은 특정 상황에서 클라이언트가 그 상황에 맞게 적절한 행동을 할 수 있도록 사회복지사 앞에서 습득한 기술을 반복해서 연습하는 것이다. 예를 들어 대중 앞에서 발표할 때 긴장과 불안을 호소하는 클라이언트의 문제를 해결하기 위해 사회복지사 앞에서 간단한 발표를 반복해서 연습하였다. 이러한 시연을 통해 클라이언트는 직면할 수도 있는 상황에 대한 두려움을 해소하고 상황에 따라 적절히 대응할 수 있는 자신감을 향상하는 효과가 있다(조홍식 외, 2009).

(2) 간접적 개입

간접적 개입은 클라이언트의 행동, 인지, 정서 등에 직접 개입하는 것은 아니지만, 클라이언트를 둘러싼 환경 체계, 즉 집단, 조직 또는 지역사회에 개입함으로써 클라이언트의 문제를 해결하는 데 긍정적인 도움을 제공한다(Sheafor & Horejsi, 2002). 일반적으로 클라이언트의 문제 해결을 위해 직접적 개입과 함께 제공하는 간접적 개입 활동에 대해 살펴보면 다음과 같다.

① 사회적 지지 체계의 개발

사회적 지지(social support)란 한 개인의 대인 관계로부터 제공되는 다양한 자원을 말한다. 일반적으로 사회적 지지는 어려운 상황에 있는 클라이언트의 스트레스나 문제를 해결하는 데 직접적 혹은 간접적으로 영향을 주어 그것을 경감시키는 것으로 알려져 있다. 사회적 지지가 부족한 상황에서 많은 문제가 발생하므로 사회복지사는 클라이언트가 가지고 있는 기존의 사회적 지지 체계를 활성화하거나 적절한 사회적 지지 체계가 없다면 새로운 것을 개발해야 한다. 이처럼 사회적 지지 체계가 부족한 클라이언트를 위해 사회복지사는 다음과 같은 사회적 지지 체계를 개발하여야 한다(Hepworth et al., 2009).

a. 비공식적인 사회적 지지 체계

비공식적인 사회적 지지 체계, 즉 자연적 지지 체계는 도움이 필요할 때 가장 먼저 도움을 요청하는 사람들로 가족, 친구, 이웃, 동료 등이다. 이런 사람들과의 관계에서 얻은 도움은 감정적 지지, 충고와 정보 제공, 금전적 도움 등과 같은 구체적인 자원이나 서비스를 포함한다. 따라서 비공식적인 사회적 지지 체계는 주요 생활 사건이나 생애 전환기 동안 개인이 경험하는 스트레스와 싸우는 기능을 담당한다 (Specht, 1986). 하지만 클라이언트의 비공식적인 사회적 지지 체계가 취약할 경우, 사회복지사는 클라이언트 주위의 기존 체계들이 클라이언트의 욕구에 맞게 적절히 기능하도록 원조하여야 한다. 예를 들어 사회복지 서비스 체계가 부족한 지역사회에서는 지역의 지도자들과 클라이언트를 연결함으로써 클라이언트가 외부 자원을 인식하고 활용하도록 지지 체계의 활성화가 필요하다.

b. 공식적인 사회적 지지 체계

공식적인 사회적 지지 체계는 사회복지 서비스를 제공하는 사회복지기관이나 학교, 종교 단체, 비영리 단체, 공공 기관 및 정부 등 특정한 목적을 가지고 활동하는 조직체에서 공식적으로 제공하는 서비스나 프로그램을 말한다. 사회복지사는 지역사회 내의 공식적인 사회적 지지 체계에 관한 다양한 정보와 자원을 확보하여 클라이언트의 욕구 충족과 문제 해결에 활용하여야 한다. 예를 들어 사회복지사는 클라이언트에게 서비스를 받을 수 있는 기관의 정보를 제공하거나, 기관에 대한 클라이언트의 접근성을 높이는 방안을 모색하거나, 직접 기관과 접촉하여 자원을 확보하는 것 등을 시행할 수 있다(최혜지 외, 2013).

c. 자조 집단

사회복지사는 클라이언트에게 자조 집단을 구성하도록 도와야 한다. 자조 집단(self-help group)은 비슷한 어려움이나 관심사를 가진 사람들이 자발적으로 집단을 만들어 경험을 공유함으로써 바람직한 변화를 위해 노력하는 상호 원조 집단이다. 자조 집단을 통해 집단구성원은 자신의 어려움을 기꺼이 내어놓고, 각자의 경험과 필요한 정보를 교환하면서 자신에 대해 긍정적으로 느끼고, 자신의 삶에 적극적으로 대처하고 통제하게 되면서 미래에 대한 희망을 품게 된다는 장점이 있다. 자조 집단의 예로는 알코올중독자집단, 암생존자집단, 치매노인가족집단, 자폐아동부모집단 등을 들 수 있다(조학래, 2019).

d. 자원봉사자 활용

자원봉사자란 다른 사람과 사회의 복지 증진을 위해 자신의 능력과 시간을 자발적으로 할애하여 물질적 보상 없이 비교적 정기적으로 봉사 활동에 참여하는 사람을 말한다. 사회복지사는 클라이언트의 사회적 지지 체계로서 자원봉사자를 적극적으로 활용하여야 한다. 예를 들어 빈곤가정 아동의 멘토로서 학습 및 생활 지도를 돕거나, 홀로 계신 노인이나 장애인의 말벗이나 외출을 돕는 것 등은 클라이언트에게 실질적인 도움이 될 수 있다. 따라서 사회복지사는 양질의 자원봉사자를 확보하여 클라이언트와 연결하여 사회적 지지 체계를 형성할 뿐만 아니라 자원봉사자가 체계적이며 지속해서 활동할 수 있도록 철저한 관리를 하여야 한다.

② 자원 및 프로그램의 개발과 중개

클라이언트의 욕구 충족과 문제 해결에 필요한 자원이 없거나 부족할 때 사회복지사는 다른 자원을 확보하거나 새로운 프로그램을 개발할 필요가 있다. 클라이언트에게 필요한 자원은 물질적 자원, 인적 자원, 프로그램 등일 수 있다. 자원 및 프로그램의 개발과 중개의 예로는 빈곤가정의 결식아동에게 무료 급식을 제공하거나 희귀·난치성 질환 환우를 위한 모금 활동을 전개하는 등 관련 자원을 연결해 활용할 수 있도록 하는 것이다. 이처럼 사회복지사가 클라이언트의 욕구를 사정하여 필요한 자원을 연결하는 것은 매우 중요하다. 하지만 클라이언트에게 필요한 자원이나 프로그램이 지역사회에 없을 때 사회복지사는 거기에서 멈추지 않고 클라이언트와 함께 부족한 자원과 프로그램의 개발을 위해 적극적으로 노력해야 한다.

③ 서비스 조정

서비스 조정(coordination)은 두 가지 이상의 서비스 제공자들과 공동의 목적을 달성하기 위해 다양한 서비스가 적절하게 제공되도록 조율하고 협력하는 활동이다. 서비스 조정이 필요한 상황은 복합적인 문제와 욕구 때문에 다양한 서비스가 필요한 경우, 충분한 서비스가 제공되지 못하는 경우, 적절한 서비스가 있음에도 클라이언트에게 제공되지 못하는 경우 등이다(최혜지 외, 2013). 예를 들어 빈곤아동의 학습지원을 위한 방과 후 교실과 건강한 신체 발달을 위한 급식비 지원 서비스를 제공하기 위해 학교사회복지사가 교사와 영양사 등과 함께 논의하는 것이 서비스 조정이다. 이처럼 서비스 조정은 다양한 욕구나 문제가 있는 클라이언트에게 복합적인 서비스를 제공할 때 필요하다. 서비스 조정의 목적은 기존의 서비스들이 클라이언트의 욕구에 좀 더 잘 반응할 수 있도록 다양한 서비스 제공자 사이에 서비스 네트워크를 구축하는 것이다. 이러한 네트워크에는 사회복지 서비스 기관뿐만 아니라 다양한 비공식적 자원이 포함된다(최혜지 외, 2013).

서비스 조정과 관련된 형태로는 서비스 연결, 의뢰, 사례관리 등이 있다(Johnson, 1999). 먼저 서비스 연결, 즉 네트워킹(networking)은 다양한 서비스를 제공하는 기관에서 관련 전문가 사이의 서비스 조정을 통하여 클라이언트에게 적합한 서비스를 제공하는 것이다. 예를 들어 지역사회에 거주하는 만성 정신장애인에 대한 서비스 연결의 경우, 그가 이용하는 지역정신건강복지센터의 정신건강사회복지사, 정신과전문의, 정신건강간호사 등 정신건강관련 전문가들이 매달 정기적인 사례회의를 통해 클라이언트의 상황에 대해 정보를 교환하고 지속해서 다양한 서비스를 제공하는 것이다. 의뢰는 클라이언트의 욕구나 문제가 기관의 서비스 범위를 벗어날 경우, 그 서비스를 제공할 수 있는 다른 기관으로 클라이언트를 연결하는 것이다. 마지막으로 사례관리는 복합적인 욕구가 있는 클라이언트에게 서비스의 연속성과 포괄성을 보장하기 위해 서비스 조정뿐만 아니라 직접 서비스도 제공하는 것이다. 이 과정에서 사회복지사는 클라이언트에게 제공되는 서비스가 중복되거나 누락되지 않도록 조정하고, 서비스가 원활하게 이루어지도록 다양한 서비스 제공자 간에 조정활동을 수행한다(우국희 외, 2016).

④ 환경 조정

환경 조정(environmental manipulation)은 클라이언트의 환경 변화를 통해 간접적으로 클라이언트의 사회적 기능을 강화하는 것이다(Johnson & Yanca, 2007). 클라이언트의 생활환경을 개선하기 위하여 사회 자원을 사용하기도 하고, 심리적인 원조를 통해 부정적인 사회환경 요인들을 감소시키거나 제거하여 생활 기능을 강화하기도 한다. 예를 들어 집단따돌림을 당하는 학생을 보호하기 위해 환경적 요인에 해당하는 가해자와 방관자를 대상으로 상담과 교육을 시행하고, 담임교사 및 학교장과 긴밀한 의사소통과 협조를 통해 피해 학생이 안전하게 학교에 다닐 수 있도록 학교 환경을 조성하는 것이 환경 조정이다.

⑤ 옹호

옹호(advocacy)는 의사결정자보다 힘이 약한 클라이언트를 위해 설득이나 강제력을 동원하여 개인이나 집단에 영향력을 행사하는 것이다. 즉, 의사 결정의 유형을 변화시킴으로써 클라이언트의 권익을 보호하는 특정한 결정을 할 수 있도록 하는 것이다(McCormick, 1970). 이처럼 옹호는 사회복지사가 최대한 클라이언트와 함께하고 클라이언트의 자기 결정을 존중하며 원하는 변화와 자원 확보를 위해 클라이언트를 포함한 다양한 체계에 클라이언트의 이해와 입장을 대변하여 문제 해결을 돕는 노력이다(엄명용 외, 2016).

옹호가 필요한 경우는 다음과 같다(Hepworth et al., 2009). 자격 요건을 갖춘 클라이언트가 기관이나 직원으로부터 서비스나 급여를 받지 못할 때, 비인간적인 방법으로 서비스가 전달될 때, 클라이언트가 인종 · 종교 · 신념 등으로 차별을 받을 때, 서비스나 급여의 차이로 문제나 역기능이 발생할 때, 정부나 기관 정책이 자원과 급여가 필요한 사람에게 부정적인 영향을 미칠 때, 대다수 사람에게 자원이 유용하지 않을 때, 위기 상황에서 클라이언트가 즉시 서비스나 급여를 받아야 할 때, 클라이언트가 인권 침해나 법적 권리를 거부당했을 때, 조직의 절차나 제도가 클라이언트에게 부정적인 영향을 미칠 때 등이다. 학교사회복지사가 학교폭력의 예방을 위해 학교 정책이나 제도 마련의 공청회를 기획하거나 지역주민들을 대상으로 서명 운동을 전개하는 것 등이 옹호의 예이다.

핵·심·정·리

1. 개입 계획의 수립 과정

① 표적 문제의 선정과 우선순위 결정
② 개입 목적과 목표 설정
③ 목적을 목표로 구체화하기
④ 계약의 공식화

2. 개입 계획의 수립 과정에서 사회복지사의 과업

① 클라이언트가 해결하고자 하는 문제를 목표로 설정
② 클라이언트와 그를 둘러싼 중요한 사람들의 기대를 고려하여 목표 설정
③ 목표의 중요성을 고려하여 클라이언트에게 가장 시급한 것을 우선순위로 설정

3. 목표 설정의 중요성

① 사회복지사와 클라이언트가 달성할 목표에 대해 서로 합의
② 원조 과정의 방향성과 지속성의 유지
③ 적절한 개입 방법의 개발과 선택의 용이성 제공
④ 사회복지사와 클라이언트가 변화의 진전 수준 점검
⑤ 개입 방법과 원조 과정의 달성 여부 평가

4. 목표 설정의 요소(SMART)

① 구체성(Specific)
② 측정 가능성(Measurable)
③ 성취 가능성(Achievable)
④ 현실성(Realistic)
⑤ 시기 적절성(Timely)

5. 목표 설정의 조건

① 클라이언트가 원하는 결과와 관련
② 바람직한 성과를 포함
③ 측정할 수 있도록 분명하고 구체적으로 설정

④ 클라이언트의 문제 해결에 도움이 될 수 있도록 타당하게 설정
⑤ 현실성 있게 작성
⑥ 구체적인 기간의 명시
⑦ 사회복지사의 지식과 기술로 달성 가능하게 작성
⑧ 성장을 강조하는 긍정적인 형태로 작성
⑨ 기관의 기능 및 사회복지 전문직의 가치와 일치

6. 계약의 내용

① 문제
② 수행해야 할 개입 목표
③ 사회복지사와 클라이언트의 과업과 책임
④ 개입 방법과 구조적 요인(장소, 기간 등)
⑤ 평가 방법
⑥ 일정의 변경, 비용 규정, 계약의 파기에 대한 요건

7. 개입 단계의 사회복지사 과제

① 클라이언트의 욕구 충족과 문제 해결을 위해 구체적인 변화 전략 수립
② 다양한 개입 방법과 기술을 적용하여 긍정적인 변화가 나타날 수 있도록 원조
③ 지속적 점검을 통해 클라이언트의 변화 정도를 유지하고 평가

8. 직접적 개입 기술

<table>
<tr><td rowspan="6">의사 소통 기술</td><td rowspan="4">정서적 안정</td><td>지지</td><td>클라이언트를 격려하고 고무하며 인정하는 기술</td></tr>
<tr><td>재보증</td><td>클라이언트의 능력이나 자질에 대해 사회복지사가 신뢰를 표현함으로써 클라이언트의 불안과 불확실한 감정을 줄이고 편안한 감정을 갖도록 돕기 위한 기술</td></tr>
<tr><td>일반화</td><td>클라이언트가 자기만 특정 문제나 어려움이 있다고 생각하면서 주관적 고통의 크기에 압도당할 때 그 문제가 다른 사람들도 공통으로 경험하는 문제임을 지적함으로써 문제의 인식 방향을 바꾸어주는 기술</td></tr>
<tr><td>환기</td><td>클라이언트의 기능에 부정적인 영향을 미칠 수 있는 감정을 표현하도록 돕는 기술</td></tr>
<tr><td rowspan="2">인지 구조의 변화</td><td>초점화</td><td>클라이언트가 자신의 문제를 말로 표현할 때 느끼는 혼란과 산만한 것을 점검함으로써 말 속에 숨겨진 선입견이나 혼란을 드러내어 자신의 사고 과정을 명확히 볼 수 있게 하는 방법</td></tr>
<tr><td>직면</td><td>클라이언트의 어려움을 일으키거나 유지하는 사고, 감정, 행동 등의 특정 측면을 클라이언트가 직시하도록 하는 방법</td></tr>
</table>

		재명명	어떤 문제, 행동, 생활 경험 등에 대해 클라이언트가 부여하는 의미를 수정함으로써 클라이언트의 관점을 긍정적인 방향으로 변화시키는 기술
	상황인식 능력 향상	정보 제공	클라이언트의 문제 해결 능력을 향상하는 데 필요한 정보와 지침을 제공하는 것
		조언	클라이언트가 해야 할 것을 추천하거나 제안하는 사회복지사의 진술
행동 변화 기술		강화	특정 행동을 한 이후에 강화물을 제공함으로써 그 행동이 증가하도록 하는 원리로 표적 행동이 더욱 빈번하게 발생할 가능성을 증가시키는 사건이나 활동
		처벌	특정 행동을 한 이후에 고통스럽고 불쾌한 자극인 벌을 가함으로써 그 행동을 줄이거나 제거하는 기법
		소거	바람직하지 않은 행동을 줄이거나 없애기 위해 그 행동을 무시하는 것
		타임아웃	부적응적인 행동을 했을 때 긍정적인 강화를 받을 기회를 박탈함으로써 그 행동을 소거하려는 기법
		토큰경제	토큰을 통한 대리 강화 체계를 구성하고, 바람직한 행동을 할 때 토큰을 제공함으로써 그 행동을 증가시키는 강화 기법
		행동조성	기대하는 반응이나 행동의 학습을 위해 그 행동을 작은 단위로 세분하여 과제를 주는 것
		모델링	다른 사람이 바람직한 행동을 하는 것을 보고 그대로 모방함으로써 행동을 변화시키려는 것
		역할교환	클라이언트가 다른 사람의 입장에서 상황을 바라보고 의견을 말하게 함으로써 주변 사람들의 행동이나 감정에 대한 이해를 높이는 기술
		시연	특정 상황에서 클라이언트가 그 상황에 맞게 적절한 행동을 할 수 있도록 사회복지사 앞에서 습득한 기술을 반복적으로 연습하는 것

9. 간접적 개입 기술

① 사회적 지지 체계 개발: 비공식적 사회적 지지 체계, 공식적인 사회적 지지 체계, 자조집단, 자원봉사자 활용

② 자원 및 프로그램 개발과 중개

③ 서비스 조정: 두 가지 이상의 서비스 제공자들과 공동의 목적을 달성하기 위해 다양한 서비스가 적절하게 제공되도록 조율하고 협력하는 활동

④ 환경 조정: 환경의 변화를 통해 간접적으로 클라이언트의 사회적 기능을 강화하는 것

⑤ 옹호: 의사결정자보다 힘이 약한 클라이언트를 위해 설득이나 강제력을 동원하여 개인이나 집단에 영향력을 행사하는 것

CHAPTER 12

사회복지실천 과정: 평가 및 종결

이 장의 구성

1. 평가
2. 종결
3. 사후관리

CHAPTER 12

사회복지실천 과정: 평가 및 종결

학습목표

- 종결 단계에서 평가의 중요성을 이해한다.
- 평가의 유형과 평가 방법을 이해한다.
- 종결의 유형을 이해한다.
- 종결 단계에서 사회복지사가 수행해야 할 과제를 이해한다.
- 사후관리의 개념을 이해한다.

1. 평가

1) 평가의 중요성

사회복지실천 과정의 최종 단계인 종결에서 사회복지사의 개입 활동 전반에 대한 평가가 병행된다. 평가는 개입 활동의 결과를 측정함으로써 클라이언트의 목적이 성취되었는가를 확인하고, 실행에 효과적이었던 반응과 전략들을 밝혀냄으로써 책무성(accountability)의 검증뿐 아니라 평가 결과에 기반을 둔 향후 서비스의 질 관리에 대한 의사 결정에 이바지하게 된다(Gabor & Grinnell, 1994). 평가는 사회복지실천 과정 동안 계속해서 시행되지만, 종결 단계에서의 평가가 매우 중요하다. 종결 단계에서의 평가는 사회복지사와 클라이언트가 변화되기를 기대했던 결과들이 실제로 나타났는가를 확인하는 과정이다. 이러한 평가를 위해서 사회복지사는 계획 수립 단계부터 평가 계획을 세우는 것이 필요하다.

사회복지실천에서 평가는 다음과 같은 측면에서 중요하다. 첫째, 클라이언트의 욕구 충족이나 문제 해결의 목표를 달성했는지 측정할 수 있다. 즉, 목표의 달성 여부를 통해 사회복지실천이 얼마나 효과적이었는지를 측정한다. 둘째, 평가를 통해 사회복지실천이 얼마나 효율적이었는지를 측정할 수 있다. 셋째, 평가를 통해 자원이 적절하게 사용되었는지를 보여줌으로써 사회복지사의 책무성을 입증할 수 있다. 넷째 클라이언트의 변화나 사례의 진행 정도에 대해 클라이언트와 지역사회에 알려줄 책임성을 이행할 수 있다. 다섯째 사회복지실천 과정에서 클라이언트가 어떻게 반응했는지, 계획했던 변화가 나타났는지 등 변화 과정을 점검할 수 있다. 여섯째, 클라이언트에게 긍정적인 변화가 나타났다면 변화에 영향을 미친 변수들에 대한 지식을 얻을 수 있을(최해경, 2009) 뿐만 아니라 원조 과정을 점검하고 평가함으로써 사회복지사의 능력을 향상할 수 있다.

2) 평가의 유형

평가의 목적은 평가 유형을 통해서 달성할 수 있다. 대표적인 평가의 유형으로는 결과평가, 과정평가, 형성평가, 총괄평가 등을 들 수 있다.

(1) 결과평가

결과평가(outcome evaluation)는 목표에 비추어 달성된 결과를 평가하는 것으로 성과평가 또는 효과성 평가라고도 한다. 사회복지실천 과정에서 사회복지사의 개입이 종결되었을 때 설정된 목표인 클라이언트의 변화가 얼마나 있었는지를 평가하는 것으로 개입 방법의 효과성과 효율성을 평가한다. 결과평가의 예로는 청소년 진로집단 활동 전후에 진로 효능감 검사를 하여 결과를 비교하는 것이다. 결과평가는 주로 실험조사설계를 활용하여 인과관계를 파악하고, 그 결과에 초점을 둔다. 보통 통제집단 설정과 무작위 배정 등을 통해 개입이나 프로그램이 시행되며, 이 과정에서 객관적인 자료를 얻기 위해 사전·사후 검증을 활용하여 개입의 효과성, 즉 클라이언트의 변화를 실증적으로 증명하고자 한다(황성동, 2015).

(2) 과정평가

과정평가(process evaluation)는 결과평가에서 간과하기 쉬운 개입이나 프로그램의 준비, 진행, 종결 과정 등이 계획대로 시행되고 있는가를 분석하는 평가이다. 즉, 개입이나 프로그램의 진행 과정에서 경험했던 긍정적 변화의 요소, 다양한 시행착오와 어려움의 원인, 그러한 애로사항에 대해 사회복지사가 어떻게 극복했는지 등을 제시하며, 그 방안을 추진하면서 계획과 프로그램 내용이 어떻게 달라졌는지, 그 과정에서 함의가 무엇인지 등을 살펴보는 것이다. 필요할 경우 개입 계획을 수정·보완하는 지침으로 활용할 수도 있다. 이러한 의미에서 과정평가는 원조 과정의 점검이라고 할 수 있다. 개입이나 프로그램 활동의 분석을 근거로 좀 더 효율적인 집행 전략을 수립하고 개입이나 프로그램의 내용을 수정·변경하거나, 중단·축소·유지·확대 여부를 결정하는 데 도움을 준다. 이처럼 과정평가는 "어떤 서비스를, 누가, 누구를 위해, 얼마나 많은 이용자에게, 얼마 동안, 얼마의 비용으로 제공했는가?"라는 질문에 대한 답을 찾는 것이다(이봉주 외, 2012).

(3) 형성평가

형성평가(formative evaluation)는 개입의 효과성이나 프로그램의 성공을 검증하는 것이 아니라 개입이나 프로그램 과정에 대한 평가로서 개입과정의 어떤 요소가 성과를 얻게 했는지에 초점을 두고 사회복지사와 클라이언트가 주기적으로 진전 상황을 평가하는 활동이다. 즉, 형성평가는 개입이나 개발 단계에 있는 프로그램 과정에서 부분적으로 수정, 개선, 보완하는 데 필요한 정보를 얻기 위해 그것이 진행되는 도중에 이루어지기 때문에 과정평가라고도 한다. 이처럼 형성평가는 사회복지실천 과정 동안 시행되는 사정과 관련이 있으며, 질적 조사의 속성을 지니고 있으므로 사회복지사가 과정을 검토하고 필요한 경우에 개입 계획을 수정할 수 있도록 환류를 제공한다. 특히 형성평가는 프로그램의 전달체계, 기관의 운영상황, 클라이언트의 욕구 등을 염두에 두고 시행한다. 이런 의미에서 형성평가는 미래지향적이며 원조 과정의 점검이라고 할 수 있다(Kirst-Ashman & Hull, 2009).

(4) 총괄평가

총괄평가(summative evaluation)는 형성평가와 대비되는 평가 유형으로 개입이나 프로그램이 종결되었을 때, 그 결과로서 산출된 성과와 비용에 대하여 종합적인 판단을 하는 행위이다. 즉, 총괄평가는 사회복지실천에서 개입이나 프로그램이 종결되었을 때 그것으로 인한 성과, 즉 최종 목표 달성 여부를 효과성과 효율성 측면에서 평가하는 것이다. 효과성은 개입이나 프로그램 목표의 달성 정도로 확인하며, 효율성은 투입된 비용이 그 성과를 정당화할 수 있는지에 초점을 둔다. 하지만 사회복지실천 과정에서 개입의 효과가 높게 나타난다 하더라도 효율성은 낮을 수 있다(Sheafor et al., 1997). 일반적으로 개입의 효과성과 효율성을 평가하므로 총괄평가는 결과평가와 같은 의미로 사용된다.

3) 평가 방법

(1) 단일사례 설계

단일사례 설계는 개인, 가족, 집단, 조직 등을 대상으로 문제 해결을 위한 개입의 효과를 평가하는 방법으로 한 개인, 하나의 집단, 하나의 가족, 하나의 조직체 등을 평가하는 데 사용된다. 즉, 사회복지사의 개입 전과 개입 후 클라이언트의 상태를 비교함으로써 개입의 효과를 과학적으로 증명할 수 있다. 단일사례 설계는 클라이언트의 변화를 그래프를 통해 표현하기 때문에 클라이언트의 치료 동기를 높일 수 있다. 또한 개입 중에도 언제든지 자료를 검토할 수 있어 개입방법을 수정하거나 개입을 보완하는 것도 가능하다. 특히 단일사례 설계의 평가에서 사용할 수 있는 측정방법으로 직접적 관찰, 자기보고식 척도, 표준화된 측정도구 등이 있다(Zastrow, 1999).

단일사례 설계의 과정은 다음과 같다(황성동, 2015). 먼저 개입 대상인 클라이언트의 문제 행동을 표적 행동(target behavior)으로 선정하는데, 이는 개입을 통해 변화시키려는 행동으로 단일사례 설계의 종속변수가 된다. 클라이언트로부터 도출된 표적 행동은 구체적이고 측정 가능한 것이어야 한다. 다음으로 기초선(A) 관찰인데, 기초선은 개입 이전의 표적 행동의 빈도, 강도, 기간 등을 의미한다. 즉, 기초선은 개입 후의 변화와 비교할 수 있는 개입 전의 상황으로 최소한 3회 이상 측정한다. 마지막으로 개입 단계의 관찰(B)인데, 클라이언트의 변화를 위해 사회복지사가 활용하는 행위는 모두 개입에 해당한다. 일반적으로 기초선 단계와 개입 단계의 관찰 횟수는 동일하게 측정한다.

단일사례 설계의 유형은 B, AB, ABA, ABAB, ABC, 복수기초선설계 등으로 분류할 수 있다. B조사는 기초선이 없는 조사로 개입과 동시에 클라이언트의 진전 상황을 측정할 수 있지만, 비교의 근거가 없어 과학적으로는 가장 취약한 형태이다. AB조사는 가장 기본적인 유형으로 [그림 12-1]에서와 같이 개입으로 인한 클라이언트의 행동 변화를 기초선과 비교하여 제시한다. [그림 12-2]에서와 같이 ABA조사는 개입의 효과를 검증하기 위해 일정 기간 개입 후에 두 번째 기초선 단계(두 번째 A)에서 변화된 표적 행동이 개입의 결과로 지속되는 경우(①과 같이)이다. 그러나 ABAB조사는 두 번째 기초선 단계에서 변화된 표적 행동이 이전 상태(②와 같이)로 되돌아간다면, 다시 개입(두 번째 B)을 하는 경우이다. 그 결과 ③과 같은 결과가 나온다면 조사를 종결하게 된다. 즉, ③과 같은 결과는 사회복지사의 개입이나 프로그램이 클라이언트의 지각 문제를 해결했다는 것을 증명해 준다(황성동, 2015). ABC 및 ABCD조사는 개입 효과가 나타나지 않는 경우 다른 형태의 개입을 시작하거나,

처음부터 다중 개입 방법을 계획하는 경우이다. 즉, C, D는 B의 연장이며 또 다른 형태의 개입이지만, ABA조사처럼 기초선 단계로 다시 돌아가지 않는다. 복수기초선 설계는 하나의 개입방법을 다양한 문제, 대상, 상황에 적용하여 개입 효과가 있는지를 파악하는 것이다.

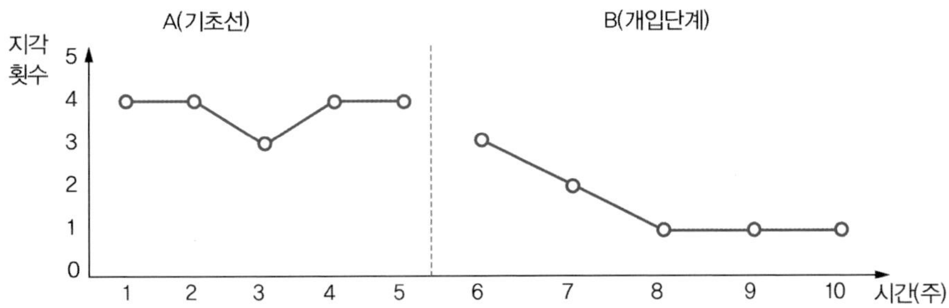

▌그림 12-1▐ AB조사

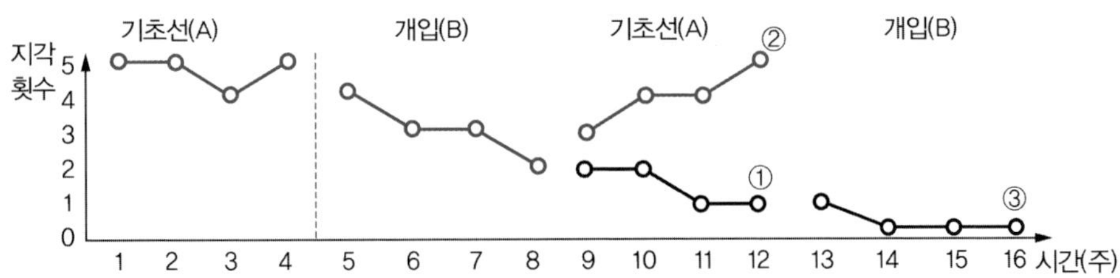

▌그림 12-2▐ ABA 및 ABAB조사

(2) 과업성취척도

과업성취척도(Task Achievement Scaling: TAS)는 과업중심 모델(Task-Centered Model)을 이용한 사회복지실천을 평가하는 데 적합한 척도로 클라이언트와 사회복지사가 합의한 과업의 성취 정도를 평가하는 것이다. 이러한 과업은 바라는 결과에 도달하는 데 필요한 클라이언트 혹은 사회복지사의 행동이나 결정을 말한다. 과업은 보통 며칠 혹은 길어야 1~2주 이내에 완수할 수 있는 것이며, 한 시점에서 3~4개 정도의 과업을 부여한다. 이 척도는 서비스가 상대적으로 단기적이고 활동들이 구체적일 때와 사례에 대한 개입 활동이 기초선을 설정하거나 단일사례 설계의 적용이 어려울 때 유용하다(엄명용 외, 2011).

과업성취척도는 사회복지사와 클라이언트가 합의한 각 과업의 진전을 평가하기 위해 일반적으로 5점 척도(4점=완전 성취, 3점=상당히 성취되었음, 2점=부분적으로 성취되었음, 1점=최소한으로 성취되었거나 아직 성취되지 않았음, 0점=과제를 수행할 기회가 없었음)로 평가한다. 각 과업에 대한 평가 점수의 합계와 가능한 최고 점수의 합계를 나누면 성공률이 계산된다. 예를 들어 〈표 12-1〉에서 4개 과업의 가능한 최고 점수의 합계는 16점이다. 그런데 실제 점수가 13점으로, 과업 성취는 13을 16으로 나눈 81.3%가 된다. 이 척도는 의도, 노력, 동기 등을 평가하는 것이 아니라 과업의 달성 정도를 평가하는 것이다.

▌표 12-1▐ 과업성취척도의 예

과업	성취 수준	등급
1. 요양보호사 서비스 연계	대기자 명단에 등록하였고, 서비스는 일주일 내에 시작될 것임	3
2. 반찬 배달 서비스 확보	클라이언트의 퇴원하는 날부터 반찬 배달이 시작될 것임	4
3. 병원 침대 확보	병원 침대를 임대하였고, 퇴원 후 집으로 배달될 것임	4
4. 자원봉사자 확보	주 1회 1시간 말벗, 집안 청소를 도와줄 자원봉사자 10명을 구하고 있음	2

출처: 이영분 외 (2001). 사회복지실천론, p. 247에서 수정 인용.

(3) 목표달성척도

목표달성척도(Goal Attainment Scaling: GAS)는 개입 과정 동안 클라이언트의 목표가 달성된 정도를 점수화하는 방법으로 정신건강 프로그램에서 환자의 진전 상태를 평가하기 위해 개발되었다(Kiresuk. et al., 1994). 표준화된 척도는 측정하고자 하는 내용이 누구에게나 적용될 수 있는 보편적인 개념을 클라이언트의 개입 목표로 설정하지만, 목표달성척도는 클라이언트의 목표에 대한 진술을 측정 기준으로 사용한다는 점에서 개별화의 원리에 부합된다(Miley et al., 2007). 이 척도는 클라이언트의 문제가 아니라 바람직한 상태에 초점을 둔다는 점에서 긍정적이다. 특히 단일사례설계로 클라이언트에 대한 개입의 효과성을 평가하는 것이 적합하지 않을 때 사용할 수 있다. 예를 들어 클라이언트의 문제 해결을 위해 설정한 목표들이 서로 연관되어 있거나 목표가 쉽게 측정되지 않을 경우이다(이원숙, 2014). 하지만 목표의 결과에만 초점을 둔다는 점과 시간이 지나도 변화가 계속 유지될지에 관한 의문이 있다(최해경, 2009). 목표달성척도의 적용 절차는 〈표 12-2〉와 같다(Turner-Stokes, 2009).

▌표 12-2▐ 목표달성척도의 예

시작(✓) 종결(×)	목표 1 산책하기	목표 2 균형 있는 식사하기	목표 3 서랍장 정리하기
달성 수준	가중치 : 30	가중치 : 50	가중치 : 20
최악의 결과(0점)	전혀 산책하지 않음(✓)	식사 때 반찬을 전혀 먹지 않음(✓)	정리를 전혀 하지 않음(✓)
기대 이하의 결과(1점)	권해야 산책함	식사 때 1가지 반찬만 먹음	비자발적으로 정리함
기대 수준의 결과(2점)	주 1회 스스로 산책함(×)	직원 권유로 식사 때 2가지 반찬 먹음	스스로 대충 정리함
기대 이상의 결과(3점)	주 2회 스스로 산책함	스스로 식사 때 2가지 반찬 먹음(×)	스스로 어느 정도 정리함
최상의 결과(4점)	주 3회 이상 스스로 산책함	스스로 식사 때 3가지 이상 반찬 먹음	스스로 매우 정리를 잘함(×)
변화 점수	2	3	4
가중치가 반영된 변화 점수	60	150	80
가능한 가중치 반영 점수	120	200	80
목표달성 비율	50%	75%	100%
가중치가 반영된 변화 점수 합계(290) / 가능한 가중치가 반영된 점수(400) = 72.5%			

출처: 이현주 (2011). 사회복지실천 평가에서 목표달성 척도의 적용에 관한 연구: 정신장애인의 일상생활기능 향상 프로그램 평가를 중심으로. 정신보건과 사회사업, 39, p. 137에서 수정 인용.

첫째, 면접을 통해 클라이언트의 주요 문제 영역을 확인하고 그것과 관련된 2~5개 정도의 목표를 설정한다. 둘째, 설정된 각 목표의 달성 수준을 작성하며, 목표의 중요도와 달성 정도의 난이도를 고려한 가중치를 100점으로 배분한다. 셋째, 기대되는 결과를 구체적으로 정의하는 단계로 클라이언트의 달성 가능한 수준을 5점 척도로 결정한다. 이때 클라이언트가 비현실적인 기대를 하고 있으면 이 단계에서 조정할 수 있다. 넷째, 기초선 단계는 개입의 시작 시점에서 현재 클라이언트의 상태를 가장 잘 나타내는 칸에 (✓) 표시를 하는데, 이것은 기초선 기능을 한다. 다섯째, 개입이나 서비스가 종결되는 시점에서 각 목표에 대한 클라이언트의 상태를 가장 잘 나타내는 칸에 (×) 표시하고 점수를 계산한다. 즉, 가중치가 반영된 변화 점수(가중치×변화 점수), 가능한 가중치 반영 점수(가중치×최상의 결과인 4점), 목표 달성 비율(가중치가 반영된 변화 점수/가능한 가중치 반영 점수)을 계산한다. 〈표 12-2〉에서와 같이 이번 개입은 서랍장 정리하기는 큰 진전을 보였지만, 산책하기와 균형 있는 식사하기를 위해서는 더 많은 시간이 필요하다는 것을 알 수 있다.

(4) 클라이언트 만족도 평가

클라이언트 만족도 평가는 〈표 12-3〉과 같이 개입 동안 클라이언트에게 제공된 서비스의 만족도를 묻는 기법으로 가장 단순하지만 자주 사용한다. 사회복지사나 기관의 궁극적 목적이 클라이언트에 대한 최선의 서비스임을 고려할 때, 클라이언트의 반응은 매우 중요하다. 사회복지사는 클라이언트에게 기관의 인상, 개입의 성공 정도, 담당자의 역량 등 원조 과정의 중요한 측면들에 대한 만족도를 평가하도록 한다. 일반적으로 클라이언트의 만족도를 평가할 때는 다음과 같은 사항을 고려할 필요가 있다(Royse, 2011). 첫째, 신뢰도와 타당도가 검증된 도구를 사용한다. 둘째, 기초선과 자료의 추세를 파악하기 위해 같은 도구를 반복해서 사용한다. 셋째, 만족도 평가 조사는 정기적으로 실시한다. 넷째, 평가 도구는 최소한 한 문항 이상의 개방형 질문을 포함하여 충분한 정보를 수집해야 한다.

하지만 클라이언트 만족도 평가는 다음과 같은 한계점도 있다. 먼저 제공된 서비스에 대한 클라이언트의 만족도 평가는 인식과 다를 수 있으며 시간이 지나면서 인식이 변할 수 있음에도 불구하고 개입 결과에 대해 클라이언트의 인식만을 파악한다는 것이다. 다음으로 평가 도구는 대체로 기관에서 자체 제작된 것으로 신뢰도와 타당도를 알 수 없다는 점이다(황성동, 2015). 마지막으로 참여자 선정의 오류, 즉 원조 과정에 적극적으로 참여했거나 좋은 인상을 받은 클라이언트만 응답하는 경향 때문에 결과가 긍정적인 방향으로 편향되어 나타날 수 있다는 것이다(엄명용 외, 2011).

▮표 12-3▮ 사회복지 서비스 이용자 만족도 척도

응답 범주	1=전혀 그렇지 않다　2=그렇지 않다　3=보통이다 4=그렇다　5=매우 그렇다	
요인	문항	
전문성	1. 나는 도움이 필요할 때마다 이곳의 직원에게 도움을 요청할 수 있다.	( )
	2. 이곳은 내가 가진 불만이나 이의사항을 적절하게 해결하여 준다.	( )
	3. 나는 이곳의 직원에게 속마음을 털어 놓을 수 있을 것 같다.	( )
	4. 이곳의 직원은 나를 도울 수 있는 전문적인 지식과 기술을 가지고 있다.	( )
	5. 나는 이곳에서 진정으로 내가 필요로 하는 도움을 받았다.	( )
	6. 이곳의 직원은 내 문제를 진지하게 듣고 진지하게 다룬다.	( )
	7. 주위 사람들은 내가 이곳에서 긍정적으로 변화되었다고 말한다.	( )
	8. 이곳은 내 이야기에 대해 비밀보장을 잘 지킨다.	( )
	9. 이곳의 직원은 나와 한 약속시간을 정확하게 지킨다.	( )
	10. 이곳에서는 내가 문제를 해결할 수 있도록 적극적으로 지지해주고 도와준다.	( )
	11. 이곳은 문제를 해결할 때 나의 결정을 우선시하고 존중한다.	( )
	12. 이곳의 직원은 언제나 긍정적이고 좋은 면을 이야기해 준다.	( )
	13. 이곳의 직원은 내가 무엇을 원하고 필요로 하는지 안다.	( )
상호작용	14. 이곳의 직원은 서비스 내용과 이용자의 권리에 대해 자세히 설명해 준다.	( )
	15. 이곳의 직원은 서비스를 제공할 때 나를 존중하고 예의 바르게 대한다.	( )
	16. 이곳에서 받은 서비스는 나에게 큰 도움이 된다.	( )
	17. 이곳의 직원과 면담이나 통화하는 것이 편리하다.	( )
	18. 이곳의 직원은 서비스 이용절차를 이해하기 쉽도록 친절하게 설명해 준다.	( )
	19. 이곳의 직원은 내 심정을 진심으로 이해하고 나를 도와주는 것 같다.	( )
	20. 만일 다시 도움이 필요하면 이곳을 이용할 것이다.	( )
	21. 나는 이곳의 직원과 이야기하면서 편안함을 느꼈다.	( )

출처: 김용석 (2009). 사회복지 서비스 이용자 만족도 척도의 개발과 평가. 한국사회복지행정학, 11(3), p. 160.

(5) 동료 검토

동료 검토는 사회복지사의 원조 과정을 동료 사회복지사가 공식적으로 평가하는 것이다(Baker, 1987). 즉, 동료 검토는 기관의 클라이언트, 정책, 절차 등을 이해하고 있는 동료 사회복지사가 사회복지사의 원조 과정을 정기적으로 검토하는 품질 관리 활동의 한 형태이다. 이 방법의 목적은 사회복지사 개인의 개입 과정에서 나타나는 문제점을 수정하고 개선을 도모하며, 필요하다면 기관의 정책이나 절차에 대한 수정을 요구하려는 것이다(엄명용 외, 2011). 이러한 동료 검토는 개입의 결과보다 과정에 초점을 두며, 좋은 실천활동이란 어떤 것인지에 대한 기준과 원칙을 논의하면서 발전시키는 것이다. 이때 평가 기준은 10개를 넘지 않은 것이 좋고, 참여하는 동료 검토자는 검토할 사례를 선정하는 절차에 동의할 필요가 있다. 일반적으로 한 달에 한 번 정도 정기 평가회를 시행하는데 30분 정도를 넘어서는 안 된다(조홍식 외, 2009). 동료 검토에서는 검토 사례를 선정한 다음 사례 기록을 점검하고 그 사례에 있어 담당 사회복지사의 접근과 실천 활동이 어떠했는지를 평가하게 된다. 〈표 12-4〉와 같은 항목들이 동료 검토에서 사용된다(Sheafor & Horejsi, 2008).

▌표 12-4▌ 동료 검토 항목

동료 검토 항목	• 클라이언트의 문제가 명확히 기록되었는가? • 클라이언트와 가족구성원이 개입 계획에 참여하였는가? • 개입 계획이 기록되었는가? • 개입 방법은 클라이언트의 문제에 적합한 것이었는가? • 클라이언트와의 접촉빈도와 기간은 문제와 관련해서 적합했는가? • 개입 계획, 사회복지사의 행동, 사용된 접근방법이 영구적인 계획을 염두에 두고 있는가? • 지역사회 자원을 적절하고 효과적으로 사용했는가? • 목표로의 진척이 뚜렷이 보였는가? • 사례 기록이 명확하고 분명하며 간결한가? • 필요한 기관 양식이 기록되어 있는가?

2. 종결

“끝이 좋으면 다 좋다.”는 말은 일의 과정도 중요하지만 마무리가 제대로 되어야 비로소 완전히 잘 끝났다는 것을 의미한다. 사람의 만남과 헤어짐도 마찬가지이기 때문에 사회복지실천 과정의 종결 단계도 최선을 다해야 한다. 일반적으로 종결은 사회복지사의 개입 활동을 계획에 따라 공식적으로 마무리하는 것이다. 이처럼 종결(termination)은 계획된 개입 기간이 종료되거나 목적이 달성되었을 때 또는 현실적인 어려움으로 더는 원조 과정을 지속할 수 없을 때 진행된다. 종결은 사회복지사의 개입 결과를 정리하고 영향력을 거두는 과정이므로 클라이언트는 불안과 긴장을 느낄 수 있고, 사회복지사와의 관계를 종결하고 이별해야 하는 것에 대해 혼합된 감정을 경험하기도 한다(우국희 외, 2016). 따라서 바람직한 종결은 클라이언트에게 원조 과정에서 이루어진 진전을 검토할 기회를 제공하고, 클라이언트가 그 변화를 통합하여 자신이 변화의 주체임을 깨닫고, 종결 이후의 생활에 관해 자신감을 느끼도록 돕는 것이다(최해경, 2009).

1) 종결 유형

종결의 유형은 크게 계획된 종결과 계획되지 않은 종결로 나눌 수 있다. 이러한 두 가지 종결 유형에 대해 살펴보고자 한다(Hepworth & Larsen, 1986; 양옥경 외, 2010).

(1) 계획된 종결

① 개입의 목표 달성으로 인한 계획된 종결

최상의 종결은 클라이언트와 사회복지사가 목표를 달성하였고 충분한 진전이 이루어졌다고 믿거나, 제시된 상황이나 문제에서 벗어났을 때 진행된다(Bogo, 2006; 최해경, 2009). 이처럼 개입의 목표가 달성된 종결이 가장 만족스러운 종결 유형이다. 원조 과정의 종결이 다가오면서 사회복지사는 클라이언트와의 접촉 빈도를 조금씩 줄이는 것이 바람직하다. 목표 달성으로 종결해도 사회복지사는 클라이언트의 정서적 반응을 다룰 필요가 있다.

② 일정 기간만 개입이 제공되는 계획된 종결

일정 기간만 서비스나 개입이 제공되는 계획된 종결은 학기 중이나 실습 기간에만 활동하는 실습생의 경우가 해당한다. 이러한 종결은 미리 알려진 것이기 때문에 클라이언트로서는 갑작스럽게 종결하는 것보다 충격이 작고 그에 대해 대비할 수 있어 종결에 따른 감정을 해소할 시간이 있다. 이러한 이점에도 불구하고, 그 기간 내에 문제가 해결되지 않았을 때 클라이언트는 원조 과정 중에 서비스가 중단되었다고 생각할 수 있다. 사회복지사도 종결에 대한 감정 처리와 함께 클라이언트의 다루지 못했거나 해결하지 못한 문제를 해결하기 위해 다른 기관으로 의뢰해야 하는 이중 부담이 있다. 이럴 때 사회복지사는 기관의 서비스 특성으로 인한 한계를 클라이언트에게 잘 설명하여 신뢰 관계가 손상되지 않도록 노력하는 동시에 클라이언트를 적절한 사회복지사나 기관으로 의뢰해야 한다.

③ 시간 제한적인 개입으로 인한 종결

시간 제한적인 개입으로 인한 종결은 원조 과정 시작부터 사회복지사와 클라이언트가 상호 합의하여 개입의 기간을 미리 설정하고 시작하는 것이다. 이렇게 서비스나 개입 시간을 제한하는 방식은 클라이언트의 정서적 애착과 의존뿐만 아니라 종결에 따른 상실감 등도 줄여준다. 물론 시간적 제한이 없는 종결보다 상대적으로 클라이언트의 애착과 상실감이 적다는 것이지 전혀 없다는 것은 아니다. 이러한 시간적 제한이 있는 종결에도 종결에 따른 반응은 나타난다. 사회복지사는 이러한 반응에 민감하게 대처하여 적절히 다루어야 한다. 시간적 제한이 있는 종결에서 사회복지사의 업무는 다음과 같다. 첫째, 클라이언트가 원조 과정을 통해 얻은 것을 분명히 한다. 둘째, 지속적인 개입이 필요한 경우 또 다른 계획을 세운다. 셋째, 개입 기간에 배운 것을 클라이언트가 일상생활에 어떻게 적용할 것인지를 확인한다. 넷째, 사후 회기를 계획한다.

④ 시간 제한이 없는 종결

시간 제한이 없는 종결에서 사회복지사가 언제 종결할 것인가를 결정하는 일은 매우 중요하다. 일반적으로 사회복지사와의 만남을 통해 클라이언트가 얻는 것이 줄어들 때, 즉 원조 과정에서 얻는 이득이나 효과가 점차 줄어들어 중요성이 없어질 때가 종결 시점이다. 원조 관계의 효과가 없다는 말은 클라이언트의 시간과 노력보다 의미 있는 변화가 나타나지 않으며, 앞으로도 의미 있는 변화를 기대할 수 없는 상태를 말한다. 이럴 때 사회복지사는 클라이언트와 합의하여 종결 시점을 고려하는 것이 바람직하다. 그러나 이런 상황에도 클라이언트는 매우 강한 정서적 반응을 보일 수 있다. 특히 장기간의 개입 과정으로 클라이언트의 의존심이 증가하고 전문적 원조 관계를 통해 얻는 이득에 만족하는 경우에 종결은 어려워진다.

(2) 계획되지 않은 종결

① 클라이언트의 일방적 종결

클라이언트의 사정으로 인해 계획된 시기보다 일찍 종결하는 일방적 종결은 다음과 같은 경우에 일어날 수 있다. 즉, 클라이언트가 약속한 회기에 아무런 연락 없이 오지 않거나, 갑자기 약속을 어기거나 이런저런 이유로 올 수 없다는 핑계를 대고 다시는 자신의 문제를 노출하지 않으면서 종결을 원할 때 등이다. 이처럼 클라이언트는 종결에 대한 의사를 언어로 표현하기보다는 행동화를 통해 간접적인 방식으로 표시한다. 이때 사회복지사는 종결이 클라이언트에게 매우 중요한 문제이므로 신중히 생각할 것을 권하지만, 결국에는 클라이언트의 자기 결정권을 존중하는 것이 바람직하다. 클라이언트가 일방적으로 종결을 선언한 경우는 사회복지기관이 제공하는 서비스에 만족하지 않거나 사회복지사에 대한 부정적 감정이나 저항감이 원인일 수 있다. 특히 클라이언트의 일방적 종결은 대부분 해결되지 못한 저항 때문이거나 문제가 이미 해결되었다는 비현실적인 믿음 때문일 수 있다. 따라서 이런 것들은 직면하여 토론하는 것이 좋다. 그러나 클라이언트에게 원조 과정을 계속하도록 강요해서는 안 되며, 언제든지 다시 올 수 있음을 분명히 알려야 한다. 이렇게 할 경우 클라이언트는 부가적인 서비스 때문에 다시 올 수 있고, 다시 올 때는 이전보다 더 많은 동기 부여가 되어 참여할 수 있다.

② 사회복지사의 이동으로 인한 종결

계획되지 않은 종결은 사회복지사의 상황 때문에 발생할 수도 있다. 만약 사회복지사가 원조 과정을 지속할 수 없는 사정이 생겼다면 종결할 수밖에 없다. 예를 들어 사회복지사가 갑자기 새로운 직장으로 이직하거나 병으로 휴직하거나, 법적인 문제로 원조 관계에 참여할 수 없는 경우 등 개인적인 사정으로 이루어진 종결은 클라이언트와 사회복지사 모두에게 힘든 일이다. 특히 이전에 중요한 관계에서 거부당한 경험이 있는 클라이언트는 상처받기 쉽고 자존감이 약해지며 배신감을 느낄 수 있다. 사회복지사도 자신 때문에 급하게 종결하므로 죄책감을 보상하기 위해 지나치게 잘 대해주거나 재보증함으로써 클라이언트가 부정적인 감정을 표현하지 못하도록 만들 수 있다. 따라서 사회복지사의 과제는 클라이언트가 자신의 감정을 적절하게 표현하거나 처리하도록 도와주고 다른 사회복지사와 함께 일할 수 있도록 준비시키거나(Hepworth et al., 2010), 다른 기관으로 원활하게 의뢰가 이루어지도록 돕는 것이다.

2) 종결 반응

원조 과정에서 사회복지사가 종결을 결정하기 전에 클라이언트의 종결 반응에 대한 이해와 조치가 필요하다. 원조 과정에서 목적을 달성한 클라이언트의 종결에 대한 반응은 자부심과 만족감을 보일 것이다. 또한 자존감 회복과 대처 능력이 향상되었다면, 클라이언트는 미래를 낙관적으로 보고 지속적인 성장을 위한 도전으로 받아들일 것이다(Hepworth et al., 2006). 이러한 종결 단계를 클라이언트가 새로운 시작으로 경험하는 것이 중요한데, 일반적으로 클라이언트의 종결 반응에 대한 사회복지사의 기본적인 개입 전략은 지지이다. 지지란 사회복지사가 클라이언트의 있는 그대로의 종결 경험과 반응에 대해 정서적·사회적 지지를 제공한다는 의미이다. 예를 들어 사회복지사는 관심 기울이기와 공감을 통해 클라이언트의 있는 그대로의 종결 경험과 반응에 대한 지지를 제공할 수 있다(고기홍, 2014). 이러한 개입에도 불구하고, 전형적으로 나타나는 클라이언트의 종결에 대한 부정적 반응을 살펴보면 다음과 같다(Levinson, 1977; 양옥경 외, 2010).

① 사회복지사에게 매달리는 반응을 보이는 경우

클라이언트의 의존심이 증가하여 전문적 원조 관계에서 얻는 이득을 포기하지 못할 경우, 그는 사회복지사에게 계속 만나 달라고 요구하며 매달릴 수 있다. 이런 클라이언트에게 원조 과정의 종결은 의존 대상의 상실을 뜻하기 때문에 갈등의 원인이 된다. 따라서 사회복지사는 종결에 대해 긍정적인 의미를 부여함으로써 클라이언트의 종결 불안을 줄이도록 노력해야 한다. 또한 사회복지사는 클라이언트에게 독립적으로 문제를 해결하는 것이 목표였음을 강조해야 한다.

② 과거의 문제가 재발했음을 보고하는 경우

그동안 클라이언트가 잘 조절하던 문제가 다시 발생했다고 보고하는 경우이다.

이 경우 사회복지사는 클라이언트의 문제에 초점을 두는 것이 아니라 종결 이후 삶에 대한 불확실성과 두려움 등에 초점을 두어 원조 과정을 진행해야 한다. 또한 클라이언트의 감정보다는 그가 원조 과정을 통해 획득한 자원·장점 등을 강조해 자기 효율성을 높여야 한다. 그런데도 클라이언트가 원조 과정을 연장해 달라고 요구할 경우 일단 종결을 하되 일정 기간이 지난 이후에 다시 원조 과정을 진행하는 방안을 고려하는 것이 바람직하다.

③ 새로운 문제를 가지고 오는 경우

클라이언트는 전문적 원조 관계를 지속하기 위해 종결 단계에서 새로운 문제가 생겼다고 하거나 지금까지 말하지 않았던 비밀을 밝히는 일도 있다. 이런 경우 새로운 문제를 가볍게 다루어서는 안 되지만 사회복지사는 그 문제를 다루기 전에 종결에 대한 클라이언트의 감정을 먼저 탐색해야 한다. 그 이후에는 종결하고 빠른 시일 내에 면접 시기를 정해야 한다.

④ 사회복지사를 대치할 대상을 찾는 경우

클라이언트가 사회복지사를 대치할 대상을 찾는 것은 의존심을 지속하려는 욕구 때문이다. 이는 사회적 지지가 부족한 클라이언트에게서 나타날 가능성이 크다 (Hepworth et al., 2006). 이런 경우 사회복지사는 클라이언트가 자신의 역할을 인식하도록 돕고 그 결과가 어떻게 될지 생각해 보도록 해야 한다(양옥경 외, 2010).

⑤ 종결 갈등의 행동화

클라이언트는 종결에 대한 부정적 반응으로 결석, 지각, 조퇴, 과업 수행 회피나 지연 등을 보이기도 한다. 또한 예고 없이 사회복지사를 방문하거나 사회복지사를 초대하는 등 사적 교류와 관련된 행동을 할 수도 있다. 이럴 때도 사회복지사는 클라이언트의 있는 그대로의 종결 경험과 반응 행동에 대해 정서적·사회적 지지를 제공할 필요가 있다(고기홍, 2014).

3) 사회복지사의 과업

① 적절한 종결 시기 결정

종결 단계에서 사회복지사의 과업은 적절한 종결 시기를 결정하는 것이다. 사회복지사는 종결 시기가 되었는지를 판단할 때 다음과 같은 사항을 고려해야 한다. 개입 목표의 달성 정도, 기간 내 서비스의 제공 완료 여부, 클라이언트 문제 상황의 해결 정도, 사회복지사와 기관의 노력, 이득 체감, 즉 더 이상의 만남이 큰 도움이 되지 않으리라는 것에 대한 사회복지사와 클라이언트의 합의 여부, 클라이언트의 의존성 정도, 클라이언트에 대한 새로운 서비스의 적합성 여부, 즉 의뢰 등이다(Sheafor & Horejsi, 2006). 사회복지사는 이러한 사항들을 고려하여 적절한 종결 시기를 결정한다.

② 클라이언트와 사회복지사의 종결에 대한 정서적 반응의 처리

종결 단계에서 사회복지사의 과업은 종결에 대한 정서적 반응을 처리하는 것이다. 원조 과정의 종결에 앞서 클라이언트는 목적을 달성해서 기쁘기도 하지만 사회복지사와 헤어지게 되는 서운함과 슬픔, 상실, 두려움, 불안감, 감사, 애정 등의 복합적인 감정 상태를 경험할 수 있다. 이러한 클라이언트의 감정을 공유하지 않고 종결할 경우, 클라이언트의 다루지 못한 감정은 사회복지사와의 심리적 분리를 향한 움직임을 방해할 것이다. 따라서 사회복지사는 "우리가 함께했던 과정을 평가했지만, 서로의 관계를 끝내는 것에 대한 느낌을 이야기하지 않았습니다. 우리의 마지막 만남임을 알고 나서 어떤 느낌이 있습니까?"라고 하면서 클라이언트가 자유롭게 자신의 감정을 표현하도록 도와주어야 한다.

클라이언트와의 관계를 종결하면서 사회복지사도 다양한 감정을 경험할 수 있는 데, 때로는 사회복지사의 개인적인 감정이 종결을 방해할 수 있다. 즉, 사회복지사가 종결하는 것을 미루거나 주저하는 모습을 보이거나, 새로운 문제를 찾으려고 하거나 클라이언트가 종결을 포기나 거절로 받아들일까 봐 두려워할 수 있다. 이런 모습들은 종결 반응에 대한 사회복지사의 성찰이 필요한 신호로 인식해야 한다(Schubert, 1991). 하지만 사회복지사는 전문적 책임의 유지 때문에 자신이 경험하는 감정을 자유롭게 표현해서는 안 된다. 사회복지사의 감정적 표현이 클라이언트에게 영향을 미칠 수도 있다는 것을 유념해야 한다. 그러나 클라이언트와 공유하기에 적절하지 않은 감정을 단순히 억제하라는 것이 아니라 그런 감정을 개인적·전문적·효과적인 방법으로 다루도록 자기 탐색 및 관리 기술을 사용해야 한다는 것이다(Cournoyer, 2011).

③ 개입을 통해 획득한 효과의 유지와 강화

종결 단계에서 사회복지사의 과업은 개입을 통해 획득한 효과를 클라이언트가 유지하며 강화하도록 돕는 것이다. 원조 과정의 개입을 통해 클라이언트가 얻은 이득을 유지하고 강화하도록 돕기 위해서는 먼저 클라이언트가 문제 해결의 기본 원칙을 파악하도록 도와야 한다. 표적 문제를 해결하는 개입 과정에서 클라이언트에게 문제 해결의 원칙들을 어떻게 적용하였는지를 검토하고, 이 원칙들이 앞으로 경험할 수 있는 삶의 문제 해결에 어떻게 적용될 수 있는지와(엄명용 외, 2011) 일반화할 방법을 연습하게 한다. 다음으로 사회복지사는 종결 이후에도 지속적인 사후관리(follow-up)를 수행하며, 다른 기관으로 클라이언트를 의뢰한 경우에는 해당 기관과의 긴밀한 협조를 통해 적절한 도움을 계속 제공하여야 한다.

④ 해결하지 못한 문제의 탐색과 처리

종결 단계에서 사회복지사의 과업은 해결하지 못한 클라이언트의 문제를 탐색하고 처리하는 것이다. 원조 과정에서 다루지 못한 문제, 미진한 문제, 예견되는 문제 등은 해결하지 못한 문제에 포함된다. 사회복지사와 클라이언트가 사회복지실천 과정에서 다루기로 합의한 목표 중에서 일부는 다루지 못하는 경우도 생긴다. 미진한 문제란 원조 과정에서 부분적으로 다루었거나 혹은 다루다가 더는 다루지 않은 문제를 의미한다. 예견되는 문제란 현재 시점에서 문제는 아니지만, 미래의 특정 시간에 나타날 가능성이 있는 문제를 말한다. 이처럼 해결하지 못한 문제의 탐색과 처리는 종결 단계에서 사회복지사의 중요한 과업이다. 만약 해결하지 못한 문제에 대해 아쉬움이 크지 않거나 윤리적 문제가 없다면 클라이언트의 동의를 받아 그 문제를 다루지 않고 종결한다. 하지만 해결하지 못한 문제에 대해 아쉬움이 크거나 윤리적 문제가 일어날 상황이라면 사회복지사는 이를 다루기 위한 별도의 회기를 고려하여야 한다.

⑤ 의뢰

종결 단계에서 클라이언트에게 새로운 서비스가 필요하거나 해결하지 못한 문제가 있다면 의뢰하는 것이 사회복지사의 과업이다. 의뢰는 클라이언트와 다른 기관이나 외부 자원을 연결하는 서비스이다. 의뢰 과정은 많은 변화(새로운 장소, 다른 정책·사명을 가진 기관, 새로운 사회복지사와의 만남 등)를 수반하므로 신중히 이루어져야 한다. 즉, 사회복지사가 의뢰를 판단할 때는 클라이언트의 해결하지 못한 문제의 심각성 정도, 클라이언트의 능력, 의뢰에 대한 클라이언트의 동기나 욕구, 의뢰하는 전문가의 전문성 등을 고려해야 한다. 이러한 의뢰를 클라이언트가 서비스 거부로 받아들이거나 심리적 압박으로 필요한 도움을 더는 받지 않으려고 할 수 있기 때문이다. 따라서 사회복지사는 의뢰 이유를 클라이언트에게 정확하게 설명할 필요가 있다. 이 과정에서 사회복지사는 의뢰하려는 전문가나 전문기관, 의뢰 절차 등에 관한 객관적인 정보를 클라이언트에게 제공해야 한다. 또한 여러 가지 대안을 검토한 후 가장 도움이 될 만한 것을 제안하되 항상 클라이언트의 자기 결정권을 존중해야 한다.

⑥ 평가

종결 단계에서 사회복지사의 과업은 개입의 목표 달성 정도를 평가하는 것이다. 종결과 관련해 사회복지사와 클라이언트가 평가하는 중요한 초점은 사정 과정에서 규명한 것처럼 클라이언트의 욕구에 근거하고 행동 계획의 하나로 설정된 목표들이다(Johnson & Yanca, 2007). 원조 과정의 목표들을 평가하면서 어떤 것이 유용했고 유용하지 않았는지를 확인하는 것은 서비스의 성과를 고려하는 데 도움이 된다. 평가 과정에서 사회복지사는 클라이언트의 긍정적 변화에 대해 기쁨과 만족감을 표현함으로써 클라이언트가 유능하고 인정받는 경험을 느끼도록 해야 한다. 또한 사회복지사는 클라이언트의 해결하지 못한 문제, 부분적으로만 달성된 목표, 예상하지 못한 결과 등에 대해서도 주목해야 한다. 이러한 평가의 측면은 클라이언트가 향후 자신의 욕구 충족과 문제 해결 방법에 대해 더 잘 이해하는 데 도움이 된다는 점에서 사회복지사와 클라이언트 모두에게 유용하다. 또한 종결 단계에서 평가는 원조 과정과 클라이언트와 함께 일하는 방법을 사회복지사가 더 잘 이해하도록 돕는다(최해경, 2009).

종결 단계의 평가에서 사회복지사는 자신이 했던 말과 행동 가운데 도움이 되었거나 그렇지 않은 것에 대해 클라이언트로부터 환류를 얻는 것이 바람직하다. 이것은 일종의 업무 수행 능력에 대한 평가로 사회복지사의 전문적 성장 및 발전과 관련이 있기 때문이다. 이를 위해 "우리가 함께하는 동안 제가 한 일 중에서 특별히 당신에게 도움이 되었던 것과 도움이 되지 않았던 것들에 대해서도 말씀해 주시기 바랍니다."라고 말할 수 있다(Cournoyer, 2011). 이처럼 종결 단계의 평가에서 사회복지사는 원조 과정에서 자신의 실수와 한계가 드러날 수 있으므로 어느 정도 부담을 갖게 된다. 클라이언트는 종결과 관련된 부정적인 감정을 표현하는 하나의 방법으로 지나치게 비판적이거나 부적절한 불만을 표시할 수도 있다. 이때 사회복지사는 방어적으로 대하지 말고 클라이언트의 감정을 수용하고 그와 함께 부정적인 감정을 신중하게 검토해야 한다. 이것은 위협적인 경험이지만 바람직한 사회복지실천 과정을 위해서는 사회복지사에게 중요한 경험이다(최해경, 2009).

3. 사후관리

사회복지실천 과정을 통해 클라이언트가 얻은 이득을 유지하고 강화하기 위해 밀접하게 관련된 것은 종결 이후 사후관리(follow up sessions)를 활용하는 것이다. 사후관리란 사회복지실천 과정의 종결이 이루어진 후 일정 기간이 지나서 클라이언트가 잘 적응하고 있는지를 점검하고, 원조 과정을 통해 얻은 효과와 변화를 유지하고 있는지 확인하기 위해 진행하는 과정이다. 사후관리는 시간상으로 원조 과정이 종결된 후 1~6개월 사이에 진행하는 것이 일반적인데, 전화나 서신으로 확인하거나 개별 면접을 하기도 한다. 이러한 사후관리는 클라이언트와 사회복지사 모두에게 꼭 필요한 사회복지실천 과정이다(Wells, 1994). 사회복지사가 사후관리를 할 때 먼저 약속한 일정이 다가오면 클라이언트에게 전화나 서신을 통해 알리는 것이 필요하다. 그리고 사후관리 당일에는 종결 과정에서 했던 면접을 시행하는 것이 일반적이다. 사후관리가 사회복지실천 과정에서 중요한 부분임을 인식하기 위해 사회복지실천의 초기 단계에서 클라이언트에게 그 내용을 설명하고 원조 과정을 진행하면서 때때로 상기시켜야 한다. 이렇게 사후관리가 사회복지실천 과정의 일부임을 분명하게 하는 것은 클라이언트가 사후관리를 사생활 침해나 사회복지사의 개인적 호기심을 만족하려는 것으로 오인하는 위험을 예방하기 위해서이다. 특히 원조 과정의 종결 단계에서 사후관리를 언급하는 것은 사회복지사의 관심이 계속된다는 것을 표현하는 것으로써 종결로 인한 클라이언트의 충격을 완화하는 데 도움이 된다(Hepworth et al., 1997). 또한 사후관리는 클라이언트의 변화를 유지하는 전략으로 변화의 지속성을 평가하는 기회가 된다. 이처럼 사후관리를 통해 클라이언트는 자신의 노력에 관한 확인과 격려를 받을 수 있어 강화를 경험하게 되고, 사회복지사는 자신의 노력을 평가하는 기회가 된다. 동시에 필요한 경우에는 추가적인 원조를 제공하거나 문제가 있는 경우 클라이언트에게 필요한 도움을 제공할 수 있는 장점이 있다. 이런 도움은 사회복지사가 직접 할 수도 있고 다른 사회복지사에게 의뢰할 수도 있다(Kirst-Ashman & Hull, 2009). 사후관리에서 사회복지사는 원조 과정 때보다 비공식적으로 클라이언트와 관계를 맺는 것이 일반적이다.

핵 · 심 · 정 · 리

1. 평가의 중요성

① 클라이언트의 욕구 충족이나 문제 해결의 목표를 달성했는지를 측정
② 사회복지실천이 얼마나 효율적이었는지를 측정
③ 재정이나 다른 자원이 적절하게 사용되었는지를 보여줌으로써 사회복지사의 책무성 입증
④ 클라이언트의 변화나 사례의 진행 정도에 대해 클라이언트와 지역사회에 알려줄 책임성 이행
⑤ 실천 과정에서 클라이언트의 반응, 계획했던 변화 등 변화 과정에 대한 점검
⑥ 긍정적 변화가 나타났다면 변화에 영향을 미친 변수들에 대한 지식 획득

2. 평가 유형

결과평가	목표에 비추어 달성된 결과를 평가하는 것으로 성과 평가 또는 효과성 평가라고도 함
과정평가	프로그램의 준비, 진행, 종결 과정 등 프로그램이 계획대로 실시되고 있는가를 분석하는 평가
형성평가	개입이나 프로그램 과정에 초점을 두고 주기적으로 진전 상황을 평가
총괄평가	개입이나 프로그램이 종결되었을 때 그 효과성과 효율성을 평가

3. 평가 방법

단일사례 설계	한 개인, 하나의 집단, 하나의 가족, 하나의 조직 등을 평가
과업성취척도	클라이언트와 사회복지사가 합의한 과업의 완수 정도를 평가
목표달성척도	개입 과정 동안 클라이언트의 목표가 달성된 정도를 점수화하는 방법으로 평가
클라이언트 만족도 평가	개입 기간 동안 클라이언트에게 제공된 서비스의 만족도를 묻는 기법
동료 검토	사회복지사의 원조 과정을 동료 사회복지사들이 검토하는 일종의 품질 관리 활동

4. 종결 단계에서 사회복지사의 과업

① 적절한 종결 시기 결정
② 클라이언트와 사회복지사의 종결에 대한 정서적 반응 처리
③ 개입을 통해 획득한 효과의 유지와 강화
④ 해결하지 못한 문제의 탐색과 처리
⑤ 의뢰
⑥ 평가

5. 사후관리의 개념

사후관리(follow up sessions)란 사회복지실천 과정의 종결이 이루어진 후 일정 기간이 지나서 클라이언트가 잘 적응하고 있는지를 점검하고, 원조 과정을 통해 얻은 효과와 변화를 유지하고 있는지 확인하기 위해 진행하는 과정

CHAPTER 13

사례관리

이 장의 구성

1. 사례관리의 개념
2. 사례관리의 등장 배경
3. 사례관리의 개입 원칙
4. 사례관리의 실천 과정

CHAPTER 13 사례관리

학습목표

- 사례관리의 개념을 이해한다.
- 사례관리의 등장 배경을 이해한다.
- 사례관리의 개입 원칙을 이해한다.
- 사례관리의 실천 과정을 이해한다.

1. 사례관리의 개념

사회복지실천의 새로운 대안으로 등장한 사례관리는 클라이언트의 삶의 질 향상과 서비스의 효과성 및 효율성 증진을 위한 통합적인 개입 방법으로서 시대와 상황에 따라 그 성격이 변화하면서 다양하게 개념이 정의되고 있다. 사례관리의 개념에 대해 목슬리(Moxley, 1989)는 사례관리란 "사례관리자가 복합적인 욕구를 지닌 클라이언트를 대상으로 욕구를 사정하며, 적절한 서비스와 기회 또는 급여를 확인하여 포괄적인 서비스 계획을 개발하며, 클라이언트의 서비스에 대한 접근과 이용을 위한 옹호를 제공하고, 적절하고 효과적인 서비스의 전달을 점검하거나 평가하는 것을 통하여 클라이언트의 욕구를 충족시킬 수 있도록 원조하는 것"으로 정의하고 있다. 미국사회복지사협회(NASW, 1992)에서는 사례관리를 "복합적인 욕구를 가진 서비스 대상자에게 포괄적이고 체계적이며 지속적인 지역사회 보호 서비스를 제공하도록 구성한 통합적인 사회복지실천모델"로 정의하고 있다. 국내에서 권진숙 등(2012)은 사례관리를 "복합적이고 장기적인 욕구가 있는 클라이언트와 가족의 사회적 기능 회복을 위해 서비스 운영 체계를 확립하고 이를 기반으로 체계적 사정과 지역사회의 다양한 자원을 활용하여 지속적이고 효과적인 사회복지 서비스를 제공하는 통합적 실천방법"으로 설명하고 있다. 또한 우리나라의 공공 사례관리를 주도하는 주민생활지원서비스에서도 사례관리란 "다양한 욕구를 가지고 있는 취약 계층을 지원하기 위하여 지역사회 내의 다양한 자원을 연계하여 대상자의 기능 회복을 증진하는 사회복지실천 방법"으로 정의하고 있다(보건복지부, 2010). 김혜란 등(2013)도 사례관리란 "다양한 사회복지실천 분야에서 복합적인 욕구를 가진 클라이언트와 가족들의 기능 회복과 독립적인 생활을 원조하기 위해 전문적인 욕구 사정에 기반을 둔 서비스 지원 계획을 수립하고, 직접적 서비스를 제공하며, 지역사회의 각종 서비스와 자원에 대한 클라이언트의 접근을 높이기 위해 서비스 제공 과정을 총괄하는 통합적인 실천 방법"으로 정의하고 있다.

이처럼 사례관리의 개념은 다양하게 정의할 수 있다. 하지만 그 범위는 전통적인 사회복지실천의 모든 측면을 통합한 것으로서 삶의 전 영역에 걸쳐 만성적이고 복합적인 욕구를 가진 클라이언트 및 그 가족을 대상으로 그들의 욕구를 충족하고, 사회적 기능의 촉진 · 회복 · 유지 · 향상을 위해 지역사회 서비스와 자원을 연결하거나 직접 서비스의 제공을 통해 최적의 사회복지 서비스를 제공하는 통합적인 실천 방법으로 정의할 수 있다. 이를 위해 사례관리자는 일련의 과정을 통해 직접적 서비스 제공 기능과 서비스 제공자 사이의 연계 활동 기능을 수행한다(정순둘, 2005).

이와 같은 사례관리의 개념 정의를 바탕으로 볼 때, 사례관리의 일반적 특성을 살펴보면 다음과 같다(엄명용 외, 2011). 첫째, 만성적인 문제와 복합적인 욕구를 가진 클라이언트 및 그 가족을 대상으로 한다. 둘째, 클라이언트 중심의 관점을 유지한다. 셋째, 복합적이고 만성적인 욕구는 클라이언트와 환경 사이의 상호작용 결과로 나타난다고 전제한다. 넷째, 클라이언트의 문제 해결과 치료보다는 욕구 충족과 보호에 중점을 둔다. 다섯째, 클라이언트의 사회적 기능 향상과 독립을 극대화하기 위해서 보호의 연속성과 책임성을 보장한다. 여섯째, 서비스의 효과성과 효율성을 높이기 위해 포괄적인 서비스를 제공하고 서비스의 조정과 점검을 시행한다. 일곱째, 클라이언트와 사회환경 사이의 상호작용에 관심을 두며 다양한 지원 체계의 폭넓은 서비스를 활용한다. 여덟째, 가정 방문, 안내 및 의뢰 등과 같은 클라이언트와의 적극적인 접근을 강조한다. 아홉째, 클라이언트 수준에서 각자의 욕구를 개별화하며, 개입 과정에서 클라이언트의 참여와 자기 결정을 촉진한다. 마지막으로, 개별적인 실천 기술과 지역사회 실천 기술을 통합한다.

▌표 13-1▐ 전통적 사회복지실천과 사례관리의 특성 비교

구분	전통적 사회복지실천	사례관리
개념	혼자 해결하기 어려운 문제를 가진 개인에게 전문가가 수행하는 의도적인 문제 해결 과정	복합적인 욕구를 가진 클라이언트의 욕구 충족을 위해 자원체계 사이의 연결 및 조정 과정
대상	기관의 기능에 맞는 서비스 욕구를 가진 클라이언트	복합적인 욕구를 가진 클라이언트
개입 초점	클라이언트의 문제 해결과 치료	욕구에 기초한 맞춤형 서비스 제공
환경 개입	사회환경에 대한 개입으로 환경 개선을 강조	욕구에 기초한 다양한 지역사회자원들을 조정하고, 적극적인 자원 발굴
원조 방식	기관에 속한 사회복지사에 의한 직접적 실천 중심	직접적 실천과 함께 다양한 원조 체계에 의한 동시적인 서비스 제공 및 사례관리자에 의한 조정, 점검 등 간접적 실천
서비스 기간	단기 서비스 선호	지속적인 장기 보호 원칙
서비스 범위	기관 기능에 속한 기관 내 자원을 활용하여 서비스 제공, 부분적인 아웃리치	기관 내·외의 자원을 적극 개발하여 서비스 제공, 적극적인 가정 방문과 아웃리치
운영체계	기관 운영 체계 중심	기관의 사례관리팀과 지역사회의 통합 사례회의 등 기관 사이의 사례관리 운영 체계 강조

출처: 권진숙 외 (2012). 사례관리론, p. 17에서 수정 인용.

이처럼 사례관리는 전통적인 사회복지실천 방법에 기초하고 있지만, 고유한 특성이 있다. 전통적 사회복지실천과 구별되는 사례관리의 특성을 살펴보면 〈표 13-1〉과 같다.

2. 사례관리의 등장 배경

사례관리가 등장하게 된 역사적 배경과 구체적 요인을 살펴보면 다음과 같은데, 전통적인 사회복지의 한계와 새로운 중심 철학의 등장을 들 수 있다(권진숙 외, 2012; 김혜란 외, 2013).

1) 탈시설화의 영향

1960년대 초 미국에서는 정신장애인을 시설 보호로부터 가정과 지역사회에서 치료하고 관리하는 탈시설화 정책으로 재가복지 서비스를 강조하는 지역사회 보호와 관리 체계가 필요하였다. 기존의 생활시설 중심의 서비스 제공 방식이 인권, 서비스 비용, 치료 효과 등에서 문제점과 한계가 나타나면서 지역사회 보호 체계로 전환될 필요성이 제기된 것이다. 그러나 생활시설에서 보호를 받던 클라이언트들이 지역사회에서 독립적으로 생활하는 데 도움을 제공할 지역사회 보호 체계가 광범위하게 분산되어 있었다. 또한 각 기관이 보유하고 있는 자원이나 수혜 자격 요건이 달라서 이들을 통합적으로 관리하는 전문직의 필요성이 대두하였다(양옥경 외, 2010). 따라서 기관 단위의 서비스를 넘어서 통합적인 서비스 관리 체계의 필요성이 나타나면서 사례관리가 주목받게 되었다.

2) 클라이언트와 가족에게 부과되는 과도한 책임

지역사회에서 제공 가능한 자원과 서비스의 부족으로 클라이언트와 가족은 너무 많은 책임을 감당하게 되어 과도한 스트레스가 발생하였다. 즉, 서비스 정보 탐색부터 접수하고 연계하는 등 서비스 과정 전반에서 과도한 책임을 떠안게 되었다. 이처럼 과중한 부담이 클라이언트와 가족에게 발생하게 되면서 가족은 클라이언트를 돌보는 일을 피하게 되었다. 그 결과 관련 기관들이 가족의 부양 부담을 줄이기 위해 자원들을 개발하여 그들에게 연결하거나 제공하는 서비스 기능이 필요하였다.

3) 지역사회 보호 필요성 증가

현대 의학 기술의 발달로 노인, 장애인, 만성질환자 등 복합적인 욕구와 장기 보호가 필요한 사람들이 증가하고 있다. 이와 함께 탈시설화와 가족 기능의 급격한 쇠퇴로 지역사회 보호 기능이 강조되고 있다. 이처럼 클라이언트를 지역사회에서 지속해서 보호하고 재활시키기 위해서는 지역사회 자원을 적극적으로 개발하고, 활용하며, 기존의 자원을 효율적으로 전달 · 점검 · 관리하는 체계를 구축하는 작업이 필요하였다.

4) 통합적인 서비스 지원의 필요성

현대 사회는 여러 가지 이유로 만성적이고 복합적인 욕구와 문제를 가진 클라이언트가 증가하고 있다. 하지만 기존의 서비스는 기관의 기능과 목적이라는 한정된 범위에서 특정 서비스를 특정 인구에게만 제공하는 형태이기 때문에 서비스가 단편적이고 연속성이 없을 수밖에 없다. 클라이언트로서도 필요한 서비스를 찾아다니면서 받는 것은 현실적으로 불가능하다. 따라서 기존 서비스의 단편성을 극복하며 클라이언트의 욕구를 중심으로 다양한 서비스를 제공 · 조직 · 관리할 수 있는 통합적인 지원 체계가 필요해졌다.

5) 지방분권화와 서비스 비용 절감

중앙정부가 주도하던 사회복지 서비스가 지방자치단체와 민간기관으로 이양되는 지방분권화가 진행되면서 지방자치단체 차원에서 대규모 시설을 운영하기에는 재정적인 어려움에 부딪히고 있다. 또한 자원이 한정된 사회복지실천현장에서 서비스 비용을 절감하고 효과를 극대화하려는 노력은 계속되고 있다. 따라서 불필요한 입소를 줄이고, 한정된 자원으로 서비스의 효과를 최대화하기 위한 전문 기술의 필요성이 대두하였다. 이에 따라 보호의 계획을 관리하고 비용 절감의 효과를 위해 지역사회 내 서비스를 선호하면서 사례관리가 등장하였다.

3. 사례관리의 개입 원칙

사례관리는 사회복지실천과 비교하면 문제 해결보다는 욕구 충족과 문제 해결 역량을 강화하는 것에 기반을 둔 서비스 제공을 강조한다. 따라서 사례관리는 서비스 이용자가 사례관리 과정 전체에 주도성을 가지고 참여하는 것을 강조한다. 또한 새로운 서비스와 자원의 개발은 물론 현존하는 자원 사이의 연계와 조정이 중요하므로 사례관리자의 기술보다는 사례관리의 운영 체계가 강조되는 경향이 있다. 이러한 특성 때문에 사례관리를 진보된 실천 방식으로 또는 서비스 전달 체계 과정의 새로운 변화로 요약되기도 한다. 이러한 사례관리의 개입 원칙은 클라이언트를 위한 서비스가 클라이언트의 욕구에 적절하며, 문제 해결에 필요하며, 이용할 수 있는지 등을 검토하기 위해 반드시 고려되어야 한다. 사례관리의 개입 원칙을 살펴보면 다음과 같다(Gerhart, 1990; 김혜란 외, 2013).

1) 서비스의 개별화

사례관리 서비스의 전달과 지원은 클라이언트의 확인된 개별적인 욕구에 따라 구체적으로 개발되거나 준비되어야 한다. 모든 사람은 서로 다르고, 자신만의 강점과 욕구가 있으므로 클라이언트의 욕구에 따라 개별화된 서비스를 제공하여야 한다. 따라서 서비스의 개별화 원칙은 클라이언트의 개별적인 욕구와 상황에 맞는 맞춤형 서비스를 제공하는 것이다.

2) 서비스 제공의 포괄성

이 원칙은 지역사회에서 클라이언트의 다양한 욕구를 충족시키는 데 필요한 포괄적인 서비스와 지지를 연결 · 조정 · 점검해야 한다는 것이다. 여기서 서비스의 포괄성이란 클라이언트 생활의 다양한 영역들, 즉 사회적, 경제적, 의료적 보호뿐만 아니라 주거, 여가, 정신건강 등을 모두 포함한다. 따라서 사례관리자는 클라이언트의 욕구를 사정하고 계획하면서 클라이언트가 필요로 하는 서비스가 존재하는지, 이를 클라이언트가 이용할 수 있는지 등 다양한 서비스 영역을 검토하여 필요한 도움이 빠지지 않도록 유의해야 한다.

3) 클라이언트의 자율성 극대화

클라이언트의 자율성을 존중한다는 것은 클라이언트가 가능한 범위에서 자기 결정권을 존중받아야 하며, 자신을 스스로 돌볼 수 있도록 궁극적인 지원을 한다는 것을 의미한다. 클라이언트가 계획 수립에 적극적으로 참여함으로써 선택권과 기회를 제공해야 하고, 결과적으로 클라이언트 중심의 계획을 수립할 수 있게 한다. 사례관리자는 클라이언트를 보호하고 다양한 서비스를 제공하기 위해서라는 명분으로 지나친 관여나 과보호를 하지 않도록 노력하는 것이 중요하다. 사례관리자의 지나친 관여나 과보호는 클라이언트의 자율성이나 자기 결정권을 손상하는 결과를 초래할 수도 있다. 따라서 사례관리자는 클라이언트가 가능한 한 자립할 수 있도록 돕는 데 초점을 두고, 클라이언트가 자신의 서비스와 관련된 판단을 할 때 클라이언트의 자기 결정 능력을 최대화하도록 도와야 한다. 이때 사례관리자는 클라이언트가 자신에게 필요한 서비스를 인식하고 받아들일 수 있도록 클라이언트를 격려하고 정서적으로 지지하며 필요한 정보를 제공하여야 한다.

4) 서비스의 지속성

사례관리 대상자는 만성적이며 쉽게 회복되지 않는 문제나 조건 때문에 고통을 받는 경우가 많으므로 서비스를 지속해서 받아야 한다. 지역아동센터와 같은 돌봄서비스 체계를 이용하는 아동은 이사나 전학 등의 특별한 이유 없이 학령기 동안 같은 기관을 이용하는 경우가 일반적이다. 그러므로 오랜 기간 서비스를 이용하는 클라이언트가 충분히 지역사회에 적응할 수 있도록 지속적인 원조와 관리가 필요하다. 이용 초기에 클라이언트의 욕구를 사정하여 서비스를 제공하는 것에서 머무는 것이 아니라, 정기적으로 욕구를 사정하고 점검하여 서비스를 지속해서 제공하는 것이 중요하다. 이때 중요한 것은 클라이언트의 문제와 주변 환경의 변화에 대한 점검을 통해 시의적절한 서비스를 통합적으로 제공해야 하며, 클라이언트의 주체적이며 효과적인 문제 해결 능력이 유지되도록 지지하는 것이 필요하다. 이처럼 서비스의 지속성 원칙이란 시간의 경과에 따라 변화하는 클라이언트의 욕구를 사정하여 사례관리자가 서비스의 파편화나 단절 없이 필요한 서비스를 지속해서 제공하는 것을 의미한다.

5) 서비스의 연계성

이 원칙은 사례관리를 통해 복잡하고 분리되어 있는 서비스 전달 체계를 연결하는 것을 의미한다. 서비스의 지속성은 종단적 개념에서 서비스 단절이 발생하지 않도록 하는 것이다. 반면에 서비스의 연계성은 클라이언트의 다양한 욕구 충족을 위해 지역사회에 분산된 서비스 정보를 제공하고 연결하는 것을 의미한다. 즉, 클라이언트에게 필요한 서비스가 여러 기관에 분산되어 있을 때 서비스 제공이 중단 또는 중복되지 않게 하는 것이 서비스의 연계성이다. 사례관리에서 서비스의 연계성 원칙을 보장하기 위해 사례관리자는 서비스를 제공하는 공식적 지원 체계 사이의 조정 기능뿐만 아니라 가족이나 친구, 친지 등과 같은 비공식적 지원 체계를 통합하고 기능적으로 연결함으로써 다양하고 체계적인 지지망을 구성해야 한다.

6) 서비스의 접근성

클라이언트는 사회적 자원이나 서비스 이용에 필요한 정보가 없거나, 서비스를 받기 위한 자격 조건이 엄격하거나 절차가 복잡해서 또는 정책의 범위나 규정이 모호해서 서비스에 접근하기가 어려운 경우가 있다. 이런 상황에 있는 클라이언트가 적절한 서비스를 이용할 수 있도록 클라이언트 중심의 서비스 제공 방법이 개발되어야 한다. 따라서 서비스의 접근성 원칙이란 이용자의 적격성 기준, 정책, 절차 등에서 클라이언트가 어려움을 겪지 않고 필요한 서비스를 쉽게 이용할 수 있도록 원조하는 것을 의미한다. 사례관리자는 클라이언트가 인종, 성별, 계층 등을 이유로 서비스의 접근성 문제가 발생하지 않도록 서비스 이용에 대한 공평한 기회를 보장해야 한다. 또한 사례관리자는 클라이언트의 서비스 이용에 걸림돌이 되는 심리적 · 물리적 · 사회적 · 문화적 · 경제적 요인 등이 있는지를 확인하여 최소화해야 한다. 이와 함께 사례관리자는 서비스 이용에 소극적인 지역사회의 잠재적 클라이언트에게 적극적으로 개입하거나 복지사각지대 발굴을 위해 아웃리치를 함으로써 서비스의 접근성 향상을 위해 노력해야 한다.

7) 서비스의 체계성

사례관리자는 클라이언트의 욕구에 적합한 효과적인 서비스를 제공해야 할 책무와 동일한 자원과 비용으로 더 큰 효과를 거두는 효율적 서비스의 제공에 대한 사회적 책임이 있다. 이와 같은 원칙을 준수하기 위해 전문성이 필요하며, 성과를 관리하고, 체계적으로 평가하는 것도 중요하다. 또한 서비스의 중복을 줄이고, 서비스와 자원 사이의 조정을 통해 서비스의 비용을 효율적으로 관리하는 것이 중요하다. 이를 위해 사례관리자는 서비스를 제공하는 공식적 지원 체계 사이의 조정뿐만 아니라 가족이나 친구 등과 같은 비공식적 지원 체계를 통합하고 기능적으로 연결하여야 한다.

4. 사례관리의 실천 과정

사례관리의 실천 과정은 사례관리자가 목표를 달성하기 위해 합리적으로 과업을 수행하는 절차를 말한다. 이러한 과정은 기관 및 클라이언트의 성격, 클라이언트의 목표, 사례관리자의 역할, 활동의 내용과 범위에 대한 요소 등에 따라 다양하게 나타날 수 있다. 여기서는 학자들이 공통으로 제시하는 사례 발견 및 접수, 사정, 서비스 계획, 개입, 점검 및 재사정, 평가 및 종결 등을 중심으로 살펴보고자 한다(엄명용 외, 2011; 김혜란 외, 2013).

1) 사례 발견 및 접수

사례관리는 복합적인 문제나 욕구가 있는 클라이언트 사례를 발견하는 시점부터 시작된다. 일반적으로 사례 발견은 클라이언트의 직접 방문이나 의뢰, 아웃리치 등을 통해 이루어진다. 먼저 클라이언트가 스스로 도움을 요청하는 경우는 사례관리보다는 상담을 위한 것이 대부분이다. 사회복지사는 도움이 필요한 클라이언트가 스스로 도움을 요청할 수 있도록 다양한 홍보 방법을 사용해야 한다. 다음으로 의뢰(referral)는 부모나 다른 기관의 사회복지사를 통해 주로 이루어진다. 의뢰받은 경우에 사회복지사는 의뢰자의 욕구와 클라이언트의 욕구가 같은지, 차이가 있다면 어떠한 측면에서 차이가 있는지를 분명하게 파악해야 한다(김혜란 외, 2013). 또한 사례 발견은 사회복지사가 잠재적 클라이언트를 찾아 나서는 아웃리치(outreach)를 통해 이루어진다. 이 방식은 서비스가 절대적으로 필요한 복합적인 문제를 가진 고위험 취약 대상이지만, 스스로 찾아오지 못하는 클라이언트에게 적합하다. 새로운 클라이언트의 유입을 위해서 사례관리자는 지역사회에서 도움이 필요한 클라이언트를 찾아 개별적으로 접촉하거나 사회복지전담공무원의 도움을 받아 클라이언트의 가정방문을 통해 발굴할 필요가 있다.

접수(intake)는 도움이 필요한 클라이언트의 문제와 욕구뿐만 아니라 가족과 주변 환경에 대한 정보를 파악하여 클라이언트로서의 적격성 여부를 결정하는 단계이다. 이를 위해 사례관리자는 클라이언트, 가족 및 주변 사람들과 협력적인 정서적 관계를 맺는 것 외에 객관적인 과업도 진행한다. 사례관리자는 클라이언트의 문제와 상황을 확인하며, 사례관리의 기능을 설명하고, 이른 시일 내에 사례관리 대상자 여부를 판정하는 행정적 처리 등을 진행해야 한다. 이때 사례관리자는 클라이언트에게 막연한 희망이나 기대감을 심어주기보다는 본인이 원하는 바와 적절한 도움의 종류를 명확히 하며, 참여 의지와 구체적인 계획을 클라이언트와 지속해서 확인하는 것이 필요하다.

▌표 13-2 ▌ 접수/의뢰서

<table>
<tr><th colspan="7">의뢰대상</th></tr>
<tr><td>성명</td><td>김 ○○</td><td>나이</td><td colspan="2">35세</td><td>주민번호</td><td></td></tr>
<tr><td rowspan="3">주소</td><td colspan="3" rowspan="3">서울시 **구 **로 **길 400</td><td rowspan="3">연
락
처</td><td>전화</td><td>02) 1234-5678</td></tr>
<tr><td>휴대폰</td><td>010-1234-5678</td></tr>
<tr><td>이메일</td><td>없음</td></tr>
<tr><td>직업</td><td>식당 보조</td><td>방법</td><td colspan="4">□자진 □인터넷 □홍보물
□주변 권유 ■기타(교육복지사 권유)</td></tr>
<tr><th colspan="7">가족사항</th></tr>
<tr><td>성명</td><td>관계</td><td>나이</td><td colspan="2">직업</td><td>동거여부</td><td>기타</td></tr>
<tr><td>김 ○○</td><td>본인</td><td>35세</td><td colspan="2">식당 보조</td><td>동거</td><td>자활후견기관
자활사업</td></tr>
<tr><td>박 ○○</td><td>자녀</td><td>10세</td><td colspan="2">초교 3학년</td><td>동거</td><td>소망초등학교</td></tr>
<tr><th colspan="7">해결하고 싶은 내용</th></tr>
<tr><td>무엇이 변화되기를 원하십니까?</td><td colspan="6">• 안정된 직장을 갖고 싶어요.
• 자녀의 학교성적을 올리고 싶어요.
• 의뢰자: 초등학생 자녀가 기초 학습 부족으로 학교 가기를 싫어합니다. 친구들이 '바보'라고 놀리며 따돌림을 당하는 것 같아 친구들과 좋은 관계를 맺기를 원합니다.</td></tr>
<tr><th colspan="7">의뢰자</th></tr>
<tr><td>이름</td><td>강 ○○</td><td>직업</td><td colspan="2">사회복지사</td><td>소속</td><td>소망초등학교</td></tr>
<tr><td rowspan="3">주소</td><td colspan="3" rowspan="3">서울시 **구 **로 **길 100 소망초등학교 학교사회복지실</td><td rowspan="3">연
락
처</td><td>전화</td><td>02) 350-1234</td></tr>
<tr><td>휴대폰</td><td>010-5678-1234</td></tr>
<tr><td>이메일</td><td>hope@naver.com</td></tr>
<tr><td>방법</td><td colspan="6">□자진 □인터넷 □홍보물 □주변 권유
■기타(교육복지 네트워크 협의체를 통해)</td></tr>
</table>

※ 첨부자료:

본인은 귀 기관을 통해서 받은 상담의 내용이 본인(또는 의뢰한 분)에 대한 도움의 목적과 전문가 양성을 위한 훈련 및 학문적 목적에 사용하는 것을 허락하고 동의합니다.

신청일 : 2016년 5월 20일 신청인 : 김 ○○ (인)

○○종합사회복지관 귀중

<table>
<tr><th colspan="4">결과</th></tr>
<tr><td>결과</td><td>■진행 □타 기관 의뢰 □기타</td><td>담당자</td><td>정 ○○ 사회복지사</td></tr>
<tr><td>특기사항</td><td colspan="3">사례관리 과정에서 의뢰자인 강 ○○ 교육복지사가 박 ○○ 학생의 학교생활 상황과 변화에 대해 사례관리자와 공유하기로 하였다.</td></tr>
</table>

출처: 한국사회복지관협회 (2012). 사회복지관 사례관리매뉴얼, p. 50에서 수정 인용.

접수 과정에서 필요한 자료 수집은 주로 접수 양식을 통해 이루어지며, 일반적으로 접수 양식의 내용에는 클라이언트와 가족 및 그들의 환경 등과 관련된 정보가 포함된다. 예를 들어 클라이언트가 학생이라면 학생에 대해서는 인구학적 특성, 발달 상태(신장, 체중, 언어 등), 건강 상태(장애 유무, 질병 유무 등), 영양 상태(식사, 전반적 영양 등), 심리적 · 정서적 상황(자존감, 불안, 우울 등), 문제 행동, 학교생활, 대인 관계 등에 관한 정보를 수집한다. 가족에 대해서는 가족구성원의 인구학적 특성과 구조, 가족 관계, 가족 규칙, 가족 문제 등에 관한 정보를 수집한다. 클라이언트의 환경에 대해서는 경제적 상황, 주거 상태, 공식적 및 비공식적 사회자원, 기존의 이용 서비스 등에 관한 정보를 수집한다(성민선 외, 2009). 이 과정에서 클라이언트의 욕구와 문제가 주변의 인식이나 의견과 다른 경우, 사례관리자는 세심하게 이를 다룰 필요가 있다. 이 경우는 클라이언트가 자신의 문제를 인정하는지 혹은 자신의 상황에 관해 현실적 판단을 하고 있는지를 탐색하는 것이 중요하다. 이와 함께 사례관리자는 기관이 제공할 수 있는 서비스의 내용과 한계 등에 관한 정보를 클라이언트에게 제공해야 한다. 이처럼 접수 과정은 클라이언트의 일반적인 심리적 · 사회적 정보의 수집과 신청서 작성 및 일상적인 지시를 하는 것 등과 같은 일들을 처리하는 공식적인 과정이다(엄명용 외, 2011).

2) 사정

접수를 통해 클라이언트의 서비스 적격성이 확인되면 사정을 진행한다. 사정(assessment)이란 사례관리자와 클라이언트가 함께 클라이언트가 해결하기를 원하는 문제나 욕구에 관한 정보를 수집하여 분석하고, 문제 목록을 작성하여 우선순위를 정하는 과정이다. 즉, 사정은 접수 과정에서 확인된 자료를 기초로 환경 속의 클라이언트의 문제나 욕구와 우선순위를 규명하고, 이를 위해 활용 가능한 강점과 자원 등을 심도 있고 체계적으로 이해하는 과정이다. 이처럼 사정은 클라이언트의 욕구를 전반적인 생활 영역에서 파악하는 동시에 욕구 충족의 가능성을 확인함으로써 서비스 계획을 토대로 개입을 합리적으로 수행하기 위한 정보를 확보하는 과정으로 볼 수 있다. 따라서 사례관리에서 사정은 가장 고도의 전문성이 필요한 과정이므로 체계적인 사정이 필요하다. 일반적으로 사례관리에서 사정의 대상이 되는 영역은 욕구 영역, 자원 영역, 장애물 영역 등으로 분류할 수 있다(권진숙 외, 2012; 김혜란 외, 2013).

(1) 욕구 사정

욕구 영역은 그 특성에 따라 여러 가지가 있는데, 욕구 영역별 주요 내용과 관련된 서비스를 제시하면 〈표 13-3〉과 같다. 욕구 사정은 클라이언트와의 직접 면접을 통한 자료 수집으로 이루어진다. 욕구 사정에서 사례관리자는 클라이언트가 현재 상황에서 가장 먼저 해결하기를 원하는 욕구를 파악해야 한다. 사례관리자의 생각보다는 클라이언트가 중요하게 생각하는 욕구가 무엇인지를 확인함으로써 클라이언트가 스스로 변화하도록 도울 수 있다. 따라서 사례관리자는 클라이언트가 원하는 욕구가 무엇이며 그것이 달성되었을 때 어떤 모습인지를 자세히 물어보면서 점차 구체화할 필요가 있다. 특히 욕구 사정에서 사례관리자는 클라이언트와 가족의 욕구가 일치 혹은 차이가 있는지, 의뢰자나 문제를 인식한 사람과 클라이언트의 욕구가 일치 혹은 차이가 있는지 등을 확인해야 한다. 만일 차이점이 있다면 클라이언트와 관련 체계들이 공통된 욕구의 우선순위에 대해 합의하도록 원조해야 한다. 즉, 욕구사정에서 사례관리자는 클라이언트의 욕구를 조건 없이 수용하는 것이 아니라 관련 체계와 합의된 욕구 혹은 목표로 만드는 것이 중요하다. 특히 비자발적인 클라이언트나 클라이언트의 제한된 능력으로 의사 결정에 어려움이 있을 때, 사례관리자는 관련 체계와 긴밀한 협조를 하여야 한다(김혜란 외, 2013).

▌표 13-3▌ 욕구 영역별 주요 내용 및 서비스

영역	내용	서비스 예
기본 생활	일상생활을 유지하기 위한 기본적인 의·식·주와 관련된 욕구	식사·반찬 지원, 주거 환경 개선, 생활필수품 지원, 가사 도움 인력 파견, 이동 지원, 긴급생계비 지원 등
교육·발달	인지·발달을 위한 적절한 지식 습득과 관련된 교육·문화적 경험과 관련된 욕구	학습 지도 지원, 특기 교육 지원, 학습기자재 지원, 캠프, 문화 활동, 동아리 활동 등
심리·정서	적응, 행동 등과 관련된 심리·정서적 지원 욕구	집단 상담, 심리 검사, 놀이·미술·음악 치료 등
건강	신체적, 정신적 질병 및 장애 등과 같은 건강관리와 관련된 욕구	재활·치료 프로그램, 질병 검진 지원, 보장구 지원 등
안전	신체적·정서적·물리적 폭력, 방임 등 보호와 안전과 관련된 욕구	방과 후 보호, 긴급 일시 보호, 간병 보호 등
경제	소득, 취업 등 기본적인 생활을 위한 경제적 상황과 관련된 욕구	후원금 연계, 신용 회복 지원, 취·창업 지원 등
가족 관계	가족구성원 사이의 관계, 구성원의 역할과 기능과 관련된 욕구	부모 교육, 가족 문화 활동 지원 등
사회적 관계	가족 외의 비공식적·공식적 사회적 관계망과 관련된 욕구	자조모임 활동 지원 등

출처: 한국사회복지관협회 (2012). 사회복지관 사례관리매뉴얼, p. 63에서 인용.

(2) 자원 사정

사례관리는 직접적인 서비스보다는 클라이언트가 속한 환경에서 자원을 발견하고 조정함으로써 클라이언트의 문제를 해결하여 삶의 질을 유지하도록 돕는 것이다. 따라서 자원에 대한 사정은 사정 단계에서 필수적인 것으로 개입 계획을 세우기 전에 반드시 이루어져야 한다. 여기서 자원이란 삶을 유지하고 성장과 발달에 필요한 재화와 서비스를 제공하는 사람들 혹은 사회기관들로 클라이언트의 내적 및 외적 자원을 모두 포함한다. 내적 자원은 클라이언트의 지능, 건강, 자신감 등과 같은 개인과 가족의 자질과 특성을 말한다. 외적 자원은 클라이언트와 가족을 넘어서는 비공식적 자원과 공식적 자원을 말한다. 비공식적 자원이란 친척, 이웃, 교회, 자원봉사자 등과 같이 친밀한 관계를 기반으로 동원 가능한 자원을 말한다. 비공식적 자원은 개인이 통제할 수 있는 자원이고, 이는 개인 또는 가족의 역량으로 전환될 수 있는 특성이 있으므로 사례관리에서 강조한다. 공식적 자원은 정부의 세금으로 충당되는 공적 자원과 민간의 자선적 기부로 구성되는 사적 자원으로 구분할 수 있다(Rothman & Sager, 1998). 일반적으로 개인과 가족 자원, 비공식적 자원, 공식적 자원 등의 순으로 자원의 목록을 작성하고, 공식적 자원은 다시 공적 자원과 사적 자원의 순으로 자원의 목록을 확인하는 것이 바람직하다(김혜란 외, 2013). 자원의 목록은 이용성, 적정성, 수용성, 접근성 등을 고려하여 작성한다. 따라서 사례관리자는 지역사회에서 공식적 자원의 활용뿐만 아니라 비공식적 자원을 찾아서 연계함으로써 지역사회에서의 공동체성이 회복되도록 노력해야 한다.

(3) 장애물 사정

누구에게나 장애물이 있을 수 있지만 사례관리자에게는 그 모습과 정도가 다를 뿐이라는 인식이 필요하다. 또한 클라이언트의 문제는 도움을 제공하는 자원과 연결됨으로써 개선될 수 있는데, 이러한 자원과의 연결을 방해하는 것이 장애물이다(Ballew & Mink, 1996). 이처럼 장애물은 클라이언트의 문제나 욕구의 해결을 방해하거나 자원의 발견 또는 연계 형성을 방해하는 요인으로 외부 및 내부 장애물로 나뉜다. 외부 장애물은 클라이언트의 외부 환경이 어려움이나 장애를 초래하는 것이다. 외부 장애물로는 부적절한 자원(결혼이주여성의 모국어), 자원 이용에 대한 무능력(문맹), 고갈된 자원(프로그램을 지원하는 지방자치단체의 예산 부족), 이차적으로 필요한 자원(직장 적응 훈련을 수료한 정신장애인이 사회적 편견으로 취업을 못한 경우) 등을 들 수 있다. 사례관리자는 이러한 외부 장애물을 잘 파악하여 서비스 계획 수립과 개입 과정에 구체적으로 반영해야 한다.

내부 장애물은 클라이언트와 가족의 문제나 욕구의 해결에 부정적으로 작용하는 심리적·정서적 문제와 직접 연결되어 있다. 따라서 사례관리자는 내부 장애물을 발

▌표 13-4▌ 사정 기록지

<table>
<tr><td>사례번호</td><td></td><td>클라이언트</td><td>박 ○○</td><td>사례관리자</td><td>정 ○○</td></tr>
<tr><td>사정일자</td><td>20○○. ○. ○.</td><td>유형</td><td>■ 신규 □ 재사정</td><td>정보제공자</td><td>본인, 모</td></tr>
<tr><td>영역</td><td colspan="2">제시된 욕구</td><td>강점</td><td>이용 가능한 자원</td><td>척도 질문
(1~10점)</td></tr>
<tr><td>교육·
발달</td><td colspan="2">시험이 너무 어려워요. 국어 과목 공부를 도와주면 좋겠어요.</td><td>어머니에게 도와달라고 말해 공부를 배운 적이 있다.</td><td>• 복지관 자원봉사 프로그램
• **지역아동센터
• 어머니</td><td>3</td></tr>
<tr><td>교육·
발달</td><td colspan="2">• 태권도 학원에 다니고 싶어요.
• 형편 때문에 체험활동을 보내지 못해요. 문화 활동을 지원해 주면 좋겠어요.</td><td>아동과 어머니 모두 문화 체험 참여에 대해 적극적이다.</td><td>• 협력 자원 중 **태권도장
• 복지관</td><td>3</td></tr>
<tr><td>경제</td><td colspan="2">안정적인 직장이 있으면 좋겠어요. 허리가 아파서 몸 쓰는 일보다는 사무실에서 하는 일이면 좋겠어요.</td><td>이미 컴퓨터를 배우는 등 스스로 준비하기 시작하였다.</td><td>• **일자리플러스 센터
• 복지관 사회교육 프로그램</td><td>5</td></tr>
<tr><td>건강</td><td colspan="2">B형 간염 예방 접종을 빨리 하라고 하는데, 병원 동행을 도와주면 좋겠어요.</td><td>자녀 양육에 대해 어머니가 적극적으로 참여하고자 하는 의지가 강하다.</td><td>• 복지관 자원 봉사 프로그램
• 친하게 지내는 이웃 언니
• **보건소</td><td>6</td></tr>
<tr><td>강점</td><td colspan="5">• 가족들이 서로 도우려는 태도를 보이고 있다.
• 어머니와 클라이언트 모두 문제를 해결하려는 의지가 강하고, 이미 나름대로 노력을 하고 있어 지금까지 경험 중 성공 경험을 찾는 것이 의미가 있을 것 같다.
• 클라이언트가 학교에서 친구들과 어려움이 있지만 동네 친구들과는 잘 지내고, 교회에도 열심히 다니며, 어머니도 지역사회에서 관계망을 유지하고 있다.
• 어머니가 이직 준비를 하는 등 어려움을 극복하고자 적극적으로 노력하고 있다.</td></tr>
<tr><td rowspan="2">척도
이용
사정</td><td>척도 종류</td><td colspan="4">결과</td></tr>
<tr><td>가족 강점</td><td colspan="4">평균 2.85/5.0</td></tr>
<tr><td>사례관리
여부</td><td colspan="5">■ 사례관리 진행 □ 서비스 단순 이용</td></tr>
<tr><td>강점
활용방안</td><td colspan="5">클라이언트와 가족 모두 클라이언트에 대한 관심이 높고, 학습 향상에 도움을 주려는 의지가 강하여 가족이 클라이언트를 지원하는 방안을 적용해 볼 수 있다.
어머니가 취업을 준비할 수 있도록 사례관리자는 보조적 역할을 수행할 필요가 있다.</td></tr>
</table>

출처: 한국사회복지관협회 (2012). 사회복지관 사례관리매뉴얼, p. 65에서 수정 인용.

견하기가 어려울 뿐만 아니라 그 원인과 해결책을 찾기도 쉽지 않다. 이러한 내부 장애물에는 비관주의, 비판주의, 운명주의, 냉소주의 등과 같은 클라이언트의 잘못된 신념, 태도, 가치와 클라이언트가 통제할 수 없는 선천적 무능력, 정신 건강 문제, 무기력, 동기 결여 등을 들 수 있다. 예를 들어 클라이언트의 의사소통 능력이 현저하게 부족해서 서비스 이용에 어려움이 있거나 상황의 변화에 대한 비관주의나 냉소주의 때문에 서비스를 받는 데 어려움이 있는 경우 등이다(Rothman & Sager, 1998; 김혜란 외, 2013).

3) 서비스 계획

서비스 계획은 사정을 통해 밝혀진 내용을 기초로 포괄적이고 구체적인 서비스 계획을 만드는 과정으로 클라이언트의 문제와 욕구를 해결하기 위해 개입 목표를 수립하며, 그 목표를 달성하기 위해서 개별화된 행동 계획을 구체적으로 조직화하는 과정이다. 따라서 사례관리자가 적절한 사정을 수행해야 개입 목표, 수행 방법, 구체적인 활동 계획 등을 수립할 수 있다. 즉, 사례관리에서 서비스 계획 과정은 클라이언트의 문제와 욕구 해결을 위해 어떤 방법으로 서비스를 제공하면 해결될 수 있을 것인지에 대한 논리적 · 실천적 근거가 확보된 개별화된 서비스 제공 계획을 말한다(권진숙 외, 2012). 따라서 효과적으로 서비스 계획을 수행하기 위해서는 클라이언트가 원하는 결과에 대해 서로 이해해야 하며, 가능한 모든 접근 방법에 대해 클라이언트와 함께 심사숙고하는 시간을 가져야 하며, 사정 단계에서 발견한 클라이언트의 강점이 계획에 반영되어야 한다.

서비스 계획 과정을 구체적으로 살펴보면 다음과 같다. 먼저 클라이언트와 사례관리자가 동의하는 문제와 욕구를 명확히 하고, 개입 계획의 우선순위를 정한다. 목표는 향후 평가의 근거가 될 수 있도록 구체적으로 측정 가능한 목표를 세운다. 목표 달성을 위한 다양한 해결 전략을 모색하고, 이 중에서 클라이언트의 능력과 상황 등을 고려하여 최선의 전략을 선택한다(김혜란 외, 2013). 선택한 전략을 실행할 시간과 절차 등을 구체적으로 결정하며, 서비스의 잠재적 장애물 확인과 그 해결책에 대한 계획을 세운다.

사례관리의 계획에는 클라이언트에게 상담이나 치료 등과 같은 직접적인 서비스를 제공하는 전문가들과 연결하는 개입 계획이 포함되어야 한다. 이러한 다양한 서비스 계획을 수립할 때 각 서비스는 목표 달성과 관련 있는 내용으로 구성해야 한다. 무엇보다 목표 설정에서 가장 중요한 참여자는 클라이언트이며, 클라이언트와 합의되거나 공유되지 않는 목표는 달성되기 어렵다. 목표 설정에서는 다양한 측면들에 관한 구체적인 목표가 제시되어야 하고, 장기와 단기로 구분하여 목표를 수립해야 한다. 이와 함께 클라이언트와 관련된 서비스 자원에 관한 정보를 획득하고 쉽게 이용할 수 있도록 자원 계획도 세워야 한다. 이러한 서비스 계획에는 구체적인 서비스 제공자, 시간 계획, 비용, 서비스 실천의 장애 요인 등을 구체적으로 명시할 필요가 있다. 즉, 서비스 제공 기관, 제공 방식, 빈도, 관련 기관에 대한 정보 공유에 관한 내용 등이 포함된 구체적인 서비스 계획을 계약 내용에 포함해 상호 동의의 절차를 갖는 계약이 필요하다. 계약 수립의 실제적인 결과는 계약에 대한 클라이언트의 서명을 받는 것에 그치는 것이 아니라 클라이언트의 문제를 해결하고 개선하는 데는 클라이언트 자신의 참여와 노력이 필요한 과정임을 이해시키는 것에 초점을 두어야 한다(권진숙 외, 2012).

▌표 13-5▌ 문제-요구-욕구-개입 목표-서비스 계획 수립의 예

구분	정의	예시
제시된 문제 (problem)	(클라이언트가 언어적으로 표현하고 있는) 물질적, 정신적, 사회적 결함 혹은 결핍 등으로 나타나는 생활상의 어려움	• "저는 학교 성적이 좋지 않아요." → 학교 성적이 하위권임
요구 (demand) /바람 (wish)	클라이언트가 자신의 문제 해결 혹은 욕구를 충족하는 데 도움이 된다고 믿고 있거나 가능한 방법이라고 생각하여 도움을 요청하는 내용(자원이나 서비스의 형태)	• "공부를 못하니 자신감이 없어요." • "공부를 잘하면 좋겠어요." • "학원에 가려고 해도 돈이 없어요." → 학원비를 지원해 주세요.
욕구 (need)	상식적 혹은 사회적 삶의 기대 수준과 현재 상태의 차이로 나타난 결핍 혹은 부족한 상황을 자원이나 서비스를 통해 해결 혹은 충족되어야 할 필요성	• 자존감 회복의 욕구 • 학업 능력 향상의 욕구
합의된 개입 목적-목표	• 다양한 차원의 욕구 중에서 계획된 일정 안에 충족시킬 수 있는 혹은 사례관리 클라이언트가 우선시하는 욕구를 중심으로 개입 목적 및 목표를 구체적으로 수립함 • 도출된 욕구가 전부 개입 목표로 선정될 수도 있고 일부만 채택될 수도 있음	• 목적: 자존감 회복 • 목표: 6개월 내에 30% 이상의 자존감 척도 점수가 향상됨 • 목적: 학업 능력 향상 • 목표: 6개월 내에 현재 평균 점수보다 30% 향상
서비스 계획	• 개입 목적 및 목표를 달성하는 데 효과적인 방법이나 수단으로서의 자원이나 서비스 제공 계획을 수립함 • 목표 달성에 방해가 되는 걸림돌을 제거하는 데 필요한 노력도 투입 • 목표 달성을 위한 투입 노력을 설계할 때, 사례관리자의 역량+지역사회자원+클라이언트의 역량을 모두 포함시켜 활용할 수 있는 방안을 마련함 • 필요시 클라이언트, 사례관리자, 지역사회의 역량을 강화하기 위한 노력도 계획안에 포함시킬 수 있음	• 정서적 불안의 원인 파악 및 정서적 안정, 자존감 회복을 위한 심리상담 서비스 제공 • 심리상담 서비스를 누가 제공하는 것이 현 상황에서 가장 적절한 것인가에 대한 검토를 통해 해당 서비스 제공자/제공 기관 결정 • 정서적 안정 혹은 자존감 회복이 된다면 파생 효과로서 학업 능력 향상을 기대할 수 있는지, 기초 학습 능력이 부족한 경우라면 기초 학습 능력을 향상하기 위한 개별화된 접근 계획을 위해 학습 진단 검사 의뢰 혹은 사례관리자가 시행 • 검사 결과 학원을 통해 학습 관리가 필요한 경우 학원비 지원 • 개별화된 접근을 위해서 대학생 멘토 자원봉사자 연결

출처: 서울시복지재단 (2013). 통합사례관리 가이드라인, pp. 40-41에서 수정 인용.

▌표 13-6▌ 실행 계획서

<table>
<tr><td>사례번호</td><td></td><td>클라이언트</td><td>박 ○○</td><td>사례관리자</td><td colspan="3">정 ○○</td></tr>
<tr><td>사정일자</td><td>2016. 7. 10.</td><td>유형</td><td colspan="5">■ 신규 □ 재사정</td></tr>
<tr><td>영역</td><td colspan="2">제시된 욕구</td><td>합의된 목표</td><td colspan="2">실행 계획</td><td>실행자</td><td>기간</td></tr>
<tr><td rowspan="2">교육
·
발달</td><td colspan="2" rowspan="2">시험이 너무 어려워요. 국어 과목 공부를 도와주면 좋겠어요.</td><td rowspan="2">학급에서 학업수준 50%까지 향상</td><td colspan="2">개별학습지도</td><td>멘토</td><td>주1회</td></tr>
<tr><td colspan="2">매일 저녁 과제 수행 및 점검</td><td>본인</td><td>매일</td></tr>
<tr><td rowspan="3">교육
·
발달</td><td colspan="2" rowspan="3">• 태권도 학원에 다니고 싶어요.
• 형편 때문에 체험활동을 보내지 못해요. 문화 활동을 지원해 주면 좋겠어요.</td><td rowspan="3">학교에서도 친한 친구가 생김</td><td colspan="2">태권도 학원 연계</td><td>태권도장</td><td>12.31</td></tr>
<tr><td colspan="2">문화체험 프로그램 발생 시 연계</td><td>사례 관리자</td><td>12.31</td></tr>
<tr><td colspan="2">학교에서 친구들과 관계 변화 관찰, 지지</td><td>담임 교사</td><td>학년말 까지</td></tr>
<tr><td rowspan="2">경제</td><td colspan="2" rowspan="2">안정적인 직장이 있으면 좋겠어요. 허리가 아파서 몸 쓰는 일보다는 사무실에서 하는 일이면 좋겠어요.</td><td rowspan="2">• 2년 이상 다닐 수 있는(기간제 계약직이 아닌) 직장에 취업
• 허리에 무리되지 않는 직종에 취업</td><td colspan="2">취업 가능한 직종 조사</td><td>어머니</td><td>8. 30 까지</td></tr>
<tr><td colspan="2">취업 준비 지원 서비스 연계</td><td>사례 관리자</td><td>8.1-필요시 까지</td></tr>
<tr><td>건강</td><td colspan="2">B형 간염 예방 접종을 빨리 하라고 하는데, 병원 동행을 도와주면 좋겠어요.</td><td>B형 간염예방접종 완료</td><td colspan="2">병원 동행</td><td>자원 봉사자</td><td>8.31 까지</td></tr>
<tr><td>사례 관리자의 역할</td><td colspan="7">• 멘토, **태권도장, 복지관 프로그램 담당자 등과 협력 합의, 일정과 내용 조정, 진행 상황 점검 실시
• 모 취업 준비 지원서비스 연계, 담임교사, 교육복지사 정기 면담 실시</td></tr>
<tr><td>클라이언트의 역할</td><td colspan="7">• 클라이언트 본인이 계획을 충실하게 수행할 수 있도록 격려하고 지지하기
• 원하는 직장 탐색과 필요한 직무 쌓아가기. 그 과정에서 필요하면 사례관리자에게 도움 요청하기</td></tr>
<tr><td colspan="8">사례관리 동의서</td></tr>
<tr><td colspan="8">• 귀하와 합의된 내용 이외의 목적으로 개인 정보가 노출되지 않도록 하겠습니다.
• 모든 사례관리 내용은 귀하와의 합의로 진행하도록 하겠습니다.
• 본 사회복지관은 귀하의 사회복지 요구를 해결하기 위해 최선의 사례관리 서비스를 제공하도록 하겠습니다.</td></tr>
<tr><td colspan="8">• 본인은 사례관리 서비스의 계획 및 진행 내용에 대한 설명을 충분히 듣고 이해했습니다.
• 본인은 계획된 목표를 성취하기 위해 적극적으로 참여하고 협력하겠습니다.
• 본 동의서 작성일로부터 귀 복지관에서 제공하는 사례관리 서비스를 제공받는 것에 동의합니다.</td></tr>
</table>

출처: 한국사회복지관협회 (2012). 사회복지관 사례관리매뉴얼, pp. 73-74에서 수정 인용.

4) 개입

개입은 사례관리의 실천 과정으로 사례관리자와 클라이언트가 동의한 서비스 계획을 수립된 절차에 따라서 충실하게 이행하기 위해 직접적 혹은 간접적으로 관여하는 것이다. 이때 개입 과정에서 사례관리자의 모든 활동은 클라이언트의 긍정적인 변화를 위한 방향에 초점을 둔다. 이를 위해 계획에 포함된 다양한 서비스 제공자들과 협력 관계를 바탕으로 서비스가 연결되도록 노력한다. 또한 사례관리자는 서비스의 이용 가능성을 향상하기 위한 옹호 활동과 같은 간접적 개입뿐만 아니라 필요한 서비스의 제공자로서 직접적 개입을 수행하기도 한다.

직접적 개입은 사례관리자가 임상전문가로서 클라이언트의 능력과 기술을 향상하거나 문제를 해결하기 위해 활동할 때 진행된다(Moxley, 1989). 즉, 직접적 개입은 사례관리자와 클라이언트 사이의 대면 상황에서 수행되는 전문적 개입이다. 예를 들어 클라이언트가 정신장애인이라면 지역사회에서 일상생활의 영위와 대인 관계 증진에 필요한 사회 기술을 직접 훈련할 필요가 있다. 또한 무기력하거나 우울한 상태에 있는 노인에게는 자존감을 증진하고 능력을 고취하기 위해 개별 상담을 진행할 필요가 있다.

간접적 개입은 클라이언트 주변 체계의 행동이나 클라이언트와 체계 사이의 관계를 변화시키기 위해 활동한다. 즉, 서비스 연결을 통해 클라이언트에게 필요한 변화를 도모하는 것으로서 클라이언트와 대인 서비스 제공자의 연결, 서비스 중개, 옹호, 사회적 지지의 제공 등을 포함하는 활동으로 사례관리의 핵심 기능이다(엄명용 외, 2011; Kirst-Ashman & Hull, 2009). 이때 사례관리자는 중개자, 옹호자 등의 임무를 수행한다. 대체로 위기가구를 비롯하여 노인, 장애인 등과 같은 사례관리 대상자들은 하나의 문제가 아니라 신체적, 심리적, 경제적 문제 등을 복합적으로 가지고 있다. 따라서 클라이언트의 다양한 욕구 충족에 관여하는 전문가들은 서로 어떤 역할을 분담하며, 무엇을 해야 할 것인지, 그리고 어떤 서비스를 우선 제공해야 할지 등에 대해 협력하고, 전문적 지식과 기술을 근거로 사정하고 평가하면서 합의하는 조정 과정이 간접적 개입에서 중요하다. 이와 같은 측면에서 사례관리는 팀 협력(teamwork)의 기술이 요구된다. 이처럼 사례관리 과정은 관련된 직접적 서비스 제공 외에 다양한 자원을 발견하고 동원하는 경우가 대부분이다. 따라서 지역사회의 모든 가용자원을 확인하여 목록을 작성하고, 새로운 자원의 개발을 위해 노력해야 한다. 특히 사례관리자는 클라이언트의 욕구에 적합한 서비스의 연결·조정 기능을 수행하며, 서비스의 분절이나 중복 문제가 발생할 때 그것을 적절히 관리하고 조정하는 능력을 갖추어야 한다(권진숙 외, 2012).

5) 점검과 재사정

점검과 재사정은 부분적으로 기능이 중복된다. 점검(monitoring)은 서비스 전달을 관찰 또는 감독하는 기능으로 클라이언트의 서비스 계획이 적절히 수행되고 있는지를 사례관리자가 지속해서 확인하는 과정을 말한다. 사례관리자는 서비스 전달 체계를 통해서 클라이언트의 욕구 변화를 사정하거나 개입의 진행 정도를 파악하거나 서비스의 산출 결과를 검토한다. 그 결과를 근거로 개입 계획의 수정 여부를 검토하거나 필요하면 문제 해결 전략을 수정한다. 즉, 서비스 계획이 적절하게 실행되고 있는지, 실천 과정을 통해 변화 목표는 어느 정도나 달성했는지, 시간이 흐름에 따라 클라이언트의 초기 욕구와 상황 및 서비스 환경 등에 변화가 없는지 등을 종합적으로 확인하고 검토한다. 점검을 위한 구체적인 활동은 클라이언트와 전화, 클라이언트 방문이나 서비스 이용 시 동행, 서비스 제공 기관의 담당 직원과 전화, 사례관리 기록지 검토, 그리고 통합 사례회의 등이다. 점검의 준거 틀은 사정 내용이고, 점검 내용은 개입 계획서와 서비스 계약서이다. 이때 점검의 초점은 충분한 지원이나 적절한 서비스를 제공하기 위한 것이다.

사례관리에서 장기적으로 클라이언트를 보호할 때는 클라이언트의 관리 상황을 지속해서 평가하는 재사정은 필수적인 과정이다. 재사정은 클라이언트의 상태, 기능, 진전 정도, 장애 및 결과 등을 일정한 시간 간격을 두고 주기적으로 수행하는 것이 일반적이지만(Hepworth et al., 2006), 시간 간격은 클라이언트의 문제 유형과 심각성에 따라 달라질 수 있다. 이러한 재사정에 클라이언트가 적극적으로 참여하도록 하는 것이 필요하다. 사정 단계에서 클라이언트의 주요 문제의 심각성을 측정하기 위해 사용한 사정도구들을 재사정할 때 다시 활용함으로써 클라이언트의 문제가 어떤 변화와 개선이 있었는지를 점검하는 근거로 활용하여야 한다(김혜란 외, 2013).

재사정을 방해하는 요인으로는 클라이언트가 자신에 관한 정보를 제공하지 않거나 왜곡해서 전달한 경우 또는 사례관리자의 부정확한 사정 때문에 부적절한 목표를 설정하는 경우 등이다. 이처럼 부적절한 사례관리의 개입 목표와 개입방법 때문에 바람직한 실천의 결과를 기대할 수 없다. 종종 재사정할 때 다른 기관들이 제공한 부가적인 정보들이 도움되지 못하는 경우가 있는데, 이는 많은 업무량과 제한된 시간이 장애 요인으로 작용하기 때문이다. 그뿐만 아니라 일반적으로 재사정은 차례로 새로운 자원과의 연결이나 배치, 새로운 개입 계획이나 수정된 개입 목표와 관련되어 진행된다(엄명용 외, 2011).

옹호는 사례관리의 중요한 기능인데, 많은 클라이언트가 학습된 무기력 상태이거나 사회적으로 소외되기 때문이다. 클라이언트를 옹호하는 일은 사례관리의 초기 단계나 기관이 서비스의 제공을 거절하는 연결 시기에 필요하다. 일반적으로 사례관리에서 옹호는 클라이언트 및 서비스 체계 차원에서 이루어진다. 먼저 클라이언트 체계 차원의 옹호는 클라이언트가 부당한 처우를 받거나 적절한 서비스를 받지 못하는 것에 대한 접근이다. 다음으로 서비스 체계 차원의 옹호는 서비스의 제공 과정에서 클라이언트가 경험하는 부당한 처우에 대한 접근이다. 옹호자로서 사례관리자는 클라이언트가 인간으로서 당연한 권리를 누리도록 관료적 규칙과 장애에 맞서야 한다. 사례관리의 개입에서 옹호의 강도는 필요에 따라 단계적으로 증가하는데, 토의, 설득, 촉구, 강제 등과 같은 종류가 있다. 옹호는 사례관리 기관의 조직 구성과 운영

방법 등에 따라 다양한 방법과 이해가 필요하다(엄명용 외, 2011).

6) 평가 및 종결

사례관리자는 클라이언트에게 제공한 사례관리 서비스가 클라이언트의 삶과 기능에 어떤 영향을 주었는지를 평가한다. 즉, 클라이언트가 서비스를 통해 어떤 심리적·사회적 이득을 경험했는지, 클라이언트 관련 체계에는 어떤 변화가 있었는지 등을 평가한 결과를 근거로 종결 여부를 결정한다. 이와 같은 사례관리의 효과성 평가를 위해 클라이언트의 서비스 참여도와 만족도, 설정한 목표의 성과 등에 관한 정보를 수집한다. 일반적으로 사례관리 서비스 이전과 이후의 클라이언트 상태에 관한 정보를 수집하여 비교하는 방법을 사용한다(엄명용 외, 2011).

사례관리는 클라이언트의 기능 회복이나 복지만을 추구하는 것이 아니므로 클라이언트의 환경에 대한 변화도 평가해야 한다. 다양한 자원의 개발을 통해 사회적 지지 체계가 구축되었는지, 서비스의 효율성을 위해 서비스 전달 체계의 변화가 있었는지 등을 다각적으로 평가한다. 이러한 평가를 통해 사례관리 모델의 효과성을 확인하며, 결과에 영향을 미치는 과정적 요소, 즉 사례관리의 운영 체계나 구조적 요인을 분석한다(김혜란 외, 2013).

사례관리의 마지막 단계인 종결은 사례관리자가 클라이언트에 대한 개입이 종료되는 것을 의미한다. 사례관리자는 종결을 결정할 때 클라이언트와 관련된 객관적이고 정확한 내용을 근거로 판단하여야 한다. 대체로 적절한 종결은 클라이언트가 목표를 달성했을 때, 클라이언트가 목표 달성을 위해 스스로 움직이는 모습을 보일 때, 클라이언트가 사회복지기관, 지역사회 지원 체계 혹은 의뢰된 자원제공자와 성공적으로 일할 때 중 한 가지 혹은 그 이상이 달성되었을 때 이루어진다. 이처럼 사례관리에서 성공적 종결은 클라이언트가 최종의 목표를 달성했는가의 의미가 아니라, 클라이언트가 자신의 개인적 자원과 지역사회 자원을 결합하여 목표 달성을 위한 올바른 길에 있는가를 의미한다(Frankel & Gelman, 1998).

사례관리의 종결 과정에서 사례관리자는 다음과 같은 세 가지 측면에서 과업을 수행할 필요가 있다(양정남 외, 2009).

첫째, 종결을 준비할 때 클라이언트의 준비 상황과 현재 상태를 평가하고, 이를 검토 및 종합하여 사례관리팀에서 논의하고 결정한다. 둘째, 사례관리자와 클라이언트가 최종 면접을 통해 종결에 대한 감정과 과정 및 진척 등에 대한 평가를 공유하고, 변화에 대한 지지와 격려, 종결 후 서비스 및 자원 이용에 대한 정보 등을 제공한다. 또한 필요할 경우, 다른 기관 및 서비스에 의뢰할 수 있다. 셋째, 사례관리자는 사례관리 전반을 요약하고 기록한다.

핵심정리

1. 사례관리의 일반적 특성

① 만성적인 문제와 복합적인 욕구를 가진 클라이언트와 그 가족이 대상
② 클라이언트 중심의 관점 유지
③ 복합적이고 만성적인 욕구는 클라이언트와 환경 사이의 상호작용 결과로 나타난다고 전제
④ 클라이언트의 문제 해결과 치료보다는 욕구 충족과 보호에 중점
⑤ 클라이언트의 사회적 기능 향상과 독립을 극대화하기 위해서 보호의 연속성과 책임성 보장
⑥ 서비스의 효과성과 효율성을 높이기 위해 포괄적인 서비스 제공 및 서비스의 조정과 점검 시행
⑦ 클라이언트와 사회환경 사이의 상호작용에 관심을 두며 다양한 지원 체계의 폭넓은 서비스 활용
⑧ 가정 방문, 안내 및 의뢰 등과 같은 클라이언트와의 적극적인 접근 강조
⑨ 클라이언트 수준에서 욕구를 개별화하며, 개입 과정에서 클라이언트의 참여와 자기 결정을 촉진
⑩ 개별적인 실천 기술과 지역사회 실천 기술의 통합

2. 사례관리의 등장 배경

① 탈시설화의 영향
② 클라이언트와 가족에게 부과되는 과도한 책임
③ 다양한 문제와 욕구를 지닌 클라이언트의 증가로 지역사회 보호 필요성 증가
④ 통합적인 서비스 지원의 필요성
⑤ 지방 분권화와 서비스 비용 절감

3. 사례관리의 개입 원칙

① 서비스의 개별화: 클라이언트의 개별적인 욕구와 상황에 맞는 맞춤형 서비스를 제공하는 것
② 서비스 제공의 포괄성: 클라이언트의 욕구를 충족시키는 데 필요한 포괄적인 서비스와 지지를 연결·조정·점검하는 것
③ 클라이언트의 자율성 극대화: 클라이언트가 가능한 범위에서 자기 결정권을 존중받아야 하며, 자신을 스스로 돌볼 수 있도록 지원

④ 서비스의 지속성: 변화하는 클라이언트의 욕구를 사정하여 필요한 서비스를 지속해서 제공하는 것
⑤ 서비스의 연계성: 사례관리를 통해 복잡하고 분리되어 있는 서비스 전달체계를 연결하는 것
⑥ 서비스의 접근성: 이용자의 적격성 기준, 정책, 절차 등에서 클라이언트가 어려움을 겪지 않고 필요한 서비스를 쉽게 이용할 수 있도록 원조하는 것
⑦ 서비스의 체계성: 서비스의 중복성을 줄이고, 서비스의 비용을 효율적으로 관리하기 위해 서비스와 자원 간의 조정을 하는 것

4. 사례관리의 실천 과정

① 사례 발견 및 접수
② 사정: 욕구, 자원, 장애물 사정
③ 서비스 계획
④ 개입
⑤ 점검과 재사정
⑥ 평가 및 종결

참고문헌

감정기, 최원규, 진재문 (2010). 사회복지의 역사. 파주: 나남출판.

강상경 (2011). 인간행동과 사회환경. 파주: 나남출판.

강진령 (2012). 집단과정과 기술. 서울: 학지사.

고기홍 (2014). 통합적 자기관리 모형을 통한 개인상담. 서울: 학지사.

공계순, 서인해 (2006). 증거기반 사회복지실천에 대한 이해와 한국사회에의 적용가능성에 관한 연구. 사회복지연구, 31, 77-102.

권금주 (2002). 박애사상을 중심으로 한 21세기 사회복지의 방향성 고찰. 이화사회복지연구, 2, 252-267.

권중돈 (2014). 인간행동과 사회복지실천: 이론과 적용. 서울: 학지사.

권중돈 (2021). 인간행동과 사회복지실천: 이론과 적용(2판). 서울: 학지사.

권진숙, 김상곤, 김성경, 김성천, 김혜성, 민소영, 박선영, 박지영, 백은령, 유명이, 유서구, 이기연, 조미숙, 조현순, 황성철 (2012). 사례관리론. 서울: 학지사.

김규수 (1999). 의료사회사업실천론. 서울: 형설출판사.

김기덕 (2002). 사회복지윤리학. 서울: 나눔의 집.

김기덕, 최소연, 권자영 (2012). 사회복지윤리와 철학. 파주: 양서원.

김기석 역 (1978). 정신치료의 이론과 실제. 서울: 고려대학교 출판부.

김기태, 김수환, 김영호, 박지영 (2007). 사회복지실천론. 고양: 공동체.

김연희 (2007). 한국사회의 다문화와 사회복지분야의 문화적 역량. 사회복지연구, 35, 117-144.

김용석 (2009). 사회복지 서비스 이용자 만족도 척도의 개발과 평가. 한국사회복지행정학, 11(3), 127-160.

김유숙, 전영주, 김수연 (2003). 가족평가 핸드북. 서울: 학지사.

김유진 (2007). 근거중심실천 소개: 근거중심 사회복지실천의 필요성과 유익성에 대한 고찰. 한국사회복지조사연구, 16, 27-47.

김융일, 조홍식, 김연옥 (1995). 사회사업실천론. 파주: 나남출판.

김융일, 조홍식, 김연옥 (2000). 사회복지실천론(2판). 파주: 나남출판.

김춘경, 이수연, 이윤주, 정종진, 최웅용 (2010). 상담의 이론과 실제. 서울: 학지사.

김혜란, 공계순, 박현선 (2013). 사회복지실천론. 파주: 나남출판.

김혜란, 홍선미, 공계순 (2006). 사회복지실천기술론(개정 2판). 파주: 나남출판.

김혜란, 홍선미, 공계순, 박현선 (2022). 사회복지실천기술론. 서울: 학지사.

김혜영, 석말숙, 최정숙, 김성경 (2014). 사회복지실천론(제2판). 고양: 공동체.

남미애, 윤숙자 (2013). 사회복지실천기술론. 서울: 학지사.

민소영 (2015). 한국의 사례관리 전개 과정과 쟁점 고찰. 한국사회복지행정학, 17(1), 213-239.

박선영 (2008). 사회복지사의 자기자각의 재조명과 사회복지실천 교육방법 연구. 한국사회복지교육, 4(1), 1-41.

박선영 (2011). 강점관점 사회복지실천 모델에 대한 시론적 연구: 성인 클라이언트를 중심으로. 사회과학논집, 30(1), 89-113.

보건복지부 (2010). 2010년도 위기가구 지원을 위한 사례관리사업 안내.

보건복지부 (2016). 2016 사회복지관 운영관련 업무처리 안내.

보건복지부 (2024). 2024 사회복지시설 관리안내.

보건복지부 · 한국사회복지사협회 (2016). 사회복지사 자격관리 지침.

백종현 (2007). 철학의 기념과 주요 문제. 서울: 철학과 현실사.

서울시복지재단 (2013). 통합사례관리 가이드라인.

서울여자간호대학교 (2015). 정신보건전문요원 실태조사. 국립서울병원.

성민선, 조홍식, 오창순, 홍금자, 김혜래, 홍봉선, 노혜련, 윤찬영, 이용교, 조미숙, 노충래, 정규석, 오승환, 이상균, 김경숙, 김상곤, 진혜경, 윤철수, 최경일, 이태수, 손병덕, 박경현 (2009). 학교사회복지의 이론과 실제(2판). 서울: 학지사.

성정현, 여지영, 우국희, 최승희 (2005). 가족복지론. 파주: 양서원.

신홍임 (2008). 고정관념의 위협과 인지적 과제의 수행. 한국심리학회지: 사회 및 성격, 22(3), 15-32.

양옥경, 김미원, 김정자, 남경희, 박인선, 신혜령, 안혜영, 윤현숙, 이은주, 한혜경 (2004). 사회복지 윤리와 철학. 서울: 나눔의집.

양옥경, 김정진, 서미경, 김미옥, 김소희 (2010). 사회복지실천론(개정4판). 파주: 나남출판.

양옥경, 김정진, 서미경, 김미옥, 김소희 (2018). 사회복지실천론(개정5판). 파주: 나남출판.

양정남, 권구영, 김화선, 최은정, 한혜경 (2009). 사례관리. 파주: 양서원.

양정남, 최선령 (2014). 사회복지실천론. 파주: 양서원.

양창삼 (2005). 인간관계론. 서울: 경문사.

엄명용, 김성천, 오혜경, 윤혜미 (2016). 사회복지실천의 이해(4판). 서울: 학지사.

엄명용, 김성천, 윤혜미 (2020). 사회복지실천의 이해(5판). 서울: 학지사.

엄명용, 노충래, 김용석 (2015). 사회복지 실천기술의 이해(3판). 서울: 학지사.

오혜경 (2005). 사회복지사의 윤리적 의사결정. 서울: 북카페.

오혜경 (2008). 사회복지실천에서의 비밀보장 등에 관한 연구. 한국사회복지교육, 4(2), 5-136.

오혜경 (2009). 사회복지실천에서의 윤리이론에 관한 연구. 한국사회복지교육, 9, 127-158.

우국희, 성정현, 장연진, 좌현숙, 최승희 (2015). 사회복지실천론. 서울: 신정.

우국희, 성정현, 장연진, 좌현숙, 최승희 (2016). 사회복지실천론(2판). 서울: 신정.

윤현숙, 김기환, 김성천, 이영분, 이은주, 최현미, 홍금자 (2001). 사회복지실천기술론. 서울: 동인.

이덕주 (1997). 태화이야기. 서울: 태화기독교사회복지관.

이봉주, 이선우, 백종만 (2012). 사회복지행정론. 파주: 나남출판.

이순민 (2012). 사회복지 윤리와 철학. 서울: 학지사.

이영분, 김기환, 윤현숙, 이원숙, 이은주, 최현미, 홍금자 (2001). 사회복지실천론. 서울: 동인.

이원숙 (2008). 사회복지실천론. 서울: 학지사.

이원숙 (2014). 사회복지실천론(2판). 서울: 학지사.

이윤로 (2006). 최신사회복지실천론. 서울: 학지사.

이재창, 임용자 (2000). 인간관계론. 서울: 문음사.

이현주 (2011). 사회복지실천 평가에서 목표달성 척도의 적용에 관한 연구: 정신장애인의 일상생활기능 향상 프로그램 평가를 중심으로. 정신보건과 사회사업, 39, 120-154.

임규홍 (1999). 어떻게 말하고 들을 것인가. 서울: 박이정.

장수미, 최정숙, 박형원, 김주현, 홍현미라, 이혜경, 이영선, 한인영 (2010). 사회복지실천기술론. 서울: 학지사.

장인협 (1989). 사회사업실천방법론(상). 서울: 서울대학교출판부.

전재일 (1981). 사회사업실제의 통합적 접근방법에 관한 연구. 사회복지연구, 10, 141-237.

정규석, 김영미, 김지연 (2013). 청소년복지의 이해. 서울: 학지사.

정무성 (2004). 한국사회복지실천현장의 정체성 위기와 과제. 한국사회복지학회 학술발표대회지, 67-91.

정순둘 (2005). 사례관리실천의 이해: 한국적 경험. 서울: 학지사.

조원탁, 박순희, 서선희, 안효자, 송기범, 이형하, 한신애 (2014). 다문화사회의 이해와 실천(개정판). 파주: 양서원.

조학래 (2019). 집단사회복지실천의 이해. 서울: 신정.

조홍식, 김연옥, 황숙연, 김융일 (2009). 사회복지실천론(개정3판). 파주: 나남출판.

천성문, 차명정, 이형미, 류은영, 정은미, 김세경, 이영순 (2015). 상담입문자를 위한 상담기법 연습. 서울: 학지사.

최원규 (1996). 외국 민간원조단체의 활동과 한국 사회사업 발전에 미친 영향. 서울대학교 대학원 박사학위논문.

최해경 (2009). 사회복지실천론. 서울: 학지사.

최해경 (2017). 사회복지실천론(2판). 서울: 학지사.

최혜지, 김경미, 정순둘, 박선영, 장수미, 박형원, 배진형, 박화옥, 안준희 (2013). 사회복지실천론. 서울: 학지사.

카바40년사 편찬위원회 편 (1995). 외원사회사업기관 활동사: 외국민간원조기관 한국연합회 40년사. 서울: 홍익재.

한국사회복지관협회 (2012). 사회복지관 사례관리매뉴얼.

한인영, 권금주, 김경미, 김수정, 김지혜, 김희성, 석재은, 이홍직, 조상미, 최명민, 현진희 (2011). 사회복지개론. 서울: 학지사.

홍선미 (2011). 사회복지실천의 가치지향 분석: 미국의 사회복지역사를 중심으로. 비판사회정책, 31, 193~223.

홍선미 (2014). 사례관리 과정의 이해: 욕구 사정 및 서비스 계획. 2014년 한국사회복지행정학회 추계 학술대회 및 WORKSHOP, 1-27.

황성동 (2015). 알기 쉬운 사회복지조사방법론(2판). 서울: 학지사.

Alexander, C. (1977). Social Work Practice: A Unitary Conception. *Social Work. Sep.*, 407-414.

Anderson, S. C., & Mandell, D. L. (1989). The Use of Self-disclosure by Professional Social Workers. Social Case Work: *The Journal of Contemporary Social Work*, May., 259~267.

Ashford, J. B., Lecroy, C. W., & Lortie, K. L. (2001). *Human Behavior in the Social Environment: A Multidimensional Perspective*. Belmont, CA: Brooks/Cole.

Austin, D. M. (1986). A History of Social Work Education. The University of Texas.

Ballew, J. R., & Mink, G. (1996). *Case Management in Social Work: developing the professional skills needed for work with multiproblem clients*. Springfield, IL: Charles C. Thomas Publisher, Ltd.

Barker, R. L. (1987). *The Social Work Dictionary*. Silver Spring, MD: NASW Press.

Barker, R. L. (2003). *The Social Work Dictionary* (5th ed.). Washington, DC: NASW Press.

Bartlett, H. M. (1970). *The Common Base of Social Work Practice*. New York: National Association of Social Workers Press.

Benjamin, A. (1969). *The Helping Interview* (2nd ed.). Boston: Houghton Mifflin.

Berg, I. K., & Miller, S. D. (1992). *Working with the problem drinker: A solution-focused approach*. New York: Norton.

Bertalanffy, L. (1968). *General System Theory: Foundations, Development*, Applications. New York: george Braziller.

Biestek, F. P. (1957). *The Casework Relationship*. Chicago: Loyola University Press.

Bogo, M. (2006). *Social Work Practice: Concepts, Process and Interviewing*. New York: Columbia University Press.

Bowen, M. (1978). *Family Therapy in Clinical Practice*. New York: Aronson.

Briar, S., & Miller, H. (1971). *Problems and Issues in Social Casework*. New York: Columbia University Press.

Brieland, D. (1995). Social work practice: history and evolution, in R. L. Edwards(eds.). *Encyclopedia of Social Work* (19th ed.). Washington, DC: NASW Press.

Brill, N. I. (1998). *Working with People: The Helping Process* (6th ed.). New York: Addison-Wesley.

Bronfenbrenner, U. (1979). *The Ecology of Human Development*. Cambridge, MA: Harvard University Press.

Carkhuff, R. R., & Anthony, W. A. (1979). *The Skill of Helping*. Amherst, MA: Human Resource Development.

Carter, R. (1971). Justifying Paternalism. *Canadian Journal of Philosophy, 7,* 133-145.

Compton, B. R., & Galaway, B. (1989). *Social Work Processes* (4th ed.). Belmont, CA: Wadsworth.

Compton, B. R., & Galaway, B. (1994). *Social Work Processes* (5th ed.). Pacific Grove, CA: Brooks/Cole.

Compton, B. R., Galaway, B., & Cournoyer, B. R. (2005). *Social Work Processes* (7th ed.). Pacific Grove, CA: Brooks/Cole.

Connaway, R. S., & Gentry, M. E. (1988). *Social Work Practice.* Englewood Cliffs, NJ: Prentice Hall.

Cormier, W. H., & Cormier, L. S. (1991). *Interviewing Strategies for Helpers: Fundamental Skills and Cognitive Behavioral Interventions* (3th ed.). Pacific Grove, CA: Brooks/Cole.

Council on Social Work Education. (1994). *Handbook of Accreditation Standards and Procedures.* Alexandria, VA: Author.

Cournoyer, B. R. (2000). *The Social Work Skills Workbook* (3rd ed.). Belmont, CA: Brooks/Cole.

Cournoyer, B. R. (2011). *The Social Work Skills Workbook* (6th ed.). Belmont, CA: Brooks/Cole. 김용석, 이석호, 전종설 역 (2013). 사회복지실천기술. 서울: 박영사.

Crabtree, C. R. (2000). *Who We really are: An Analysis of the Relationship between Professional Attainment and Social Work Values.* Ph. D. dissertation, The University of Texas at Arlington.

Davis, A. F. (1977). Settlements: History. In J. B. Turner (Ed.), *Encyclopedia of Social Work* (17th ed.). Washington, DC: National Association of Social Workers.

Davies, M. (2000). *Blackwell Encyclopaedia of Social Work; Wiley-Blackwell.*

Dean, W. R., Jr. (1977). *Back to Activitism. Social Work*, Sep., 369~373.

Derezotes, D. S. (2000). *Advanced generalist social work practice.* Sage Publications, Inc.

Dickens, P. (2004). *Society and Nature: Changing Our Environment, Changing Ourselves.* Cambridge, UK: Polity Press.

Dolgoff, R., D., Feildstein, & Skolnik, L. (1997). *Understand Social Welfare*. New York: Longman.

DuBois, B., & Miley, K. K. (2011). *Social Work: An Empowering Profession* (7th ed.). Boston, MA: Allyn & Bacon.

Egan, G. (1982). *The Skilled Helper: Model, skills, and methods for effective helping* (2nd ed.). Monterey, CA: Brooks/Cole.

Egan, G. (2002). *The Skilled Helper: A problem management and opportunitydevelopment approach to helping* (7th ed.). Pacific Grove, CA: Brooks/Cole.

Elder, G. H. Jr., & Caspi, A. (1988). Human development and social change. In N. Bolger et al. (Eds.), *Persons in context: Developmental processes*. New York: Cambridge University Press.

England, H. (1986). *Social Work as Art*. London: Allen and Unwin.

Epstein, L. (1985). *Talking and Listening: A Guide to the Helping Interviews*. St. Louis: Times Mirror/Mosby.

Evans, D. R., Hearn, M. T., Uhlemann, M. R., & Ivey, A. E. (1998). *Essential Interviewing: A programmed approach to effective communication* (5th ed.). Pacific Grove, CA: Brooks/Cole. 성숙진 역 (2000). 상담의 필수 기술: 효과적 의사소통을 위한 사례중심 접근법. 파주: 나남출판.

Frankel, A. J., & Gelman, S. R. (1998). *Case Management: An introduction to concepts and skills*. Chicago: Lyceum.

Gabor, P., & Grinnell, R. (1994). *Evaluation and Quality Improvement in the Human Services*. Boston: Allyn and Bacon.

Gambrill, E. (2006). *Social Work Practice: A Critical Thinkers Guide* (2nd ed.). New York: Oxford University Press.

Garrett, A. (1995). *Interviewing: Its principles and methods*. Milwaukee, WI: Families International.

Gerhart, U. C. (1990). *Caring for the Chronic Mentally* Ⅲ. Itasca, IL: F. E. Peacock.

Germain, C. B. (1991). *Human Behavior in the Social Environment: An ecological view*. New York: Columbia University Press.

Germain, C. B., & Gitterman, A. (1980). *The Life Model of Social Work Practice*. New York: Columbia University Press.

Glicken, M. D. (2004). *Using the Strengths Perspective in Social Work Practice: A Positive Approach for the Helping Professions*. Boston, MA: Allyn & Bacon.

Goldenberg, I., & Goldenberg, H. (1980). *Family Therapy: An Overview*. Belmont, CA: Brooks/Cole.

Goldstein, E., & Noonan, M. (2010). *Short-term Treatment and Social Work Practice*. New York: Free Press.

Goodman, G., & Esterly, G. (1988). *The Talk Book: The Intimate Science of Communicatingin Close Relationships*. Emmaus, PA: Rodale.

Gordon, W. E. (1969). Basic concepts for an integrative and generative conception of social work. In G. Hearn (Ed.), *The General Systems Approach: Contributions toward an holistic conception of social work* (pp. 5-11). New York: Council on Social Work Education.

Greenberg, L. (2002). Integrating an emotion-focused approach to treatment into psychotherapy integration. *Journal of Psychotherapy Integration, 12*(2), 154-189.

Grief, G. (1986). *The ecosystems perspective meets the press. Social Work, 31*, 225-226.

Hartman, A. (1995). Diagrammatic assessment of family relationships. *Families in Society, 76*, 111-122.

Hartman, A., & Laird, J. (1983). *Family-Centered Social Work Practice*. New York: The Free Press.

Hepworth, D. H., & Larsen, J. (1986). *Direct Social Work Practice: Theory and Skills*. Chicago: Dorsey.

Hepworth, D. H., & Larsen, J. (1990). *Direct Social Work Practice: Theory and Skills* (3rd ed.). Belmont, CA: Wadsworth.

Hepworth, D. H., Rooney, R. H. Rooney, G. D., Strom-Gottfried, K., & Larsen, J. A. (2006). *Direct Social Work Practice: Theory and Skills* (7th ed.). Pacific Grove, CA: Brooks/Cole Publishing.

Hepworth, D. H., Rooney, R. H. Rooney, G. D., Strom-Gottfried, K., & Larsen, J. A. (2010). *Direct Social Work Practice: Theory and Skills* (8th ed.). Belmont, CA: Thomson Brooks & Cole.

Hepworth, D. H., Rooney, R. H. Rooney, G. D., & Strom-Gottfried, K. (2013). *Direct Social Work Practice: Theory and Skills* (9th ed.). Belmont, CA: Brooks & Cole, Cengage Learning.

Hepworth, D. H., Rooney, R. H. Rooney, G. D., & Strom-Gottfried, K. (2016). *Direct Social Work Practice: Theory and Skills* (10th ed.). Belmont, CA: Brooks & Cole, Cengage Learning.

Hetherington, E. M. (1981). Children of divorce. In R. Henderson (Ed.), *Parent-child interaction*. New York: Academic Press.

Holman, A. M. (1983). *Family Assessment*. Beverly Hills: Sage Publication.

Holosko, M. J. (2003). The history of the working definition of practice. *Research on Social Work Practice, 13*(3), 271-283.

International Federation of Social Workers. (2000). *Definition of social work*. Retrieved June 20, 2003, from www.ifsw.org/Publications/4.6e.pub.html.

Ivey, A. E., & Ivey, M. B. (2007). *Intentional Interviewing Counseling: Facilitating client development in a multi-cultural society* (6th ed.). Belmont, CA: Thomson Higher Education.

Johnson, L. C. (1989). *Social Work Practice: A Generalist Approach* (3rd ed.). Massachusetts: Allyn and Bacon.

Johnson, L. C., & Yanca, S. J. (2007). *Social Work Practice: A Generalist Approach* (9th ed.). Boston, MA: Pearson Allyn and Bacon.

Johnson, L. C., & Yanca, S. J. (2009). *Social Work Practice: A Generalist Approach* (10th ed.). Boston, MA: Pearson Allyn and Bacon.

Kagle, J. D. (1991). *Social Work Records* (2nd ed.). Belmont, CA: Wadsworth.

Karls, J. M., & Wandrei, K. E. (1994). *Person-in-environment system: The PIE classification systems for social functioning problems*. Washington, DC: NASW Press. 임상사회사업 연구회 역 (2000). 임상사회복지 사정분류체계. 파주: 나남출판.

Kiresuk, T. J., Smith, A., & Cardillo, J. E. (1994). *Goal attainment scaling: Applications, theory & measurement* (Eds.). Mahwah, NJ: Erlbaum.

Kirst-Ashman, K. K., & Hull, G. H., Jr. (2009). *Understanding Generalist Practice* (5th eds.). Belmont: Brooks/Cole, Cengage Learning.

Lee, J. A. B. (2001). *The empowerment approach to social work practice: building the beloved community* (2nd ed.). NY: Columbia University Press.

Leiby, J. (1978). *A History of Social Welfare and Social Work in the United States*. New York: Columbia University Press.

Levinson, H. (1977). Termination of psychotherapy: Some salient issues. *Social Casework, 58*(8), 480-489.

Levy, C. S. (1973). The value base of social work. *Journal of Education for Social Work, 9*(1), 34-42.

Loewenberg, F., & Dolgoff, R. (1996). *Ethical Decisions for Social Work Practice* (5th ed.). Itasca, Illinois: Peacock.

Long, D., & Holle, M. (1997). *Macro Systems in the Social Environment*. Itasca, Il: F. E. Peacock Publishers Inc.

Longres, J. F. (1996). *Human Behavior in the Social Environment*. Itasca, IL: Peacock.

Martin, G. L., & Pear, J. (2003). *Behavior Modification: What it is and how to do it* (7th ed.). NJ: Pearson Prentice Hall.

McGoldrick, M., & Gerson, R. (2008). *Genograms in family assessment*. New York: Norton. 김혜숙 역 (2008). 가족치료의 이론과 기법(2판). 서울: 학지사.

McGoldrick, M., Gerson, R., & Petry, S. (2008). *Genograms: Assessment and Intervention* (3rd ed.). New York: Norton & Company, Inc.

McMahon, M. O. (1996). *General method of social work practice: a generalist perspective* (3rd ed.). Needham Heights: Allyn & Bacon. 오창순, 윤경아, 김근식 역 (2001). 사회복지실천론-통합적 관점-. 서울: 아시아미디어리서치.

Meyer, C. H. (1983). *Clinical social work in the eco-systems perspective*. New York: Columbia University Press.

Miley, K. K., O'Melia, M., & DuBois, B. (2004). *Generalist Social Work Practice: An Empowerment Approach*. Boston, MA: Allyn & Bacon.

Miley, K. K., O'Melia, M., & DuBois, B. (2007). *Generalist Social Work Practice: An Empowerment Approach* (5th ed.). New York: Pearson Education Inc.

Miller, J. B. (1976). *Toward a New Psychology of Women*. Harmondsworth: Penguin.

Minahan, A. (1981). Introduction to Special Issues: Purposes and Objectives of Social Work Revisited. *Social Work*, Jan., 5-6.

Morris, R. (1977). Caring for vs. Caring About People. *Social Work*, Sep., 353-359.

Moxley, D. P. (1989). *The Practice of Case Management*. Newbury Park: Sage Publications.

Murdach, A. D. (1980). Bargaining and Persuasion with Nonvoluntary Clients. *Social Work*, 25, 458-461.

National Association of Social Workers. (1973). *Standards for Social Service Manpower*. Washington, DC: Author.

National Association of Social Workers. (1981). *NASW working statement on the purpose of social work*. Silver Sprin, MD: Author.

National Association of Social Workers. (1992). *NASW Standards for Social Work Case Management*. Washington, DC: Author.

Nugent, W. R. (2008). Assessment and data collection. In W. Rowe & L. A. Rapp-Paglicci (Eds.). *Comprehensive handbook of social work and social welfare Vol. III*. Hoboken, NJ: John Wiley & Sons, INc.

Payne, M. (1997). *Modern social work theory*. Chicago, IL: Lyceum Books. 서진환, 이선혜, 정수경 역 (2001). 현대 사회복지실천이론. 파주: 나남출판.

Payne, M. (2005). *Modern social work theory* (3rd ed.). Chicago, IL: Lyceum Books.

Perlman, H. H. (1979). *Relationship: The heart of helping people*. Chicago: University of Chicago Press.

Perlman, H. H. (1986). The problem solving model. In F. turner (Ed.), *Social work treatment: Interlocking theoretical approaches* (3rd ed., pp. 245-266). New York: Free Press.

Pincus, A., & Minahan, A. (1973). *Social work practice: Models and methods*. Itasca, IL: Peacock.

Pumphrey, M. W. (1959). *The teaching of values and ethics in social work education* (vol. 13). New York: Council on Social Work Education.

Reamer, F. G. (1993). *Ethical dilemmas in social service* (2nd ed.). New York: Columbia University Press.

Reamer, F. G. (1995). *Social work values and ethics*. New York: Columbia University Press.

Reamer, F. G. (1999). *Social work values and ethics* (2nd ed.). New York: Columbia University Press.

Richmond, M. E. (1922). *What is social casework?: An introductory description*. New York: Russell Sage Foundation.

Rogers, C. R. (1975). *Empathic: An unappreciated way of being*. Counseling Psychologist, 5, 2-10.

Rothman, J. C., & Sager, J. S. (1998). *Case Management: Integrating Individual and Community Practice* (2nd ed.). Boston, MA: Allyn Bacon.

Royse, D. (2011). *Research Methods in Social Work* (6th ed.). Belmont, CA: Brooks & Cole, Cengage Learning.

Saleebey, D. (1996). The strengths perspective in social work practice: Extensions & cautions. *Social Work, 41*(3), 296-305.

Saleebey, D. (2002). *The strengths perspective in social work practice* (3rd ed.). Boston: Allyn & Bacon.

Saleebey, D. (2009). Introduction: Power in the people. in D. Saleebey (ed.), *The Strengths Perspective in Social Work Practice* (5th ed.), pp. 1-24. Boston, MA: Allyn & Bacon.

Satir, V. (1972). *People making*. Palo Alto, CA: Science & Behavior Books.

Schubert, M. (1991). *Interviewing in social work practice*. Alexandria, VA: Council on Social Work Education.

Segal, D. L, Coolidge, F. L., & Mizuno, H. (2007). Defense mechanism differences between younger and older adults: A cross-sectional investigation. *Aging & Mental Health, 11*(4), 415-422.

Sheafor, B. W, Horejsi, C. R., & Horejsi, G. A. (1994). *Techniques and Guidelines for Social Work Practice* (3rd ed.). Boston, MA: Allyn & Bacon.

Sheafor, B. W, Horejsi, C. R., & Horejsi, G. A. (1997). *Techniques and Guidelines for Social Work Practice* (4th ed.). Boston: Allyn & Bacon. 남기철, 변귀연, 양숙미, 정선욱, 조성희, 최승희 역 (1998). 사회복지실천기법과 지침. 파주: 나남출판.

Sheafor, B. W., & Horejsi, C. R. (2008). *Techniques and Guidelines for Social Work Practice* (8th ed.). Boston, MA: Pearson Education, Inc. 남기철, 정선욱, 조성희 역 (2010). 사회복지실천기법과 지침. 파주: 나남출판.

Sheafor, B. W., & Horejsi, C. R. (2012). *Techniques and Guidelines for Social Work Practice* (9th ed.). Boston, MA: Pearson Education, Inc.

Shebib, B. (2003). *Choices: Counseling Skills for Social Workers and Other Professionals*. Boston: Allyn and Bacon. 제석봉, 이윤주, 박충선, 이수용 역 (2006). 사회복지 상담심리학. 서울: 학지사.

Skidmore, R. A., Thackeray, M. G., & Farley, O. W. (1994). *Introduction to Social Work*. Englewood Cliffs, NJ: Prentice Hall.

Specht, H. (1986). Social support, social networks, social exchange, and social work practice. *Social Service Review, 60*(2), 218-240.

Shulman, L. (1993). Developing and testing a practice theory: An interactional perspective. *Social Work, 38*(1), 91-97.

Timberlake, E. M., Farber, M. Z., & Sabatino, C. S. (2002). *The general method of social work practice: McMahon's generalist perspective*. Boston, MA: Pearson Allyn & Bacon.

Thomlison, B. (2010). *Family Assessment Handbook: An Introduction and Practical Guide to Family Assessment* (3rd ed.). Belmont, CA: Thompson Brooks/Cole.

Timberlake, E. M., Farber, M. Z., & Sabatino, C. S. (2002). *The general method of social work practice: McMahon's generalist perspective*. Boston, MA: Pearson Allyn & Bacon.

Toseland, R. W., & Rivas, R. F. (2001). *An Introduction to Group Work Practice* (4th ed.). Needham Heights, MA: Allyn & Bacon.

Tracy, E. M., & Whittaker, J. K. (1990). The social network map: Assessing social support in clinical practice. *Families in Society: The Journal of Contemporary Human Services, 71*(8), 461-470.

Trattner, W. I. (1999). *From poor law to welfare state: A history of social welfare in America* (6th ed.). New York: Free Press.

Trevithick, P. (2000). *Social works skills: a practice handbook.* Philadelphia, PA: Open University Press.

Turner, F. J. (1995). *Differential diagnosis and treatment in social work* (4th ed.). New York: Free Press.

Turner, F. J. (1996). *Social work treatment: Interlocking theoretical approaches* (4th ed.). New York: Free.

Turner-Stokes, L. (2009). Goal Attainment Scaling(GAS) in Rehabilitation: A Practical Guide. *Clinical Rehabilitation, 23*(4), 362-370.

Tylor, E. B. (1958). *The origin of culture.* NY: Harper & Row.

Wakefield, J. (1996). Does social work need the ecosystems perspective? Part 1. Is the perspective clinically useful? *Social Service Review, 70*(1), 1-32.

Wakefield, J. (2003). Gordon versus the working definition: Lessons from a classic critique. *Research on Social Work Practice, 13*(3), 284-298.

Wells, R. A. (1994). *Planned short-term treatment* (2nd ed.). New York: Free Press.

Whitaker, W. H., & Federico, R. C. (1997). *Social Welfare in Today's World,* NY: McGraw-Hill.

Whittaker, J. K., & Tracy, E. M. (1989). *Social Treatment: An Introduction to Interpersonal Helping in Social Work Practice.* New York: Aldine de Gruyter.

Wilcoxon, S. A. (1991). Clarifying expectation in therapy relationships: Suggestions for written guidelines. *Journal of Independent Social Work, 5*(2), 65-71.

Wilson, S. J. (1980). Recording: Guidelines for Social Workers. New York: Free Press.

Woodside, M., & McClam, T. (2006). *Generalist Case Management: A Method of Human Service Delivery* (3rd ed.). Belmont, CA: Thomson Brooks/Cole.

Zastrow, C. (1985). *The Practice of Social Work* (2nd ed.). Chicago: The Dorsey Press.

Zastrow, C. (1999). *The Practice of Social Work* (6th ed.). Pacific Grove, CA: Brooks/Cole.

Zastrow, C. (2010). *The Practice of Social Work: A Comprehensive Worktext* (9th ed.). Belmont, CA: Thomson Brooks/Cole.

대한의료사회복지사협회(www.kamsw.or.kr)

한국건강가정진흥원(www.kihf.or.kr)

한국사회복지관협회(www.kaswc.or.kr)

한국사회복지교육협의회(kcswe.kr)

한국사회복지사협회(www.welfare.net)

한국사회복지행정연구회(www.ksswa.or.kr)

한국정신보건사회복지사협회(www.kamhsw.or.kr)

한국학교사회복지사협회(www.kassw.or.kr)

찾아보기

조학래

연세대학교 사회사업학과 졸업
연세대학교 대학원 사회복지학과 졸업(문학석사)
연세대학교 대학원 사회복지학과 졸업(문학박사)
전, 태화기독교사회복지연구소 소장
전, 송강사회복지관 관장
현, 한국침례신학대학교 사회복지학과 교수
hlcho@kbtus.ac.kr

사회복지실천론(3판)

초판발행 2016년 9월 11일 **1쇄** | 2017년 3월 10일 **2쇄** | 2018년 3월 10일 **3쇄**
2판발행 2019년 3월 10일 **1쇄** | 2019년 9월 10일 **2쇄** | 2020년 3월 10일 **3쇄** | 2020년 9월 10일 **4쇄** | 2021년 3월 10일 **5쇄**
3판발행 2022년 3월 10일 **1쇄** | 2022년 9월 10일 **2쇄** | 2023년 9월 10일 **3쇄** | 2024년 3월 10일 **4쇄** | 2024년 9월 10일 **5쇄** | 2025년 9월 10일 **6쇄** | 2025년 9월 30일 **7쇄**

지은이 조학래
펴낸이 최용구 | **펴낸곳** **도서출판 신정**
주소 (04316) 서울시 용산구 원효로 89길 19 (원효로1가)
전화 02)3211-4782, 0266(영업부), 3211-4783(편집부), 3211-4784(팩스)
이메일 sjbook2002@naver.com | **홈페이지** www.sjbook.co.kr
등록 2001년 5월 11일 제13-702호
기획마케팅 최용구 장만동 최충구 송대용 | **책임편집** 석기은 황가연

ISBN 978-89-5912-786-3 93330
정가 20,000원